智能网联汽车研究与开发丛书

智能座舱
开发与实践

杨聪　孔祥斌　张宏志　牛建伟　等编著

本书以汽车智能座舱为背景，层层递进引入座舱的技术背景、开发细节及其发展趋势。具体来说，本书介绍了智能座舱的定义、发展历程、场景设计方法以及相关的软件、硬件及算法基础。在此基础上，本书沿着座舱开发的技术路线，重点阐述了数据采集与管理、算法模型训练、感知软件开发、场景开发、场景测试以及开发流程提速等内容。本书还介绍了上述开发及测试所用的工具、示例代码以及相关案例，以帮助读者进行实践。在最后，本书展望了座舱技术的未来发展趋势以及需要解决的问题。

本书适合对智能网联汽车以及智能座舱技术感兴趣的读者，无论是开发者、设计者、科研工作者还是刚入门的技术人员都能从本书中获取新知。本书还可以作为有相关知识背景的从业人员的参考用书。

客服人员微信：13070116286。

图书在版编目（CIP）数据

智能座舱开发与实践 / 杨聪等编著．—北京：机械工业出版社，2022.2
（2022.11 重印）
（智能网联汽车研究与开发丛书）
ISBN 978-7-111-69983-5

Ⅰ.①智… Ⅱ.①杨… Ⅲ.①汽车-智能通信网-座舱 Ⅳ.① U463.83

中国版本图书馆 CIP 数据核字（2022）第 004186 号

机械工业出版社（北京市百万庄大街22号　邮政编码100037）
策划编辑：何士娟　　　　责任编辑：何士娟　王　婕
责任校对：陈　越　张　薇　责任印制：李　昂
北京中科印刷有限公司印刷
2022年11月第1版第2次印刷
169mm×239mm・23.5 印张・2 插页・457 千字
标准书号：ISBN 978-7-111-69983-5
定价：168.00 元

电话服务　　　　　　　　网络服务
客服电话：010-88361066　　机 工 官 网：www.cmpbook.com
　　　　　010-88379833　　机 工 官 博：weibo.com/cmp1952
　　　　　010-68326294　　金 书 网：www.golden-book.com
封底无防伪标均为盗版　　机工教育服务网：www.cmpedu.com

前 言

自 1885 年德国人卡尔·本茨（Karl Benz）研制成功世界上第一辆汽车起，人们便在不断完善与丰富座舱：真皮座椅、电灯、顶篷以及气囊式喇叭等部件不断被加入座舱，用于延伸人与车、人与环境以及人与人的交互，进而改善驾驶体验与安全。

随着电子电气技术的发展及封闭式厢型轿车的热卖[⊖]，人们开始追寻座舱与生活空间的结合：1924 年，世界上第一台车载收音机（Car Radio）诞生；20 世纪 50 年代，相继诞生了第一台车载黑胶唱片播放器（Car Record Player）以及车载电话（Car Phone）；人们将生活中的习惯与设备搬入座舱，让座舱逐步成为人的"第三生活空间"（图 1）。特别是进入 21 世纪后，随着人工智能、传感器、芯片以及云计算等技术的不断发展，更多智能化与个性化的功能被开发了出来，使得座舱可以更加主动地感知人的行为、表情及操作，进而实现更安全与更娱乐的场景。因此智能座舱（Intelligent Cockpit）这一概念迅速走红，频繁出现在各大车企及厂商的新车发布会及宣传活动中，作为提升舱内驾驶体验（In-vehicle Experience）的一部分，成为打造差异化竞争的亮点之一。顾名思义，智能座舱就是在传统车载座舱系统的基础上增加了智能化的属性，通过感知（语音、视觉等）、认知、决策、服务的过程使车辆能够主动服务驾驶员和乘客，提升座舱的科技感并带来更好的安全、便捷、趣味性体验。

a) 车载收音机

b) 车载黑胶唱片播放器

c) 车载电话

图 1　座舱与生活空间的结合

目前，"软件定义汽车"已成为行业的共识，除了专门的软件及科技公司外，

⊖　1922 年美国哈得逊公司（Hudson Motor Car Company）率先出售封闭式厢型轿车。

主机厂也纷纷成立了自家的软件部门或公司，成为赋予传统汽车智能化、网联化的关键。在学术界，中国计算机学会（China Computer Federation，CCF）推荐的人机交互类顶级期刊和会议如 TOCHI（ACM Transactions on Computer-Human Interaction）及 CHI（ACM Conference on Human Factors in Computing Systems）中有越来越多的论文专门探讨座舱内人机交互的相关场景及算法。在部分高校，越来越多的学生与研究人员选择智能座舱作为自己的研究方向（如感知算法与场景开发）。智能座舱是一个集硬件、软件、算法、大数据、云计算以及生命周期管理等不同学科为一体的复杂系统，开发难度大，周期长，需要不同团队配合完成。特别是对于刚进入这个行业的"新玩家"来说，不但需要快速掌握相关背景知识与开发技术，还要不断通过场景创新来打造差异化竞争，其中难度可想而知。

本书撰写的背景是 2021 年初，地平线机器人正式于内部立项 Halo 3.0 项目，该项目的初衷一方面是打造基于地平线征程三代芯片的座舱解决方案及定点，另一方面就是开放赋能。为此，项目团队核心成员在年初的几个月里，先后前往十多个城市密集访问了包括外资在内的各类主机厂（OEM）、一级供应商（Tier1）、软件服务供应商、算法公司、芯片公司、相关研究院及高校，与他们的工程师、研发人员、设计人员、销售人员、实习生、教师及学生等面对面交流，听取一线的反馈与诉求。在沟通的过程中，我们发现除了少部分人拥有两年以上座舱开发工作经验外，大部分人员呈现出以下特点：①刚进入该领域；②对座舱相关的背景知识了解得比较分散；③缺少成体系的培训课程与教材。他们还普遍反映目前网络上关于智能座舱的知识比较分散，在深度与实操方面都比较薄弱，因此在实际工作中依然是摸索着前进，会"踩很多坑"。

地平线机器人拥有多年智能座舱研发经验，其产品在国内主要车厂的多个车型上实现了量产。特别是在 2020 年 6 月份，搭载地平线征程二代芯片及智能座舱解决方案的长安 UNI-T 实现了量产及热卖，使得 UNI-T 成为历史上第一款搭载国产 AI 芯片的智能汽车。基于以上背景，地平线机器人邀请参与 UNI-T 及其他量产车型的一线工程师为本书作者或审稿人。他们从领域知识与实际经验出发，为本书带来智能座舱开发与实践的第一手资料，确保本书的读者不但可以掌握体系化的背景知识，还能学到各个开发环节的"干货"。

本书详细介绍了智能座舱开发过程中的重要环节，从而形成了座舱产品的知识闭环。第 1 章概述了智能座舱的定义和发展历程、场景分类以及场景设计原则。第 2 章详细介绍了智能座舱的技术架构及整体开发流程。第 3 章和第 4 章分别介绍了智能座舱开发中涉及的硬件基础知识及算法（机器视觉及语音识别），解决了很多调研时被问到的诸如"什么是算法，与深度学习模型有什么关系？"

"到底算法是怎么做检测的？""为什么要用图形处理器（GPU）而不用中央处理器（CPU）？""为什么要开发 AI 芯片，到底什么是 AI 芯片？""为什么摄像头成像这么差，为什么要这么安装？"等问题。第 5~9 章详细讲述了座舱开发实践：数据采集标注管理—常见座舱算法的研发—感知软件开发—场景应用开发—测试。第 10 章介绍了如何加速上面的闭环，从而提高座舱产品的迭代效率。最后，本书在第 11 章从场景、硬件、算法等方面介绍了智能座舱的发展趋势，帮助读者解读未来。

另外，为了帮助读者深入理解，每章正文之后均有练习题。其中，带"*"的习题是具有一定难度的。

感谢本书作者团队在每日忙碌的研发工作外为本书所做的贡献，章节具体分工如下：

第 1 章：孙浚凯；第 2 章：杨聪、孔祥斌、张宏志、牛建伟；第 3 章：杨聪、胡玉祥、陶冶、刘磊；第 4 章：赵亚滨、严阳春、赵澄玥、潘复平；第 5 章：石磊林、李易、卢爽、李威宇；第 6 章：杨聪、冯玉玺、徐亮、王昱、张致恺、陈书未、胡玉祥、李文鹏、田川、官一尘；第 7 章：陈驰、秦畅、陈洪锋；第 8 章：刘国伟；第 9 章：蒋明玥、刘星然、黄萌、孙杰；第 10 章：杨聪；第 11 章：朱长宝、武锐、李彦勇。

为了确保本书质量，我们还成立了审稿委员会，具体名单如下：

孔祥斌，张宏志，储刘火，赵原，孙韶言，陈前洋，牛建伟，朱长宝，杨聪，陶冶，武锐，潘复平

（注：因部分委员也为本书作者，这里采用交叉审稿）

本书在编写过程中，得到了许多专家及相关平台的帮助，包括但不限于：

- 地平线公司的王蕾及王文锋为本书第 6 章提供了相关素材。
- 地平线公司的蔡彤为本书第 5.2.3 节"标注体系建设"提供了材料。
- 英国赫瑞瓦特大学（Heriot-Watt University）的 John See 教授为本书第 10 章提供了素材。
- 美国微软公司的李轶鹏博士为本书第 10 章提供了材料。
- 地平线公司实习生吴宇彬为本书第 10 章提供了相关素材。
- 地平线公司张冉在本书创作过程中进行了大量细致的协调工作。

另外，在本书编写过程中，我们还同步举行了 Halo 在线课堂，以在线讲课与直播的方式将部分实践内容分享给我们曾访问过的各类企业。我们对这些课程进行了录像，与授课用的材料、代码一同上传到地平线开发者论坛（https://developer.horizon.ai/），并将会按计划公开这些课程与材料。为描述方便，本书介

绍图片相关内容时直接使用了对应的色彩名称，对应到纸面上即灰色。

  本书涉及知识点较多，错漏在所难免，还请广大读者批评指正，以便本书再版时参考。如有疑问，欢迎通过电子邮件与我联系：yangcong955@126.com。

  本书配备习题答案，可联系客服人员微信（13070116286）下载。

杨聪

2021 年 9 月 10 日

目 录

前言

第 1 章 智能座舱概述 ········· 1
1.1 智能座舱定义 ········· 1
1.2 智能座舱发展 ········· 2
1.3 智能座舱场景 ········· 8
    1.3.1 消费品的设计原则 ········· 8
    1.3.2 特斯拉的第一性原理 ········· 12
1.4 案例：长安 UNI-T 智能座舱及场景设计 ········· 15
1.5 练习题 ········· 18

第 2 章 智能座舱技术架构及整体开发流程 ········· 19
2.1 技术架构 ········· 19
    2.1.1 整体架构 ········· 20
    2.1.2 车端 ········· 23
    2.1.3 车云结合 ········· 25
2.2 开发流程 ········· 34
    2.2.1 整体流程 ········· 34
    2.2.2 开发工具 ········· 36
2.3 座舱项目管理流程 ········· 43
    2.3.1 管理体系的演变 ········· 43
    2.3.2 管理流程范围介绍 ········· 43
2.4 案例：基于 AI Express 开发人脸结构化 ········· 48
2.5 练习题 ········· 49

第 3 章 智能座舱硬件基础 ········· 50
3.1 芯片技术的演化与发展 ········· 50

3.1.1 芯片制造 ……………………………………………………………… 52
  3.1.2 图形处理器（GPU）…………………………………………………… 58
  3.1.3 片上系统（SoC）……………………………………………………… 60
  3.1.4 域控制器（DCU）…………………………………………………… 64
  3.1.5 案例：BPU 及地平线征程系列芯片 ………………………………… 65
 3.2 车载传声器 ………………………………………………………………… 66
  3.2.1 传声器类型 …………………………………………………………… 66
  3.2.2 传声器阵列安装方式 ………………………………………………… 67
  3.2.3 案例：车载多音区的实现方式 ……………………………………… 68
 3.3 车载摄像头 ………………………………………………………………… 69
  3.3.1 摄像头类型 …………………………………………………………… 69
  3.3.2 摄像头安装方式 ……………………………………………………… 70
  3.3.3 案例：用于 DMS 的方向盘转向柱摄像头 ………………………… 71
 3.4 基于芯片的硬件设计 ……………………………………………………… 71
  3.4.1 一体机方案 …………………………………………………………… 71
  3.4.2 ECU 方案 ……………………………………………………………… 72
  3.4.3 案例：基于地平线芯片的硬件接入案例 …………………………… 72
 3.5 练习题 ……………………………………………………………………… 76

第 4 章 智能座舱算法基础 …………………………………………… 78
 4.1 深度学习 …………………………………………………………………… 78
  4.1.1 卷积神经网络 ………………………………………………………… 80
  4.1.2 损失函数 ……………………………………………………………… 87
  4.1.3 模型训练及测试 ……………………………………………………… 88
  4.1.4 模型压缩 ……………………………………………………………… 90
  4.1.5 案例：VarGNet 网络结构设计 ……………………………………… 96
 4.2 机器视觉 …………………………………………………………………… 99
  4.2.1 分类 …………………………………………………………………… 100
  4.2.2 检测 …………………………………………………………………… 103
  4.2.3 分割 …………………………………………………………………… 107
  4.2.4 关键点 ………………………………………………………………… 110
  4.2.5 案例：人体关键点检测 ……………………………………………… 112
 4.3 语音识别 …………………………………………………………………… 115
  4.3.1 声学模型 ……………………………………………………………… 117
  4.3.2 语言模型 ……………………………………………………………… 127

4.3.3 解码器 ………………………………………………… 132
4.3.4 案例："小安，你好！" ……………………………… 137
4.4 练习题 ……………………………………………………………… 139

第5章 智能座舱数据 …………………………………………………… 140
5.1 座舱数据采集 ……………………………………………………… 140
5.1.1 采集环境搭建 ………………………………………… 140
5.1.2 采集文档 ……………………………………………… 142
5.1.3 采集数据管理 ………………………………………… 142
5.2 座舱数据标注 ……………………………………………………… 144
5.2.1 数据标注方法 ………………………………………… 145
5.2.2 数据标注文档 ………………………………………… 152
5.2.3 标注体系建设 ………………………………………… 153
5.3 案例：疲劳数据采集与标注 ……………………………………… 158
5.4 练习题 ……………………………………………………………… 164

第6章 智能座舱算法研发 ……………………………………………… 165
6.1 座舱算法研发流程 ………………………………………………… 165
6.2 常见座舱算法（视觉篇）………………………………………… 167
6.2.1 视线 …………………………………………………… 168
6.2.2 手势 …………………………………………………… 172
6.2.3 行为 …………………………………………………… 176
6.2.4 情绪 …………………………………………………… 179
6.2.5 疲劳 …………………………………………………… 185
6.3 常见座舱算法（语音篇）………………………………………… 189
6.3.1 语音前端 ……………………………………………… 189
6.3.2 语音后端 ……………………………………………… 197
6.4 常见座舱算法（多模篇）………………………………………… 211
6.5 案例：安全带算法研发 …………………………………………… 216
6.6 练习题 ……………………………………………………………… 223

第7章 智能座舱感知软件开发 ………………………………………… 224
7.1 感知软件开发流程 ………………………………………………… 224
7.1.1 开发环境搭建 ………………………………………… 224

7.1.2　开发流程概述 ……………………………… 225
7.2　芯片工具链 …………………………………………… 226
    7.2.1　AI 计算单元 ………………………………… 226
    7.2.2　AI 芯片工具链 ……………………………… 229
    7.2.3　地平线 AI 工具链举例 ……………………… 231
7.3　感知软件开发框架 …………………………………… 235
    7.3.1　通信及底层组件 ……………………………… 235
    7.3.2　模型集成框架 ………………………………… 241
7.4　案例：打电话识别开发实践 ………………………… 244
    7.4.1　模型编译和管理 ……………………………… 244
    7.4.2　感知软件开发 ………………………………… 246
7.5　练习题 ………………………………………………… 252

第 8 章　智能座舱场景应用开发 …………………… 253

8.1　场景应用全貌 ………………………………………… 253
8.2　场景应用框架 ………………………………………… 257
    8.2.1　通信 …………………………………………… 259
    8.2.2　组件 …………………………………………… 262
    8.2.3　工程模式 ……………………………………… 275
    8.2.4　对外能力输出 ………………………………… 281
8.3　场景开发示例 ………………………………………… 285
    8.3.1　场景可视化配置 ……………………………… 285
    8.3.2　冲突处理 ……………………………………… 287
8.4　案例：抽烟场景应用开发实践 ……………………… 289
    8.4.1　开发环境搭建 ………………………………… 289
    8.4.2　场景应用开发 ………………………………… 291
8.5　练习题 ………………………………………………… 293

第 9 章　智能座舱场景测试 …………………………… 294

9.1　座舱场景测试流程 …………………………………… 294
9.2　座舱场景测试工具 …………………………………… 295
    9.2.1　图像测试工具 ………………………………… 295
    9.2.2　语音测试工具 ………………………………… 300
9.3　座舱场景测试标准 …………………………………… 302
    9.3.1　车载视觉测试标准 …………………………… 303

  9.3.2　车载语音测试标准 ················ 309
 9.4　案例：抽烟识别场景测试 ················ 316
 9.5　练习题 ················ 317

第 10 章　智能座舱生命周期 ················ 318
 10.1　机器学习生命周期 ················ 318
 10.2　长尾问题及快速迭代 ················ 321
  10.2.1　长尾问题 ················ 321
  10.2.2　快速迭代 ················ 323
 10.3　流程自动化 ················ 328
 10.4　案例：基于 AirFlow 的自动模型迭代 ················ 330
 10.5　练习题 ················ 333

第 11 章　智能座舱的未来发展趋势 ················ 334
 11.1　座舱传感器趋势 ················ 335
  11.1.1　摄像头 ················ 335
  11.1.2　传声器 ················ 337
 11.2　感知算法趋势 ················ 338
  11.2.1　视觉技术趋势 ················ 339
  11.2.2　语音技术趋势 ················ 340
  11.2.3　声学技术趋势 ················ 342
  11.2.4　多模融合技术趋势 ················ 344
 11.3　AI 芯片趋势 ················ 346
 11.4　云服务趋势 ················ 351
 11.5　生态发展趋势 ················ 352
 11.6　练习题 ················ 353

附录　术语与符号列表 ················ 354

参考文献 ················ 360

Chapter 01

第 1 章
智能座舱概述

本章主要介绍智能座舱相关的定义及发展,帮助读者初步了解智能座舱。另外,对于人机交互在车载场景的具体实现,本章还介绍了智能座舱的各类交互场景以及设计原则,帮助读者更加深入了解智能座舱的各类元素及目标。

1.1 智能座舱定义

近几年,随着汽车智能化、网联化的快速发展,消费者对汽车的认知也逐渐从"单一的交通工具"向"第三空间"转变,座舱因为具有移动的空间属性,自然也得到重塑的机会。同时,5G、人工智能(Artificial Intelligence,AI)、大数据、人机交互、汽车芯片与操作系统等技术的进步将推动智能座舱未来的发展,甚至引发变革。目前,各大主机厂、供应商与部分生态玩家均将视线聚焦在智能座舱领域,欲提前布局,占据智能座舱生态圈内的优势领地。不难看出,在很多车型的座舱设计中,座舱已不再是车机加仪表这样的形态,而是能够将各种零部件整合起来,提供给用户一种多模态的交互方式,一种可进化的拟人助理,以便为驾驶员和乘客提供多元化的服务和极具情感化的用车体验。

然而,由于智能座舱是一个复合型概念,涉及的细分技术种类繁多,业界对于智能座舱的定义并未形成统一,也没有明确的标准,以至于企业的玩法各不相同。在这样多方混战的局面下,探索出一条广泛认可的智能座舱落地路径成为行业需要解决的问题。

什么是"座舱"？对于消费者而言，座舱就是目光所及、耳朵所听、触觉所至的一切可以交互的内饰或零部件，包括座椅、灯光、空调、方向盘、车机、仪表、抬头显示仪（Head Up Display，HUD）等。

什么是"智能"？一般认为智能是知识和智力的总和，前者是智能的基础，后者是指获取和运用知识求解的能力。这里面提到一个很重要的概念，如果只是照搬前人，则不算是智能，智能需要打破知识和想象的壁垒，掌握运用知识求解的能力。换句话说就是用现有的技术去解决以前不敢想的痛点，这个结果最终呈现出的效果叫"智能"。这里举个通俗的例子：当年苹果公司（智能手机的鼻祖）推出 iPhone 时有一个很大的突破，就是当各家手机厂商在结合各种场景更改物理键盘时，他们选择做一款可以用软件来实现变化的键盘，这样就可以持续迭代键盘，而不用老是更改机型。这个例子就体现出评估巧用现有的技术去解决一个不敢想的痛点，这种突破体现出了"智能"的效果。

那什么是"智能座舱"？其实就是用现有的技术去整合座舱内可交互的内饰或零部件，去解决原来难以解决的痛点：

特斯拉第一代 Model S 采用了一块 17in（1in=0.0254m）车机屏幕，整合了内容以及复杂的车控按钮，以方便驾驶员获取信息并做出交互。这就是智能座舱。

搭载斑马 1.0 系统的荣威 RX5 用语音控制整合了所有可调节控制的功能，包括空调、车窗和天窗，用一种眼不离路的交互方式帮助驾驶员在车内进行更好的交互。这就是智能座舱。

长安 UNI-T 通过搭载的驾驶员监控系统（Driver Monitoring System，DMS）和座舱监控系统（In-cabin Monitoring System，IMS）⊖ 摄像头可以主动感知用户所处的场景，理解用户的意图，主动交互，让用户的需求"零"次交互即可满足。这就是智能座舱。

1.2 智能座舱发展

相比于传统座舱，智能座舱的变化主要体现在硬件与软件两个层面。在硬件层面，智能座舱的中控和仪表屏幕尺寸更大、分辨率更高，可以实现一体式的多屏联动，还有一些新增硬件，如 HUD、娱乐系统、智能摄像头等。在软件层面，手机端的应用被移植到座舱内，包括导航、音乐等；一些人工智能技术服务，包括语音识别、人脸识别、手势识别、驾驶员监控、高级驾驶辅助系统（Advanced Driving Assistance System，ADAS）、预警等相关功能也被融合进来。另外，技术变革推动着人们生活水平的提高，也源源不断地激发出新的需求；同时，新的需

⊖ DMS 主要用于监控驾驶员，IMS 主要用于监控其他位置的乘客。

求也刺激着技术的提升。

1. 发展阶段

从用户体验角度来说，在过去的一个世纪中，汽车座舱的发展大致可分为本地化与网联化阶段以及智能化阶段两个阶段。各阶段的主要历程及未来趋势如下。

（1）本地化与网联化阶段　主要经历了机械化、电子化以及网联化三个阶段。具体来说：

1）机械化：20世纪60—90年代为机械时代，座舱主要由机械式仪表盘及简单的音频播放设备构成，物理按键功能单一。

2）电子化：2000—2015年为电子化时代，出现小尺寸中控液晶显示器与导航功能，系统相对分散。电子信息系统逐步整合，组成"电子座舱域"，并形成系统分层。

3）网联化：车机系统或座舱整体的网联水平与人机交互能力出现一定程度的提升，用户体验接近或超越智能手机，能够提供少量的内容服务。

（2）智能化阶段　主要经历智能驾驶与"第三生活空间"两个阶段。具体来说：

1）智能驾驶：人机交互与座舱感知技术突破，车内软硬件一体化聚合，车辆感知精细化。车辆可在整个用车行程周期中，为驾乘人员主动提供场景化服务，座舱可实现机器半自主甚至自主决策。

2）第三生活空间：未来交通出行场景与汽车使用场景将更加多元化和生活化，基于车辆位置与状态信息，融合信息、娱乐、订餐、互联等功能，为消费者提供更加便捷的体验。尤其是自动驾驶实现之后，智能座舱可以更好地为用户提供场景化的服务，比如商务会议、睡眠、影音娱乐、游戏、美容和教育等。

2. 发展背景及历程

从技术角度来说，汽车座舱融合了无线电通信、感知、控制等多种新兴技术，以下简要介绍其发展背景及历程。

1888年，德国科学家海因里希·赫兹（Heinrich Hertz）发现了无线电波的存在；1906年，加拿大发明家雷金纳德·范信达（Reginald Fessenden）首度发射出"声音"，无线电广播就此开始。无线电广播的发明为人们之间的信息传递带来了极大便利，摆脱了有线束缚，逐渐渗透进各类生活场景，汽车也不例外。

1924年，雪佛兰生产了第一辆配备收音机的汽车，并迅速推广开来。收音机的到来丰富了人们的出行场景，搭建了一个移动中的沟通桥梁，但如何只获取自己想要的信息，仍是一个难题。

1963年，荷兰飞利浦公司研制出了全球首盘盒式磁带，大小仅为早期的菲德里派克（Fidelipac）循环卡式录音机的1/4，磁带双面都由塑料外壳包裹，可最大限度地保护其中的数据,每一面可容纳 30~45min 的立体声音乐。

两年后,也即 1965 年,福特和摩托罗拉联合开发了安装在中控台上的磁带播放器(图 1-1a),人们开始可以在汽车上播放自己喜欢的音乐曲目。1985 年,搭载 CD 播放器的汽车横空出世,进一步丰富了中控台的功能(图 1-1b)。

a)

b)

图 1-1 福特和摩托罗拉车载磁带播放器与传统车载 CD 播放器

车载电子设备的发展缓解了乘员出行中的枯燥氛围,但随着汽车技术的成熟,车内电控单元逐渐增多,模块之间的互联压力变得越来越大(例如,有的子系统需要控制执行器和接收传感器反馈)。各家车企迫切需要一种安全、经济、便利的车内子模块总线互联架构,以此来满足日益增加的数据传输需要。

20 世纪 80 年代,博世和英特尔联合开发控制器局域网络(Controller Area Network, CAN)总线系统,用于车内电子控制单元(Electronic Control Unit, ECU)的数据通信。CAN 总线系统的应用减轻了数据传输压力,将车载电子带入了高速发展阶段。

20 世纪 90 年代开始,车载嵌入式电子产品种类日益增多,进而出现了车载娱乐信息系统(In-Vehicle Infotainment, IVI)的概念。在这个背景下,平台化及模块化开发的需求明显,车载操作系统得以应用,但由于显示屏技术还不成熟,如图 1-2a 所示,密密麻麻的按键让实际操作非常困难。

为解决这一难题,2001 年,宝马 7 系引入中央显示屏(图 1-2b),标志着液晶屏正式进入汽车座舱,奠定了随后车机系统的主要形态,汽车内饰开始显示出炫酷的科技感。提高显示屏的分辨率和响应速度成为这段时间的重要发展目标,智能座舱逐渐幻化成型。

中央显示屏的引入可以帮助人们解决过去的诸多问题，如出远门或者前往陌生目的地时的导航等。此外，由之带来的信息集中和层级特性也帮助人们释放了车内空间，只需要保留车窗等重要实体按键，其他的便可收入一屏之内。

a) b)

图 1-2　大众桑塔纳车载娱乐系统及宝马 7 系中央显示屏

2006 年，美国开放全球定位系统（Global Position System，GPS）民用化，基于触屏显示的导航功能成为推动座舱电子化的强劲动力。

2012 年，特斯拉 Model S 在美国上市，搭载 17in 嵌入式中控屏幕，基本取消物理按键。

技术的进步推动着万物互联，也推动着领域融合与借鉴。HUD 是普遍运用在航空器上的飞行辅助仪器，其最早出现在军用飞机上，以降低飞行员需要低头查看仪表的频率，避免注意力中断以及丧失对状态意识的掌握。随后，因为 HUD 的方便性以及能够提高飞行安全，民航机也纷纷跟进安装。因为硬件成本高，交互体验一般，HUD 在汽车行业的应用虽不广泛，但近几年也备受关注。

2014 年，HUD 厂商 Navdy 发布集导航显示、语音交互、手势操作、收发邮件等功能于一身的后装 HUD 产品，如图 1-3 所示。

图 1-3　Navdy HUD

互联的一个重要体现是跨平台，除了我们耳熟能详的手机、PC、智能家居等，车机也逐渐走向开放。2014 年，安卓 Auto（图 1-4a）和苹果 CarPlay 分别发布（图 1-4b）。安卓 Auto 是谷歌推出的专为汽车所设计的安卓系统，旨在取代汽车制造商的原生车载系统来执行安卓应用与服务并访问与存取安卓手机内容。CarPlay 是苹果公司发布的车载系统，它将用户的 iOS 设备与车机系统无缝连接，用户体验也延续苹果家族设计风格。2016 年 6 月 13 日，苹果在全球开发者大会（WWDC）上表示，该公司的智能车载系统 CarPlay 将与 iOS 10 一同更新，成为新版苹果地图和 Siri 的最佳搭档。2017 年 3 月，马自达宣布，将安卓 Auto 和 CarPlay 功能加入其产品阵营当中。

a)　　　　　　　　　　　　　　　　b)

图 1-4　安卓 Auto 和苹果 CarPlay

此外，座舱的发展也得益于材料技术的突破。2017 年，奥迪在多款车型上配置全液晶仪表盘（图 1-5a）。2018 年 CES ⊖ 上，伟世通发布智能座舱系统 SmartCore（图 1-5b），其基于域控制器整合车载中控和仪表盘等座舱零部件，代表主流域控制器方案开始向市场推广。

a)　　　　　　　　　　　　　　　　b)

图 1-5　奥迪全液晶仪表盘和伟世通 SmartCore

如图 1-6 所示，2019 年 CES 上，多家车企、零部件供应商和科技企业发布完整智能座舱解决方案，整合人工智能、虚拟现实（Virtual Reality，VR）等前沿科技。

⊖ 国际消费类电子产品博览会（Consumer Electronics Show，CES）：每年一月在美国拉斯维加斯举办。CES 始于 1967 年，是世界上最大、影响最为广泛的消费类电子技术年展，也是全球最大的消费技术产业盛会。

a) 红旗"旗境"智能座舱　　b) 宝马联动天猫精灵　　c) 佛吉亚智能座舱

图 1-6　2019 年 CES 上的完整智能座舱解决方案

2020 年，智能座舱方案陆续面世，包括主机厂、供应商及科技互联网公司纷纷进军智能座舱领域：阿里旗下斑马网络发布新一代智能座舱系统；华为智能座舱解决方案发布（图 1-7），三大平台应用于汽车领域。

图 1-7　华为解决方案助力极狐及宣传语

从以上描述中不难看出汽车座舱的演变特点之一：功能从分散到集中，控制从独立到整合。如果将中控屏的出现视作智能座舱的起点，那么智能座舱的发展经历了整体基础—细分产品—融合方案的格局变化。先是整体的电子电器架构和操作系统的出现，随后各细分产品逐渐装载到车上，如今的趋势是各产品的整合协同。

从感官上来看，座舱智能化拓展了乘员与车的交互方式，正在逐步引领乘员与车的交互走向多元化。从一开始的全物理按键交互（触觉），到触屏控制（视觉开始登上舞台），再到多模交互（语音、手势、视觉等新技术的出现以及融合），技术成熟之后的智能助理、人机共驾等，都体现了座舱在人机交互方面的创新推动作用，且逐渐向着个性化、高情商、简单便捷的方向贴近，感知更加多模、决策更加主动、交互更加人性。随着技术的进一步发展，未来座舱的体验也会迎来更大的突破。

1.3 智能座舱场景

前面提到了智能座舱是用技术去整合可以交互的内饰或零部件，去解决原来不敢解决的痛点，下面介绍一下座舱的人机交互有什么特色。提到人机交互，大家都不陌生。在手机时代，用手来对手机进行输入，与手机内的各种应用程序进行交互，最终手机通过图形界面、声音和振动反馈进行输出。例如，用手来上下滑动切换抖音上的短视频。

如图1-8所示，当与座舱交互时，乘员的输入方式会包含语音、视线、手势等多种模态，以控制座舱内的座椅、空调、车机等内饰和功能部件，最终座舱通过视觉、听觉、嗅觉等反馈方式进行输出。例如，乘员可以用语音对座舱说："有些疲劳"，座舱就会通过香氛系统释放薄荷味道来缓解疲劳。座舱的交互方式很立体，座舱的人机交互设计也会比较复杂，更有挑战。在介绍座舱如何做人机交互设计案例前，先系统性地了解一下消费品及特斯拉的人机交互设计给我们带来的启发。

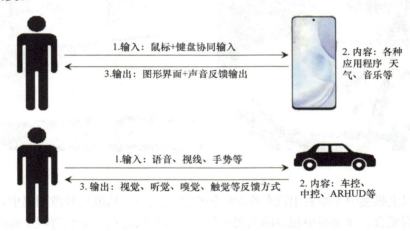

图1-8 座舱人机交互与普通人机交互对比

1.3.1 消费品的设计原则

提到消费品，我们都知道在C端用户的终端产品中，苹果的产品得到了广泛的认可。iPhone的问世也开启了移动互联网的时代（图1-9）。大家不禁要问，为什么苹果可以成功？是因为乔布斯[①]的偏执？是因为技术的革新？还是因为苹果的简约设计？其实有很多要素堆叠在一起共同促成了苹果的成功。接下来将列举几个苹果成功的关键要素。

[①] 史蒂夫·乔布斯（Steve Jobs，1955—2011），苹果公司联合创始人。

图 1-9 iPhone 的革新性

（1）精准的产品定位　iPhone 颠覆性的设计是它使用的触摸屏开启了全新人机交互方式。苹果最初为什么要做一款触屏手机呢？iPhone 之前有很多掌上计算机（Personal Digital Assistance，PDA），包含平板计算机和一些手机已经触控屏幕的应用，但大多都是依靠触控笔使用的电阻屏。乔布斯最开始的初衷其实是想要在平板上实现可以直接用手打字的功能，探索更简单和自然的交互方式。但是苹果研究出了一款能实现惯性滚动的原型之后，乔布斯决定先把这个技术在 iPhone 上实现。

就像前面所说，其实 iPhone 不是第一个触控屏手机，触控屏在此之前也已经在其他手机和屏幕设备上被运用，但大多是由触控笔来交互的。那些设备的界面还是和计算机类似，需要一层一层地依靠触控笔的精确瞄准点选菜单。同时，iPhone 也不是第一个可以直接用手触控的电容屏手机，第一个电容屏触控手机是由两个品牌联合推出的 LG Prada，但是交互上没有任何突破，比如键盘仍旧是 9 键。iPhone 甚至也不是公认的第一个智能手机，国际商用机器公司（IBM）的 Simon 被普遍认为是第一个，虽然形态和设计上距离今天的智能手机差很多，但是它的确是一个智能手机。

iPhone 的颠覆性其实在于苹果团队在研发它的时候的定位：一个能打电话和上网的计算机，而不是一个更多功能的电话。这样的定位才促成了这种新型交互方式。这样的思路才诞生了一个有着计算机的功能，却是一个手机大小的设备，这种前所未有的定位也推动了苹果决心投入大量时间和精力给这种交互形式，对比于用触控笔与屏幕的精准交互，手指直接与屏幕交互是非常丝滑的，而为了支撑这个交互方式的流畅运行，苹果最勇敢的举动是设计了一套安全高效的操作系统（Operating System，OS），这个 OS 不仅仅将硬件的算力发挥到极致，也为 App Store 所支撑的繁荣生态的构建打下了坚实的基础。

而好的想法需要技术落地的支撑，多点触控屏其实早在 20 世纪 80 年代就被学术界实现。1999 年，特拉华大学的研究生韦恩·韦斯特曼（Wayne Westerman）发表了一篇博士论文，详细介绍了多点触控电容技术，后来他和导师成立了 FingerWorks 公司，研究了一系列基于多点触控手势的产品。

FingerWorks 于 2005 年被苹果公司收购，这也为 iPhone 触摸屏的实现提供了坚实的技术支持。

iPhone 的实现是由独特的创新定位、技术的保证、决绝的研发投入一起实现的。回顾其研发历史可以一窥究竟：2004 年苹果公司决定要在手机上实现多点触控屏，2005 年收购 FingerWorks，2007 年初就发布了 iPhone。众多苹果成功的因素中，最伟大的莫过于他们敢于提出一个精准的定位并持续努力去实现目标。

（2）极简的产品设计　"极简"的核心不是简单，而是降低认知负荷。苹果正是践行了这个设计原则，iPhone 才能够在近 10 多年的产品迭代中保持传承，保持领先。

如图 1-10a 所示，苹果巧妙地使用直线、圆形、圆弧等大众认知度高的基础几何图形来更自然地获得更多用户的认可。以 iPhone 6 为例，其按键、传声器、扬声器、摄像头等重要部件都只由直线和 1/4 圆弧或 1/2 圆弧构成。

图 1-10　iPhone 设计中的基础几何与规范化图形

如图 1-11 所示，苹果也擅长运用对称性来突出视觉平衡和稳定性，减少认知成本。例如，Home 键上下的空白宽度相同、背面苹果 logo 和 iPhone 标识分别是上半部和下半部的重心；无论是直边的 iPhone 4、iPhone5，还是曲边的 iPhone6，底视图都做到了水平和竖直对称。

图 1-11　iPhone 设计中的对称

如图 1-10b 所示，苹果规范化图形的使用，能使人以组认知图形，而不是逐个认知。iPhone 屏幕上所有的图标都是标准化的圆角化正方形。在我们的视觉认知中，它们构成了一个大族，处于相同的等级，都是单个 App，当需要使用的时候才会关注每个图标的细节来和其他图标进行区分。

（3）至上的用户体验　苹果产品的用户大多对苹果产品的用户体验给予很高的评价，这些都离不开苹果秉承着用户体验至上的理念。例如，为什么其他的苹果设备上都有自带的计算器 App，唯独 iPad 没有呢？第一代 iPad 发布前一个月，乔布斯发现自带的计算器 App 只是一个 iPhone 计算器放大版，所以对这样的设计很不满意，并决定如果不能在发布之前设计新的用户界面（UI），就不在 iPad 上搭载计算器 App。现任高级副总裁克雷格·费德里吉（Craig Federighi）在解释为何直到今天 iPad 上还是没有自带计算器 App 时说："如果不能给人惊艳的感觉的话，我们宁愿不上线这个 App。"通过这个例子不难看出，苹果做减法的魄力值得我们借鉴（图 1-12）。

图 1-12　给用户体验减分的功能要果断删除

另外，苹果善用软硬件一体，打造独特的用户体验。苹果在多款 iPhone 产品中启用了自研的芯片 A 系列芯片，虽然芯片的参数对比高通不是最好的，但是软硬一体的设计，使得 iPhone 的触感成为最丝滑的，从而保证了良好的用户体验；为了使得 Mac 兼顾性能、渲染、功耗，苹果设计了一款 Mac 专用的 SOC-M1 芯片，打造了个人计算机用户体验的巅峰（图 1-13）。

a) 滚动　　　　　　　b) 放大或缩小　　　　　　c) 旋转

图 1-13　苹果 Mac 产品的 trackpad 专用手势操作

　　　　d）轻点来点按　　　　　e）辅助点按（右键点按）　　　　f）智能缩放

图 1-13　苹果 Mac 产品的 trackpad 专用手势操作（续）

　　最后，苹果设计了设备独有的操作习惯、OS、界面设计等，增加了用户黏性。苹果为 iPhone、iPad、Mac、AirPods 等产品设计不同的交互方式，使得每个产品都能结合使用场景有一套完整的交互，同时也能把共性的交互进行延展，这些设计培养了用户新的交互习惯，增加了用户的品牌切换成本，从而极大地增加了用户黏性。

　　总结一下苹果在产品设计上的精髓：精准的设计定位、极简的产品设计、至上的用户体验，其实每一步看起来容易，想要践行很难。上面的这些精髓，可以用于启发智能座舱的场景设计。

1.3.2　特斯拉的第一性原理

　　在详细研究了作为消费品代表作的苹果的设计哲学后，下面将目光回到在汽车行业一家同样有代表性的公司——特斯拉（Tesla）。特斯拉以纪念美国物理学家尼古拉·特斯拉（Nikola Tesla）命名，由两位硅谷工程师于 2003 年创立，埃隆·马斯克（Elon Musk）是联合创始人之一。

　　创立之初，由于电动跑车 Roadster 生产成本失控，特斯拉差点倒闭，马斯克出任首席执行官（CEO）后进行了大刀阔斧的改革，裁员、融资，慢慢将特斯拉带上正轨。2010 年，特斯拉成功登陆纳斯达克，融资 2.26 亿美元。在电动跑车 Roadster 获得成功后，特斯拉又相继推出了 Model S、Model X、Model 3 和 Model Y 等车型。截至 2021 年 8 月 16 日收盘，特斯拉市值 6793 亿美元，稳居全球汽车市值第一，也突显了市场对特斯拉的看好。

　　两位创始人最初创立特斯拉的原因很大一部分受到通用汽车 EV1 停产的影响。如图 1-14a 所示，EV1 作为一部量产的纯电动汽车，由于续驶里程只有 140km，表现并不优秀以及对传统燃油汽车地位的撼动而被召回碾毁。在生产了 1000 多辆之后，通用在 2002 年宣布放弃。特斯拉创立之初就是想证明电动汽车和燃油汽车比，并不会在性能上有所逊色，甚至可以比传统汽车更好、更快、更有趣。因此，充电速度和续驶里程成为特斯拉解决人们对电动汽车有所顾虑的技术核心。设计上，为了使人更容易接受电动汽车，特斯拉也在EV1的基础上打破了以前电动汽车被开玩笑称为"美化的高尔夫球车"（图1-14b）的刻板印象。特斯拉Roadster作为第一个使用锂离子电池的量产纯电动汽车之前，20世纪70年代初的石油危机给电动汽车带来了一丝发展趋势，但那时的铅酸电池容量有限，导致电动汽车的体型非常小，也没有被精心设计，看起来只是像一个美化的高尔夫球车。

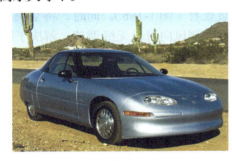
a)

b)

图1-14　高尔夫球车类型的电动汽车及通用EV1

特斯拉成功的背后离不开马斯克在各种至暗时刻的坚持与努力。而当各种媒体采访马斯克为什么能够带领特斯拉取得成功时，他说道："我相信有一种很好的思考架构，就是第一性原理，我们能够真正地去思考一些基础的真理，并且从中去论证，而不是类推。我们绝大多数时候都是类推地思考问题，也就是模仿别人做的事情并加以微幅更改。但当你想要做一些新的东西时，必须要运用第一性原理来思考。"

我们可以将第一性原理简单理解为：打破知识的桎梏，回归到事物本源去思考基础性的问题，不照搬经验，从物质的最本源出发思考事物，尝试用解耦的方式去解决问题。

举例来说，在制造电动汽车的过程中，最大的成本来源于电池组件。特斯拉研发团队发现电池组件成本每千瓦时要几百甚至上千美元，但埃隆运用第一性原理思考，把电池分为铝、镍及一些聚合物，再对生产流程、产地、供应链每一部分进行优化，最终将电池组件成本降低到每千瓦时100多美元甚至更低，提高了电动汽车大规模量产的可能性。

除了在电池领域的第一性原理，特斯拉在座舱领域也采用了第一性原理。首先，特斯拉坚持不在原来成熟的座舱体系上进行研发，不走寻常路。其次，思考座舱到底需要哪些零部件？哪些零部件是可以简化的？座舱的按钮是否可以被集成化？座舱功能的最小集是什么？随着这些问题一步步得到答案，特斯拉一步步简化座舱的设计，整体的设计精髓体现在：简约却不简单。

从第一代 Roadster（图 1-15b）起，特斯拉就把当时传统车辆中控区域（图 1-15a）比较复杂的按钮简化了至少 50%。到了第一代 Model S，特斯拉推出了一块 17in 的大屏，去掉了中控区域所有的按钮，采用触屏方式进行车辆控制（图 1-16a）。同时，首次采用桌面式地图，减少交互层级，把导航这个用户使用最频繁的功能层级前置到桌面，连点击的动作都省略了。紧接着，在 Model 3 的座舱设计中，去掉了仪表，将仪表原本该显示的车速、剩余电量等关键信息放到中控大屏的最左侧，以便驾驶员查看（图 1-16b）。同时，将空调采用了隐藏式设计，去掉明显的出风口，使得空调风向可以无缝调节，解决了固定出风口的风向受阻问题。

a) b)

图 1-15 传统车辆中控区域及第一代 Roadster

a) b)

图 1-16 第一代 Model S 及 Model 3

通过特斯拉在座舱方面的一次次迭代，不难看出，特斯拉把极简美学也应用到了极致，尽量提供给用户一个简单的交互方式。这背后都离不开一次次的灵魂拷问，一次次第一性原理的思考。在第一性原理的指导下，特斯拉在座舱设计方面持续给用户带来惊喜。

综上所示，智能座舱就是用技术去整合可以交互的硬件（内饰或零部件）和软件（音乐、导航等网联服务功能），以解决用户用车场景中原来不敢想、不认为可以解决的痛点。无论是苹果在产品设计中的精髓（精准的设计定位、极简的产品设计、至上的用户体验）还是特斯拉的第一性原理，都给智能座舱的场景设计带来了重要的启发。第 1.4 节将进行设计上的实践，通过一个真实案例来介绍如何设计一款"划时代"的智能座舱。

1.4 案例：长安 UNI-T 智能座舱及场景设计

想要做一个好的产品，第一步，就是要有明确且坚定的目标。2018 年 7 月，地平线与长安 UNI-T 项目组就 UNI-T 的车型定位、用户画像、车型配置进行了充分讨论，明确了这是一款为 95 后打造的人生第一款车。而这款车主打的卖点就是智能化。因此，在项目最初阶段就设定了一个目标，要做一款超越当时体验的智能座舱，要让用户对这款车的"智能"体验与之前所有车的体验有明显的代际差。

（1）深挖用户需求　虽然明确了设计目标，但是需要解决哪些用户痛点，如何去解决原来不敢解决的痛点成为摆在项目成员面前的第一个挑战。于是，关于什么才是 95 后用户心中所期待的智能汽车的问题持续研讨了 3 个月（图 1-17）。项目成员通过各种渠道和方法，系统性地收集了当时智能座舱中的痛点，在经历产品和研发 30 多场头脑风暴后，梳理总结出了 57 个场景需求。

图 1-17　头脑风暴、用户访谈及实车体验

（2）巧用第一性原理　梳理好第一批场景需求后，就进入了最困难的"实现"，也就是将前人所不敢想，所不敢解决的问题通过智能技术解决。很多人第一次看到 57 个场景需求的时候，都觉得这件事是"天方夜谭"，无法想象这些场景可以实现，并且在未来 6 个月实现量产。而项目组的处理办法，就是巧用第一性原理。将所有解决问题的阻碍统统"煮沸"，从中挖掘出最本质的东西，去解决，去实现：

1）驾驶员开车时的交互痛点是什么？

2）驾驶员的主要任务是驾驶，那如何减少驾驶员的交互步骤？

3）如果有一套技术方案可以理解驾驶员当前的状态和意图，主动进行交互，那这套系统是不是足够智能？答案是肯定的，但要如何做出这套系统？

4）如果驾驶员在开车时感到疲劳，那他们通常会放点动感的音乐，开个空调，调整一下空调吹向以帮助自己缓解疲劳。是否可以简化这个步骤？是否可以将缓解策略做得更好，主动帮助用户在更长的时间内摆脱疲劳？用户疲劳的真正表现是什么？如何通过技术去主动识别？

5）驾驶员在开车时，经常因为注意力不集中而错过路口，是否可以通过技术去识别驾驶员的状态并在合适的时候提醒？如何识别驾驶员注意力是否集中？什么是路口分心？

随着一个一个刨根问底的问题，一步一步的探索，最终实现了多个场景的成功量产。下面将以如何识别驾驶员注意力集中作为一个案例分享如何将一个不可能的解决的场景变成"量产"。

第一步，研究行业内前辈们对注意力不集中的一些成果，站在巨人的肩膀上去解决问题（图1-18）。

图1-18 从行业论文中寻找理论依据

第二步，建立一个真实的注意力不集中环境，基于行业论文的信息总结收集用户在真实行车场景中的生理特征，探索用户注意力不集中的具体表现。基于此制定真实的数据采集计划和方案（图1-19）。

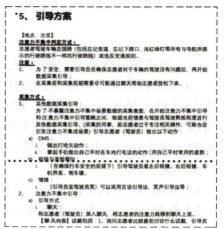

图1-19 制定真实的数据采集计划和方案

第三步，如图 1-20a、b 所示，选择一个真实路段，招募采集志愿者、协调和部署采集设备，采集数据。

第四步，如图 1-20c 所示，通过摄像头、传声器、文字等详细记录用户在驾驶过程中的表现。

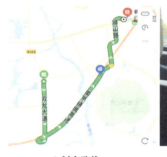  

a) 制定路线　　　　　　b) 采集数据　　　　　　c) 记录表现

图 1-20　数据采集过程

第五步，结果分析与归纳总结（图 1-21）。

```
~10:00  没有右转，也没有发现，后来发现要右转         两个RGB时间差是5
 12:00  没有右转，也没有掉头（连续两次）说话，甚至都没有发现走错路了
 22:00  没有走右转车道，无法右转
 32:00:00 该右转没有右转（也有导航显示问题，没有特意研究路况）（大环岛，路况有点复杂）
 38    没有进左转道                     说话（导航语音提示得有点晚，可能也没有看过导航）
 43    没有下高速路口                    听人说活，不知道走错了
 46    顺利下匝道
 48    应该上桥                        忘记变道了
```

图 1-21　结果分析与归纳总结

第六步，通过策略校验来验证归纳总结的策略是否准确（图 1-22）。具体来说，基于制定的策略让第三方标注注意力集中和不集中的场景视频，看是否可以正确标注。之后基于结果优化及迭代策略。

截至目前，已基本上实现了通过视觉算法识别驾驶员注意力不集中的情况，可如何对驾驶员进行提醒才不会错过路口呢？为什么平时有导航播报也还是会错过呢？

经过研究发现，用户错过导航播报是因为导航播报的音色和音量与平时的播报提醒没有区别，很容易在注意力不集中的时候忽略重要的播报。因此，导航错过路口的提醒，一定要以更显性的方式播报，例如，可以在仪表盘做闪烁图标提醒、播放特殊音色的提醒音频、方向盘振动等。

那什么时候进行提醒既能及时提醒用户驶出路口，也能保障用户安全的减速变道呢？接下来是产品上市前最后也是最重要的一步：实车测试，通过实际驾驶

体验，收集反馈数据并更新迭代提醒时间和提醒策略。

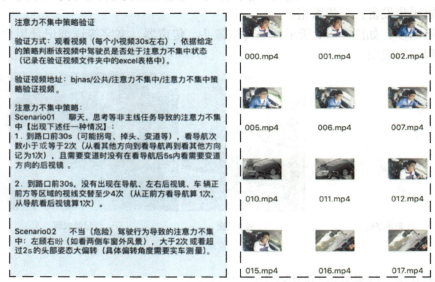

图 1-22　策略及效验示例

　　上述例子详细展示了如何通过第一性原理从源头上来解决问题，更好地进行座舱产品设计，做到足够"智能"。同时，为了兼顾用户体验至上的原则，在产品开发过程中和产品上市后，也需要不断实车测试产品的实际效果，并基于测试结果分析、迭代产品策略。此时，一个可以快速、灵活配置更新的上层应用系统就显得极为重要了。为此，座舱团队专门开发了 Antares 端云一体的场景开发框架，帮助产品/用户体验师快速分析数据，更新场景逻辑，极大地缩短了场景开发周期和流程，具体信息将在本书的第 8 章进行详细讲解。

　　座舱领域的用户痛点还有很多未被满足。随着自动驾驶技术的发展，"人机共驾"和"第三生活空间"的需求渐渐凸显。用户对座舱的需求也不再仅限于"车"这个概念。相信，随着科学技术的进步与迭代，未来智能座舱会迎来更多的突破，解决现在不敢想象的痛点。

1.5　练习题

1. 智能座舱和传统座舱的区别是什么？
2. 智能座舱演进的源动力是什么？
3. 苹果消费品的设计原则包括哪些？
4. 特斯拉的第一性原理是什么？
5. 苹果和特斯拉在产品设计上共性的美学是什么？

Chapter 02

第 2 章
智能座舱技术架构及整体开发流程

第 1 章主要介绍了智能座舱相关的定义、发展历程、常见场景与设计标准。本章将详细介绍智能座舱的技术架构及整体开发流程。本章也是后面几个章节的基础,通过对本章的学习,读者可以对智能座舱的架构及开发流程有一个大概的了解,并且可以清楚后面几章内容在整体架构及流程中所处的位置。

2.1 技术架构

智能座舱是一个跨行业、多领域技术高度融合的产品。其产业链长,体系结构复杂,涉及的技术也很广泛:从芯片到操作系统,从车端到云端,从通信到控制,从驾驶域、控制域到娱乐、导航、音乐等上层应用,从图像传感器到音频传感器,更包含机器学习、深度学习、信号处理等各类算法。因此智能座舱的技术架构非常复杂,没有统一的标准,在技术规划时需要考虑场景、资源、多方协同,甚至法律等多方面因素(后面会详细介绍)。特别是在车端,座舱发展经历了从分布式到集中式多个阶段,其对应的技术架构也在不断变化。

在传统座舱中,仪表、娱乐、中控等系统相互独立,主要由单一芯片驱动单个功能/系统,通信开销大。随着芯片的运算能力呈指数级提升,可以满足一些域控制器的基本硬件条件,甚至可以满足自动驾驶的算力要求,各大芯片厂商都推出了算力匹配的主控芯片,从而让座舱的技术架构往中心式的方向发展。中心式架构允许智能座舱作为单独的域出现,有利于产品的统一性,因此座舱域控制器的发展在一定程度上又代表了座舱技术架构的发展。在本节中,我们首先将简要介绍座舱的整体架构及其组成部分,接下来分车端与云端分别进行详细介绍。在介绍的过程中,我们也会举一些真实的例子,便于读者理解。

2.1.1 整体架构

图 2-1 所示为一个典型的座舱整体框架示意图,可以看到端侧主要包含硬件平台、系统层、框架层以及应用层 4 个部分。

1. 硬件平台

硬件平台包含了智能交互、通信以及网关 3 个单元。其中通信单元实现互通互联,包含 GSM/GPRS/C-V2X、GPS、WiFi 以及蓝牙等的无线连接。网关单元用于保障座舱域内安全可靠的数据传输、内置存储和常用网关接口,包括车载以太网(ETH)、控制器局域网(CAN、CANFD)、本地互联网(LIN)和 FlexRay 等接口。因为这两个模块属于比较标准的模块,这里不再赘述。对于智能座舱开发者来说,接触最多的是智能交互单元,因为这个单元主要用于处理各类传感器的感知结果(音频、视频或其他信号),并且将处理后的结果传入处理器进行推理计算。为了确保 AI 算法模型的高效运行,将会使用多种不同类型的 AI 芯片。我们将在本书的第 3 章专门讲述这类 AI 芯片的相关知识。

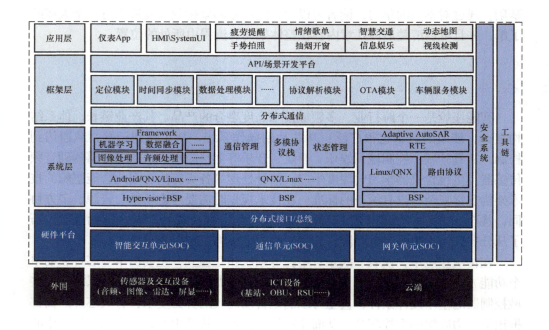

图 2-1 座舱整体框架示意图

2. 系统层

系统层直接运行在硬件之上，用于提供底层的算法、通信、状态管理等服务。一般来说，系统层先是通过虚拟机监视器（Hypervisor）+板级支持包（Board Support Package，BSP）的方式实现硬件平台的虚拟化，使得系统软件可以更方便地与不同硬件平台对接。Hypervisor可以被简单地理解成我们在计算机中使用虚拟机（Virtual Machine），一种可以运行在硬件平台与座舱操作系统之间的中间软件层。在系统层中，还有一个模块叫作汽车开放系统架构（Automotive Open System Architecture，AutoSAR），这是一个由全球各家汽车制造商、零部件供应商以及各种研究、服务机构共同参与的一种汽车电子系统的合作开发框架，并建立了一个开放的汽车控制器（ECU）标准软件架构。许多中国厂商都是AutoSAR联盟成员，如长城、东风、一汽、上汽、吉利、蔚来、拜腾、宁德时代等。AutoSAR成立的初衷是通过提升OEM以及供应商之间软件模块的可复用性和可互换性来改进对复杂汽车电子电气架构的管理。为此，AutoSAR对应用软件与底层软件之间以及应用软件之间的接口进行标准化，给出一个控制器软件参考架构，而且规范分布式开发流程中的交换格式。这样，整车厂和供应商就可以专注于功能的开发，而无需顾虑目标硬件平台。打个简单的比方，整车和零部件就好比是计算机和外设的关系，它们之间通过标准的USB接口来连接。然而在实际应用当中，AutoSAR还是有诸多限制，例如，目前提供AutoSAR开发工具链及基础层软件的基本上就Vector、Elektrobit（Continental）和Bosch三家，由于各家对AutoSAR标准的理解和具体实现方式不同，导致它们的基础层软件在某些方面是不兼容的，这使得应用时的灵活性受到了限制。其次，AutoSAR的整套工具链价格还是相当昂贵的，特别是对于一些小供应商来说。另外，传统AutoSAR用的是静态操作系统，其进程的数量、优先级、内存分配等都是固定的。一旦需要做一个改动，比如添加一个通信信号，都需要重新生成一遍整个ECU的代码并刷写，不够灵活。于是人们又开发出了Adaptive AutoSAR，来满足汽车越来越高的智能化以及越来越快的功能和软件更新频率要求。AutoSAR目前主要用于仪表和车机部分，对于智能座舱开发来说，主要关注点在框架（Framework）及通信，因为在这里主要用于提供机器学习、数据融合、图像及音频处理等基础软件开发包（Software Development Kit，SDK）及内部数据通信协议，从而支撑上层感知功能的开发及运行。我们将会在下面用实际例子加以说明。

3. 框架层

基于系统层提供的感知、通信及管理等基础服务，框架层主要是实现座舱不同功能的模块化，用于上层座舱场景的开发。以图2-1中的框架层为例，这是一个典型的面向服务的架构（Service-Oriented Architecture，SOA），这种架构既可以实现业务和技术的分离，又可以实现业务和技术的自由组合，为上层的场景开发带来便利。为此，这里还专门基于这些模块提供了场景开发平台，以进一步降低场景开发的难度。对于智能座舱来说，这里的模块除了常用的空中下载技术（OTA）、协议解析等模块外，还可以包含各类感知模块，如情绪感知、行为动作感知、疲劳感知等。场景开发平台可以根据这些感知结果进行具体的场景开发，例如，检测到驾驶员轻度疲劳时进行语音提醒，检测到抽烟时开窗，检测到打电话时降低音响音量等。我们也将会在本书的第 6 章详细介绍座舱中常见的场景算法及实现。

4. 应用层

该层就是座舱用户直接体验到的各类场景及功能。常见的座舱场景及应用已经在本书的第 1 章介绍过，这里不再赘述。

除了上面 4 个部分之外，智能座舱还包含各类外设，例如，以摄像头、传声器为代表的舱内传感器，以触摸屏为代表的人机交互设备，还有通信设备以及用于 OTA 及个性化服务的云端等。因此我们可以看到，当前智能座舱系统拥有智能化、网络化的特征、同时覆盖端侧与云侧，通过端云一体的方式为座舱用户提供主动、人性化的关怀。目前智能座舱架构没有统一标准，不同厂商会根据业务、车型及硬件平台搭建不同的架构，下面我们以地平线机器人推出的 Halo 智能座舱解决方案以及斑马智行智能座舱操作系统为例加以说明，方便读者参考。Halo 智能座舱是地平线机器人基于其征程系列芯片而打造的智能座舱产品，并且于 2020 年在长安 UNI-T 上首次实现了量产。斑马智行智能座舱基于 AliOS 打造，在智己 L7 等车型上得到应用。

如图 2-2 所示，Halo 智能座舱架构包含了硬件层（车机硬件、各类传感器等外设）、系统平台（HAL+ 驱动）、Android Framework 车机服务和基于 Antares 策略中心的框架层，以及最终的交互应用层（包含第三方应用）。除此之外，还有 J2 中的系统与感知软件，这些是后续算法与开发的重心之一。在外设方面，有专门的地平线云提供相关的 OTA、账号、数据等服务。以手势举例，主要以摄像头（车机硬件）为感知终端，并且将相关的图像信息输入地平线推出的 AI 芯片中（以 BPU 为核心 IP 的 SoC，我们将会在本书第 3 章做详细介绍）进行手部区域检测与手势识别，这是因为相关的检测与识别模型均运行在 AI 芯片中。以上流程均是在系统平台与硬件的支撑下完成的。为了方便 J2 端感知算法的开发与扩展，以上手势识别模型可以在插件化模块中进行集成。另外，手势识别结果及交互指令也会通过决策中心发送给车机服务模块和交互应用模块，用于实现系统音量调节等场景。而在云端，除了常见的 OTA 服务外，还有账号管理、数据安全等服务，并且逐步扩展到个性化服务，用于实现部分场景的千人千面特征。

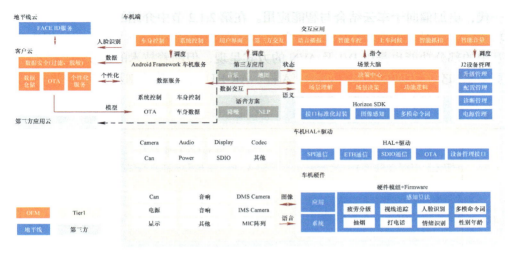

图 2-2 Halo 智能座舱架构

图 2-3 所示为斑马智行智能座舱架构（又称为斑马智行智能座舱操作系统），它是基于 AliOS（淡蓝色部分）打造的一种全新的多核分布融合架构，包含生态娱乐核、安全仪表核、实时自驾核、实时车控核，既有负责安全的微内核，也有宏内核，可同时满足车内不同域的功能隔离和功能安全要求。最后通过 SOA 的框架把多核整合起来成为一个虚拟化的整体大操作系统。在图中我们可以看到，该架构分为了三个核（Core），分别是仪表 Core、车机 Core 以及 AI 智能 Core，通过系统级 Fusion 技术将三个系统整体融合打通。可同时支持仪表 Core 和车机 Core 的运行。因此，图 2-3 与图 2-1 最大的区别在于：图 2-1 是通过不同操作系统（QNX + Android + Linux）+ 应用级融合中间件来"拼装"智能，本质上仅是两个系统间的简单"通信"和应用端部分数据融合，而图 2-3 是基于底层操作系统级别的融合，才能让汽车内的各个端真正融为一体。另外，图 2-3 中异构融合式的操作系统方案能够充分发挥硬件平台的优势，大幅提升操作系统的流畅性和协同性，这也代表了智能座舱架构未来的发展趋势。下面我们将会从车端与云端两个方面分别进行剖析。

2.1.2 车端

从功能的角度看，目前车端交互呈现出了两个功能各异但相互协作的子域——交互娱乐域和交互感知域。在详细讨论前，我们先明确两个经常用到但容易混淆的名词：车载信息娱乐系统（In-Vehicle Infotainment，IVI）和音频视频及导航（Audio, Video and Navigation，AVN）。IVI 是集成于汽车中控台的智能多媒体设备。AVN 是音频、视频、导航集成一体化的车载主机。因此简单来说，IVI 和 AVN 都是车载主机的代名词，有诸多重复性的功能，但 IVI 是 AVN 的下一代，更加偏向于车云结合与智能应用。在第 2.1.2 节中介绍的应用层中大部分功能最后都是以 IVI 或 AVN 的方式进行呈现的。类似地，图 2-4 所示的娱乐交互中的部分功能也是以 IVI 及 AVN 的方式呈现，但随着技术的进步，车端有了更多感知交互方面的扩展，如透明 A 柱、AR-HUD、手势控制及语音控制等。

图 2-3 斑马智行智能座舱架构

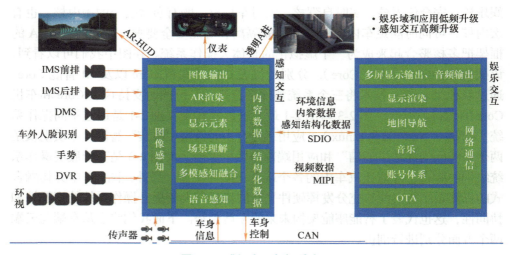

图 2-4 感知交互与娱乐交互

具体来说，感知交互最核心的功能就是从舱内环境（甚至部分已经扩展到舱外，如车外动作控灯）中感知到人员的交互意图，进而衍生出更多的人机交互功能，增强驾驶安全性。通过将部分感知交互数据与娱乐交互共享，进一步增加娱乐交互的体验感。例如，通过对人脸情绪的识别，从而实现情绪歌单的推送；通过对驾驶员疲劳状况的监控，从而在地图导航中提醒驾驶员服务区、咖啡店或酒店信息等。从图 2-4 中我们还可以看到，目前感知交互主要依赖视觉、语音传感器，部分还会有舱内雷达传感器，例如，南京楚航科技研发了舱内毫米波雷达，用于儿童遗留检测等功能，并在多个车型上实现了定点。同时，近年来多模态融合的技术方案可以大大提升感知交互的准确度与体感。例如，通过语音＋视觉的方式可以实现多模命令词，让语音唤醒和命令更加精准；通过语音＋手势（或语音＋视线）的多模态交互，让车窗与音量控制更加人性化；通过毫米波雷达＋视觉的方案，让活体与疲劳检测可以突破遮挡等诸多限制，进一步减少误报及漏报。而真正高性能的感知交互还可以根据具体场景，推送交互请求，如提供咨询信息、提供车辆状态信息、提供"车对人"的主动交互、降低驾驶员在驾驶过程中的交互负担、改善交互体验等。

从架构的角度看，目前端侧也在不断进行着变化，特别是随着智能座舱功能与交互模式的升级，不同系统之间的数据交互需求也在升级，目前业界开始探索在底层系统方面的融合创新。

以 AliOS 为例，面向智能座舱的 AliOS 是管理仪表、车机、后座屏等座舱元素的分布式操作系统。各个子系统承载不同的任务，也具备不同的应用框架和编程接口。同时，通过基于 SOA 的融合机制，AliOS 分布式系统之间可实现硬件互享、服务互通和应用互动，助力开发者打造极具座舱化体验的产品或服务。但是要真正打破多屏间的物理边界，让感知交互与娱乐交互在不同场景应用中无缝衔接，就对操作系统层面提出了感知、连接、计算的融合交互需求。因此，在 2020 年初，斑马智行提出了 AliOS 操作系统演进三部曲战略，即智能车机操作系统、智能座舱操作系统、智能整车操作系统。如今斑马智行已经进入了座舱 OS 阶段，如图 2-5 所示。

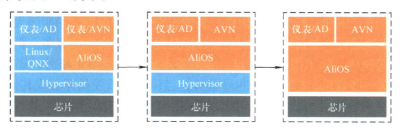

图 2-5　面向座舱的 AliOS 演进图

2.1.3　车云结合

为了优化汽车的移动与"第三生活空间"属性，车与万物互联（Vehicle-to-Everything，V2X）已经逐步成为研究与产品热点，让车辆通过传感器、网络通信技术与周边其他车、人、物联系起来，方便分析决策，如图 2-6 所示。V2X 包含车与车（V2V）、车与基础设施（V2I）、车与人（V2P）、车与云（V2N）四方面。对于智能座舱而言，V2N 尤为重要。一方面，部分场景需要与云端连接提供更加优质丰富的内容服务；另一方面，部分场景也要通过 OTA 来进行升级与更新，确保系统的稳定性与可靠性。本节将详细介绍车云结合中云端的技术架构，以及 OTA 技术的相关内容。最后，我们还会讨论在车云结合中相关的隐私保护与相关法律问题。

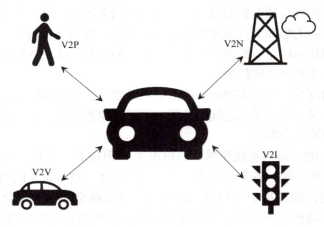

图 2-6　车与万物互联

1. 云端

在实际应用中，云端会为车辆提供各类服务（图 2-7）。因为服务场景及供应商等的不同，这些服务大都独立且分散，因此所对应的架构也有所不同。在本节中，我们主要探讨与人机交互相关的服务。在智能座舱中，经典的人机交互如手势识别、语音识别、行为动作识别、表情识别、疲劳识别、拍照等大都以离线的方式在本地运行，与云端互联的主要目标是提供基于内容的服务。例如，当识别到疲劳驾驶后，除了报警、开窗、香氛等本地疲劳缓解策略外，还有可能通过云端推送一些音乐、广播、呼叫等服务；当识别到驾驶员开心或其他表情后，其音乐歌单也会随之更改，进行更加个性化的音乐推送。因此，杀手级应用＋智能车云逐步取代了本地应用，成为各个车厂追逐的热点。为了实现以上功能，图 2-8 所示为一个典型的华为车云联网框架：车辆及座舱的感知结果通过数据通道入网。在云端主要包含车辆管理及连接管理两大模块。在车辆管理中，可以实现车辆配置（针对场景）、车辆控制、OTA 管理及影子模式来进行数据采集与挖掘。在连接管理中，可以实现车辆认证管理、双向通信监控及管理等。在这两大管理的基础上，可以积累大量的车内外数据，从而在车联网智能体套件中实现更加高层的应用，如规划、分析、告警、画像等，进而为其他平台提供基础数据与应用层面的支撑。

图 2-7　众多云端服务

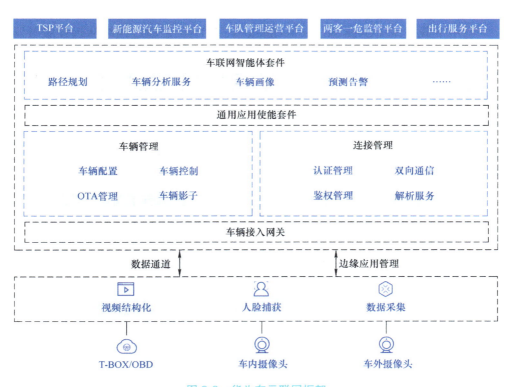

图 2-8　华为车云联网框架

目前来说，车联网云服务逐步朝着公有、私有两大方向发展。例如，以特斯拉（Tesla）、蔚来（NIO）为代表的私有云为相应的车主及车辆提供云端及线下服务；以华为、百度等为代表的公有云供应商提供标准及个性化的车联网云服务。华为智能车联网云服务包含了OTA、数字钥匙以及连接服务。特别是连接服务中，除了基础的可靠性及并发能力上的保证外，还支持多种协议接入、协议插件化、客户灵活定制协议解析规则。百度阿波罗（Apollo）智能车云在业务层面有更多服务，如用户洞察、广告投放、线索筛选、智能场景推荐、驾驶行为分析、售后等。然而，随着移动互联网的发展，部分OEM认识到数据的价值以及隐私保护等问题，要求将车辆、感知及服务数据存储在自己的私有云中，其他计算、业务及场景相关的内容可在公有云中完成，于是开始采用公有云的私有化部署或混合云方案。目前，部分公有云供应商也开始接受这种部署的方式。综上，在开发车云结合相关功能时，开发者可以选择在私有云或本地服务器中实现部分功能开发与调试。在最终量产后，需要考虑云端服务的稳定性、安全性（如通过ASPICE认证）以及可靠性。如果自身私有云无法达到以上要求，则可以考虑选择公有云或混合云进行。

2. 空中下载技术（OTA）

空中下载技术（Over-the-Air Technology，OTA）是通过网络从远程服务器下载新的软件更新包对自身系统进行升级，包含固件升级和应用升级，从而满足终端厂商的应用管理需求和运营商对入网终端的管理要求。如图2-9所示，OTA可以理解为一种远程无线升级技术。具体来说，OTA升级可以分为三个阶段，即生成更新包、传输更新包、安装更新，整个阶段通过网络通信连接，最终实现终端内存储数据的更新，进而改善终端的功能和服务的技术。OTA技术最早应用在PC上，后来广泛应用在移动手机行业，近几年才开始在汽车行业里广泛应用。

图2-9　OTA技术原理

OTA可以让汽车即便在已经离厂并且服役中的状态下，能透过互联网从远程进行系统升级，以达到功能更新或是漏洞补救的目的，从而让车企可以进行车辆的远程诊断、大数据等应用，快速修复系统故障，并增加新的功能等。OTA对于智能座舱尤为重要，这是因为各类算法在出厂前虽然做了充足的测试，但依然不能确保可以涵盖所有的场景，在这种情况下，通过OTA来发现问题并升级算法模型，可以更好地提升整体座舱场景的使用体感。另外，OTA还可以对部分场景实现千人千面，提供更好的个性化服务。

汽车OTA升级分为固件在线升级（Firmware-Over-The-Air，FOTA）和软件在线升级（Software-Over-The-Air，SOTA）两类，前者是一个完整的系统性更新，后者是迭代更新的升级。具体来说，FOTA指的是给一个车辆设备、ECU闪存等下载一个完整的固件镜像，或者修补现有固件、更新闪存，是一个完整的软件安装文件（镜像）下载的过程。SOTA指的是通过无线网络或移动网络将文件从云端服务器下载到车辆上。SOTA一般作为一个"增量"，整车企业仅发送需要更改的部分，在减少下载数量和时间的同时，降低了成本和失败的可能性。软件增量文件和对应于车辆的安全凭据被称为"更新包"，更新包中可能包含多个增量文件和多个ECU的补丁。综上所述，SOTA对整车的要求较低，由于其影响范围有限，且大多是娱乐系统，一般一个稍微高级点的ECU接一个4G网卡就可以实现简单的应用升级。但FOTA的实现（一般需要进行固件更新的都是高阶复杂的ECU）往往涉及整车重要的控制器，包括车身、动力和自动驾驶系统，对整车要求较高。

图2-10所示为OTA架构。OTA云端主要包括五部分：OTA管理平台、OTA升级服务、任务调度、文件服务、任务管理。

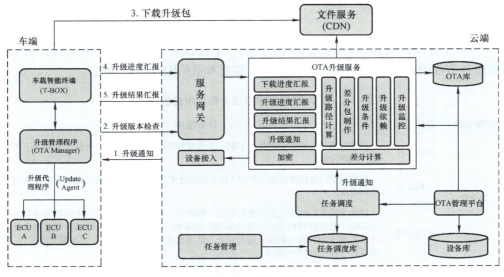

图2-10　OTA架构

待升级的软件包一般由设备软件供应商提供,给到OTA服务营运方。软件包包括要更新的内容,全量还是分量,一个车型,一个批次,还是一个特定群体等,这些包被放在OTA云端服务器上开始交互。车端通过4G/5G网络与云端进行安全连接,并且将全新的、待更新的固件安全地传输到车辆的车载智能终端(T-BOX)。而之后的升级过程,主要由OTA升级管理程序(OTA Manager)和升级代理程序(Update Agent)完成:

1)OTA Manager是整个更新的核心,它负责连接车辆与OTA云平台的管理程序,管理车辆所有ECU的更新过程,它控制着将固件更新分发到ECU,并告知ECU何时执行更新(在多个ECU需要同时更新的情况下尤为重要)。OTA升级任务下发到车辆后,升级管理程序OTA Manager也必须判断车辆条件是否符合。对于不符合条件的车辆,升级管理程序必须中止升级任务并上报给云平台;对符合条件的车辆安全升级完成后,也要上报云端(图2-10所示的步骤4与步骤5)。OTA升级还需要能够灵活定义升级的具体范围、升级时机、升级内容、提示事项以及失败后给用户的失败处理提示,以提升大规模升级中的运营效率和运营体验。另外,它实现了端云的安全通信,包括协议通信链接管理、升级指令接收和升级状态发送、升级包下载、升级包解密、差分包重构、对升级包进行合法性验证,还包括密钥证书管理服务、数据加密服务、数字签名服务等功能。

2)Update Agent是为了兼容不同的车内通信网络和通信协议(CAN、以太网),以及不同OEM间各品牌车型的接口差异而进行封装适配的部分。应对不同安全等级的域控制器(动力系统域、车身系统域、智能座舱域、自动驾驶域)的多个ECU,不同ECU有不同版本的软件。升级先后次序,依赖关系也各不相同。升级代理提供了统一接口,由OTA厂商负责实现接口,完成接口和业务逻辑的适配。

OTA直接影响到用户的使用体验,是一个集技术与运营的复杂工程,需要考虑各方面因素[一]。OTA实操过程中部分需要考量的因素见表2-1。

表2-1 OTA实操过程中部分需要考量的因素

考量方面	具体因素	详细描述
安全性	升级文件	保证升级文件被安全下载到车辆;升级文件不被恶意替换掉;升级文件来自于车企自己的云端
	下载过程	软件更新内容需要认证与加密(标识密钥技术),以保证数据在传输过程中不被仿冒和窃取
	刷写过程	硬件上需专门的安全芯片进行校验、解码,一旦检测到安全芯片中的数据存在安全风险,数据自动销毁;通过汽车功能域隔离,划分不同ASIL等级,通过冗余设计保证整车的功能可靠性;通过安全启动来保证可信软件在ECU上加载启动运行;采用并行独立的OTA路径

一 https://zhuanlan.zhihu.com/p/266041778。

(续)

考量方面	具体因素	详细描述
鲁棒性	传输过程	外界干扰或者其他因素导致刷写异常或者中断，车载 ECU 必须支持软件回滚、断点续传、丢失重传等处理机制
	刷写过程	处理刷写过程断电、刷写失败、刷写后不兼容等，防止车辆变砖
升级速度	下载速度	4G/5G 网络下载；减小包大小；采用静默预下载等逻辑
	刷写速度	刷写过程特别涉及动力域传统 ECU 的刷写，是通过 CAN 网络进行安装包分发的。由于 CAN 传输速率很低，且 CAN 总线负载率要控制在 30% 以内，因此在带宽允许的情况下，尽可能采用并行刷写模式，选取刷写时间最长的节点优先处理等设计原则来减少 OTA 升级时长

最后需要强调的是，OTA 虽然是间歇性的，但也是长期性的。上汽集团殷玮认为，要确保这项工作能够安全、稳定、高效运行，OTA 云平台至少要包含升级模型管理、升级包管理、升级任务、升级策略以及升级日志功能。例如，升级模型管理中包含了配套关系和升级顺序控制，对于升级任务在设备侧的准确完整执行非常重要；升级包管理中需要提供常见的升级包制作处理相关工具，如文件压缩合并、文件签名、加密处理、差分生成等；升级任务中要有相应的模块进行升级任务创建、下发、监控、状态维护等整组活动的管理；升级策略中要有用于描述任务特征和目标设备升级行为的配置，如在整车升级中，升级策略包括静默升级、常规升级和紧急升级的分类，也包括了升级包下载前，是否需要通知用户下载确认的配置；升级日志包括云平台的日志、车端与云平台通信产生的日志和车端升级程序搜集上来的日志，用于升级失败后的分析和支撑升级运维运营管理。

3. 隐私保护及相关法律

在车云结合中，难免会产生各类数据交换、存储、分析以及商业化利用，而在这个过程中，相关的隐私保护已经成为当前智能座舱领域的核心关注点之一。其中最主要的原因是座舱中主要使用摄像头及传声器来进行各类感知，部分数据还可能会被用于用户画像及行为分析，从而通过云端推送来实现千人千面的个性化服务。另外，由于深度学习的自身局限，需要依赖大量的数据进行模型调优，采集并挖掘实车数据成为算法高效迭代的重要途径之一。在这个大背景下，2021年3月爆出"特斯拉通过车内摄像头监控车主"的消息[一]，立刻引发了网络热潮，大量网友对智能座舱便捷性与隐私性进行了大量讨论，以寻找效率与正义的平衡点。本书不赘述各类企业的做法及相关讨论内容，主要介绍国内在法律层面的进

一 https://m.gmw.cn/baijia/2021-03/21/1302178796.html。

展。相信随着监管环境的变化与用户数据隐私意识的觉醒，智能汽车过度收集用户数据并滥用的乱象将在未来一段时间内大量减少。

2021年5月12日，国家互联网信息办公室与有关部门起草了《汽车数据安全管理若干规定（征求意见稿）》（下文简称：征求意见稿），征求意见稿对部分数据的收集及储存都作出了严格规定，如明确和限制了车企可收集的用户数据的范围，此外征求意见稿中的诸多条款也增强了用户对其被收集信息的掌控力，将数据处置权让渡给用户。在数据收集端，该征求意见稿强调，默认不收集原则，除非确有必要，否则每次驾驶时默认为不收集状态，驾驶员的同意授权只对本次驾驶有效。此外，征求意见稿也提出车内处理原则，除非确有必要，否则用户数据不向车外提供。在保护用户数据不被过度收集的情况下，征求意见稿也规定车企必须告知用户收集每种类型数据的触发条件以及停止收集的方式。这一条款将带给用户更多的个人信息支配权。但依据前述条款的原则，车企在保持数据收集正当性的前提下，依然保留了通过用户数据优化产品及算法的空间，在效率与正义之间实现了相对平衡。

2021年6月10日，《中华人民共和国数据安全法》由中华人民共和国第十三届全国人民代表大会常务委员会第二十九次会议通过，自2021年9月1日起施行。该法为我国第一部数据安全领域的专门法律，相较于《中华人民共和国网络安全法》则更强调数据安全保护和行业发展并重，相较于《中华人民共和国个人信息保护法》则更关注数据宏观层面的安全和数据处理的规范，为中国网络、信息及数据安全构筑更加全面和完善的法律框架，也标志着我国数据安全全面进入"法制"时代。

2021年8月，工业和信息化部发布了《关于加强智能网联汽车生产企业及产品准入管理的意见》（以下简称《意见》），目的在于加强智能网联汽车生产企业及产品准入管理，维护公民生命、财产安全和公共安全，促进智能网联汽车产业健康可持续发展。《意见》分为"总体要求、加强数据和网络安全管理、规范软件在线升级、加强产品管理、保障措施"共5个部分、11项内容，具体概括如下：

一是明确管理范围、强化企业主体责任。《意见》明确管理范围为智能网联汽车生产企业及其产品。智能网联汽车是指搭载先进的车载传感器、控制器、执行器等装置，融合现代通信与网络、人工智能等技术，实现车与X（车、路、人、云等）智能信息交换、共享，具备复杂环境感知、智能决策、协同控制等功能，可实现"安全、高效、舒适、节能"行驶，并最终可实现替代人来操作的新一代汽车。《意见》明确企业应落实主体责任，加强汽车数据安全、网络安全、软件升级、功能安全和预期功能安全管理，保证产品质量和生产一致性。

二是加强数据和网络安全管理能力。在强化数据安全管理能力方面，《意见》

明确企业应当建立健全汽车数据安全管理制度，依法履行数据安全保护义务，实施数据分类分级管理，加强个人信息与重要数据保护；建设数据安全保护技术措施，确保数据持续处于有效保护和合法利用的状态，依法依规落实数据安全风险评估、数据安全事件报告等要求；在中华人民共和国境内运营中收集和产生的个人信息和重要数据应当按照有关法律法规规定在境内存储，需要向境外提供数据的，应当通过数据出境安全评估。在加强网络安全保障能力方面，企业应当建立汽车网络安全管理制度；具备保障汽车电子电气系统、组件和功能免受网络威胁的技术措施，具备汽车网络安全风险监测、网络安全缺陷和漏洞等发现和处置技术条件，确保车辆及其功能处于被保护的状态，保障车辆安全运行；依法依规落实网络安全事件报告和处置要求。

三是规范软件在线升级。《意见》明确企业生产具有在线升级功能的汽车产品的，应当建立与汽车产品及升级活动相适应的管理能力。企业实施在线升级活动前，应当确保汽车产品符合法律法规、技术标准及技术规范等相关要求，并向工业和信息化部备案。升级涉及技术参数变更的，要求企业应提前按照《道路机动车辆生产企业及产品准入管理办法》（以下简称《管理办法》）办理变更手续。要求在线升级活动保证产品生产一致性。明确未经审批，不得通过在线等软件升级方式新增或更新汽车自动驾驶功能。

四是加强产品管理。《意见》提出企业生产具有驾驶辅助和自动驾驶功能的汽车产品的，应当明确告知车辆功能及性能限制、驾驶员职责、人机交互设备指示信息、功能激活及退出方法和条件等信息。企业生产具有组合驾驶辅助功能的汽车产品的，还应采取脱手检测等技术措施，保障驾驶员始终在执行相应的动态驾驶任务。企业生产具有自动驾驶功能的汽车产品的，应当确保汽车产品至少满足系统失效识别与安全响应、人机交互、数据记录、过程保障和模拟仿真等测试验证的要求。应当确保汽车产品具有安全、可靠的时空信息服务，鼓励支持接受北斗卫星导航系统信号。

五是完善保障措施。《意见》明确企业应当建立自查机制，发现产品存在数据安全、网络安全、在线升级安全、驾驶辅助和自动驾驶安全等严重问题的，应当依法依规立即停止相关产品的生产、销售，采取措施进行整改，并及时报告。工业和信息化部指导有关机构做好智能网联汽车生产企业及产品准入技术审查等工作，各地主管部门要与相关部门协同配合，按照《管理办法》有关要求，做好对《意见》落实情况的监督检查。工业和信息化部将加快推动汽车数据安全、网络安全、在线升级、驾驶辅助、自动驾驶等标准规范制修订，并鼓励第三方服务机构和企业加强相关测试验证和检验检测能力建设，不断提升智能网联汽车相关技术和网络安全、数据安全水平。

2.2 开发流程

从用户的角度来看，智能座舱是由一个个的场景组成的，例如在车内吸烟会自动打开车窗与空调，在车内打电话会自动降低车内音响音量，在疲劳驾驶的时候会自动提醒与主动关怀等。而在智能座舱开发过程中，也是从一个个场景开始设计、开发与测试的。在本节中，我们将会详细介绍智能座舱的场景开发流程及开发工具。

2.2.1 整体流程

（1）开发流程　图2-11所示为智能座舱场景整体开发流程，一共包含7个步骤：

1）场景定义：明确了场景面向的群体（驾驶员、乘客、儿童、老人、婴儿等）以及想要解决的问题。场景一般包含了时间、地点、人物、事件任务、情境等元素，作为智能座舱开发的第一步，有着独特的指导意义。在场景定义中，不但要充分分析要解决的问题，还要考虑软硬件平台、技术可行性等各方面因素，最后定义出合理的场景。对于一些比较复杂的场景，可以将其分为若干个小场景分别展开。以DMS中的疲劳检测为例，可以按照算法难易程度及出现频次来开发实现轻度疲劳检测（打哈欠）、中度疲劳检测（中高频眨眼、眯眼呆滞等）及重度疲劳（长时间闭眼等）。

2）UE/UI设计：用户体验（User Experience，UE）设计主要是针对上面定义的场景进行更加具象化的设计，以交互为主，设计为辅。它关注用户使用前、使用中、使用后的整体感受，包括行为、情感、成就等各个方面。UE注重座舱系统与驾驶员、驾驶员与乘客、乘客与座舱系统的双方互动，在思维上要考虑更周全、缜密，以用户为中心。需要深入需求分析阶段，站在更高的层面上，去思考如何在动态变化的过程中找到两者的连接和契合之处，从而使整个产品能够在完整的场景下，增强用户体验。通常情况下，UE在一定意义上和产品经理并驾齐驱，需要做好对产品设计的把关工作。与之不同的是，用户界面（User Interface，UI）主要面向用户使用界面的视觉设计，负责相关场景中的图形、图标、色彩搭配等，致力于打造产品的美感、风格、气质等。在智能座舱中，具体涉及对仪表盘、车内屏幕展示、提示内容等设计。在大多数情况下，UI和UE是两个互有交集的概念。UI是专注于细节的页面交互设计，而UE则专注于需求、任务和目标三者的有效实现。在产品工作中，UI和UE都有着不可替代的作用，两者只有与产品经理协同配合，才能打造出界面精美、符合用户使用习惯、提升用户体验的座舱产品。

3）平台搭建：主要是进行算法开发平台以及软件开发平台的搭建。其中算法开发平台主要包含数据管理、数据标注、模型训练及评测、模型的版本管理等功能。软件开发平台核心是感知插件化模块的开发，包括模型输入输出的预处理与后处理等。除此之外，还有回灌测试平台、座舱的台架环境与实车环境等，方便后续进行场景测试与体验。对于刚开始进行智能座舱开发的小团队来说，以上平台可以由单独的模型训练机器（带 GPU 的机器）、简单场景开发工具包，以及相应芯片的开发验证板（Development Verification Board，DVB）构成，这种配置可以用于开发简单的座舱 demo。但是如果要实现功能量产，则正式的开发平台就必不可少了。

4）开发：主要包含算法开发、感知插件化模块开发以及交互应用场景开发。具体工具以及开发方法，将会在本书的第 6~8 章做详细介绍。

5）测试：这里主要指的是场景功能测试。具体来说，就是对于开发完成的场景进行各类测试，包含压力测试、全量测试、定点测试等，以帮助开发者发现问题，确保交付的场景能够稳定高效运行。我们将会在本书第 9 章详细介绍这部分内容。

6）部署：这里的部署可以分为两部分，一部分是对于初次开发的场景进行部署，一部分是对已开发完成的场景进行升级。对于前者，通常没有严格的定义，会随着合作模式以及场景的变化而变化。对于后者，通过使用 OTA 的方式进行升级。在极端情况下（如返厂维修），可能会采用 USB 的方式进行升级。

7）维护：在智能座舱场景中，维护的方式可以有很多种。因为机器学习固有的缺点，并不能完全泛化到所有场景中，因此系统容易在陌生场景中出现误报漏报等问题。对于加入"用户体验计划"的用户来说，以上问题可以尽快反馈，从让服务商通过 OTA 等方式来进行系统升级，降低错误发生率。而对于其他用户，以上周期就会拉长，因此需要在客户与服务商之间搭建方便客户反馈的桥梁，从而尽早发现问题，并解决问题。

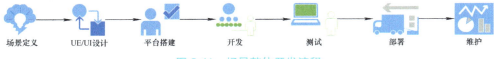

图 2-11 场景整体开发流程

（2）开发团队　为了完成以上流程，一个座舱团队往往包含以下子团队：

1）数据团队：负责模型训练及测试相关数据的采集与管理，一般使用网络附属存储（Network Attached Storage，NAS）、移动硬盘以及数据管理平台来进行数据采集及管理。

2）标注团队：负责训练及测试数据的筛选、标注等，一般使用数据标注平台。

3）算法团队：负责算法模型研发及交付等工作，一般使用算法开发平台。

4）工程团队：负责感知插件化模块开发以及交互应用场景开发、工具打磨等工作，一般使用软件开发及场景开发平台。

5）测试团队：负责场景测试及反馈等工作，一般使用测试平台。

在项目初期，以上团队及平台可能会随着项目的变化而变化，但是伴随着交付与量产经验的积累，以上团队及相关平台会逐步趋于稳定。下面，我们着重介绍在开发阶段使用的相关工具，包含 UI/UE 开发平台、算法开发平台、软件开发平台以及场景开发平台。其中对于算法、软件以及场景开发平台及使用方法，我们还会在本书的第 6~8 章做更加详细的介绍。

2.2.2 开发工具

"工欲善其事，必先利其器"，好的座舱开发工具，将会极大方便场景算法及应用的开发效率，提升团队之间的沟通与协作，最终体现在智能座舱产品的稳定性、高效性及丰富度。

本节将重点介绍 UI/UE 开发平台、算法开发平台、软件开发平台以及场景开发平台的相关概念以及相关工具。图 2-12 所示为以上开发工具的相互关系。具体来说，算法开发平台一般是在云端，主要用于算法模型的相关训练、测试及管理，最终输出该场景的算法模型。软件开发平台靠近 AI 芯片，能够将算法模型在 AI 芯片上顺利部署起来，并且对其推理结果进一步处理，最终传到车机端。场景开发平台主要是面向车机端，接收芯片的感知结果，根据场景的定义进行进一步的开发，最终实现人机互动，并且将部分互动结果传递给 UI/UE 设计出来的车内显示系统。

图 2-12 智能座舱开发工具及其相互关系

1. UI/UE 开发平台

关于座舱 UI 及 UE 开发，目前市面上已经有较多工具可以直接使用。中科创达 Rightware 亚太区总经理贺涛认为，一个好的座舱 UI/UE 开发平台应该至少满足以下要求：

1）可以实现与高级端游相媲美的特效。

2）能够稳定且高质量地运行在资源有限的车机系统里。

3）符合苛刻的车规级质量标准（功能安全、ASPICE⊖ 等）。

⊖ ASPICE 全称是 "Automotive Software Process Improvement and Capacity Determination"，汽车软件过程改进及能力评定，是汽车行业用于评价软件开发团队研发能力水平的模型框架。

4)能够快速上手并有效提高设计及开发效率。
5)能够与安卓生态完美整合。
6)支持多屏互联、支持云端升级。
7)有丰富的参考案例和组件资源。
8)经过量产验证的。
9)长期稳定且响应及时的技术支持。

我们可以看到,以上条件不光考虑使用体验,还考虑到安全、生态、效率、资源、稳定等各方面因素。如图 2-13 所示,目前国内外有诸多工具可以使用。例如,unity 是一家进军汽车行业的游戏引擎公司,他们推出了用于汽车人机交互界面的 3D 渲染技术,还与全球最大的半导体供应商恩智浦合作,展示可在恩智浦 i.MX8QuadMax 应用处理器上运行座舱人机交互系统。设计师和开发工程师可以使用 unity 作为跨设计、原型设计、开发和批量生产的端到端座舱内人机交互图形工具链。Epic Games 公司推出的 Unreal engine Enterprise 业务,支持座舱内人机界面开发,将新的合作伙伴关系和工作流程结合起来,开发汽车人机界面、信息娱乐和数字驾驶体验。而 KANZI 是较早开展智能座舱人机交互专业设计的工具之一,不仅能够大大缩短智能车载交互界面从设计开发到量产的时间,更能为汽车的数字仪表盘和信息娱乐系统的交互创意提供进一步的延展空间。在车载电子行业同样可以选择的优秀的图形引擎还有 Qt,因为使用的人较多、覆盖领域广,目前网络上有大量的资料可以参考学习。

图 2-13　一些常见的座舱 UI/UE 设计及开发工具

2. 算法开发平台

算法开发平台主要用于算法研发,特别是深度学习模型的研发。为此,大部分算法开发平台包含数据管理、数据标注、模型训练与测试、模型管理、测试管理等功能。算法开发平台一方面用于提升算法研发的效率,另一方面用于提升算法团队与其他团队(如测试、工程等)之间的工作效率。与传统的"小作坊式"用本地机进行算法开发不同,算法开发平台主要集中在云端,特别是对于集群和任务之间,能够进行有效管理,增加资源利用率,进一步降低算法开发成本。目前市场上有多个算法开发平台可供选择,如华为八爪鱼、地平线艾迪、百度 BML、微软 Azure 等。以华为八爪鱼为例,该平台旨在通过车云协同的能力封装、标注能力、升级的虚拟仿真和安全合规的一站式云服务,协助车企零基础构建自动驾驶和智能座舱开发能力，降低开发门槛。具体来说，八爪鱼提供三大服务：

1）数据服务：处理车载硬件平台上输出的传感器数据，回放雷达、摄像头等不同格式的数据；支持 PB 级海量存储、交互式大数据查询和海量数据治理。

2）训练服务：管理和训练自动驾驶模型，不断在新的数据集和测试集上提升模型的准确度，持续提升自动驾驶安全系数。平台提供软硬件加速，能大幅缩短训练时间，提升训练效率。

3）仿真服务：提供仿真、场景库管理、场景片段、评测系统等应用工具，确保自动驾驶模型合规、安全、可度量、质量达标，快速集成到版本中。

与之相对应的，地平线艾迪（AI Development Infrastructure，AIDI）系统更加简化了中间的流程，一共包含四大模块（图 2-14）：用于数据管理的 AIDI-DATA，用于数据标注的 AIDI-LABEL，用户模型训练的 AIDI-MODEL 以及用于测试及问题分析的 AIDI-ISSUE。通过该平台，可以实现从数据采集到场景的测试的全流程，大大提升了座舱算法的开发效率。类似地，百度 BML 平台为企业及个人开发者提供机器学习和深度学习一站式 AI 开发服务，并提供高性价比的算力资源，助力企业快速构建高精度 AI 应用（图 2-15）。例如，其 EasyData 数据管理模块就提供了包括数据采集、数据清洗、数据标注、数据回流等各数据相关环节所用工具。在模型仓库中，也提供了诸如模型管理、模型转换、模型评估及模型优化的相关工具。

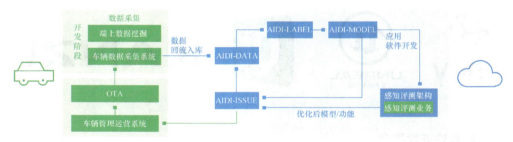

图 2-14　地平线艾迪系统（蓝色部分）

图 2-15　百度 BML 全功能 AI 开发平台

另外有一些平台逐步走向开放性，提供各类基础算法模型供不同的场景适配与扩展。如图 2-16 所示，虹软推出的虹软视觉开放平台、科大讯飞推出的 AI

大学堂，以及商汤推出的 SenseAR 开发者平台等。这些平台的特点是面向不同程度开发者，提供了较多学习素材，并且有较多 SDK（部分收费）来支持不同场景的扩展与试验。例如，商汤开发者平台㊀ 提供了光照估计、手势检测、人脸识别与跟踪等与座舱相关的算法 SDK；虹软提供了较多和人脸相关的 SDK㊁ 等。目前国内大多数平台都是收费的，如果用户想要免费学习，则可以考虑使用 Google Colab㊂，这里会提供有限的云端动态资源（内存、硬盘、GPU）进行模型训练测试等，并且已经提前预装好了如 TensorFlow 等流行框架。在这个基础上，用户只需要把训练数据上传并在其提供的在线页面（类似于 Jupyter）中运行代码即可。但需要注意的是，在这里的文件都是临时的，需要做好相应的备份。

图 2-16　部分国内算法开放平台供应商

3. 软件开发平台

软件开发平台在形式上更加类似于机器人操作系统（Robot Operating System，ROS）的编程框架，这个框架把原本松散的模块耦合在了一起，为它们提供了通信架构。软件开发平台本身不是操作系统，而是一个中间件，连接了操作系统和开发的算法模型与上层策略。基于这个中间件，我们在应用程序之间建立起了沟通的桥梁，让座舱的感知、决策、控制算法可以更好地组织和运行。因此，软件开发平台至少包含下面三个模块：①通信框架；②开发工具；③应用功能。这三个模块为座舱开发提供了硬件抽象、底层驱动、消息传递、程序管理、应用原型等机制，整合了第三方工具及库文件，便于用户快速完成座舱应用的建立、编写和整合等。

（1）开发平台包含内容　以某公司软件开发平台为例，主要包含以下几个方面：

1）支持第三方库开发，提供开发接口，可以支持用户进行插件开发，framework 支持插件发布订阅消息，插件与插件之间的消息流程，插件产生数据的序列化和反序列化，支持插件接入自己的配置。

2）提供一套通信接口，可以进行进程间和跨平台通信，并支持插件接入自己的消息交互逻辑。

3）支持诊断，将对当前数据流进行诊断，通知支持插件上报诊断；插件化提供日志接口，支持插件打印日志，并提供日志清理策略。

㊀　http：//openar.sensetime.com/docs。
㊁　https：//ai.arcsoft.com.cn/course。
㊂　https：//colab.research.google.com/。

4）提供基础的功能组件，如消息池、状态机、唤醒 buff、带有过期时间的 map、常用数据计算、文件操作、时间操作、编码等功能。

5）提供统一的预测库，可以支持在 J2、ARM、x86 等平台上运行 AI 预测。

6）提供一套插件开发的配套工具，包括插件开发工具、数据流绘制工具、插件模拟运行工具等，帮助用户开发和调试插件。

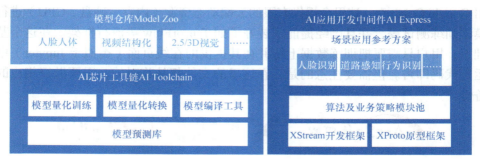

图 2-17　地平线机器人 Open Explore 架构图

（2）地平线机器人 Open Explore™　在实际的工作中，不同的公司有不同的软件开发平台以及不同程度的扩展。图 2-17 所示为地平线机器人 Open Explore 架构图，图中的 AI 应用开发中间件（AI Express⊖）就是类似于我们这里的软件开发平台，包含了 XStream 和 XProto 两套应用开发框架，并且内置丰富且高度可复用的算法模块、业务策略模块、应用组件，帮助合作伙伴快速搭建高性能的算法工作流。如同搭积木一样，可灵活组合产品算法，高效组成适用于各类应用场景的算法解决方案，全面降低边缘 AI 应用的开发门槛。AI Express 又与其他两个模块进行配合，让整个上层策略开发以及部署等更加方便：

1）AI 芯片工具链（AI Toolchain）：覆盖了从算法模型训练、优化转换和部署到芯片运行模型预测的完整 AI 开发过程，包含模型结构检查器、性能分析器、模型编译器、模型模拟器在内的全套工具。在与 AI 芯片架构的深度耦合下，能够带来性能的显著提升。

2）模型仓库（Model Zoo）：模型仓库开放了三类算法，即产品算法、基础算法和参考算法，充分响应不同合作伙伴的需求。其中涉及人脸、人体、人非车等多种类别，具备较高的算法质量和精度，可有效避免合作伙伴"重复发明轮子"，大幅节省算法训练和开发的时间与成本。

（3）AI Express 功能　图 2-18 所示为 AI Express 功能图，它整体由 XStream 开发框架和 XProto 原型框架组成，覆盖算法模型集成和场景应用 App 开发的全流程。其中 XStream 是一套独立的算法 SDK 编程框架，将预测任务拆分到一系

⊖　https：//github.com/HorizonRobotics-Platform/ai-express。

列 Method 中，提供能力将 Method 串联成 Graph，完成基于 Graph 的计算；可以根据不同的业务场景（不同的 workflow），快速生成对应的预测 SDK。XProto 是一套独立的原型应用开发框架。该框架将整个应用划分成一系列的 Plugin，各个 Plugin 之间通过消息总线通信，完成了模块的解耦、复用、可扩展等需求。除此之外，AI Express 还包含了各类内置参考解决方案，如人脸结构化、人体结构化、人体行为分析等，可以直接基于这些示例修改，完成上层策略功能开发。因此，AI Express 可以加速从业务模型集成到应用程序的整个开发流程，规避嵌入式 AI 应用研发过程中的常见问题，提高交付效率。具体来说：

图 2-18　AI Express 功能图

1）提高算法模型复用能力：算法模型本身是一个参数和配置文件，在缺乏前后处理等代码加工情况下，无法高效复用。而 XStream 框架支持将算法模型封装为算法 Method，可以快速对 Method 进行算法集成、验证和交付。

2）提高算法模型交付效率：XStream 内置常用检测、跟踪、属性识别等算法 Method，适配同构算法模型。比如内置 FasterRCNNMethod 支持适配人脸检测、猫脸检测等，直接替换模型就可以快速进行集成和测试，提高算法人员以及工程人员交付效率。

3）提高策略模块复用能力：通过 XStream 框架式编程方式来约束策略模块实现方式，避免因为策略多样化需求以及多样性实现方式导致策略复用率低的问题。

4）简单灵活的流程式开发：基于两套开发框架以及内置场景解决方案，我们可以快速应付各种场景化需求，进行灵活任务流编排，实现 AI 应用开发。

5）高效的 AI 应用执行效率：对于复杂 workflow 数据流，XStream 内部的数据驱动调度方案可自动解析 Method 之间的依赖关系，最大限度地并行化执行，进而高效利用芯片的计算能力，减小处理延迟。

综上所述，我们可以看到以 AI Express 为代表的软件开发平台是对算法推理结果的进一步封装，完成模型的加载、预测及前后处理，降低模型集成的成本。此外，AI Express 提供了一整套框架，能够更加有效地利用计算资源，并且与场景开发平台一起，可以实现快速场景应用的落地。我们可以看到，离开了软件开发平台，座舱感知功能开发将会变得非常复杂，开发出来的感知结果在稳定性、扩展性以及高效性方面都会存在一定的问题。因此，在项目初期选择合适的软件开发平台对于座舱场景开发来说非常关键。

4. 场景开发平台

场景应用开发平台是在算法感知结果输出的基础上提供一套智能交互应用的开发框架，降低交互场景的开发难度，提高开发效率，并提供在车机端（一般是安卓系统）场景功能开发等功能。具体来说，场景开发平台的输出可以作为一个完整的应用，独立跑在车机系统中完成内置 AI 场景功能，结合车机内的车控、音乐、导航等接口实现一个完整的场景功能。另外，场景开发平台作为应用开发框架，可以提供 SDK 供开发者重载或开发自定义的交互场景应用，完成继承重写场景功能或者使用原始的控制和感知接口完成深度定制化的 AI 功能。最后，场景开发平台可以对外提供封装好的 API 接口，赋能其他应用模块实现具有 AI 功能的应用。在实际开发中，场景开发平台有时是作为平台单独存在（如地平线的 Antares 平台、仙豆智能的 MO.Life 平台），有时是分散嵌入其他平台中，一起对外提供服务（如飞鱼智云中的场景立方）。上面的这些平台所针对的场景也互有不同：仙豆与飞鱼平台是针对传统的传感器触发车载场景，如检测到关门信号做一些场景，检测到车内外温度差做一些场景。Antares 平台是针对座舱 AI 感知（视觉及语音）与人机交互场景专门开发的平台。

Antares 架构图如图 2-19 所示，我们这里只截取了部分框架。Antares 是以一个系统级 service 的形态运行在车机端，我们可以看到，基于这个框架，用户可以进行场景自定义，并且还有较多内置场景可供选择，大大简化了场景开发的难度，提升了效率。综上所述，无论是软件开发平台，还是场景开发平台，其核心在于封装。通过层层的封装，可以将复杂的接口与常见操作模块化，最终提升整个座舱开发的效率以及系统稳定性和可扩展性。

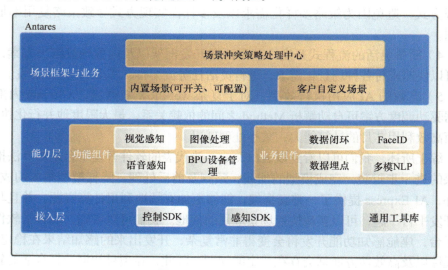

图 2-19　Antares 架构图

2.3 座舱项目管理流程

本节主要介绍智能座舱项目管理相关的基础知识，将从智能座舱项目管理体系的演变、智能座舱研发项目管理流程和注意点等方面进行介绍。为便于读者更好地理解座舱的项目管理相关的内容，本节将以部分实际研发管理案例来进行说明。

2.3.1 管理体系的演变

项目管理作为一门学科，目前流派和分支众多，已呈现出庞大的体系。"项目"在很久之前就已存在，但是人们认识到项目管理，是始于1939—1945年的第二次世界大战。战争需要新式武器、探测需要雷达设备等，这些从未做过的项目接踵而至，不但技术复杂，参与的人员还众多，时间又非常紧迫，因此，人们开始关注如何有效地实行项目管理来实现既定的目标。"项目管理"这个词出现了。20世纪八九十年代开始逐渐进入现代项目管理阶段，在政府、制造业、建筑工程行业等实现了很好的应用。2000年至今，计算机软件、互联网高速发展，已经形成了比较完善的软件研发项目管理体系。近几年汽车智能化的需求剧增，各路资本、技术和人才争相进入这个新兴的领域，使得在这个领域的项目管理人员面临着更高的要求和挑战。

智能座舱项目管理完全从标准项目管理体系中发展而来，其主要推动力来自于近几年 AI 芯片的技术突破，使得自动驾驶和智能座舱为代表的智能化能力得以在汽车行业大规模落地。在方案落地的过程中，引发了芯片、AI 算法、软件工程、汽车工程等领域的交叉结合，在学术、技术、流程、管理上都产生了新的变化和发展，这使得智能座舱项目的管理复杂度变高，需要项目经理了解相关各个领域的流程和关键路径，才能保证高质量地达成项目目标。

2.3.2 管理流程范围介绍

智能座舱的功能必然是和汽车的整车功能结合在一起的，从大的方面来讲要符合整车的整个生命周期、上市、售后的管理全流程的各个节点。在开始介绍本章内容之前，先介绍几个汽车行业的关联方及其分工构成，以便于更好地理解后续章节的内容。表 2-2 基本涵盖了智能座舱产品定义、研发生命周期内的外部关联方。

在整车研发过程中，上述各关联方必须分工明确、通力合作，才能够满足整车的上市节点。下面将通过一个实际的矩阵分工图来进行阐释。从功能维度，智能座舱 AI 部分主要分为 DMS 和娱乐相关两部分。DMS 相关主要包括人脸识别、疲劳检测；娱乐相关部分主要包括多模语音、主动关怀、智能车控和手势场景与详细功能见表2-3。

表2-2 智能座舱产品外部关联方

关联方	产品形态	责任	主要部门
OEM	整车产品，如某品牌汽车	整车产品策划，功能定义，研发，供应商管理，车辆销售，售后维护等	整车产品策划，功能定义，研发，供应商管理，车辆销售，售后维护
Tier1	一级供应商，直接供应零部件给主机厂。比如：底盘Tier1，车机系统Tier1，域控制器Tier1	满足整车节点，向主机厂交付符合功能定义和质量要求的零部件并维护生命周期售后服务	产品部门，研发部门，测试部门，生产部门，质量部门
软件Tier1	车机系统软件平台 车身软件	结合零部件形态，向主机厂交付符合功能定义和质量要求的软件系统	产品部门，研发部门，测试部门，质量部门
Tier2	二级供应商，通常直接向Tier1供零部件，包括硬件Tier2和软件Tier2	结合零部件形态，向软硬件Tier1交付符合功能定义和质量要求的软硬件产品	产品部门，研发部门，测试部门，生产部门，质量部门
芯片供应商	严格意义上可以归属到硬件Tier2范畴。比如：AI芯片，主控SOC，定位芯片等	在符合车规，功能安全和接口的整车要求下，定义整个计算单元的Roadmap，是整体功能发展的基石	芯片定义部门，IC研发部门，芯片生产部门，芯片评测部门
AI算法公司	严格意义上可以归属到软件Tier2范畴。比如：视觉算法供应商，语音算法供应商	结合传感器（摄像头，传声器，雷达）形态向Tier1交付高识别率、低误报率的算法软件产品	产品部门，视觉算法部门，语音算法部门，软件工程部门，数据部门，测试部门，IT工具部门
内容生态提供商	目前主要是互联网公司，如BAT（百度，阿里，腾讯）	向主机厂提供车联网所需的网络内容服务。比如：音乐，地图，视频内容	产品部门，运营部门

表2-3 场景与详细功能

功能分类	场景	场景描述	实现
人脸识别	无感账号登录	车辆起动，人脸关联账户无感登录	SOP
疲劳检测	疲劳驾驶检测	时刻检测驾驶员的状态，识别驾驶员疲劳后主动发起语音交互、播放动感音乐、调节车辆空调风量、模拟来电、刮水器等策略来缓解驾驶员疲劳	SOP
	分心驾驶检测	驾驶分心提醒、道路路口分心提醒、聊天分神提醒（会判断有没有看后视镜等）	SOP
	干扰驾驶行为检测	在判断驾驶员长时间拿起手机接打电话而没有专心开车时，提醒驾驶员专心开车，注意前方路况	SOP
多模语音	特定场景语音识别	通过多模算法提升语音识别的识别率、降低误唤醒率、提升在嘈杂环境下的识别准确度	SOP

（续）

功能分类	场景	场景描述	实现
主动关怀	上车欢迎问候语	通过对乘员的年龄、性别识别，在车机起动时给出个性化欢迎语策略	SOP
	情绪抓拍	检测到车内人数大于1；导航的目的地类型为：景点、餐厅、购物中心，导航时间大于40min；车内检测到的所有对象情绪为高兴，置信度大于70时	SOP
	情绪调节	通过对乘员的情绪识别，匹配情绪给出个性化的一些场景推荐及音乐推荐	SOP
智能车控	人脸起动发动机	通过人脸识别到车主信息，用于发动机的起动	SOP
	智能座椅及后视镜调节	当检测到不同驾驶员身份时，座椅按照上次记录的位置、高度、倾斜度进行调节，后视镜按照之前的记录恢复位置	SOP
	视线点亮车机屏幕	当主驾凝视车机达到1s时，车机屏幕从熄屏模式点亮	SOP
	前排乘客打电话时的智能音量调节	当前排乘客手持手机进行打电话时，主动将多媒体播放的音量调低调，导航播报的音量保持正常；主动关闭车窗，降低噪声干扰，提升通话质量；主动降低空调风速	SOP
	抽烟时的智能车窗及空调调节	当检测到驾驶员或者前排乘客抽烟时，且当前刮水器没有工作，天气预报没有雨雪天气时，开启车窗，并打开空调外循环	SOP
手势	系统自带手势/自定义手势	1. 控制车机系统翻页/音量/收藏/导航放大、缩小/电话接听挂断等功能 2. 控制车内空调风量/温度等调节 3. 快速抓拍车内照片并保存等	SOP

注：SOP的全称是Standard Operating Procedure，标准作业程式。

为实现上述所有功能场景，整个系统由车机IVI、域控制器、AI芯片（Journey3）、DMS+OMS视觉算法和语音算法构成，摄像头和传声器通过相关接口接入域控制器，经过AI芯片处理，感知结果传到车机IVI系统，实现智能交互相关的逻辑控制，如图2-20所示。

图2-20 座舱系统架构（简化版）

表 2-4 是一个实际的主机厂智能座舱研发项目的场景开发分工，由 OEM、域控制器 Tier1、车机硬件 Tier1、车机软件 Tier1 和 AI 芯片算法公司构成，智能交互部分由 AI 芯片算法公司负责定义和研发。各领域项目经理需要按照功能定义和分工进行工作分解结构（Work Breakdown Structure，WBS）功能拆解和排期，厘清系统开发的协作关系和工作量，确保系统的按时交付。

表 2-4 场景开发分工

模块	功能	OEM	域控制器 Tier1	AI 芯片算法公司	车机硬件 Tier1	车机软件 Tier1
硬件/结构	硬件结构设计	—	R	S	—	—
	硬件测试	—	R	—	—	—
DMS/OMS 视频显示	产品功能定义	R	—	S	—	—
	本地与远程显示	—	R	S	R	R
AI	场景功能定义	R	—	R	—	R
	语义算法输出	—	—	R	—	—
	语义的后级应用开发	—	—	—	—	R
	感知软件开发	—	—	R	—	—
	DMS FACE ID	—	—	R	—	R
	AI 升级入口集成	—	—	—	R	—
域控制器	电源管理	—	R	—	—	—
	诊断	—	R	—	—	—
	网络管理	—	R	—	—	—
OTA	产品功能定义	R	R	R	R	R
	与升级服务器通信，获取升级包	—	—	—	—	R
	车机上的升级 App	—	—	—	—	R
	车机上域控升级接口的实现	—	—	R	—	—
	域控制器升级接口的实现	—	—	R	—	—
	域控制器升级	—	R	S	—	—
BSP	车机 BSP	—	—	—	R	—
	域控制器 BSP	—	R	S	—	—
域控制器与车机通信	链路打通，两端的 HAL 层实现	—	R	S	S	—
集成	系统集成	—	R	—	—	—

注：1. BSP 的全称是 Chip Support Package，芯片支援包。
2. R 是指 Responsibility，负责；S 是指 Support，支持。

上面介绍了智能座舱的研发范围定义和责任分担，这里继续从一个整车的运行项目入手来介绍座舱项目的计划是如何排出来的。图 2-21 所示为一个智能座舱从整个产品维度的计划排期示例，为满足整车厂各节点要求，各关联方制订出与之匹配的计划，包括域控制器 Tier1 和车机硬件 Tier1 的硬件计划，以及 AI 芯片算法公司和车机软件 Tier1 制订的与之匹配的软件计划。各关联方通力合作，形成了整个智能座舱的项目计划。整体计划制订完成之后，各关联方按照项目制，在各公司组织内部立项，形成各专业零部件的研发计划。

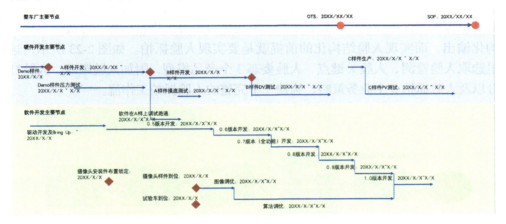

图 2-21　智能座舱研发计划排期示例

图 2-22 所示为智能座舱研发全生命周期，比较软件开发流程，可以说智能座舱开发过程是软件工程的一个分支，软件开发和测试过程完全可以复用 CMMI 和 Aspice 流程。不同的部分是，AI 开发过程是以数据进行驱动的，会有很大的部分在数据部分。数据相关的过程包括了数据采集、数据标注、数据验收以及训练和测试数据集的构建。本书后续章节会逐章介绍座舱研发过程中的各个环节，这里不再展开。

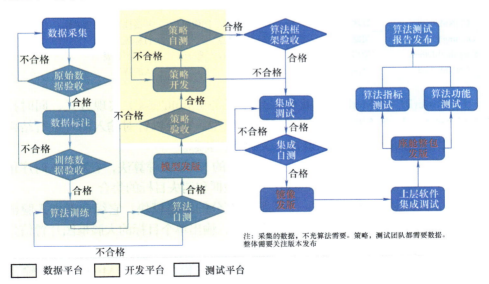

图 2-22　智能座舱研发全生命周期

2.4 案例：基于 AI Express 开发人脸结构化

本案例介绍如何使用 AI Express 实现本地人脸结构化的功能。人脸结构化指的是对人脸属性等信息（性别、年龄、有无戴口罩等）进行感知，并最终实现结构化输出。而实现人脸结构化的前提就是要实现人脸抓拍。如图 2-23 所示，这里选取人脸检测、人脸关键点、人脸姿态 3 个产品模型，附加人脸跟踪、人脸打分以及人脸抓拍 3 个业务策略，构建一个完整的人脸抓拍工作流。

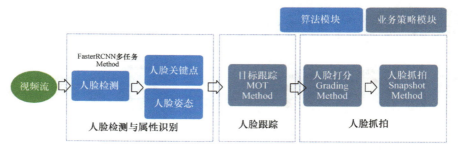

图 2-23　人脸抓拍工作流

（1）内置 Method　其中，使用 XStream 内置 Method 见表 2-5。

表 2-5　内置 Method 列表

Method	类型	输入	输出
FasterRCNNMethod	算法	图像帧	人脸框、关键点、姿态
MOTMethod	策略	人脸框	带有 trackID 的人脸框及消失目标集合
CNNMethod	算法	带有 trackID 的人脸框、图像帧	年龄性别、口罩属性
GradingMethod	策略	人脸框、姿态、关键点	目标优选分值
SnapshotMethod	策略	图像帧、人脸框、目标优选分值	抓拍图列表
CNNMethod	算法	抓拍图列表	人脸特征

1）FasterRCNNMethod：我们采用多任务（MultiTask）实现方式，同时挂载人脸检测、人脸关键点、人脸姿态 3 个模型。它可以针对输入图片进行结构化，输出图片中每个目标的人脸框、关键点、姿态。

2）MOTMethod：采用了基于 IOU 策略的 MOT 跟踪算法，它对输入时序化的人脸框进行跟踪，输出带有 trackID 的人脸框和消失目标的集合。

3）GradingMethod：这是一个人脸框打分的策略模块，它综合考虑人脸框大小、关键点置信度、遮挡以及姿态等信息，输出单个目标的人脸框图片置信分数，用于后续优选抓拍。

4）SnapshotMethod：这是一个抓拍的策略模块，基于 MOTMethod 输出 tacklet 以及 GradingMethod 输出的人脸框打分信息，在内存维持一个优选帧序列，针对一个 tracklet 输出它的抓拍图。

5）CNNMethod：包括年龄性别、口罩检测以及人脸特征提取三种模型，可以对输入的检测框或抓拍列表，输出图片中目标的属性。

在人脸抓拍工作流上，除了已经提供的性别/年龄属性、口罩检测等模型，还可以继续追加人脸活体、人脸质量等模型，进而丰富整个人脸结构化数据流。例如，图 2-24 所示为基于人脸抓拍的基础实现人脸识别的工作流，通过在 SnapShotMethod 抓拍策略后，追加 CNNMethod 来实现对抓拍人脸图的特征提取，最终通过特征匹配实现人脸识别。

图 2-24　基于人脸抓拍的基础实现人脸识别的工作流

（2）代码实现　基于地平线提供的 AI 开发板，我们可以轻松地通过几行代码实现人脸抓拍功能。

1）编译：进入 ai_express_release 发版包。

`bash build.sh`

2）打包部署包：脚本会在当前目录下创建 deploy 文件夹，里面包含通用库、VIO 配置文件、模型及 face_solution 目录。

`bash deploy.sh`

3）运行：将部署包拷贝到开发板上，即可运行。

```
export LD_LIBRARY_PATH=./lib ./face_solution/face_solution ./configs/vio_config.json.96board ./face_solution/configs/face_solution.json -i
```

2.5　练习题

1. 智能座舱中交互功能主要包括哪些？
2. AI 芯片在智能座舱中的主要作用和任务是什么？
3. 汽车 OTA 升级主要包含哪几种类型，分别是什么？
4. 智能座舱开发主要包含哪几个步骤？
5. 感知软件开发平台与场景开发平台的主要区别是什么？

Chapter 03

第 3 章
智能座舱硬件基础

本章将着重介绍智能座舱相关的硬件基础知识。智能座舱是多种硬件技术及模块的集成,如芯片、各类传感器、屏幕、车内娱乐系统(音响、氛围灯等)。对于开发者来说,需要重点掌握计算模块(芯片)和传感器模块(视觉及语音)的相关基础知识。本章先介绍芯片技术的演化与发展历程,包括目前最新的进展。之后将会分别介绍车载传声器以及车载摄像头两个重要的传感器模组,包括相关类型及安装方式。最后,我们将会介绍基于芯片的硬件设计方法。硬件设计需要统筹考虑场景需求、芯片性能、传感器类型与数量,以及传感器接入方式等各类因素,最终设计合理的硬件选型及接入方案。为了便于读者理解,上述每个部分还加入了相关真实案例。

3.1 芯片技术的演化与发展

首先简要回顾一下芯片的发展。1947 年,贝尔实验室的约翰·巴丁(John Bardeen)、沃特·布拉顿(Walter Brattan)和团队主管威廉·肖克利(William Shockley)等人发明了晶体管,这也标志着整个半导体行业的开端。1958 年,来自仙童公司的诺伊斯(Robert Noyce)与德州仪器公司的基尔比(Jacky Kilby)间隔数月分别发明了集成电路,开创了世界微电子学的历史(图 3-1)。1968 年,诺伊斯和摩尔从仙童公司离职,创办了我们所熟知的英特尔(Intel)。紧随其后,同样来自仙童的销售高管杰瑞·桑德斯(Jerry Sanders)则在 1969 年成立了我们所熟知的超威半导体公司（AMD）。或许是因为创始人背景的不同，从而导致了后来的 Intel 与 AMD 分别走技术驱动和市场驱动的道路。

a) 早期晶体管　　　b) 诺伊斯（1927—1990）　　　c) 基尔比（1923—2005）

图 3-1　早期晶体管及集成电路发明人

1965 年，摩尔（Gordon Moore）提出摩尔定律（Moore's Law），预测晶体管集成度将会每 18 个月增加一倍，而 Intel 不断推出的芯片（图 3-2）也证明了这一点：1971 年，Intel 推出了世界上第一块商用微处理器 4004（10μm，2250 个晶体管）；2013 年，Intel 推出了酷睿 i7（22nm，18.6 亿个晶体管）。到今天，我们耳熟能详的麒麟手机芯片包含几十亿个晶体管。而智能汽车所需要的芯片将会突破数百亿个晶体管。2021 年末，三星将会率先推出 3nm 芯片[⊖]。芯片行业摩尔定律到今天依然有效。

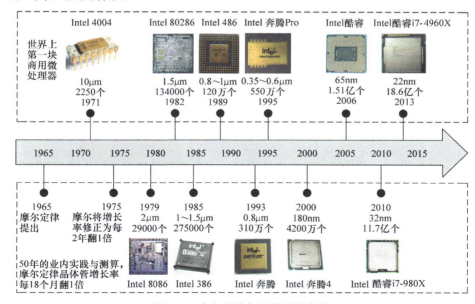

图 3-2　摩尔定律与芯片技术发展

⊖ 资料来源：https://tech.ifeng.com/c/87CVTklyeEK。

作为智能座舱的核心部件之一，芯片是座舱智能化的重中之重。当硬件传感器接收到座舱环境信息后，数据会被导入计算平台，由不同的芯片进行运算。特别是在软件定义汽车的趋势下，汽车智能化的实现与功能迭代对汽车智能芯片不断提出了更高的性能需求。一直以来，全球车载芯片市场由高通、德州仪器（TI）、恩智浦（NXP）、瑞萨等头部企业主导。随着座舱内对于视觉感知、语音交互等功能需求的提升，AI 发挥越来越重要的作用，于是 AI 芯片新势力和消费领域半导体巨头纷纷进入这一赛道。本节内容将会重点围绕芯片制造、图形处理器（GPU）、片上系统（System on Chip，SoC），以及域控制器等 AI 芯片相关的基础知识展开。

3.1.1 芯片制造

芯片制造流程如图 3-3 所示。

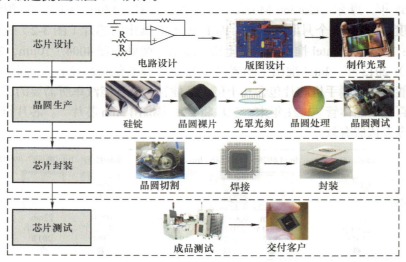

图 3-3 芯片制造流程

1）芯片设计：首先进行前端电路设计，之后进行后端设计把电路实现成版图（GDSII），最后交给晶圆厂制造光罩板，这个光罩板可以理解成底片，学名叫作 Mask，一张光罩板用来生成一层的电路结构，一个芯片往往会有几十张光罩板。

图 3-4 光刻机原理图及光刻后电路

2）晶圆生产：首先从单晶硅（硅锭）切片成晶圆（Wafer），之后进入光刻流程，即使用波长极小的紫外光（极紫外光）透过 Mask，对涂有光刻胶的 Wafer 进行照射，致使光刻胶的溶解性产生变化，随后通过显影、腐蚀等操作，在 Wafer 上形成与 Mask 相同的电路结构（图3-4）。再经过离子注入等工艺，让电路结构具备半导体的特性。至此，Wafer 上就已经形成了一颗颗具有完整电路结构的裸芯片（Die）。

3）芯片封装：经过上述步骤的 Die 还不是真正的芯片，晶圆厂商对 Wafer 上的所有 Die 进行测试后，会转移到芯片封装厂进行芯片的封装。具体说，就是将 Wafer 上面的每一颗 Die 切开，安放在为芯片设计的基板上，并用塑料、陶瓷等材料的外壳把 Die 密封住，起到固定、保护 Die 和增强电热性能的作用。基板可以理解成一个小的印制电路板（PCB），一面与 Die 上的电路相连，并将 Die 电路信号引导到基板另一面上的芯片引脚上。

4）芯片测试：完成封装后的芯片，进入最终测试（Final Test，FT）流程。在测试机台上，通过运行预先设计好的测试 pattern，验证每一颗芯片是否有功能缺陷，以及是否满足特定客户要求，比如说特定的工作温度和功耗等。

可以看到，上述过程中非常重要的一个环节就是光刻，而光刻机就是光刻过程的执行平台。近期中美贸易冲突中曝光率很高的阿斯麦尔（ASML）公司就是全球最大的量产商用光刻机供应商，其光刻机如图3-5所示。目前全球绝大多数芯片生产厂商，都向 ASML 采购，比如英特尔（Intel）、三星（Samsung）、海力士（Hynix）、台积电（TSMC）、中芯国际（SMIC）等。

图 3-5 ASML 光刻机

一般来说，芯片的制程越小，芯片的性能就越高，这是因为单位面积内容纳的晶体管数量越多，半导体器件的功耗就会越低。但并不是所有的芯片都一定要采用最高的工艺，随着芯片性能优势提升，其研发成本就越高，因此要根据不同的场景来选择不同制程的芯片（图3-6）。例如，汽车中的MCU主要关心的是可靠性，其制程工艺并需要不太高。一些家用设备如蓝牙音箱、数字机顶盒等基本会选择22nm或28nm的制程，以满足最好的性价比。为追求极致的性能和功耗，高端手机的芯片制程基本上已经进入了10nm以下，如荣耀X20SE搭载的是7nm制程的天机700，小米11搭载的是5nm制程骁龙888等。在国内，目前SMIC代工的芯片制程可以实现14nm左右的稳定量产，而TSMC可以代工更高制程的芯片。2018年寒武纪发布的MLU100芯片（Cambricon-MLU100）为16nm制程（图3-7a），适用于视觉、语音、自然语言处理等多种类型的云端人工智能应用场景。地平线2020年发布并量产的车规级芯片征程3（Journey 3）是16nm（图3-7b），在2021款理想ONE上首发，而其下一代产品将会进入7nm。在车载芯片领域，随着车内外场景的迅速增加，对于芯片算力的需求也会越来越高，因此车规级芯片一般都会倾向于选择最先进的工艺。

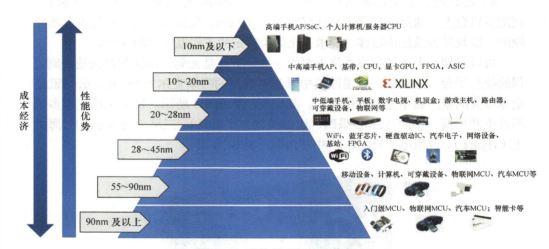

图3-6 芯片制程与关键节点

a) b)

图3-7 寒武纪MLU100芯片与地平线征程3芯片

在芯片开发模式上，如图 3-8 所示，早期的半导体制造企业为整合器件制造商（Integrated Device Manufacture，IDM）模式：一家企业同时完成设计、制造、封测和销售四个环节。例如，英特尔自 1968 年创立，为 IDM 模式的代表，他们自建产线，自建晶圆厂，自建封测厂。这样做的优点在于规模经济性以及对内部全流程的掌握和整合优化，产品开发时间短、厂商具备技术优势，多适用于大型企业。

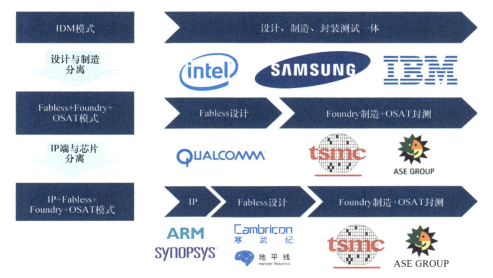

图 3-8 芯片开发模式的变化

然而，IDM 模式长期发展带来的问题是投资规模巨大、沉没成本高，随着制程发展需不断投入新产能，对中小型公司不太适用。因此后面就逐步形成了设计与制造分离的 Fabless+Foundry+OSAT（Outsourced Assembly and Test）模式：其中设计公司叫作 Fabless（如高通、地平线、寒武纪等大多数半导体公司）；晶圆制造厂叫作 Foundry（如中芯国际、台积电），完成整个 Wafer 的生产；封测厂叫作 OSAT（如台湾日月光公司 ASE Group），完成 Wafer 的切片、封装及测试，并最终交付给 Fabless 的企业。

芯片设计极为复杂，如果芯片中的每个模块都由一家公司从头开始设计，势必会减缓芯片演进的速度。因此又诞生了知识产权（IP）公司，并继续演进到现在的 IP+Fabless+Foundry+OSAT 模式：其中的 IP 公司（如 ARM、SYNOPSYS）专门提供一些成熟的，并且在各类工艺下验证过的 IP 核。典型的如 ARM 公司提供的 CPU 及 GPU，SYNOPSYS 公司提供的 DSP，DDR 的 Controller 和 PHY。Fabless 公司会从这些 IP 公司采购这些 IP，并且与自己设计的 IP（如地平线的 BPU）集成在一起，完成整个 SoC 的设计。虽然 IDM 模式与其他模式在市场上占有率各为一半，但目前的趋势是从IDM模式转为分离模式，如台积电于1987年开创晶圆代工的商业模式，推进制造与设计、封装相分离。随着制程更细微的发展趋势拉动研发、建厂开支急剧增长，推动IDM公司持续扩大委外释单，向Fab-lite（部分IDM+部分委外）、Fabless模式转移。AMD公司之前为IDM模式，但现在把很多制造外包给了台积电。

汽车智能芯片处于人工智能、智能汽车与集成电路三大战略性产业的交汇点，是当代硬件科技的"珠穆朗玛"。图3-9a所示为近几年车载芯片与手机芯片在晶体管数量上的对比，我们可以明显看到，车载芯片已经超越手机芯片，成为半导体技术引领者。如非常复杂的华为麒麟980手机芯片大约有不到100亿个晶体管，而英伟达的Xavier已经突破了100亿个，Orin已经达到了200亿个。图3-9b所示为车载AI芯片从设计到量产的全流程，我们可以清楚地看到车载AI芯片开发周期长，难度大，是硬科技和长跑道的创新。

图3-9　车载芯片与手机芯片晶体管数量对比及车载AI芯片开发周期

表3-1从多方面对比了消费级、工业级以及车规级芯片的标准要求，可以看到车规级芯片的标准远高于消费级芯片，这也对从事智能汽车芯片研发的企业提出了很高的要求。例如，国际汽车电子协会车规验证标准（Automotive Electronics Council Qualification，AECQ）是AEC组织专门制定的车规芯片的可靠性测试标准，由克莱斯勒、福特、通用等主要汽车制造商在1994年发起。其目的是针对车载应用、汽车零部件、汽车车载电子实施标准规范，建立车载电子部件的可靠性及认定标准规格化质量控制标准，提高车载电子的稳定性和标准化。表3-1中的AEC-Q100是专门针对集成电路提出的标准。目前，智能座舱控制器芯片市场的主要参与者包括恩智浦（NXP）、德州仪器（TI）、瑞萨电子（Renesas）等传统汽车芯片厂商，主要面向中低端市场；此外，手机领域的厂商如联发科（MTK）、三星（Samsung）、高通（Qualcomm）等也加入市场竞争中，主要面向高端市场；国内的车规芯片厂家主要有华为、芯驰、地平线等。

表 3-1　消费级、工业级以及车规级芯片标准要求

参数要求	消费级	工业级	车规级
温度	0～40℃	−10～70℃	−40～155℃
湿度	低	根据使用环境而定	0～100%
验证	JESD47（Chips） ISO16750（Modules）	JESD47（Chips） ISO16750（Modules）	AEC-Q100（Chips） ISO16750（Modules）
出错率	＜3%	＜1%	0
使用时间	1～3 年	5～10 年	15 年

如图 3-10 所示，在传统半导体上，PPA（功耗 Power，性能 Performance，面积 Area）被常用来标定一个芯片的质量：功耗越低越好，性能越高越好，面积越小越好，其中面积带来的是芯片的成本。可是在 AI 时代，这个逻辑有所变化，其中较为常见的是 TOPS（Tera Operations Per Second 的缩写，1TOPS 代表处理器每秒钟可进行一万亿次操作，也就是 10^{12} 次），用于描述 AI 芯片的算力。而 TOPS 并不能反映最终客户感受到的 AI 识别性能，也就是 DPS（Data Processing Per Second），它们中间还有两个系数：① Utilization，也就是芯片的有效利用率，这是因为 AI 计算不光是强计算，还是强带宽吞吐的，而 AI 芯片中的乘法器阵列是否可以最大限度地用满，这也是各家芯片设计公司中差别较大的地方；② DPS/TOPS，也就是每 TOPS 可以有效处理多少数据，这部分得益于算法的演进与优化。随着学术界中越来越优秀算法的提出，可以用更小的模型更快更准确地处理数据，芯片在相关 AI 任务中的处理精度也会随之提升。综上，一个 AI 芯片的性能，是由 TOPS × 利用率 × 每 TOPS 所完成的工作，最终才能反映出 AI 芯片的真实性能。因此可以看到，一个好的 AI 芯片是需要硬件＋软件＋算法一同发力，特别是要用算法的演化来指导 AI 芯片的设计。在业界，这种模式被称为软硬联合设计。

图 3-10　AI 芯片性能评估方法

3.1.2 图形处理器（GPU）

进入 AI 时代，图形处理器（Graphics Processing Unit，GPU）的重要性不言而喻，无论是美国的谷歌和亚马逊还是中国互联网巨头百度和阿里巴巴，他们都在依靠 GPU 加速来推动其基于 AI 服务的关键应用。为什么要使用 GPU 来进行模型训练与推理？CPU 与 GPU 的工作原理有何异同？在智能座舱中，我们又会使用什么处理器？本节将会简单做以说明。

CPU 和 GPU 因为最初用来处理的任务就不同，所以设计上有较大的区别，图 3-11 所示为二者架构对比：其中绿色的是算术逻辑单元（Arithmetic and Logic Unit，ALU），橙红色的是存储单元（包含缓存与存储器），橙黄色的是控制单元。

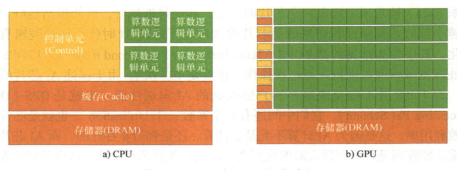

图 3-11 CPU 与 GPU 架构对比

我们可以看到两者有相同之处，即两者都有总线和外界联系，有自己的缓存体系以及算数逻辑单元。一句话，两者都为了完成计算任务而设计。然而它们的不同之处更加明显：①缓存体系上，CPU 的缓存远大于 GPU；②控制单元上，CPU 拥有复杂的控制单元，而 GPU 的控制单元非常简单；③算术逻辑单元上，CPU 虽然有多核，但总数没有超过两位数。GPU 的核数远超 CPU，被称为众核（NVIDIA Fermi 有 512 个核）。因此 CPU 擅长处理具有复杂计算步骤和复杂数据依赖的计算任务，如分布式计算、数据压缩、人工智能、物理模拟等。GPU 擅长处理计算量大、复杂度低、重复性高的大规模并发计算，如游戏中的大规模多边形运算、颜色渲染等。简而言之，当程序员为 CPU 编写程序时，他们倾向于利用复杂的逻辑结构优化算法从而减少计算任务的运行时间，即延迟（Latency）。当程序员为 GPU 编写程序时，则利用其处理海量数据的优势，通过提高总的数据吞吐量（Throughput）来掩盖 Lantency。

有了以上知识的铺垫，就容易理解为什么 GPU 适合做模型训练（Training）与推理（Inference）。这是因为模型通常具有许多参数。例如，流行的 VGG 图像分类模型有 16 层，大约 1.4 亿个参数。在运行推理时，需要将输入数据（如图像）传递到每个图层，通常将该数据乘以图层参数。在训练期间，还必须稍微调整每个参数以更好地拟合数据，这是很大的计算量。GPU 的多核结构刚好可以同时并行完成以上的简单拟合运算，虽然单个核相对于 CPU 来说较慢，但在大规模的并行下，依然比 CPU 的整体性能高出一个数量级。例如，Macbook 拥有运行速度为 3.1GHz 且 4 个内核的 CPU，NVidia K80 GPU 拥有近 5000 个内核，尽管单核运行速度要慢得多（562MHz，时钟速度大约只有 1/6），但是并行速度提高了 1250 倍。

在现实场景中，GPU 大部分在云端使用，而对于像座舱这样的端侧推理来说，往往需要更加小型化、低功耗的芯片来做网络模型推理。随着深度学习（Deep Learning）技术的深入研究与广泛应用，做 AI 芯片的公司也越来越多，很多公司都采用了"xPU"的命名方式，因此名字非常相似，表 3-2 对其加以区分并做简要介绍。需要注意的是，大部分缩写可能有多个来源，这里只选取和芯片相关的含义。

表 3-2 常见 "xPU" 列表

简称	全称	简介
TPU	Tensor Processing Unit 张量处理单元	谷歌为机器学习而定制的一款芯片。因为 TPU 是专为深度神经网络量身定做的，执行每个操作所需的晶体管数量更少，因此它有更高效能（每瓦计算能力）。TPU 与同期的 CPU 和 GPU 相比，在效能上有大幅度的提升。目前，一代 TPU 面向推理，二代面向训练
NPU	Neural-network Processing Unit 嵌入式神经网络处理器	专门为物联网人工智能而设计，用于加速神经网络的运算，解决传统芯片在神经网络运算时效率低下的问题。例如在 GX8010 中，CPU 和 MCU 各有一个 NPU。NPU 包括了乘加、激活函数、二维数据运算、解压缩等模块
APU	Accelerated Processing Unit 加速处理单元	AMD 公司推出加速图像处理芯片产品。AMD 在一颗芯片上集成传统 CPU 和 GPU，这样主板上将不再需要北桥，任务可以灵活地在 CPU 和 GPU 间分配。AMD 将这种异构结构称为加速处理单元，即 APU
	Audio Processing Unit 声音处理器	顾名思义，处理声音数据的专用处理器，大部分声卡里都有
BPU	Brain Processing Unit	地平线公司主导的嵌入式处理器架构。目前已经推出了征程 2/3/5 代等系列车规级端侧推理芯片，大部分已量产上车
DPU	Deep learning Processing Unit 深度学习处理器	最早由国内深鉴科技提出
	Dataflow Processing Unit 数据流处理器	Wave Computing 公司提出的 AI 架构
	Data storage Processing Unit 数据存储处理器	深圳大普微的智能固态硬盘处理器

(续)

简称	全称	简介
FPU	Floating Processing Unit 浮点计算单元	通用处理器中的浮点运算模块
HPU	Holographics Processing Unit 全息图像处理器	微软出品的全息计算芯片与设备
IPU	Intelligence Processing Unit 智能处理器	DeepMind 投资的 Graphcore 公司出品的 AI 处理器产品
RPU	Radio Processing Unit 无线电处理器	Imagination Technologies 公司推出的集 WiFi/蓝牙/FM/处理器为单片的处理器
VPU	Vector Processing Unit 矢量处理器	Intel 收购的 Movidius 公司推出的图像处理与人工智能的专用芯片的加速计算核心
WPU	Wearable Processing Unit 可穿戴处理器	Ineda Systems 公司推出的可穿戴片上系统产品,包含 GPU/MIPS CPU 等 IP
XPU	Processing Unit for Diverse Workloads	百度与赛思灵(Xilinx)公司在 2017 年 Hotchips 大会上发布的一款 256 核、基于 FPGA 的云计算加速芯片。XPU 的目标是在性能和效率之间实现平衡,并处理多样化的计算任务。基于该架构,百度推出了昆仑 818-100 推理芯片和昆仑 818-300 训练芯片
ZPU	Zylin Processing Unit	由挪威 Zylin 公司推出的一款 32 位开源处理器,相关的代码可在开源托管平台 Github(https://github.com/zylin/zpu)中查看

3.1.3 片上系统(SoC)

图 3-12 所示为半导体分类,我们可以看到半导体器件主要分为四大类,包括传感器、光电器件、分立器件以及大家最为熟知的集成电路芯片(Integrated Circuit,IC)。而集成电路芯片又分为模拟集成电路和数字集成电路两大类。模拟集成电路主要包含了电源管理芯片(如过电压保护芯片、快充芯片等)以及信号链芯片(又被称为线性芯片,如滤波器)。数字集成电路在日常生活中用得比较多,如处理器芯片、存储芯片以及执行特定任务的 ASIC 芯片(如视频编解码、音乐播放器等使用的芯片)等。图 3-12 中的绿色部分是一个特殊的领域,叫作功率半导体(或功率芯片),由各类模拟器件和高集成度的电源管理集成电路(Power Management IC,PMIC)构成,主要进行电源管理,给系统提供电源保护等功能。

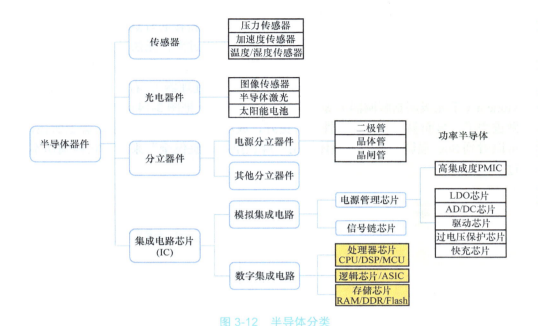

图 3-12 半导体分类

可以看到，每颗芯片都有一定的功能，将它们组合在一起才是一个电路。随着半导体技术的发展，大家发现即使每个功能的芯片集成度会变高变复杂，但每个独立功能的芯片所构成的电路依然会很占面积且经济性较差，所以就出现了 SoC，将上述特定功能的器件在一颗芯片上实现。如图 3-13 所示，在 SoC 出现之前，可编程核、IP、定制逻辑、存储器等都在一个 PCB 上。这些分离的芯片需要通过 PCB 进行互联，其可靠性、功耗以及效率等方面均不是最优。后来随着半导体工艺技术的发展，SoC 技术将上面这些芯片的功能完全做在一颗芯片上，而集成度变高会让整个性价比和可靠性也变高。这是因为在 SoC 中是完全基于芯片内部总线的互联，会让可靠性和功耗等各方面变得最优。在设计层面，SoC 有两个显著的特点：①硬件规模庞大，通常基于 IP 设计模式；②软件比重大，需要进行软硬件协同设计。由于 SoC 可以充分利用已有的设计积累，显著地提高了 ASIC 的设计能力。SoC 在性能、成本、功耗、可靠性，以及生命周期与适用范围各方面都有明显的优势，它是集成电路设计发展的必然趋势。

图 3-14 所示为一个 SoC 结构演进案例：图 3-14a 是 PC（Personal Computer）架构图，一共有两颗芯片——Intel 的 CPU 处理器（Intel Core processors）和桥接芯片（Intel H55 Express Chipset）。我们可以看到处理器上通过高速接口连接着 DDR 和集成 GPU 等。桥接芯片上主要连接了一些如 USB、网络、BIOS、HDMI 等外设。虽然 PC 的这种方式直观上比较复杂，但好处是上面的处理器和桥接芯片有更多的独立性，可以采用各自的工艺（其中 CPU 的工艺更高一些），并且可

以分离演进。因此到现在，PC 依然沿用主处理器和桥接芯片这样的架构。但是在手机端，这样的设计就显得过于冗余，而且面积过大，无法适用。因此就自然过渡到图 3-14b 所示的 SoC 架构（高通发布的骁龙 845 版图），其中左下部分是 Adreno 630 GPU，中部是 Hexagon 685 DSP（协处理器），右下部是 X20 LTE Modem（千兆级调制解调器）等。高通在一颗芯片上把图 3-14a 中所有的功能都做进去了，显而易见，这样的性能会更好，成本会更低，也更可靠。综上所述，可以看到 SoC 强调的是一个整体，用"麻雀虽小五脏俱全"来形容它再确切不过了。

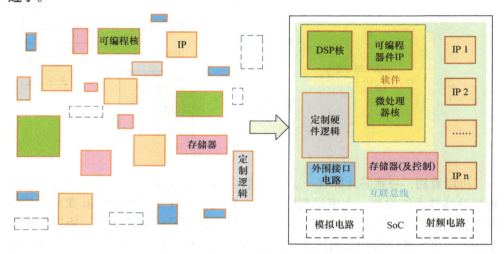

图 3-13　SoC 结构理论演进

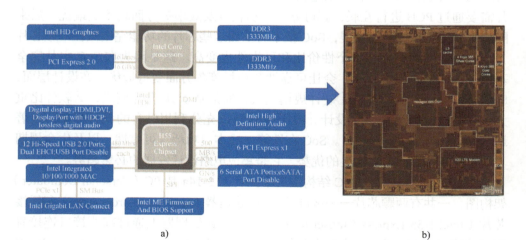

图 3-14　SoC 结构演进案例

在实际开发过程中，我们发现刚进入智能座舱领域的研发人员容易对表 3-3

中的几个名词与 SoC 混淆，简要做一下对比及说明。

表 3-3 常见混淆名词对比

简称	全称	简介
MPU	Micro-Processor Unit 微处理器	通常代表一个功能强大的 CPU（暂理解为增强版的 CPU），但不是为任何已有特定计算目的而设计的芯片。这种芯片往往是个人计算机和高端工作站的核心 CPU。Intel x86、全志 A20、TI AM335X 等都属于 MPU
MCU	Micro-Controller Unit 微控制器	又称单片机。MCU 是把 CPU 的频率与规格做适当缩减，并将内存（Memory）、计数器（Timer）、USB、A/D 转换等周边接口都整合在单一芯片上，形成芯片级的计算机，为不同的应用场合做不同组合控制。因此，在 MCU 的基础上直接加简单的外围器件（电阻、电容）就可以运行代码了。而 MPU 就不能直接放代码，它只不过是增强版的 CPU
DSP	Digital Signal Processor 数字信号处理器	一种专用于实时的数字信号处理的微处理器。DSP 是一种特殊的 CPU，特别适合信号的处理，这是因为经过模拟数字转换器（ADC）转化好的数字信号，数据量往往很庞大，直接交由 CPU 处理的效率是不高的，并且 CPU 还要进行更多的通用计算的任务。因此，常常采用专用的电路来处理数字信号，如数字滤波、快速傅里叶变换、时频分析、语音信号和图像信号的处理加工等。这些运算往往很复杂，很多涉及复数的累加、累乘运算，例如，离散傅里叶变换的计算就十分复杂，但是运用时域抽取或频域抽取的快速傅里叶变换算法后就可以大大减少运算量，不过电路较为复杂。将能完成这些复杂运算的电路集成在一块芯片上，能在一个时钟周期完成一次乘加运算，使其能完成如音频滤波、图像处理等复杂运算，这样的芯片叫作 DSP。DSP 对于流媒体的处理能力远优于 CPU，现在手机上的语音信号都是由 DSP 处理的。现阶段 DSP 的概念正在变得模糊，如 ARM9 的架构就不像是一颗 CPU，更像是一颗 DSP。现在有很多芯片，其上都集成了 DSP、GPU、基带处理器等，越来越多的传统上分立的芯片被集成到一起，协同工作以提高效率，降低能耗。因此，DSP 在有些情况下作为协处理器内核，是 SoC 的一部分
FPGA	Field-Programmable Gate Array 现场可编程门阵列	是 Xilinx 公司 1985 年首家推出的一种新型的高密度可编程逻辑器件（Programmable Logic Device，PLD）。FPGA 作为专门集成电路（ASIC）领域中的一种半定制电路，既解决了定制电路的不足，又克服了原有可编程器件门电路数有限的缺点。现在，随着超大规模 FPGA 以及包含 SoC 内核 FPGA 芯片的出现，软硬件协调设计和系统设计变得越来越重要。传统意义上的硬件设计越来越倾向于与系统设计和软件设计结合。综上，FPGA 可以被理解为用来设计芯片的芯片，采用 FPGA 设计 ASIC 电路，用户不需要投片生产，就能得到可用的芯片

这里特别需要指出的是，与 SoC 比起来，FPGA 内部结构复杂，有丰富的触发器和 I/O 引脚，可包含 SoC 内核，它是 ASIC 电路中设计周期最短、开发费用最低、风险最小的器件之一。FPGA 和 MCU 相比，本质上是软件和硬件的区别，FPGA 更偏向于硬件电路，而 MCU 更偏于软件。具体来说，MCU 设计属软件范畴，因为它的硬件（单片机芯片）是固定的，通过软件编程语言描述软件指令在硬件芯片上的执行。FPGA 设计属硬件范畴，它的硬件是可编程的，是一个通过硬件描述语言在 FPGA 芯片上自定义集成电路的过程。

3.1.4 域控制器（DCU）

在学习域控制器（Domain Controller，DCU）之前，我们需要先了解电子控制单元（Electronic Control Unit，ECU）。随着车辆的电子化程度逐渐提高，ECU覆盖了整个汽车，从防抱死制动系统、四轮驱动系统、电控自动变速器、主动悬架系统、安全气囊系统，逐渐延伸到了车身安全、网络、娱乐、传感控制系统等。就 Strategy Analytics 统计数据显示，各级别汽车 ECU 数量都在逐年递增，尽管目前的汽车平均采用约 25 个 ECU，但一些高端车型却已突破百个。汽车电子软件爆炸式增长，对电子电气构架带来了巨大的挑战。如图 3-15a 所示，这些控制器遍布车身各个区域，导致线束的布置会笼罩整个车身，如同人体的血管一样。

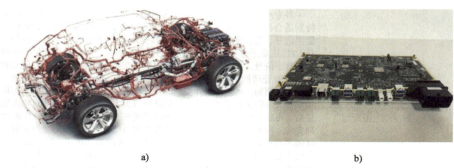

a) b)

图 3-15 连接 ECU 的线束与 DCU（图片来源：APK Pure）

如何在越来越复杂的线路中，保证数据处理以及网络安全的最优化成为难题，而用一个或几个"大脑"来操控全车的 ECU 与传感器正逐渐成为汽车电子电气架构公认的未来。图 3-16 所示为博世在 2017 年公布的其在整车电子电气架构方面的战略图，他们将整车电子电气架构的发展分为三大类 6 个节点，分别是分布式电子电气架构、域集中式电子电气架构和车辆集中式电子电气架构。我们可以看到，伴随汽车自动化程度逐级提升，传统车企电子电气架构从分布式向域集中过渡。分布式的电子电气架构主要用在 L0～L2 级别车型，此时车辆主要由硬件定义，采用分布式的控制单元、专用传感器、专用 ECU 及算法，资源协同性不高，有一定程度的浪费。从 L3 级别开始，域集中电子电气架构走向舞台，DCU 在这里发挥重要作用，通过 DCU 的整合，分散的车辆硬件之间可以实现信息互联互通和资源共享，软件可升级，硬件和传感器可以更换和进行功能扩展。再往后发展，以特斯拉 Model 3 领衔开发的集中式电子电气架构基本达到了车辆终极理想：车载计算机级别的中央控制架构。

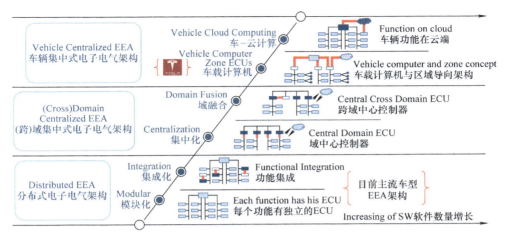

图 3-16 电子电气（EEA）架构技术战略图（博世）

目前市面上大多数车型的架构方案都位于模块化和集成化架构方案，在这个大背景下，DCU 的出现将大大优化整车电子电器线路。当前，随着 DCU 的算力需要，车载电子电器主要形成了功能"域"的架构，即 Domain 的架构。典型的是分为动力总成、底盘控制、车身控制、ADAS、娱乐系统这 5 个主要的域。智能座舱大部分属于娱乐系统域，或与其他域进行结合形成新的域。例如，威马汽车搭载高通骁龙 SA8155，将娱乐系统域和车身控制域结合，形成了整车智能座舱域。图 3-15b 展示了英博超算发布的"悟空二号"- 双 J3（地平线）+X9H（芯驰）高性能多域控制器，实现了 ADAS 域和智能座舱域的融合。

综上所述，DCU 可以将汽车电子各部分功能划分成几个领域，然后利用处理能力强大的多核 CPU/GPU 芯片相对集中的控制域内原本归属各个 ECU 的大部分功能，以此来取代传统的分布式架构。而智能座舱 DCU 的使命已经不再局限于实现多屏互联，还扩展至抬头显示屏（HUD）、空调控制、后视镜、人机交互、驾驶员监控系统（DMS），以及 T-BOX 和车载单元（OBU）等。

3.1.5 案例：BPU 及地平线征程系列芯片

地平线征程系列芯片是地平线机器人（Horizon Robotics）推出的车规级 SoC，如图 3-17 所示，包含 CPU 子系统（CPU SUBSYSTEM）、BPU 子系统（BPU SUBSYSTEM）、视频输入系统（VIDEO IN）、图像前处理系统（IMAGE PROCESSING）、编解码系统（VIDEO CODEC）、内存管理系统（DDR SUBSYSTEM）、外设管理（PERIPHERAL）等。对于地平线最重要的是里面的 BPU，这是地平线自己设计提出的 IP，并且与其他 IP 一起组成了 SoC。

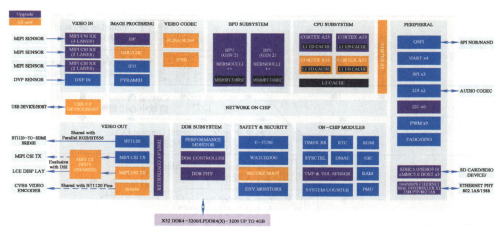

图 3-17 地平线征程（Journey）系列芯片架构图

3.2 车载传声器

传声器是将声音信号转换为电信号的信号转换器件或者模组。汽车传声器是车载音频信号的接收模块，由外壳、电路板、传感组件、信号转换器和密封组件、粘附件等部分组成，壳体上设有装置槽，电路板上开设有声孔。汽车用传声器可以分为汽车 A2B（Automotive Audio Bus）传声器、普通有源模拟传声器、无源模拟传声器等。基于语音的车载人机交互系统在智能座舱领域占据重要地位，车载传声器阵列已成为智能汽车的标配。传声器阵列是指由 2 个及以上的传声器单元，以一定的空间结构组成的声学系统，配合高效的语音信号处理算法，可以实现回声消除、声源定位、语音分离和噪声抑制等任务。

3.2.1 传声器类型

传声器单元示意图如图 3-18 所示，声波引起振膜振动，将声信号转换为电信号。根据传声器的指向特性，可将传声器分为全指向性传声器和指向性传声器。

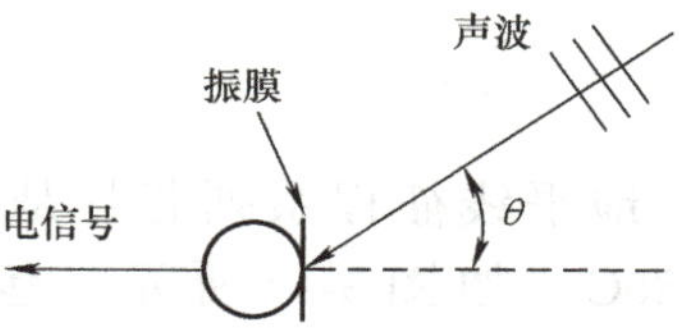

传声器的远场指向性 $\Gamma(\theta)$ 定义为传声器随着入射方向 θ 变化的幅度响应。N 阶指向性传声器的指向特性可以表示为

$$\Gamma_a(\theta) = 1 - \sum_{i=1}^{N} a_i + \sum_{i=1}^{N} a_i \cos^i(\theta)$$

图 3-18 传声器单元示意图

式中，θ 是入射声波与传声器振膜的夹角；$a = \{a_1, \cdots, a_N\}$ 是决定传声器指向性的参数。

常用传声器指向性包括全指向（Omnidirecitonal）、心形指向（Cardioid）、超心形指向（Hypercardioid）、高心形指向（Supercardioid）、宽心形指向（Subcardioid）和偶极子指向（Dipole）等，如图 3-19 所示，其指向特性公式见表 3-4。

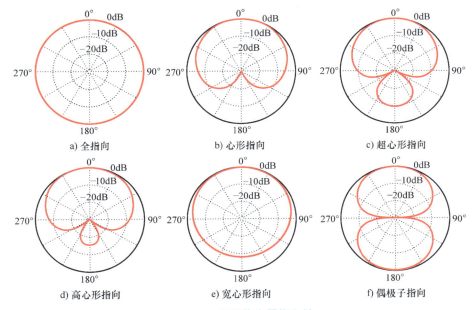

图 3-19 常用传声器指向性

表 3-4 常用传声器指向性

指向性类型	指向性公式	指向性类型	指向性公式
全指向	$\Gamma(\theta) = 1$	心形指向	$\Gamma(\theta) = \frac{1}{2} + \frac{1}{2}\cos\theta$
超心形指向	$\Gamma(\theta) = \frac{1}{3} + \frac{2}{3}\cos\theta$	高心形指向	$\Gamma(\theta) = (\sqrt{2}-1) + (2-\sqrt{2})\cos\theta$
宽心形指向	$\Gamma(\theta) = \frac{7}{10} + \frac{3}{10}\cos\theta$	偶极子指向	$\Gamma(\theta) = \cos\theta$

3.2.2 传声器阵列安装方式

车载传声器阵列根据安装方式分为集中式阵列和分布式阵列两种。集中式阵列安装方式简单，布线成本相对较低，而分布式阵列在多音区实现上更有优势。

合理的传声器选型及安装方式，可降低算法研发的难度，提升车载语音增强的性能。

传声器安装需要远离空调出风口等声源位置，集中式阵列通常安装在车机或者顶灯位置，图 3-20 所示为顶灯处集中式传声器安装方案。图 3-20a 所示的安装方式适用于全指向型传声器和单指向性传声器，图 3-20b 所示的安装方式适用于单指向性传声器。使用第一种安装方式时，单指向性传声器接收到的信号可以抑制来自发动机的噪声；而使用第二种安装方式时，单指向性传声器接收到的驾驶员和前排乘客原始语音信号有一定的能量区分度，配合阵列前端信号处理算法，可提升驾驶员和前排乘客语音分离度。

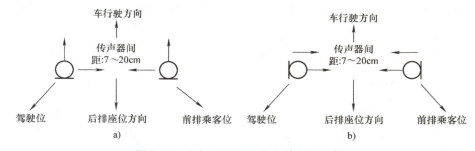

图 3-20　顶灯处集中式传声器安装方案

3.2.3　案例：车载多音区的实现方式

如图 3-21 所示，2019 年 4 月发布的理想 ONE 增程式智能电动汽车安装了 4 个分布式传声器，地平线为理想 ONE 提供车载多音区语音交互技术，支持多达 4 路人声分离和 4 路音区检测，实现全车回声消除、语音分离、智能降噪、音区定位和语音唤醒，快速响应乘员对于车辆设置、导航、音乐、视频等多种交互需求，打造精准的全车语音交互，让车内交互更加方便快捷。

图 3-21　理想 ONE 车内 4 个传声器布置

3.3 车载摄像头

座舱内的摄像头有多种类型，如 2006 年丰田在其雷克萨斯 GS 450h 上第一次搭载了驾驶员监控系统（Driver Monitor System，DMS），该系统使用一个装在方向盘转向柱上的近红外摄像头（Near-infrared），红外光发射器补光可以满足摄像头全天候工作的需求。在这种条件下，DMS 能适应外界变化的环境光线，可更准确地识别驾驶员在开车过程中的危险状态，包括疲劳、注意力分散、喝水、抽烟等，并通过报警声音甚至制动来避免事故的发生。随着行车安全越来越受到人们的重视，欧盟新车安全评鉴协会（NCAP）在五星碰撞评级计划中加入了 DMS 的测试条例，预计将在 2024 年开始测试。2020 年 3 月，搭载着座舱智能化功能的长安 UNI-T 车型正式发售，UNI-T 通过一个主驾交互摄像头（Driver Interaction Camera，DICam）和一个前座摄像头（Front Seat Camera，FSCam）来感知车内座舱驾驶员和乘客的行为，并在此基础上提供相关的服务。除了上面提到的两种传感器之外，深度相机在座舱搭载率逐渐大幅提升，为了满足舱内高精度手势交互的需求，深度信息给手势识别带来本质的性能提升，从而可以和车内屏幕进行一些更加精细化的交互操控。本节主要介绍车内常见的摄像头类型和安装方式，并以 DMS 的注意力分散功能为例，介绍算法对摄像头的一些基本要求。

3.3.1 摄像头类型

主驾交互系统（Driver Interaction System，DIS）的摄像头一般都会配备 IR 补光，以满足白天和夜晚的识别需求。乘员交互系统（Occupant Interaction System，OIS）的摄像头一般需要兼顾拍照功能，大多需要彩色传感器，同时也会增加 IR 单元来增加夜晚工作的需求。同时安装在顶灯位置的飞行时间（TOF）深度传感器让驾驶员能够便捷地进行挥手切歌等操作。后排的座舱监控系统（IMS）摄像头常常用来识别后排的儿童，进而避免家长将小孩遗忘在车内造成事故。车外交互摄像头可以通过人脸识别达到非触碰式车门解锁的功能。为了达到这些目的，表 3-5 展示了 7 种摄像头的名称、位置及用途，具体安装位置如图 3-22a 所示。

表 3-5 不同位置摄像头列表

简称	全称（英文）	全称（中文）	位置及用途
DICam	Driver Interaction Camera	主驾交互摄像头	一般放置在 A 柱或转向管柱，用于疲劳/视线等场景
FSCam	Front Seat Camera	前排交互摄像头	一般位于顶灯，用于前排交互，比如手势等场景
RSCam	Rear Seat Camera	后排交互摄像头	可以放在 B 柱，用于后排交互，比如儿童各类场景

（续）

简称	全称（英文）	全称（中文）	位置及用途
DLCam	Downward-Looking Camera	俯视摄像头	可以放在车顶，用于遗留物品检测等场景
FLCam	Forward-Looking Camera	前视摄像头	一般在风窗玻璃靠顶部位置，用于手势挪车等场景
ULCam	Unlock Camera	解锁摄像头	一般在车外B柱，用于人脸开车门等场景
BLCam	Backward-Looking Camera	后视摄像头	一般在尾部，用于识别车主搬东西自动开启行李舱

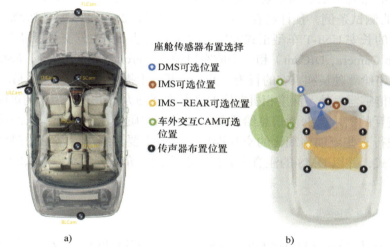

图 3-22　7种摄像头安装位置及实际摄像头覆盖区域

3.3.2 摄像头安装方式

表 3-6 列举了车内常见摄像头的类型、布置位置和视野范围（Field of View，FOV）。其中，布置位置包括后视镜、仪表盘、工作台、A 柱、转向柱、两侧 B 柱、后排两侧 B 柱、车外 B 柱等，从而实现面对驾驶员、前排乘客、后排乘客以及车外乘客的各类场景。具体每个摄像头所覆盖的大概区域如图 3-22b 所示。

表 3-6　座舱内常见摄像头信息

名称	布置位置	类型	FOV
DICam	A柱底部，转向柱，仪表盘	IR/RGBIR	CAM: VFOV（30°~40°），HFOV（>80°）
FSCam	顶灯位置	RGB/RGBIR/TOF	CAM: VFOV（>80°），HFOV（>125°） TOF: VFOV（>68°），HFOV（>54°）
RSCam	B柱顶篷位置	RGBIR/IR/TOF	CAM/TOF: VFOV（>80°），HFOV（>80°）
ULCam	左后视镜（折叠），车外B柱	RGBIR/IR/TOF	CAM/TOF: VFOV（>67°），HFOV（>80°）

3.3.3 案例：用于 DMS 的方向盘转向柱摄像头

转向管柱摄像头安装示意图及成像效果如图 3-23 所示。具体来说，图 3-23a 中的红色箭头所指位置表示转向柱安装的 DMS 摄像头，相机光心到人脸的距离大致在 50～70cm，该布置位置可以近距离地采集到清晰的人脸面部细节信息，并且仰视照射的角度，避免了眼皮遮挡造成的误识别问题。同时由于安放在方向盘后部，也在一定程度上避免了强光对摄像头的干扰。图 3-23b 展示了从转向管柱部署的摄像头拍摄到的人眼图像数据，从这个角度可以清晰地看到人眼的瞳孔、虹膜和巩膜，甚至能看到红外补光灯在虹膜上的反光点。这对基于视线追踪的注意力分散算法有很大的性能提升。

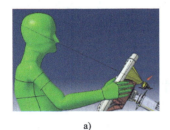
a)

b)

图 3-23　转向管柱摄像头安装示意图及成像效果

3.4 基于芯片的硬件设计

在实际开发中，基于芯片的硬件设计一般包含两种方案：一体机方案和 ECU 方案。这两种方案各有优点和缺点，芯片公司一般会提供设计指导，客户根据实际车型和项目情况评估哪一种方案更合适。下面将会介绍两种方案的优缺点，并重点用案例来讲述相关的设计思路。

3.4.1 一体机方案

一体机方案，就是把芯片相关的电路设计放到车机的机壳内，进行一体化设计。这种方案又分为两种，一种是 AI 子板形式，一种是 Chip on board 形式。

1）AI 子板形式：AI 子板就是把 AI 芯片相关的电路单独设计成一块 PCB，通过板对板插接器与车机主板连接。其优点是硬件形态是一个单独的模块，只要保持板对板插接器的接口定义不变，PCB 布局和布线自由度比较大，可以单独进行硬件升级和迭代，与车机端电路的耦合比较小；缺点是新增板对板插接器会抬高整机 PCB 堆叠的厚度，需要考虑 AI 板的固定方式、摄像头插接器的布置位置和散热设计，很难兼容已经量产成型的车机结构，需要在全新的车型上进行车机结构的整体设计，同时因为增加了板对板插接器，成本也会适当上升。

2) Chip on board 形式：Chip on board 就是把 AI 芯片相关的电路放在车机的主板 PCB 上。其优点是和车机端电路共用 PCB，节省了板对板插接器的成本；缺点是 PCB 布局布线的约束会比较多，对客户的设计能力要求比较高。

3.4.2 ECU 方案

ECU 方案也叫作分体机方案，是一个更加独立和灵活的电路单元。其优点是独立的 PCB 和结构设计，只通过车规以太网网口、USB、CAN 总线和车机进行连接，与车机端的 PCB、结构、软件耦合较少，容易升级迭代，兼容性好，可以快速复制到不同的车型项目；缺点是单独的机壳、插接器、线束增加了成本，同时需要考虑固定和安装方式。

3.4.3 案例：基于地平线芯片的硬件接入案例

2019 年，地平线推出了中国首款车规级 AI 芯片 J2（征程®2）；2020 年，地平线推出新一代高效能汽车智能芯片 J3（征程®3）；2021 年，地平线进一步加速 AI 芯片迭代，J5（征程®5）已经发布，J6（征程®6）也正在进行规划产品定义。通过高效能的人工智能芯片及解决方案，在智能座舱领域，目前地平线已经赋能包括上汽、长安、长城、红旗、奥迪、广汽、比亚迪、大陆集团、佛吉亚、博世等国内外众多顶级合作伙伴。目前，J3 芯片在新车型上已经开始逐步导入量产，本案例主要基于 J3 芯片来介绍相关的硬件设计方案。J3 是地平线第 2 代车规 AI 芯片，通过强大的边缘计算能力和软硬件高效协同，能够高效灵活地实现多类 AI 任务处理，表 3-7 列举了相关规格参数。

表 3-7　J3 芯片规格参数

名称	参数
CPU 处理器	4 核 ARM® Cortex® A53，主频 1.2GHz
AI 处理器	2 核伯努利架构 BPU，算力 5TOPS
外围存储接口	1. 32bit DDR4/LPDDR4（3200 MHz） 2. 容量最大为 4GB
视频输入输出	1. 3 个 MIPI CSI RX 端口，包含 1 个 4 通道（lane）数据通道，2 个 2 lane 数据通道，每 lane 数据通道支持 2Gbit/s 传输速率 2. 1 个 MIPI CSI TX 端口 3. 处理图像格式支持 4096×2160（30 帧） 4. 支持 4 路 YUV 摄像头接入或者 6 路 RAW 摄像头接入 5. 1 组 DVP 输入，1 组 BT1120 输入
外围接口	2×I2S，3×SPI，4×I2C，4×UART，1×RGMII，2×SDIO
芯片物理规格	1. 车规级认证：AEC-Q100 Grade 2 2. 台积电 16nm 制程 3. 封装：FCBGA484，15mm×15 mm，0.65mm

1. 案例 1：基于地平线 J3（征程®3）芯片的一体机硬件接入

在一体机的方案中，J3 通过板对板插接器和车机主板连接，以单独的 AI 子板形式存在，通过接入多路摄像头和语音，可以实现多模态交互的功能，如图 3-24 所示。

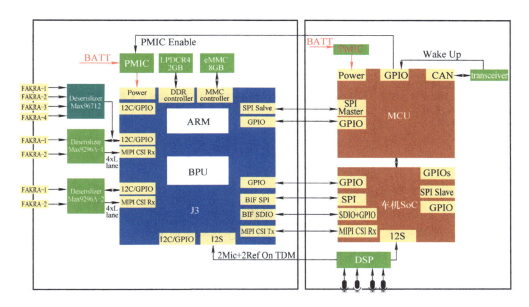

图 3-24　基于 J3 的一体机方案

（1）J3 摄像头接入能力

1）具有 3 组 MIPI CSI RX 端口：包括 1 组 4lane 的 MIPI 端口，2 组 2lane 的 MIPI 端口。

2）每 lane 速率为 2Gbit/s，4lane 可以达到 8Gbit/s。

3）支持 MIPI CSI TX 输出。

4）达到 800 万像素（30 帧时）的处理能力。

5）支持 4 路 YUV 格式接入或者 6 路 RAW 格式接入。

在实际的量产项目中，摄像头的接入方式可以根据功能场景来自由组合，表 3-8 列举了几种组合及接入方式。

（2）J3 语音的接入能力

1）支持主 / 从模式。

2）接收支持 1/2/4/8/16 通道音频输入。

表 3-8 摄像头组合接入

组合	说明
200 万像素驾驶员 DMS 200 万像素前排乘客 IMS 200 万像素车外双目	DMS 主要用于实现驾驶员的疲劳检测、人脸识别、活体检测等功能 IMS 主要用于实现拍照、录制视频、唇动检测等功能 车外双目摄像头主要用于车外人脸解锁
200 万像素驾驶员 DMS 600 万像素前排乘客 IMS	高分辨率的 IMS 可以精细地识别前排和后排的人脸表情，丰富更多的娱乐场景
200 万像素驾驶员 DMS 200 万像素前排乘客 IMS 200 万像素后排 IMS 200 万像素 DVR	后排 IMS 可以精细检测后排乘客的表情，检测有无系安全带，有无儿童或者物品遗失在车内；DVR 可以用作行车记录仪

3）发送支持 1/2 通道音频输出。

4）采样率支持 8/16/32/44.1/48/64kHz。

5）I2S0 和 I2S1 的采样率可以分别设置。

通常，传声器通过车机接入，经过 ADC 连接到车机 DSP，在 DSP 内部将原始的传声器信号和参考信号经过降采样、数据排列，以 TDM8、16kHz、16bit 的方式通过 I2S 接口传给 J3，J3 接收到音频信号之后，会利用 CPU 和 BPU 高效的算力进行语音信号的处理，包括语音降噪、回声消除、盲源分离、自动增益等。通过图像和语音的同时接入，进行多模态的融合，可以实现更丰富的功能场景，提升用户的实际体验。

（3）关键器件选型　J3 同时接入图像和语音进行多模态的融合和处理，地平线在关键器件的选型上，也会给出一些推荐型号：

1）PMIC：可以选择 NXP PF8100+MPSPF5024 或者 MPS MPQ7920+ NXP PF5024 的组合。

2）LPDDR4：可以选择 Hynix 海力士 H54G46BYYQX053N，容量 16GB，速率 4266Mbit/s，温度范围 -40～105℃。DDR 的选型比较关键，当型号发生变化时，会涉及 DDR 参数的调整和压力测试，地平线会根据项目的实际情况，和客户一起探讨适配一些新的 DDR 颗粒的型号。

3）EMMC：可以选择三星 KLM8G1GEUF-B04P，其他主流车规厂家的量产型号也可以。

（4）J3 AI 板与车机主板的引脚连接定义　J3 的 AI 板与车机主板的硬件 IO 连接，一般使用 60 引脚的插接器，接口定义见表 3-9。

表 3-9　J3 的 AI 板与车机主板引脚连接定义

序号	引脚名称	引脚作用	序号	引脚名称	引脚作用
1	I2S0_LRCK	音频输入接口	31	GND	GND
2	I2S0_SDIO		32	I2C2_SCL	预留
3	I2S0_BCLK		33	I2C2_SDA	
4	WAKEUP_IN	MCU 唤醒 J3	34	I2C_SCL	MCU 控制 PMIC 的 I2C
5	GND	GND	35	I2C_SDA	
6	BIFSD_DATA1	J3 与 AP 双向通信接口	36	POWER_EN	MCU 使能 PMIC
7	BIFSD_DATA2		37	ERROR	J3 指示故障输出
8	BIFSD_DATA3		38	SPI_INVAILD	MCU SPI 数据 ready
9	MCU_SPI0_SS	J3 与 MCU 双向通信接口	39	SPI_READY	J3 侧 SPI buffer ready
10	MCU_SPI0_CLK		40	GND	GND
11	MCU_SPI0_MOSI		41	BIFSD_CLK	J3 与 AP 双向通信接口
12	MCU_SPI0_MISO		42	GND	GND
13	GND	GND	43	BIFSD_CMD	J3 与 AP 双向通信接口
14	MIPIOUT_DATA1P	J3 MIPI BYPASS 输出接口	44	BIFSD_DATA0	J3 与 AP 双向通信接口
15	MIPIOUT_DATA1N		45	GND	GND
16	GND	GND	46	BIFSPI_CS	J3 从 AP 启动的升级接口
17	MIPIOUT_DATA3P	J3 MIPI BYPASS 输出接口	47	BIFSPI_MISO	
18	MIPIOUT_DATA3N		48	BIFSPI_MOSI	
19	GND	GND	49	GND	GND
20	MIPIOUT_DATA2P	J3 MIPI BYPASS 输出接口	50	BIFSPI_SCLK	J3 从 AP 启动的升级接口
21	MIPIOUT_DATA2N		51	GND	GND
22	GND	GND	52	AI_LED_PWM	驱动 DMS 补光灯控制脚
23	MIPIOUT_DATA0P	J3 MIPI BYPASS 输出接口	53	J3_READY	J3 启动完成通知 AP
24	MIPIOUT_DATA0N		54	AP_INT_TO_J3	AP 到 J3 的中断
25	GND	GND	55	预留 IO	预留 IO
26	MIPIOUT_CLKP	J3 MIPI BYPASS 输出接口	56	GND	GND
27	MIPIOUT_CLKN		57	GND	GND
28	GND	GND	58	SW_12V	Power
29	J3_INT_TO_AP	J3 到 AP 的中断	59	SW_12V	Power
30	BOOT_SEL	AP 使能 J3 进入升级模式	60	SW_12V	Power

2. 案例 2：基于地平线 J3 芯片的 ECU 硬件接入

基于 J3 的 ECU 方案，在摄像头接入方式上和一体机方案相同。在语音的接入方式上有一些区别：传声器首先通过车机接入车机主板，经过 ADC 连接到车机 DSP，在 DSP 内部，原始的传声器信号和参考信号经过降采样、数据排列等处理之后，通过 I2S 接口传给车机 AP，AP 再将语音数据通过车载以太网转发给 J3，最后在 J3 内部进行语音的算法处理，如图 3-25 所示。

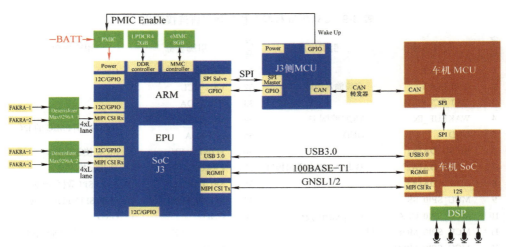

图 3-25　基于 J3 的 ECU 硬件接入方案

对于关键器件，相对于一体机方案，该方案会新增 MCU、以太网 PHY 芯片和 CAN 收发器等：

1）MCU：可以选择 NXP FS32K142HF，主要用于电源管理、休眠唤醒管理和数据通信。

2）以太网 PHY 芯片：可以选择 Marvell 88Q1110，用于实现网口通信。

3）CAN 收发器：可以选择 NXP TJA1043T，用于实现 CAN 通信。

J3 ECU 与车机插接器引脚定义见表 3-10。

表 3-10　J3 ECU 与车机插接器引脚定义

序号	引脚名称	引脚作用	序号	引脚名称	引脚作用
1	BAT_12V	12V 电源	7	GND	GND
2	ACC	ACC 点火信号	8	GND	GND
3	GND	GND	9	NC	预留
4	IR_P-OUT	补光灯供电电源	10	NC	预留
5	CANL	CAN 总线	11	PHY_T1_DP	车载以太网接口
6	CANH	CAN 总线	12	PHY_T1_DN	车载以太网接口

3.5　练习题

1. 芯片制造主要包含哪几个流程？
2. FPGA、SoC 与 MCU 的主要差别是什么？

3. 为什么集中式传声器阵列大多安装在顶灯位置？
4. 车载分布式传声器阵列更适合使用哪种传声器类型？
5. 常见座舱摄像头类型有哪些？
6. 车外人脸解锁摄像头常见的安装位置有哪些？
7. AI芯片从EMMC启动失败之后，还可以采取什么样的启动方式？
8. AI芯片对外的高速数据接口有哪些？

Chapter 04

第 4 章
智能座舱算法基础

第 3 章主要介绍了智能座舱相关的硬件基础知识,包括芯片、车载传声器以及摄像头等。本章开始介绍智能座舱相关的算法基础。顾名思义,智能座舱就是在传统的车载座舱系统的基础上增加了智能化的属性,通过感知(语音、视觉)、认知、决策、服务的过程使车辆能够主动化地服务于驾驶员和乘客,从而提升座舱的科技感,带来更好的安全、便捷、趣味性体验。为此,本章首先介绍深度学习相关的理论基础,其次介绍基于深度学习的机器视觉和语音识别相关基础算法。通过对第 3 章以及本章的学习,读者可以基本了解智能座舱研发的软硬件理论基础。

4.1 深度学习

进入 21 世纪后,得益于数字化变革和相关技术的发展,人工智能(Artificial Intelligence,AI)发展迅速,其应用场景变得十分广泛。人工智能的表面含义是人类通过技术为机器赋予人的智能。其中的关键领域——机器学习,则是让机器拥有学习的能力,从而实现机器的智能化。机器学习中的深度学习则是让机器进行学习的一种重要技术,使得机器学习的应用范围更加宽广,能够满足更多的任务要求,上面三个名词的关系如图 4-1 所示。

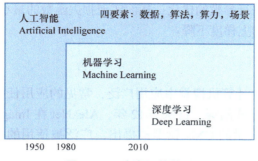

图 4-1　三个名词的关系

2016 年 3 月，随着 Google 的 AlphaGo 以 4∶1 的大比分战胜韩国的围棋高手李世石九段，深度学习这一未来人工智能领域最重要、最核心的科技立刻成为人们关注的焦点。传统机器学习与深度学习的流程对比如图 4-2 所示：两者都需要对数据进行预处理，传统的机器学习算法通过人工设计特征提取器，在复杂任务下，人工设计的特征提取器效果不佳，将提取到的特征传输到训练好的分类器中进行预测；深度学习的算法则是在数据预处理后，根据任务的复杂性设计模型，然后对模型进行训练，将用于特征提取和分类预测的模块联系起来进行"端到端"的训练。虽然深度学习算法在复杂任务中仍然拥有较好的效果，但该类算法也拥有模型可解释性差等缺点，比如无法解释模型中的各个模块分别提取什么样的具体特征。

图 4-2　传统机器学习与深度学习的流程对比图

随着算法突破、数据爆发以及算力增长，深度神经网络作为深度学习的一类实例化结构逐渐被广泛应用。其中在视觉感知场景，针对图像数据量较大的特点，通常采用卷积神经网络（Convolutional Neural Network，CNN）这一结构对图像数据进行处理。深度学习算法通常由三部分组成，包括神经网络模型、损失函数和优化方式。深度神经网络模型本质上就是一个复杂的函数，这个函数将输入映射到输出值，该函数是由许多个简单函数复合而成。卷积神经网络就是一个拥有大量可训练参数的复杂函数，其中参数可训练意味着通过参数的更改，模型的预测能力越来越强，预测值与真实值之间的差距越来越小。衡量模型输出值与预测值之间差距的方式就是通过设计的损失函数实现。优化方式的选择意味着模型通过怎样的方式进行参数的优化，从而实现损失函数的最小化，一般的优化方式为反向传播算法加上梯度下降。

4.1.1 卷积神经网络

卷积神经网络在计算机视觉中应用广泛，常见的应用任务为图像分类识别、目标检测追踪、图像分割等。自从 2012 年，AlexNet 在 ImageNet 数据集上取得了不错的效果后，大量的 CNN 模型被提出，广泛被使用的 CNN 模型有 VGG、ResNet、DenseNet、MobileNet、ResNeXt 等。根据"端到端"的设计思路，网络结构大致分为输入层、隐藏层和输出层，其中隐藏层主要完成对输入数据进行特征提取和对提取到的特征进行信息整合，用于预测。结构中用于特征提取的层包括卷积层、池化层、激活函数层等，用于分类识别的包括全连接层等。其中，用于特征提取的模块，一般被称为 backbone，其基本结构与模块如图 4-3 所示。输入图像传入网络中后，通常由卷积层对输入进行卷积，实现特征提取；批量归一化层对卷积后的操作进行处理，统一数据分布；激活层通过激活函数实现数据的非线性转换，增加网络表达能力，从功能上模拟生物神经元的激活和抑制状态；池化层降低特征图的尺寸，使得图像特征凸显。由多个基本模块搭建而成的 backbone 对输入图像进行特征提取，在提取过程中，数据以一定数量的特征图进行传输。

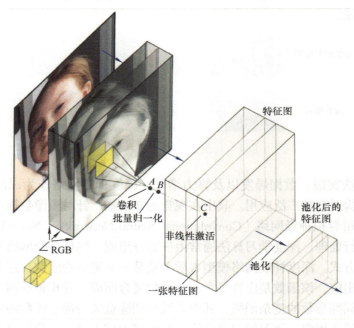

图 4-3 神经网络基本结构与模块

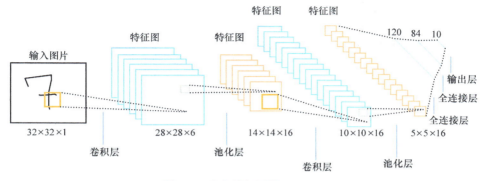

图 4-4 卷积神经网络 LeNet-5

基于以上模块，在 1998 年，Y. LeCun 等人提出了通过反向传播算法（Back Propagation，BP）进行训练的卷积神经网络模型 LeNet-5，如图 4-4 所示。LeNet-5 通过包括卷积层、池化层、激活函数层和全连接层在内的不同模块层层堆叠，使得模型可以直接从图片中提取特征信息并进行分类识别。具体来说，在模型中的最后几层以全连接层为基础，根据模型前面部分得到的特征信息进行预测，输出 10 分类上每类的预测值，一般选取预测值中的最大值作为模型对输入数据的最终预测结果。在模型推理过程中，卷积计算后的高层的特征信息被输入全连接层，全连接层利用这些特征信息进行分类识别，并通过反向传播算法指导卷积层进行更好的特征提取。同时，从其结构图中可以看出，随着网络层次的加深，特征图的尺寸逐渐降低，特征图通道的数量会逐渐增多，后续大多数模型的结构都参考了这种设计思想。LeNet-5 模型采用的设计结构成为一种经典的卷积神经网络基本结构，是大量卷积神经网络结构的起点。下面将依次介绍基本结构中各个计算层的原理和作用。

1. 卷积层

卷积层是卷积神经网络中的核心结构之一，它使用一定数量的过滤器对数据进行特征提取。针对输入数据维度较大的情况，得益于局部感知和权值共享，卷积神经网络中的参数数量被有效减少。局部感知即是卷积层中的每个神经元仅与输入图像的一块区域像素连接，如图 4-5 所示，Layer2 中的一个神经元只与 Layer1 中的一块区域有连接。由于图像的局部像素关联较强，局部连接保证了经过训练后的过滤器能够对图像的局部特征有很好的感知能力。同时，在网络结构中靠前的卷积层提取一些低级的局部语义特征如边缘、线条等，靠后的卷积层从这些特征中不断提取更高级的语义特征，感知的区域也更大。

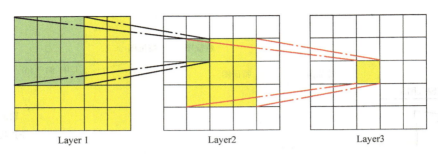

图 4-5 局部感知及卷积

权值共享则是指卷积核中的权重被整张特征图所共享。每一层卷积层中存在着许多用于提取不同类型特征的过滤器，每个过滤器含有的卷积核的数量与输入特征图的通道数量相同，即过滤器中的每个卷积核与输入中的一张特征图相对应，并不会因为卷积核在该特征图上移动到不同的位置而改变权值。接下来，通过一个简单的例子来讲述如何计算卷积：假设对一张 5×5 的二维图像数据，使用一个 3×3 的过滤器（filter）进行卷积，卷积时的偏置（bias）为 0，将得到一个 3×3 的特征图。如图 4-6a 所示，从输入图像的左上角进行卷积操作，即将输入图像上的像素值与相对应的 filter 上的参数值进行相乘，然后进行累加，得到的特征图上的第一个输出值为

$f_{0,1} = 1×1 + 1×0 + 1×1 + 0×0 + 1×1 + 1×0 + 0×1 + 0×0 + 1×1 = 4$

得到第一个卷积操作输出值后，向右滑动 filter，假设此处的步长（stride）为 1，滑动后的结果如图 4-6b 所示，则第二个输出值为

$f_{0,1} = 1×1 + 1×0 + 0×1 + 1×0 + 1×1 + 1×0 + 0×1 + 1×0 + 1×1 = 3$

依此类推，将 filter 在输入图像上从左到右及自上而下进行滑动，并与输入图像进行卷积操作，提取图像中的特征，最终卷积输出如图 4-6c 所示。

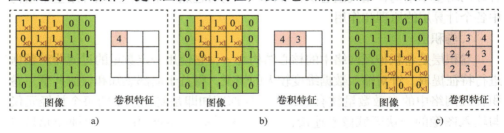

图 4-6 卷积计算示例

2. 激活函数

由于卷积层中只提供线性的表达能力，即卷积层中的计算可以简化为 $f(x) = wx + b$，这样在数据是线性可分时是没有问题的，线性可分即通过一条 $f(x) = wx + b$ 的直线就可以区分数据，如图 4-7a 所示。但数据并非都是线性可分的，

特别是复杂场景下的数据，比如图 4-7b 所示的数据，并不是一条线性直线就可以划分。模型如果只拥有区分线性数据的能力，则该模型不足以区分复杂的非线性可分的数据。

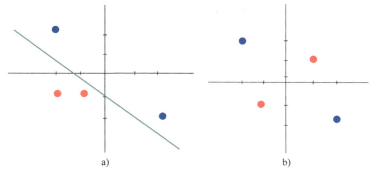

图 4-7　线性可分与线性不可分

因此，引入非线性函数使得网络非线性表达能力增强，网络可以胜任更为复杂的任务。同时，这也构建了稀疏性，模拟了生物大脑中神经元具有的激活和抑制两种状态，且只使用部分神经元进行推理的过程。常见的非线性函数为 Sigmoid 函数和 Relu 函数。Sigmoid 函数在早期的神经网络研究应用中被广泛使用，其数学表达式为

$$\sigma(x) = \frac{1}{1+e^{-x}}$$

图 4-8a 所示为 Sigmoid 函数及其导数，可以看到在饱和区域无论输入值多大或多小，输出值变化微乎其微且趋近于 1 或 0，使得导数值趋于 0。为了避免梯度消失的情况发生，Relu 函数成为目前使用最多的激活函数之一。其定义公式如下

$$R(x) = \max(0, x)$$

图 4-8b 所示为 Relu 函数及其导数。Relu 函数在输入值为非负时，输出值与输入值相等且导数恒为 1，在输入值为负数时，输出值则为 0 且导数恒为 0。这样的函数有效地解决了梯度消失的问题，使得模型收敛加快。同时，该函数计算简单，且可以增大网络的稀疏性，增强模型的泛化能力，即在同样的输出下，Relu 的网络使用到的神经元比 Sigmoid 少。

除了上述两种激活函数以外，还有 Tanh 和 Leaky Relu 等几十种函数及其变种。例如，Tanh 将输出控制在 [-1, 1]，均值接近 0，使模型收敛更快，但仍然存在容易导致梯度消失的问题。Leaky Relu 函数解决了 Relu 函数在输入为负的情况下产生的梯度消失问题。与网络模型一样，目前新的激活函数还在不断被设

计出来，相关的资料可以在网络上找到，这里不再展开介绍。

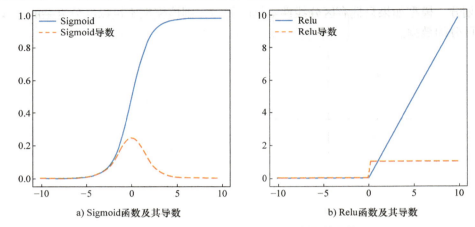

图 4-8　Sigmoid 函数和 Relu 函数及其导数

3. 池化层

在网络设计时，通常按照一定间隔设置一个池化层（pooling）。设置池化层的主要作用是逐渐降低特征图的尺寸，使得图像特征凸显的同时在一定程度上减少网络中用于卷积的参数和计算，有效提高所提取特征的鲁棒性。池化（Pooling）的方法很多，最常用的是最大池化（Max Pooling）、平均池化（Mean Pooling）和全局平均池化（Global Average Pooling，GAP）等。如图 4-9 所示，假设池化的 filter 大小为 2×2，Max Pooling 实际上就是在这个 2×2 的区域内取最大值作为采样后的值。Mean Pooling 即在这 2×2 的区域内取各样本的平均值。GAP 则在每个特征图上求全局平均值，输出值的数量与特征图数量相同。

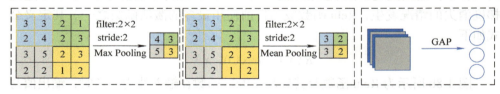

图 4-9　Max Pooling、Mean Pooling 以及 GAP 示意图

4. 全连接层

在常见的卷积神经网络中，使用一层或多层全连接层来对卷积后提取到的特征进行分类识别。如果说卷积层、池化层和激活函数等操作是对原始数据进行特征提取和特征凸显的话，那么通常使用"展平"（flatten）的方式将数据转换为一维的向量输入全连接层，而全连接层则起到将这些特征信息整合到一起（高度提纯特征）的作用，然后根据类别输出每个类别的预测值。

全连接层即为传统的多层感知机（Multi-layer Perceptron，MLP），每一个神经元节点的输入都来自于上一层的每一个神经元的输出。如图 4-10 所示，假设在二分类任务中，输入全连接层的特征有 x_1、x_2 和 x_3，经过两层全连接层后，将特征 x_1、x_2 和 x_3 整合为 y_1 和 y_2，即二分类中，对每个类别的预测概率值。

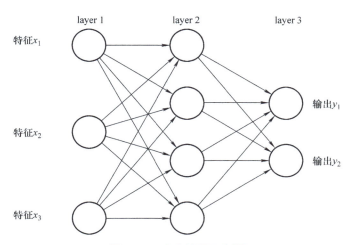

图 4-10　全连接层示意图

全连接层的输出通常被认为是网络预测输入为每个类别的概率。二分类任务通过 Sigmoid 函数将全连接层的输出转换为类别概率，即将图 4-10 中的 y_1 和 y_2 转换为区间（0，1）内的值。在多分类的任务中，最后一层全连接层的输出会通过 Softmax 函数进行转换，保证最终的输出全部在区间（0，1）内，且和为 1。因此，经过 Softmax 函数处理的最终输出才能被视为网络预测输入为每个类别的概率。Softmax 的函数定义公式如下

$$y_i = \frac{e^{z_i}}{\sum_j e^{z_j}}$$

式中，z_i 是网络的最终输出数组 z 中的第 i 个元素；y_i 是该元素的 Softmax 值。

从它的连接方式上看，全连接网络的优点是将每个输入特征的信息都传播到其后任何一个节点中去，这样会最大限度地让整个网络中的节点都不会"漏掉"这个输入特征的信息。不过它的缺点更为明显，由于稠密连接的方式，连接上的权重数量巨大，使得全连接层是整个网络中参数量最多的层。在输入数据量巨大的图像任务中，如果只使用全连接层，会使得模型参数量十分巨大。因此，研究人员才提出了具有权重共享特性的卷积层，从而减少权重的数量。除了上述提到的参数冗余的问题以外，全连接层还要求固定的输入维度（如 4096），使得整个卷积神经网络模型无法接受可变化尺寸输入，因此通常使用全局平均池化层或卷积层替换全连接层。

5. 批量归一化层

假定输入某一层网络的数据分布如图 4-11a 所示，通过 H1 对数据进行了划分。但由于模型处在训练阶段，每层的权重值都可能发生变化，在迭代一次后，传输到该层的数据分布可能如图 4-11b 所示，因此本层的权重将从直线 H1 更新成 H2，模型中的权重需要去适应学习不同的数据分布。同样，在训练阶段，输入模型中的不同批次的数据分布也可能存在着较大的差异，同样可能造成在每次迭代中网络要去适应学习不同的数据分布，这个现象称为内部协变量偏移（Internal Covariate Shift）。该现象容易导致网络在训练过程中的收敛速度变慢，即需要更多次的迭代，模型输出才会收敛。特别是在较深的网络中，这种现象会更加严重。

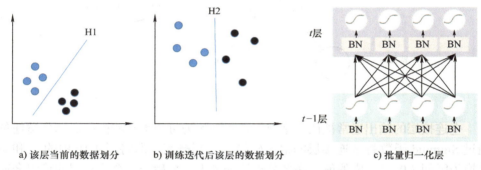

a) 该层当前的数据划分　　b) 训练迭代后该层的数据划分　　c) 批量归一化层

图 4-11　迭代前后的数据分布与批量归一化层

为了解决以上问题，研究人员提出了在网络中添加批量归一化层（Batch Normalization，BN），从而去加快模型的收敛，使得较深的网络也能够很快得到收敛。将数据输入网络中的某一层之前，对数据进行批量归一化的处理，如图 4-11c 所示，使得每一层接收到的数据都处于同一分布，对每一层的输入归一化至均值 0、方差 1 的预处理，避免了权重去适应不同分布输入数据的问题。批量归一化层具有许多的优点，几个主要的优点总结如下：

1）添加除了使得网络中每层输入数据的分布相对稳定，还可以加速模型的学习速度。

2）批量归一化层使得模型对训练中的超参数不那么敏感，简化了调参过程，使得网络学习更加稳定。比如经常会谨慎地采用一些权重初始化方法（如 Xavier）或者合适的学习率来保证网络稳定训练，在网络中添加批量归一化层后，使得网络对数据不敏感，进而使得网络对影响每层输出的超参数不敏感。

3）BN 缓解梯度消失问题，使得可以在网络中使用饱和性激活函数（如 Sigmoid、Tanh 等）。在不使用 BN 的时候，由于网络的深度与复杂性，很容易使得底层网络的变化累积到上层网络中,导致模型的训练很容易进入激活函数的梯度饱和区。通过归一化操作可以让激活函数的输入数据落在梯度非饱和区,缓解梯度消失的问题。

4)BN 具有一定的正则化效果。由于我们使用 mini-batch 的均值与方差作为对整体训练样本均值与方差的估计,尽管每一个 batch 中的数据都是从总体样本中抽样得到,但不同 mini-batch 的均值与方差会有所不同,这就为网络的学习过程增加了随机噪声,与 Dropout 通过关闭神经元给网络训练带来噪声类似,在一定程度上对模型起到了正则化的效果。

4.1.2 损失函数

在网络的训练过程中,需要通过损失函数来评估模型对输入数据的最终预测和真实标签之间的误差,深度学习中的损失函数需要根据当前的应用场景进行相应的设计,但不管是哪种损失函数,都可以总结出以下几个特点:

1)恒非负。损失函数计算的是模型预测值与真实值之间的差距,模型根据损失函数进行优化后,最好的情况是损失函数的值为 0,即模型的预测输出完美拟合真实值,只要有一点拟合的偏差那就会让损失增加。

2)模型预测值与真实值之间的误差越小,函数值就越小。这个性质也是非常重要的,如果损失函数定义得不好,优化起来没有方向或者逻辑过于复杂,那么对于问题处理显然是不利的。

3)损失函数收敛快。收敛快的意思就是指在迭代优化这个损失函数的过程中,需要让它比较快地逼近函数的极小值,逼近函数值的低点。

损失函数最小化是神经网络迭代学习训练的目标,实现损失函数最小化意味着让神经网络拥有了更好的预测能力,预测和真实标签之间的差异在不断减少。最小化的过程可以总结为

$$W^* = \min_W \left\{ \lambda \frac{1}{m} \sum_{i=1}^{m} L[y_i, f(x_i; W)] + (1-\lambda)\Omega(W) \right\}$$

式中,$f(x_i; W)$ 是模型;$L(y_i, f(x_i; W))$ 是模型对于一个样本的预测误差;$\frac{1}{m}\sum_{i=1}^{m} L[y_i, f(x_i; W)]$ 是 m 个输入样本的平均训练误差;W 是网络中的可训练参数集合;$\Omega(W)$ 是正则化项,用来描述网络的复杂度,常为参数 W 的 L1 范数或者 L2 范数,在损失函数中添加该项可以有效降低模型的复杂度,防止过拟合;λ 是相关参数,$\lambda \in (0,1)$,可以平衡训练误差和网络的复杂度。

最小化损失函数的过程其实是对网络中可训练参数的最优解搜索过程。针对不同类型的预测任务,一般选择不同的损失函数。根据任务的特点,通常将任务

的类型大致分为分类和回归这两类。分类任务即根据预先设置的类别，对输入数据进行每个类别上的概率预测，其最终的预测结果是离散的。回归任务即是对连续值的预测，如某地区房价的预测、坐标的预测。因此，回归任务主要使用基于距离度量的损失函数，分类主要使用基于概率分布度量的损失函数。基于距离度量的损失函数主要包括均方误差损失函数（Mean Square Error，MSE）、L2损失函数、Smooth L1损失函数、Huber损失函数等。基于概率分布度量的损失函数包括KL散度函数（相对熵）、交叉熵损失、Focal Loss等。例如，在图像识别分类任务中，通常采用的分类损失函数为交叉熵损失函数。在实际中，会针对不同的需求、模型或项目，设计不同的损失函数。

4.1.3 模型训练及测试

卷积神经网络的训练过程即为模型通过对训练数据的迭代学习，不断对网络中可训练参数进行优化直到损失函数最小化的过程。训练即是模型的多次迭代，每次迭代涉及两个过程，即前向传播和反向传播。而模型测试即是在模型没有学习过的测试数据集上进行前向传播。前向传播中，数据根据网络中的计算图从输入层到输出层进行计算。具体来说，当图像输入后，经过网络中的卷积层和池化层的运算，抽象出图像中的高级特征，然后将特征图展平后传输到全连接层等方向，完成模型的预测。反向传播中，根据链式法则，推理误差对于网络中所有可训练参数的偏导数依次从输出层向输入层被求解，存储下来的梯度被用来优化参数。

与许多其他机器学习模型相同，卷积神经网络同样是通过梯度下降来优化模型的参数。根据凸优化理论可知，由于神经网络模型复杂度较高，同时其损失函数一般为非凸（non-convex）函数，最小化损失函数时存在着局部最优解，使得非凸优化实现全局最优的难度增加。因此，在深度神经网络模型的反向传播中，一般采用小批量随机梯度下降（Mini-Batch Stochastic Gradient Descent，MBSGD）。具体来说，小批量随机梯度下降的思想是在每一次迭代中随机选择 n 个作为一个批次（batch），然后用一个批次的输入的推理误差来优化参数，而不是使用全体样本或者随机选择一个样本。一个批次的样本输入神经网络中，网络进行一次前向传播和后向传播，这个过程被称为一个"迭代过程"（iteration），一个批次选择的样本数量 n 被称为"批次大小"（batch size），网络对全体样本进行迭代的过程被称为一个"轮次"（epoch）。

下面总结一些深度学习的调参技巧，使用这些技巧，可以有效提高训练后的模型性能：

1）激活函数选择：常用的激活函数有Relu、Leaky-Relu、Sigmoid、Tanh等。对于输出层，多分类任务选用Softmax输出，二分类任务选用Sigmoid输出，回归任务选用线性输出。而对于中间隐层，则优先选择 Relu 激活函数（Relu 激活函数可以有效解决 Sigmoid 和 Tanh 出现的梯度弥散问题，同时它的计算更加简单）。

2）初始学习率设定和训练中学习率的衰减策略：一般而言，学习率从 0.1 或 0.01 开始尝试。学习率设置太大会导致训练十分不稳定，甚至出现非数（NaN），设置太小会导致损失下降太慢。学习率一般要随着训练进行衰减，衰减策略包括阶段下降、指数下降、预选下降、warmup 等。

3）防止过拟合：在对模型进行训练时，有可能遇到模型相对复杂性较高、训练数据较少无法代表该任务真实的数据分布等问题，从而导致模型的过拟合（overfitting）。即导致模型能完美地预测训练集，但对新数据的测试集预测结果较差，过度地拟合了训练数据，而没有考虑到泛化能力。

因此，过拟合主要是由训练数据太少和模型太复杂这两个原因造成的。减少过拟合的方法可以大致总结为：

① 获取更多数据：从数据源头获取更多数据；数据增强（Data Augmentation）。

② 使用合适的模型：减少网络的层数、神经元个数等均可以限制网络的拟合能力。

③ 在损失函数中添加正则化项，在训练的时候限制权值的更新。

④ Dropout：训练时以一定的概率（通常是 50%）关闭隐藏层神经元的输出，即输出为 0。

⑤ 避免过度训练，避免训练迭代的次数过多。

⑥ 数据增强：常见的数据增强方式有旋转、缩放、平移、裁剪、改变视角、随机遮挡、添加噪声等。

⑦ 数据清洗（Data Cleaning/Pruning）：将错误的 label 纠正或者删除错误的数据。

⑧ Bagging 等方法结合多种模型：用不同的模型拟合不同部分的训练集，将多个模型进行集成。

4）优化策略的选择：SGD 虽然能达到极小值，但是比其他算法用时更长，而且可能会被困在鞍点。如果需要更快的收敛，或者是训练更深更复杂的神经网络，则需要用一种自适应的算法，如 Adagrad、Adadelta、RMSprop 和 Adam。整体来讲，Adam 是最好的选择。

5）残差块与 BN：如果希望训练一个更深更复杂的网络，那么残差块绝对是一个重要的组件，它可以让网络训练得更深。BN 具有加快训练速度、有效防止梯度消失与梯度爆炸，以及防止过拟合的效果，构建网络时最好加上这个组件。

4.1.4 模型压缩

卷积神经网络中的模块根据是否含有可训练参数可以大致分为两类：一类是含有权重和阈值的卷积层、全连接层等，且权重和阈值的数量在具体任务下有优化的空间；另一类是非线性激活层、池化层等，这类模块不含有任何可训练参数。在一定程度上，模型参数量决定着模型对设备的存储消耗，该模型的计算量决定着模型运行时的实时性。模型压缩和加速则是针对具体任务，在保持模型性能的同时，降低模型的复杂度和计算量的一种方法。

1. 压缩加速主要原因

对模型进行压缩加速的主要原因，大致可以总结为以下几点：

1）模型性能提升的同时，模型对平台的资源消耗变得巨大。从开始的应用在手写字符数据集上进行 10 分类任务的 LetNet-5 模型，到后面的应用在 ImageNet 数据集上进行 1000 分类的 VGG/ResNet/DenseNet，模型的性能得到了极大的提升，同时意味着模型变得更加复杂，对平台的资源消耗也变得十分巨大。

2）针对具体任务，常见模型结构本身存在冗余。模型可训练参数数量和结构大小经过反复试验后得出，作为先验知识引入模型中，虽然这样设置让模型应对各种类似任务的兼容性较好，但在具体任务中，直接采用常见模型结构设置并不能实现最优的部署效果，模型结构存在着可以针对具体任务进一步优化的空间。

3）针对某些任务，在边缘端部署模型具有极大的收益。对于实时性具有高要求的任务，如自动驾驶等，将模型部署在边缘端可以使实时性得到极大的提高，避免了和云端进行实时数据交互带来的时延。同时，边缘端部署模型也可以保护数据的私密性，提升相应功能的稳定性和可靠性（表 4-1）。因此，为了将 CNN 模型很好地应用到端设备上，对模型进行压缩和加速的相关研究便受到了广泛的关注。

表 4-1 云端与边缘端部署对比

对比项	云端部署	边缘端部署
部署地点	模型主要部署在云端服务器上	模型主要部署在嵌入式设备上
常见模式	通过向云端服务器发送相关请求和数据，云端收到请求后处理并返回结果给用户	主要通过将模型打包封装到 SDK，集成到嵌入式设备，数据的处理和模型推理都在终端设备上执行
优化关键点	多路的吞吐量优化	功耗、内存、计算资源消耗
部署环境	训练框架提供推理服务	SDK 高效推理引擎库
主要优点	计算、内存等平台资源丰富	实时性、数据安全性、功能稳定性和可靠性有一定保障
主要缺点	实时性、数据安全性、功能稳定性和可靠性在一些场景中无法保障	由于模型自身和边缘平台资源受限，存在高存储、高功耗、高计算等问题

2. 研究层次

模型压缩和加速是一个庞大的领域，为了实现算法及软硬件协同优化，可以将该领域的研究总结为三个层次：硬件层压缩加速、框架层压缩加速、算法层压缩加速。

（1）硬件层压缩加速　相关工作主要是根据模型存储计算的特点设计硬件芯片。目前，一些针对人工智能应用而设计的芯片方案如图像处理器（GPU）、现场可编程逻辑门阵列（FPGA）、特殊应用集成电路（Application Specific Integrated Circuit，ASIC）等，其中ASIC包含BPU（地平线）、NPU、TPU等不同芯片方案。总之，相关研究主要根据深度学习模型存储计算的特点进行硬件设计，通过底层硬件的优化实现压缩加速模型。GPU、FPGA、ASIC三种芯片的对比见表4-2。

表4-2　三种芯片的对比

对比项	GPU	FPGA	ASIC
定制化程度	通用型	半定制化	定制化
成本	单价成本高	较低的试错成本	成本高，可复制，量产规模产后成本可有效降低
编程语言/架构	CUDA，OpenCL	Verilog/VHDL等硬件描述语言，OpenCL，HLS	—
算力和能效	算力高，能效比重	算力中，能效比优	算力高，能效比优
主要应用场景	云端训练，云端推理	云端推理，边缘推理	边缘推理

（2）框架层压缩加速　相关工作主要是针对边缘端设计端侧推理框架。此类框架主要针对资源受限的移动边缘平台，对模型存储和计算进行了一定的优化，如Horizon异构编译器、TF-lite（谷歌）、NCNN（腾讯）、MNN（阿里）、PaddleLite（百度）、TensorRT、MACE（小米）等。主要的存储计算优化包括编译优化、缓存优化、稀疏存储和计算、算子支持等。其中，算子支持需要重新开发端侧的算子，并同时对算子进行如支持定点化等优化。

（3）算法层压缩加速　相关研究主要是设计实现压缩加速算法。相关研究主要通过减少模型对平台的存储和计算的资源消耗，从而实现对模型的压缩和加速。主要包括轻量化结构设计、知识蒸馏、模型剪枝和参数量化等（图4-12）。实现算法层次的压缩加速效果在成本上是最低的，实现的效果也是最为明显的。在三个层次的压缩加速研究中，算法层面的方法由于高收益、低成本和易实现等特点被广泛用于对模型的压缩和加速，下面重点进行介绍。

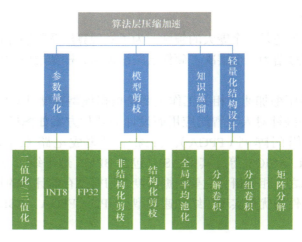

图 4-12 算法层压缩加速

1)轻量化结构设计:由于传统的卷积结构设计容易造成权重冗余,目前,研究人员通过经验和技巧设计出一些轻量化的结构。

① 矩阵分解:将 $M×N$ 的矩阵(M 远大于 N)分解为 $M×K$、$K×N$ 两层,只要让 $K<<M$ 且 $K<<N$,就可以大大降低模型体积。分解前,矩阵参数量为 $(M×N)$,分解后,参数量为 $(M×K+K×N)$。

② 分组卷积:比如 ShuffleNet、MobileNet 等。以 MobileNet 的 Depthwise Separable Convolution 为例,该卷积由 Depthwise Convolution 和 Pointwise Convolution 构成。一般卷积核采用 $3×3$,而 $N >> 9$,因此深度可分离卷积的参数量和计算量都是标准卷积的 $1/8 \sim 1/9$。

③ 分解卷积:用两层使用小卷积核的卷积层来代替一层使用大卷积核的卷积层。比如 VGGNet 中使用两个 $3×3$ 的卷积核代替一个 $5×5$ 的卷积核。在输出相同大小特征图的情况下,参数量仅为原先的 $3×3×2/(5×5)=18/25$,加速效果近似。

④ 全局平均池化:在 AlexNet 和 VGGNet 等模型中,全连接层参数量相对巨大,NIN 创新性地使用全局平局池化代替全连接层。NIN 取得了 AlexNet 的效果,AlexNet 参数大小为 230M,而 NIN 仅为 29M。

2)知识蒸馏:通常,大型深度模型相对于轻量化的模型会获得更好的性能,但鉴于大模型的自身参数量,其计算量巨大,部署在边缘端的难度较大,轻量化模型的部署虽然难度低,但性能往往不能达到要求。为了提高轻量化网络的性能,基于知识蒸馏的方法被提出。在知识蒸馏中,小模型(学生模型)在一个大模型(教师模型)的监督下学习(训练)。如图 4-13 所示,一个知识蒸馏系统由知识、蒸馏算法和师生架构 3 个主要部分组成。

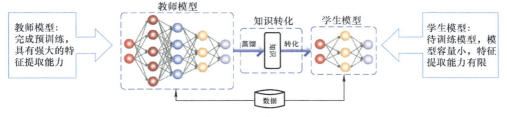

图 4-13 知识蒸馏原理图

知识蒸馏受到越来越多的关注，其方法已扩展到师生学习、相互学习、终身学习和自监督学习，对于"知识"的定义可以概括为两种：基于目标的蒸馏方式和基于特征的蒸馏方式。具体来说，基于目标蒸馏的本质是让学生模型去学习教师模型的泛化能力，将教师模型中 Softmax 层输出的类别的概率作为"Soft-target"，让学生模型去拟合。与目标蒸馏中的学生模型只学习教师模型的关于预测输出的知识不同，基于特征的蒸馏是学习教师模型中的中间层输出特征。

3）模型剪枝：修剪掉重要性较低的参数。根据修剪的粒度大小，可以将其分为非结构化剪枝和结构化剪枝。

① 非结构化剪枝：是一种细粒度剪枝方法，剪枝对象是模型中的神经元之间的单个权重连接。Han 等人提出的非结构化剪枝方法认为低于阈值的权重连接是冗余的。该剪枝方法包括 3 个阶段，即正常训练连接、置零冗余连接、重新训练剩下权值。在存储网络时，该方法通过压缩稀疏矩阵存储和参数量化来实现真正的网络"瘦身"。值得注意的是，非结构化剪枝的方法通常会引入非结构化稀疏，需要对稀疏矩阵存储和计算具有一定优化的平台才能实现压缩的加速效果，该类方法对平台环境有特定的要求，方法的普适性较差。

② 结构化剪枝：其核心思想是通过删除那些冗余的、贡献度低的结构化权重（如过滤器）来减少模型权重的数量，实现模型的压缩加速。对权值的重要性定义是剪枝的关键点，目前被提出的针对结构化权值的评判标准主要有以下3 种。

a）基于结构化权值范数值的评判标准：认为范数值越大的结构化权重，包含的信息越多，也越重要。

b）基于结构化权值之间欧式距离或相似性的评判标准：认为结构化权值的可替代性越高，也越冗余。

c）基于通道信息的评判标准：将输出通道的相关信息看作结构化权重的重要性。如 Network Slimming 方法将 BN 的 γ 系数作为通道的重要性，该方法简单高效，被广泛应用。

4）参数量化：量化的过程主要是将原始浮点 FP32 的参数映射成定点 INT8（或者 INT4/INT1）的参数。量化后，模型规模理论上可以直接降为原来的 1/4，直接降低内存带宽需求和存储空间。一个寄存器为 128 位的 SIMD 指令（单指令多数据流），可以处理 4 个 FLOAT 数值或 16 个 INT8 数值，在这种情况下，可以让芯片的理论计算峰值增加 4 倍。

一般将量化分为量化感知训练（Quantization Aware Training，QAT）和训练后量化（Post-Training Quantization，PTQ）。具体来说，量化感知训练需要在量化时的训练阶段对量化误差进行建模，这种方法一般能够获得较低的精度损失。训练后量化直接对普通训练后的模型进行量化，不需要在量化时训练，因此，训练后量化方法相对高效，但是在精度上一般要稍微逊色于 QAT。

以线性量化将 FP32 权重转化为 INT8 权重为例，量化浮点值可以分为以下两个步骤：

① 通过在权重张量（Tensor）中找到 min 和 max 值，从而确定 x_{scale} 和 $x_{\text{zero-point}}$。

② 通过以下公式将权重张量的每个值从 FP32（x_{float}）转换为 INT8（$x_{\text{quantized}}$）：

$$x_{\text{float}} \in [x_{\text{float}}^{\min}, x_{\text{float}}^{\max}]$$

$$x_{\text{scale}} = \frac{x_{\text{float}}^{\max} - x_{\text{float}}^{\min}}{x_{\text{quantized}}^{\max} - x_{\text{quantized}}^{\min}}$$

$$x_{\text{zero-point}} = x_{\text{quantized}}^{\max} - \frac{x_{\text{float}}^{\max}}{x_{\text{scale}}}$$

$$x_{\text{quantized}} = \frac{x_{\text{float}}}{x_{\text{scale}}} + x_{\text{zero-point}}$$

需要注意的是，当浮点运算结果不等于整数时，需要额外的舍入步骤。计算范围和零点，一般通过校准数据来对 FP32 的权值和激活进行范围采样。如图 4-14a 所示，量化方法的关键之一在于剔除离群点的影响，使量化损失最小化。图 4-14b 所示为确定范围后，在线性量化中将离群点量化为最大值。

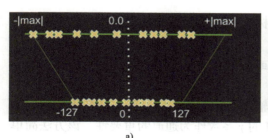
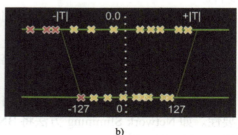

a)　　　　　　　　　　b)

图 4-14　剔除离群点

在实际情况中，可以根据图 4-15 所示的逻辑来选择合适的量化方法。

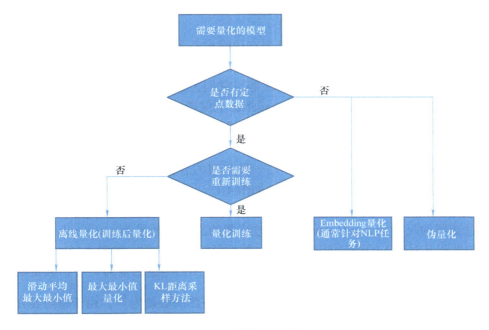

图 4-15　量化方法选择

例如，根据部署平台可以选择两种方案：第一种方案如图 4-16a 所示，在低精度模式下，计算过程是两个量化数据乘加之后通过 Dequantize 还原到 FP32 高精度，然后再量化成低精度。深度学习框架加载模型时，需要重写网络以插入 Quantize 和 Dequantize 层，也被称为伪量化。第二种方案如图 4-16b 所示，直接将网络整体转换为 INT8 格式，因此在推理期间没有格式转换，该方法要求几乎所有算子（Operator）都支持量化，因为运算符之间的数据流是 INT8。

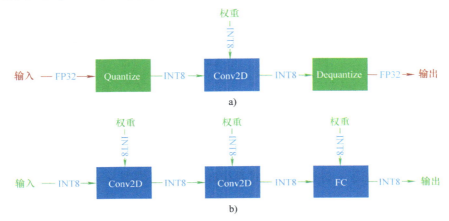

图 4-16　两种量化方案对比

4.1.5 案例：VarGNet 网络结构设计

为了更好地将深度学习模型部署在边缘设备上，满足任务在实时性等方面的需求，许多工作提出了用于常见计算机视觉任务的轻型网络，如 SqueezeNet、MobileNet、MobileNetV2、ShuffleNet 等。它们大量使用 1×1 卷积，与 AlexNet 相比，可减少大量参数，同时在 ImageNet 上保持 AlexNet 级别的准确性。这种轻量化的网络结构设计，能明显减少网络模型本身对平台资源的消耗，同时能具备不错的网络性能。

组卷积（Group Convolution）是一种常用的轻量化结构，在介绍组卷积之前，可以先回顾下常规的卷积操作：如图 4-17a 所示，如果输入特征图的尺寸为 $c_1 \times H \times W$，过滤器有 c_2 个，输出特征图的通道数量与过滤器的数量也是 c_2，每个过滤器的尺寸为 $c_1 \times h_1 \times w_1$，$c_2$ 个过滤器的总体参数量为 $c_2 \times c_1 \times h_1 \times w_1$。然而组卷积是对输入的特征图进行分组，然后每组分别卷积。如图 4-17b 所示，假设输入特征图的尺寸仍为 $c_1 \times H \times W$，输出特征图的通道数量为 c_2 个，假定输入特征图要分成 g 个组（group），每组的输入特征图的数量为 $\frac{c_1}{g}$。由于每组要分别卷积操作，每个过滤器拥有的 $h_1 \times w_1$ 大小的卷积核数量从常规的 c_1 变成 $\frac{c_1}{g}$。为确保输出的特征图的数量仍为 c_2，总共 c_2 个过滤器被分成 g 个 group，每 group 的过滤器数量为 $\frac{c_2}{g}$。从总体参数量来看，总体参数量为 $c_2 \times \frac{c_1}{g} \times h_1 \times w_1$，因此组卷积这种结构使用的参数量为常规卷积的 $\frac{1}{g}$。

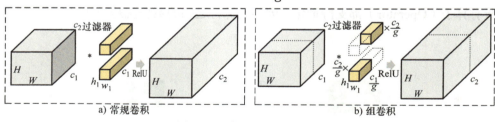

图 4-17 常规卷积与组卷积

通过以上对比可以看到，组卷积本质上通过减少每张输出特征图连接输入特征图的数量（即过滤器的通道数量）来降低参数量。基于组卷积思想，地平线的算法研究人员提出了一种适用嵌入式系统计算的网络模型 VarGNet，并且重点考虑两个方面：

1）模块（block）内平衡计算强度。为此，研究人员将组卷积中的通道数量进行了固定。

2）模块之间尽量小的中间特征映射。为此，研究人员减少了层间特征图的数量。

基于以上方面，最终设计提出了如图 4-18 所示的模块结构作为 VarGNet 的基础结构。

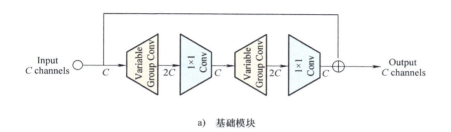

a) 基础模块

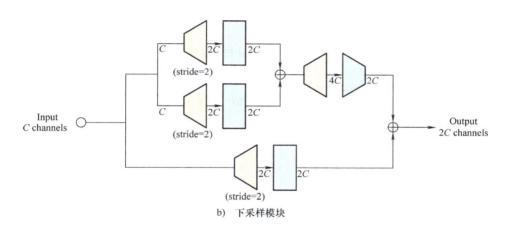

b) 下采样模块

图 4-18 VarGNet 的基础结构

VarGNet 的结构设计旨在缓解访存瓶颈，将固定数量的输入特征图加载到片上内存 SRAM，可以充分提高网络的访存效率。VarGNet 计算过程如图 4-19 所示，整个 block 的权重和一个 group 的输入特征图分别在 $t=1$ 和 $t=2$ 时刻加载到 SRAM 中，然后权重和特征图在计算单元上进行卷积操作，最终得到一个 group 大小的输出。按照 group 大小重复加载特征图和计算，获得整个输出特征图。

在实际使用中，基于 MobileNet v1 的结构，研究人员将 basic blocks 替换为上述的 blocks 后的整个网络的结构见表 4-3，Output Channels 中展示了不同 model scale 下的通道数，可以看出在 model scale 为 1 时，block 间的最大特征图通道数为 512。

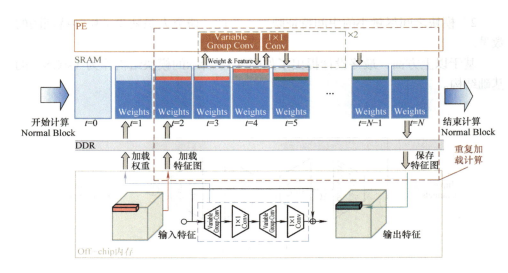

图 4-19 VarGNet 计算过程

表 4-3 VarGNet 网络结构

Layer	Output Size	KSize	Str	Rep	Output Channels						
					0.25x	0.5x	0.75x	1x	1.25x	1.5x	1.75x
Image	224 × 224				3	3	3	3	3	3	3
Conv 1	112 × 112	3 × 3	2	1	8	16	24	24	40	48	56
DownSample	56 × 56		2	3	16	32	48	64	80	96	112
DownSample	28 × 28		2	1	32	64	96	128	160	192	224
DownSample	14 × 14		2	1	64	128	192	256	320	384	448
Stage Block	14 × 14		1	2	64	128	192	256	320	384	448
DownSample	7 × 7		2	1	128	256	384	512	640	768	896
Stage Block	7 × 7		1	1	128	256	384	512	640	768	896
Conv 5	7 × 7	1 × 1	1	1	1024	1024	1024	1024	1280	1536	1792
Global Pool	1 × 1	7 × 7									
FC					1000	1000	1000	1000	1000	1000	1000

设置不同的固定通道数 G，VarGNet 在 ImageNet 数据集上的试验结果见表 4-4。可以从表中看出，VarGNet 在同样的 Model Scale 下 block 间最大的特征图通道数量比 MobileNet V1 小，说明 VarGNet 相较于 MobileNet V1 在加载权重时能更多地减少 off-chip 内存和 on-chip 内存进行数据交换的时间，同时 VarGNet 能有更好的识别准确率。

表 4-4　VarGNet 在 ImageNet 数据集上的试验结果

Model Scale	Acc-top1（FLOAT32）	Acc-top1（INT8）	Model size	MAdds	Max Channels
VarGNet $G=4$					
0.25	64.57%	65.02%	1.44M	55M	128
0.5	69.67%	70.33%	2.23M	157M	256
0.75	72.36%	72.56%	3.34M	309M	384
1	74.04%	74.11%	5.02M	509M	512
VarGNet $G=8$					
0.25	65.44%	65.61%	1.5M	75M	128
0.5	70.67%	70.84%	2.37M	198M	256
0.75	73.28%	73.35%	3.66M	370M	384
1	74.87%	74.90%	5.33M	590M	512
MobileNet V1					
0.35	60.4%	/	0.7M	/	358
0.6	68.6%	/	1.7M	/	614
0.85	72.0%	/	3.1M	/	870
1.0	73.3%	/	4.1M	/	1024
1.05	73.5%	/	4.4M	/	1075
1.3	74.7%	/	6.4M	/	1331
1.5	75.1%	/	8.3M	/	1536

目前，VarGNet 在常见的视觉任务（如分类、检测、分割、人脸识别等）以及相应的大规模数据集上进行试验，以此验证 VarGNet 的实用价值[一]。

4.2　机器视觉

随着智能座舱技术的发展，机器视觉的应用需求也逐步扩大，包括人脸识别、手势识别、驾驶员行为识别等。机器视觉通过机器来模拟生物视觉，代替人眼对目标进行分类、识别、跟踪等。机器视觉目前是人工智能领域应用最广的方向之一，在智能座舱研发中发挥着重要作用。与智能座舱相关的机器视觉常见任务见表 4-5，下面重点介绍这些任务的相关算法。

[一] https://arxiv.org/abs/1907.05653。

表 4-5　与智能座舱相关的机器视觉常见任务

任务名称	说明
分类	输入：图像 输出：类别预测分数
检测	输入：图像 输出：每个目标的位置信息和类别信息
分割	输入：图像 输出：像素级的类别预测
关键点	输入：视频 输出：每个关键点的位置信息和类别信息

4.2.1　分类

图像分类简单来说是输入一个图像，得到对图像内容分类描述的问题。随着分类算法的快速发展，图像分类已经从最简单的灰度图数字 10 分类，发展到现在千万级别 ImageNet 数据集的 20000 多类，计算机的推理精度和速度已经远远超越了人眼。图像分类是计算机视觉的核心，是检测、分割等算法的基础，广泛应用于智能驾驶、智能安防、智能家居等多个领域。分类算法是从已知的分类集中给图像分配一个标签，比如猫、狗、老虎等。在智能座舱里的应用比如驾驶员的性别分类，是否在用手机打电话等。目前常见的分类算法有如下几种。

（1）ResNet　ResNet 的提出解决了深度 CNN 模型难训练的问题，其深度达到了 152 层，"残差块"的设计是为了避免模型越深的情况下其识别准确率反而会降低。

如图 4-20 所示，残差块的主要思想可以概括为特征复现，即前面层提取出的特征可以通过快捷连接传递到除下一层以外更靠后的层，与那一层的输出直接相加。特别地，如果两者的维度不匹配，则可以在快捷连接中通过额外的卷积层等操作进行转换。

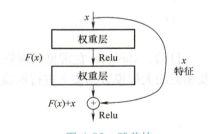

图 4-20　残差块

（2）DenseNet　DenseNet 脱离了加深网络层数和加宽网络结构来提升性能，通过特征重用和旁路设置，减少了网络的参数量，也部分缓解了梯度消失的问题。包括 ResNet、DenseNet 在内的这类模型有一个明显的共有特点，缩短前面层的输出到后面层的路径，其主要目的都是为了增加不同层之间的信息流动。

基于信息流动的方式，DenseNet 采取了"稠密块"（dense block）的结构，如图 4-21 所示。这种稠密连接的结构使得每一层的输入来自于前面所有层的输出，在前向传播中加强了特征传播，实现了特征图的复用，在反向传播中，避免了更深的模型中传递到前层的梯度消失。

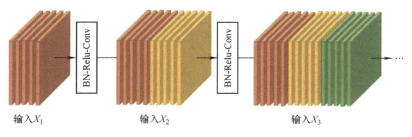

图 4-21 稠密块

（3）ResNeXt 该网络采用组卷积的思路，模型性能超过 ResNet，二者对比如图 4-22 所示。一般来说，增加网络表达能力的途径有三种：

1）增加网络深度，如从 AlexNet 到 ResNet，但是试验结果表明由网络深度带来的提升越来越小。

2）增加网络模块的宽度（即每层过滤器的数量），但是宽度的增加必然会带来参数规模提升，也非主流 CNN 设计。

3）改善 CNN 网络结构设计，如 Inception 系列和 ResNeXt 等。且试验发现增加基数（Cardinality），即一个模块中所具有的相同分支的数目，可以更好地提升模型表达能力。

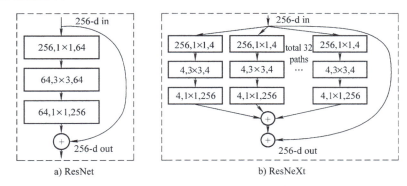

图 4-22 ResNet 与 ResNeXt 对比

（4）SqueezeNet SqueezeNet 中将传统的卷积模块用轻量化的 Fire Module 进行替代。

如图 4-23 所示，Fire Module 由 Squeeze 层和 Expand 层组成。在 Squeeze 层中，3×3 的卷积核被 1×1 的卷积核代替，同时该层减少了输出通道数量，并在 Expand 层中将部分 3×3 的卷积核也改为 1×1 的卷积核，以此减少 3×3 的卷积核的个数。总之，SqueezeNet 通过使用更多紧凑的卷积核来尽可能地减少自身参数量和计算量，也实现了和 AlexNet 模型相似的识别准确率。

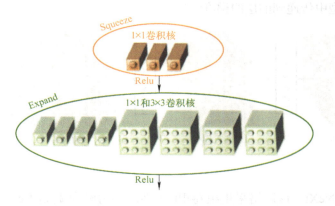

图 4-23　Fire Module

（5）MobileNetV1 和 V2　MobileNet V1 是轻量级网络，使用深度可分离卷积进行堆叠。

如图 4-24 所示，输入数据的维度为 $M \times D_F \times D_F$，该层过滤器数量为 N，卷积核大小为 $D_K \times D_K$，标准卷积和深度可分离卷积相比，输出的特征图维度是相同的，但是计算量的比较为

$$\frac{MD_F D_F D_K D_K + ND_F D_F M}{ND_F D_F MD_K D_K} = \frac{1}{N} + \frac{1}{D_K^2}$$

也就是说，与标准卷积相比，深度可分离卷积可以减少大量计算量，仅有很小的准确率损失，同时压缩效果类似。

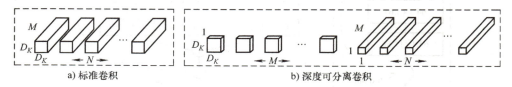

图 4-24　标准卷积与深度可分离卷积对比

MobileNetV2 沿用了 V1 的深度可分离卷积，主要创新点是线性瓶颈层（Linear Bottleneck）和反转残差块（Inverted Residual Block）。具体来说，线性瓶颈层指的是在 Bottleneck 模块的最后使用的是线性转换而不是 Relu，这是因为设计者分析认为 Relu 破坏了特征图的通道，导致丢失了信息。如图 4-25a 所示，传统的残差块将高维特征先使用 1×1conv 降维，然后再使用 3×3conv 进行滤波，并使用 1×1conv 进行升维（这些卷积中均包含 Relu），得到输出特征，并进行以元素方式（element wise）的相加。如图 4-25b 所示，反转残差块则是将低维特征使用 1×1conv 升维（不含 Relu），而后使用 3×3Dwiseconv+Relu 对特征

进行滤波，并使用 1×1conv+Relu 对特征再降维，得到本层特征的输出，并进行 element wise 的相加。

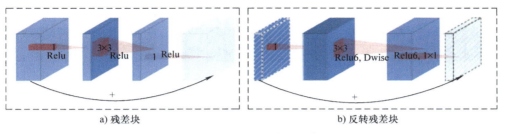

图 4-25　残差块与反转残差块对比

4.2.2　检测

目标检测是机器视觉领域最具挑战的方向之一，它涉及物体的分类和定位。简而言之，检测的目的是得到目标在图像中的定位，并且判断物体的类别。图 4-26 所示为一张在目标检测中的常用图像，可以看到图像里的每个目标，包括人和风筝，都可以被精确地定位和识别。

图 4-26　目标检测示意图（图片来源：COCO 数据集）

随着智能座舱技术的发展，目标检测在智能座舱算法中的作用也在不断扩大。通过深度学习方法，可以检测到座舱内的人和物体，为后续的目标跟踪、行为判断等打好基础。

1. 经典目标检测算法流程

经典目标检测算法流程如图 4-27 所示，大部分检测算法也是在这个流程图的基础上进行删减或改进的。

图 4-27　经典目标检测算法流程

（1）主要步骤

1）候选框：通常采用滑动窗口的方法提取。

2）特征提取：基于颜色、纹理、形状的方法，以及一些中层次或高层次语义特征的方法来提取。

3）目标判别：对候选区域提取出的特征进行分类判定，如单类别（区别背景、目标）、多类别（区分当前窗口中对象的类别）。

4）非极大值抑制（Non Maximum Suppression，NMS）：解决候选框重叠问题，NMS 对候选框进行合并。

（2）NMS　在上述流程中，NMS（图 4-28a）是目标检测常用的后处理算法，用于剔除模型的预测结果中冗余检测框。具体流程如下：

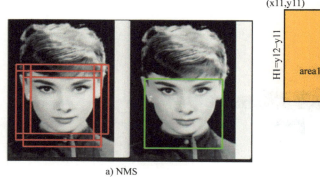

a) NMS　　　　　　b) IoU 计算

图 4-28　NMS 与 IoU

1）将所有框的得分排序，选中最高分及其对应的框。

2）遍历其余的框，如果和当前最高分框的重叠面积（Intersection over Union，IoU）大于一定阈值，就将框删除。

3）从未处理的框中继续选一个得分最高的，重复上述过程。

IoU 即是两部分面积的交并比，用来衡量两个框之间的重合度。如图 4-28b 所示，*area*1 和 *area*2 的 IoU 值为

$$\text{IoU}(area1, area2) = \frac{area}{(area1 + area2 - area)}$$

2. 基于深度学习的常见检测算法

（1）Faster RCNN　图 4-29 所示为 Faster RCNN 原理图。其算法流程如下：首先将图像输入网络得到相应的特征图。在特征图上使用区域候选网络（Region Proposal Network，RPN）生成候选框（300 个），将 RPN 生成的候选框投影到特征图上获得相应的兴趣区域（Region of Interests，ROI）。之后将每个 ROI 通过 ROI 池化层缩放到 7×7 大小的特征图，接着将特征图展平，通过全连接层得到分类概率和回归偏移量。

虽然 Faster RCNN 在实时性以及计算量方面有改进的空间，但依然是基于深度学习的目标检测最经典、使用范围最广的网络。它的提出无论在学术界还是在工业界都具有里程碑式的意义。作为种子模型，在其基础上产生了大量的变种。

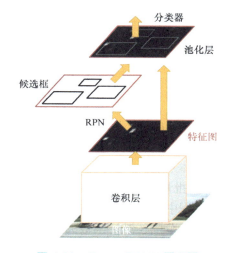

图 4-29　Faster RCNN 原理图

（2）YOLO 系列　YOLO 最大的特点是运行速度快，并且可以运用于实时系统。这里主要介绍 v1、v2 以及 v3 三个版本。

1）YOLO v1 原理图如图 4-30 所示，其流程如下：给定一个输入图像，首先将图像划分成 $S \times S$ 个网格，如果某个物体（Object）的中心落在这个网格中，则这个网格就负责预测这个 Object；每个网格同时需要预测多个检测框（Bounding Box，BBox），一个 BBox 对应预测框（Bounding Box）的位置信息和置信度（Confidence）信息。这里的 confidence 代表了 box 中含有目标（Object）的置信度，进而可以反映该 box 的位置及预测有多准；基于上面预测的 BBox，可以使用阈值过滤掉 confidence 比较低的 BBox，再使用 NMS 去除其余冗余的 BBox，得到最终的检测结果。

虽然 YOLO v1 有速度快、流程简单、泛化能力强等优点，但也有多个缺点，如对拥挤物体检测结果不太好，每个格子包含多个物体，但却只能检测出其中一个；对小物体检测结果不太好，大物体 IoU 误差和小物体 IoU 误差对网络训练中 loss 贡献值接近（虽然采用求平方根方式，但没有根本解决问题）；由于输出层为全连接层，因此在检测时，YOLO 训练模型只支持与训练图像相同的输入分辨率；没有批量归一化（Batch Normalization）等。

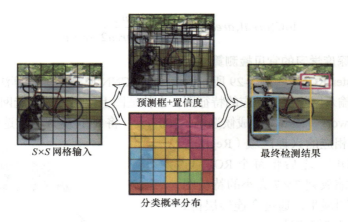

图 4-30 YOLO v1 原理图

2）YOLO v2 相对 v1 版本，在继续保持处理速度的基础上，从预测更准确（Better）、速度更快（Faster）、识别能力更强（Stronger）这几个方面进行了改进。具体来说：

① 批量归一化（Batch Normalization）：Batch Normalization 有助于解决反向传播过程中的梯度消失和梯度爆炸问题，降低对一些超参数（如学习率、网络参数的大小范围、激活函数的选择）的敏感性，并且每个 batch 分别进行归一化的时候，起到了一定的正则化效果（YOLO v2 不再使用 dropout），从而能够获得更好的收敛速度和收敛效果。

② 更高精度的 classifier：采用 224×224 图像进行分类模型预训练后，再采用 448×448 的高分辨率样本对分类模型进行微调（10 个 epoch，v1 中没有），使网络特征逐渐适应 448×448 的分辨率，然后再使用 448×448 的检测样本进行训练，缓解了分辨率突然切换造成的影响。

③ 引入先验框（anchor）：YOLO v1 直接预测 Bounding Boxes 的坐标值，借鉴 Faster RCNN 的方法，使 YOLO v2 预测 Anchor Box 的偏移值，而不是直接预测坐标值，同时借鉴 Faster RCNN 的做法，YOLO v2 也尝试采用先验框（anchor）。在每个 grid 预先设定一组不同大小和宽高比的边框，以此来覆盖整个图像的不同位置和多种尺度，这些先验框作为预定义的候选框在神经网络中将检测其中是否存在对象，并以此为基础来微调预测边框的位置。在设置 anchor 的尺寸时，采用在训练集上聚类标注边框来获得 anchor 的尺度信息，而不是手动设置。

④ 细粒度（fine-grained）特征：包括浅层特征直连（concatenate）高层特征，浅层的物理信息和高层的语义信息都重要；引入新层 reorg，即使大图变小图，相比 pooling 层，reorg 能更好地保留细节信息。

⑤ 多尺度输入：包括移除 FC 层，使得网络能够承接任意 size 的输入（实现跨尺度），提升模型鲁棒性。训练时每 10 个 epoch 改一下输入 size，网络会随机从 {320，352，…，608} 中选择一个新的图片尺寸。

3）YOLO v3 的模型比之前的模型复杂了不少，可以通过改变模型结构的大小来权衡速度与精度。具体来说，做了如下改进：

① 新的结构：采用 ResNet 残差结构，更好地获取物体特征。

② 真正多尺度预测：更好地应对不同大小的目标物体，如图 4-31b 所示，引入特征金字塔网络（Feature Pyramid Network，FPN）来实现，让网络必须具备能够"看到"不同大小的物体的能力。图 4-31a 所示的是传统的金字塔型特征级（Pyramidal Feature Hierarchy）结构。这种结构在不同深度的 feature map 获得后，直接进行目标检测，但是实际上精度并没有期待的那么高。与之不同的是，FPN 的方式是当前层的 feature map 会对未来层的 feature map 进行上采样，并加以利用。这样一来，当前的 feature map 就可以获得"未来"层的信息，从而使低阶特征与高阶特征有机融合起来，提升检测精度。YOLO v3 在这三种尺度的特征图上对 anchor 进行回归，从而生成框。

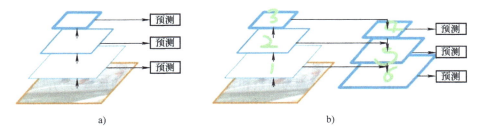

图 4-31　金字塔型特征层级与特征金字塔网络

③ 更新分类方式：Softmax 层被替换为一个 1×1 的卷积层 + 多个 logistic 激活函数的结构。使用 Softmax 层的时候其实已经假设每个输出仅对应某一个单个的 class，但是在某些 class 存在重叠情况（如 woman 和 person）的数据集中，使用 Softmax 就不能使网络对数据进行很好的拟合。

4.2.3　分割

许多计算机视觉任务需要对图像中的内容进行理解与分割，并使每个部分的分析更加容易。目前，图像分割技术主要通过计算机视觉深度学习模型来理解图像的每个像素所代表的真实物体，从而进行"像素级别"的分类。图像分割，顾名思义就是根据某些规则将图片分成若干特定的、具有独特性质的区域，并抽取出感兴趣的目标。

（1）图像分割子领域　图 4-32 所示为图像分割的子领域，主要包括以下几种：

1）语义分割（Semantic Segmentation）：对于一张图像，分割出所有的目标（包括背景），但对于同一类别的目标，无法区别不同个体。例如，你可以将与猫相关的所有像素分离出来，并将它们涂成绿色。这也被称为 dense 预测，因为它预测了每个像素的含义。

2）实例分割（Instance Segmentation）：将图像中除背景之外的所有目标分割出来，并且可以区分同一类别下的不同个体。例如，图 4-32c 中每个人、每辆车都用不同的颜色表示。

3）全景分割（Panoptic Segmentation）：在实例分割的基础上，可以分割出背景目标。

a）图像　　　　b）语义分割　　　　c）实例分割　　　　d）全景分割

图 4-32　图像分割的子领域（图片来源：Cityscapes 数据库）

（2）深度学习使用的算法　传统的图像分割在效率上不如深度学习技术，因为它们使用严格的算法，需要人工干预和专业知识，主要包括：

1）基于阈值：将图像分割为前景和背景。指定的阈值将像素分为两个级别之一，以隔离对象。阈值化将灰度图像转换为二值图像或将彩色图像的较亮和较暗像素进行区分。

2）基于 K-means 聚类：算法识别数据中的组，变量 K 表示组的数量。该算法根据特征相似性将每个数据点（或像素）分配到其中一组。聚类不是分析预定义的组，而是迭代地工作，从而有机地形成组。

3）基于直方图的图像分割：使用直方图根据"灰度"对像素进行分组。简单的图像由一个对象和一个背景组成。背景通常是一个灰度级，是较大的实体。因此，一个较大的峰值代表了直方图中的背景灰度。一个较小的峰值代表这个物体，这是另一个灰色级别。

4）基于边缘检测：识别亮度的急剧变化或不连续的地方。边缘检测通常包括将不连续点排列成曲线线段或边缘。例如，一块红色和一块蓝色之间的边界。

（3）基于深度学习的图像分割方法　下面介绍几个经典的基于深度学习的图像分割方法，包括全卷积网络（Fully Convolutional Networks，FCN）、ReSeg 和 Mask R-CNN。

1）FCN：FCN 是一种基于上采样/反卷积的分割方法，能够实现图像端到端的分割。与普通的卷积神经网络不同，FCN 由卷积层、池化层和反卷积层构成，在对输入图像进行特征提取后，采用反卷积层对最后一个卷积层的 feature map 进行上采样，使它恢复到与输入图像相同的尺寸，从而可以对每个像素都产生一个预测，得到原始输入图像中的空间信息，同时在上采样的特征图上进行逐像素分类。FCN 网络结构如图 4-33 所示，输入可为任意尺寸的彩色图像；输出与输入尺寸相同，深度为 21：包含 20 类目标（在 PASCAL 数据集上进行的，PASCAL 一共 20 类）+ 背景。FCN 的优点主要是对图像进行了像素级的分类，从而解决了语义级别的图像分割问题；可以接受任意尺寸的输入图像，可以保留下原始输入图像中的空间信息。FCN 的缺点包括得到的结果由于上采样的原因比较模糊和平滑，对图像中的细节不敏感；对各个像素分别进行分类时，没有充分考虑像素与像素的关系，缺乏空间一致性。

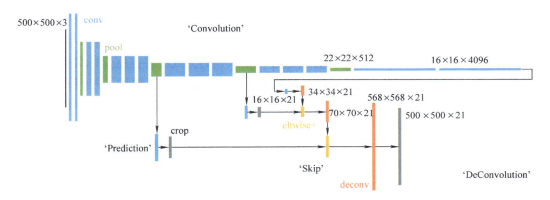

图 4-33　FCN 网络结构

2）ReSeg：由于 FCN 没有考虑到局部乃至全局的信息，对各个像素分别进行分类，没有充分考虑像素与像素的关系，缺乏空间一致性，而在语义分割中这种像素间的依赖关系是非常有用的。因此在 ReSeg 中使用 RNN 去检索上下文信息，以此作为分割的一部分依据。具体来说，RNN 是由长短期记忆网络（Long Short-Term Memory，LSTM）块组成的网络，RNN 来自序列数据的长期学习的能力以及随着序列保存记忆的能力，使其在许多计算机视觉的任务中游刃有余，其中也包括语义分割以及数据标注的任务。

ReSeg 网络结构如图 4-34 所示，该结构的核心就是 Recurrent Layer，它由多个 RNN 组合在一起，捕获输入数据的局部和全局空间结构。ReSeg 的优点非常明显，即充分考虑了上下文信息关系。然而由于 ReSeg 使用了有噪声的分割掩码，增加了低频率类的分数，可能使得在输出分割掩码中错误分类的像素增加。

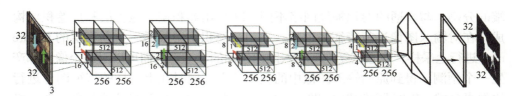

图 4-34　ReSeg 网络结构

3）Mask RCNN：Mask RCNN 的本质是基于候选区域的分割方法，是一个基于 Faster RCNN 模型的一种新型的实例分割模型。在 Mask RCNN 的工作中，它主要完成了目标检测、目标分类、像素级分割三件事情。正是由于 Mask RCNN 在检测模型上所进行的改进，才实现了实例级别的分割。

如图 4-35 所示，其中黑色部分为原来的 Faster RCNN，红色部分为在 Faster RCNN 网络上的修改。具体来说，Mask RCNN 是在 Faster RCNN 的结构基础上加上了 Mask 预测分支，并且改良了 ROI Pooling（红色叉所示），提出了 ROI Align（绿色勾所示）。ROI Pooling 的作用是将大小不同的 ROI 变成统一的尺寸（比如 7×7），但 ROI Pooling 的方法通过量化取整的方式给特征框坐标带来了误差，改进后的 ROI Align 使用插值算法避免了这类误差。最终添加了并列的 FCN 层用来输出 Mask。Mask RCNN 的优点包括预测时加入了 Mask-Head，以像素到像素的方式来预测分割掩膜，并且效果很好；用 ROI Align 替代了 ROI Pooling，去除了 ROI Pooling 的量化取整，使得提取的特征与输入良好对齐。然而，检测框与预测掩膜共享评价函数，评价函数只对目标检测的候选框进行打分，使得有时候会对分割结果有所干扰。

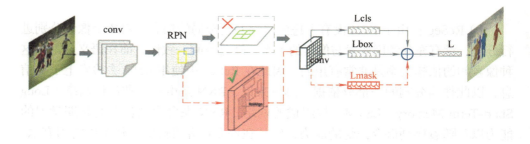

图 4-35　Mask RCNN 网络结构

4.2.4　关键点

在图像处理中，关键点本质上是一种特征，在图像中用一个点表示物体特定部位的特征。它是对物体的一个固定区域或者空间物理关系的抽象描述，它不仅是一个点信息，更代表着关键点周围邻域特征的组合关系。

如图 4-36 所示，常见关键点有人脸关键点、人体骨骼关键点、标识关键点等。人脸关键点涉及人脸识别的相关场景，人体骨骼关键点可以应用于分析人体的行为动作，标识关键点则一般和智能驾驶等场景相关。在自动驾驶当中，通过关键点检测可以识别人或者其他不可控障碍物的行为动作，进而预测其下一步动作及意图。在智能座舱系统中，通过人脸关键点的检测可以识别出驾驶人员的情绪、精神状态等。其次，交通标志的关键点检测使得汽车能够感知交通环境下的各种标志信息。例如在自动泊车中，需要先检测出车位，然后通过关键点检测把车位的角点识别出来。通过车位的角点坐标信息，可以精确获取车位相对自车的位置信息，然后通过控制模块实现对自车的控制，实现自动泊车功能。因此，车位的关键点检测对自动泊车来说是非常重要的信息。

a) 人脸关键点　　　　　b) 人体骨骼关键点　　　　c) 标识关键点

图 4-36　常见关键点（图片来源：Kaggle）

因为关键点检测的算法在不同场景下差异较大，而且方法众多，这里主要介绍两个基础检测方法，包括坐标点（Coordinate）方法以及热力图（Heatmap）方法，如图 4-37 所示。坐标点方法主要是发源自人脸关键点检测，用 CNN 提取特征，然后使用全连接层直接数值回归关键点的坐标。经典网络包括 DeepPose（Human Pose Estimation via Deep Neural Networks）、MTCNN（Multi-task Cascaded Convolutional Networks）等。研究人员在研究人体关键点检测算法时发现，照搬人脸关键点的暴力回归做法效果不太好，主要是由于人体的姿态动作变化较多，网络针对关键点的学习难度增大，而人脸的关键点基本在一个平面上，相对稳定，内在规律比较简单，网络学起来也相对容易。基于以上分析，研究人员进而提出使用热力图预测的方法，类似分割中的 dense 预测的思想，网络预测的结果也是一张热力图，通过对预测结果进行后处理提取关键点的坐标。经典网络包括 Hourglass、Openpose、Simplebaseline、HRNet 等。下一节将会通过人体关键点检测的实际案例来对比说明两种方法的技术细节及优缺点。

a) 坐标点方法　　　　　　　　　　　b) 热力图方法

图 4-37　关键点检测

4.2.5　案例：人体关键点检测

人体关键点检测（Human Keypoints Detection）是计算机视觉中一个相对基础的任务，是人体动作识别、行为分析、人机交互等的前置任务。人体关键点检测任务即通过给定一张包含人体的图片，要求模型能够检测出人体关键点，如mscoco 数据集定义了 17 个人体关键点。由于人体具有柔韧性，会出现各种姿态，人体任何部位的变化都会产生新的姿态，因此相比人脸的关键点检测，人体关键点的检测难度更高。穿着、视角、遮挡、光照等因素对关键点的可见性影响非常大，使得人体关键点检测成为计算机视觉领域中一个极具挑战性的课题。一般情况下可以将人体关键点检测细分为单人/多人关键点检测、2D/3D 关键点检测，同时有算法在完成关键点检测之后还会进行关键点的跟踪，也被称为人体姿态跟踪。

人体关键点检测常见的相关数据集有用于 2D 单人关键点检测的 LSP（Leeds Sports Pose）、FLIC（Frames Labeled In Cinema）等；用于 2D 多人关键点检测的 MSCOCO、AI Challenger、MPII 等；用于 3D 多人姿态估计的 human3.6M 等。目前关键点回归直值（Ground Truth）的构建主要有两种思路：坐标点（Coordinate）和热力图（Heatmap）。其中 Coordinate 即直接将关键点坐标作为最后网络需要回归的目标，这样直接可以得到每个关键点的位置信息。Heatmap 将每一类坐标用一个概率图来表示，即对图片中的每个像素位置都给一个概率，表示该点属于对应类别关键点的概率。显然，距离真实关键点位置越近的像素点的概率越接近 1，距离真实关键点越远的像素点的概率越接近 0，具体可以通过相应函数进行模拟，如二维高斯（Gaussian）等。如果同一个像素位置距离不同关键点的距离大小不同，即相对于不同关键点该位置的概率不一样，那么这时可以取最大值（Max）或平均值（Average）。总之，Heatmap 方案中虽然没有直接得到每个关键点的位置信息，但在给定模型输入且模型预测对应的 Heatmap 后，利用后处理从 Heatmap 中可以得到关键点的坐标。

对于两种 Ground Truth 的差别，Coordinate 网络从本质上来说，需要回归的是每个关键点的一个相对于图片像素坐标的 offset。由于人体关键点位置变化较大，长距离 offset 在实际学习过程中是很难回归的，同时在训练的过程中，加上提供的监督信息较少，整个网络的收敛速度较慢；Heatmap 网络直接回归出每一类坐标的概率，而相应的 label 在一定程度上为每一个关键点都提供了监督信息，网络能够较快地收敛，同时对每一个像素位置进行预测能够提高关键点的定位精度。在具体应用中，Heatmap 的效果确实要远优于 Coordinate。近期，谷歌在 CVPR 2017 上提出了一种 Heatmap + offset 的 Ground Truth 构建思路。与单纯的 Heatmap 不同，这里考虑到对于点定位问题来说，stride 会引入系统误差，特别是当 stride 比较大的时候（如 16 或 32）。为了弥补这部分的系统误差，增加 offset 可以有效弥补一些精度损失。目前人体关键点检测算法可以分为两大类：自上而下（Top-Down）及自下而上（Bottom-Up），下面列举各类中的常见算法。

（1）自上而下的人体关键点检测　自上而下的人体骨骼关键点检测算法主要包含两个部分，先是对人进行目标检测，然后对单人进行人体骨骼关键点检测，对于目标检测算法，这里不再进行描述。而对于关键点检测算法，首先需要注意的是关键点局部信息的区分性很弱，即在背景中出现相同局部区域的可能性较大，这样容易造成混淆，所以需要考虑较大的感受野区域。其次，人体不同部位的关键点检测的难易程度是不一样的，显然，对于腰部、腿部这类关键点的检测要难于头部附近关键点的检测，所以不同的关键点可能需要区别对待。最后，自上而下的人体关键点检测十分依赖于目标检测算法预测出来的检测框，这就造成了检测不准和重复检测等现象。大部分相关算法都是基于这三个特征去进行相关改进，接下来简要介绍其中两个经典的算法思路。

1）Convolutional Pose Machines：该方法将深度学习应用于人体关键点检测，用卷积图层表达纹理信息和空间信息，同时对特定部位的检测进行加强。如图 4-38 所示，主要网络结构分为多个阶段，各个阶段单独进行监督训练，避免过深网络难以优化的问题。方法中通过改变卷积核大小来得到多个尺度输出的特征图，这样既能确保精度，又考虑了各个部件之间的远距离关系。其中第一个 stage 会产生初步关键点的检测效果，接下来的几个 stage 均以前一个 stage 的预测输出和从原图提取的特征作为输入，进一步提高关键点的检测效果。

2）RMPE：该方法主要考虑到目标检测产生检测框的过程中，检测器可能会出现的检测框定位误差、对同一个物体重复检测等问题。检测框定位误差，会出现检测框的区域没有包含整个人，或者目标人体在框内的比例较小，造成接下来的单人人体骨骼关键点检测错误；对同一个物体重复检测，虽然目标人体是一样的，但是由于多个检测框的差异可能会造成对同一个目标人体生成多个关键点检测结果。而单人的姿态检测器（SPPE）多是基于单人图像训练，对整个人的定位误差十分敏感；多个检测框自然导致多个姿态检测结果。

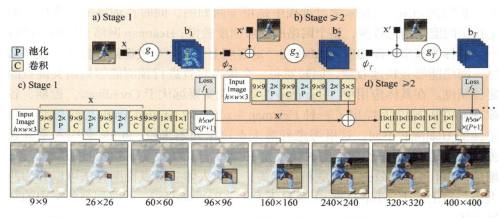

图 4-38　Convolutional Pose Machines 算法示意图（图片来源：CPMs 网络）

如图 4-39 所示，该方法提供了解决上述问题的思路，即通过空间变换网络（STN）从不准确的检测框中提取高质量的单人区域，如人体在检测框的正中央，然后将这样的区域输入 SPPE 中，在 SPPE 输出基于单人区域的姿态检测结果后，通过空间逆变换网络（SDTN）还原到输入图像中，最后通过 Pose NMS 得到最终的人体姿态结果，这样解决了 SPPE 对于定位错误敏感的问题和对于一个人体产生多个姿态检测结果的问题。

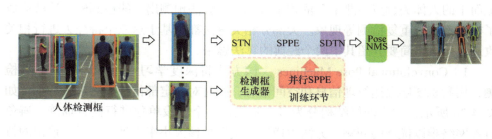

图 4-39　RMPE（Regional Multi-person Pose Estimation）算法示意图（图片来源：RMPE 网络）

（2）自下而上的人体关键点检测　自下而上的人体骨骼关键点检测算法主要包含两个部分，关键点检测和关键点聚类。其中关键点检测和单人的关键点检测方法是差不多的，区别在于这里的关键点检测需要将图片中所有类别的所有关键点全部检测出来，然后对这些关键点进行聚类处理，将不同人的所有关键点连接在一起，从而聚类产生不同的个体。而这方面的方法主要侧重于对关键点聚类方法的探索，即如何去构建不同关键点之间的关系。

1）OpenPose：基本思路是先检测出身体的关节点，然后再连接这些部位点得到人的姿态骨架。为了快速地把点连到一起，提出了 Part Affinity Fields 概念来实现快速的关节点连接。如图 4-40 所示，原图经过 VGG-19，得到特征图

（feature map），记为 F，之后网络分上下两个分支（Branch），每个分支都有 t 个阶段（Stage）且提取特征越来越精细，每个阶段都会将 feature map 进行融合（Concatenate），其中 ρ、ϕ 表示网络的不同分支，Loss 表示损失函数。

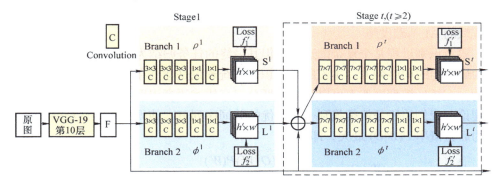

图 4-40　OpenPose 算法示意图（图片来源：OpenPose 网络）

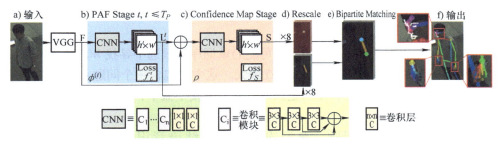

图 4-41　Single-Network Whole-Body Pose Estimation（图片来源：Gines Hidalgo 等，Single-Network Whole-Body Pose Estimation，2019 年）

2）Single-Network Whole-Body Pose Estimation：该方法是第一个二维全身姿态估计的单网络方法，它要求同时定位身体、脸、手和脚的关键点。该方法在 OpenPose 的基础上有了很大的改进，与 OpenPose 不同的是，该方法不需要为每只手和每一张脸的候选对象运行一个额外的网络，这使得它在多人场景中的运行速度大大提高。在速度上，无论检测到多少人，该单网络方法都提供了一个恒定的实时推断。在准确性上，该方法也比之前的 OpenPose 产生了更高的准确性，特别是在脸部和手部关键点检测上，更适用于遮挡、模糊和低分辨率的脸部和手部。

4.3　语音识别

近年来人工智能技术快速发展，通常包括智能语音技术、计算机视觉技术和自动语音识别技术等。其中，自动语音识别（Automatic Speech Recognition，ASR），简称语音识别，是重要组成部分。其目标是把语音信号转变为相应的文字,从而让机器具有听觉功能,能够直接接收人的口语命令,实现人机自然的交互。语音识别是一门交叉学科,所涉及的领域有音频信号处理、声学、语言学、模式识别、人工智能等。其应用领域也非常广,涉及工业、军事、通信、消费电子等多个领域。在高度信息化的今天,语音识别技术及其应用已成为信息社会不可或缺的 AI 基础设施。

语音识别过程是个复杂的过程,但其最终的任务归结为:找到对应观察序列 O 的最可能的词序列 W。主流的语音识别系统理论是建立在统计模式识别基础之上的,在统计模型框架下可以用贝叶斯公式来描述语音识别问题。根据贝叶斯决策理论,我们的任务就是找到一个最优的单词序列 W,使得它在语音观察序列 O 上的后验概率 $P(W|O)$ 最大,即

$$\hat{W} = \arg\max_{w} p(W|O) = \arg\max_{w} \frac{P(O|W)P(W)}{P(O)} = \arg\max_{w} P(O|W)P(W) \quad （4\text{-}1）$$

式中,$P(O|W)$ 是声学模型概率,它描述的是一段语音信号对应的声学特征 O 和单词序列 W 的相似程度;$P(W)$ 是语言模型概率,它描述的是单词序列 W 可能出现的概率。

寻找最优的单词序列,即在所有可能的单词序列候选中寻找 W,使其声学模型和语言模型的概率乘积 $P(O|W)P(W)$ 最大。这中间包含三个问题:第一是如何遍历所有可能的单词序列;第二是如何计算声学模型概率;第三是如何计算语言模型概率。

为了解决这三个问题,典型的大词表连续语音识别（Large Vocabulary Continuous Speech Recognition,LVCSR）系统采用如图 4-42 所示的主流框架。用户语音输入后,首先经过前端处理提取声学特征,得到一系列的观察向量;然后将声学特征送到解码器中进行搜索,完成所有可能的单词序列 W 的遍历,得到识别结果。解码器在搜索过程中,需要使用声学模型和词典计算概率 $P(O|W)$,使用语言模型计算概率 $P(W)$。声学模型和语言模型由大量数据训练而成;发音词典根据语言学知识定义了每个单词到发音单元的映射关系。整个系统的链路比较长,模块众多,需要精细调优每个组件才能取得比较好的识别效果。

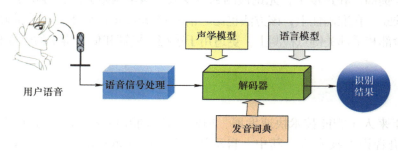

图 4-42　主流的语音识别系统框架

4.3.1 声学模型

人耳接收到声音后，经过神经传导到大脑分析判断声音类型，并进一步分辨可能的发音内容。人的大脑从出生开始就不断在学习外界的声音，经过长时间潜移默化的训练，最终才听懂人类的语言。机器和人一样，也需要学习语言的共性和发音的规律，建立起语音信号的声学模型（Acoustic Model，AM），才能进行语音识别。声学模型是语音识别系统中最为重要的模块之一。声学建模包含建模单元选取、模型状态聚类、模型参数估计等很多方面。

音素是构成语音的最小单位，它代表着发音的动作，是最小的发音单元。按照国际音标准则可以分为元音和辅音两大类。其中元音是由声带周期性振动产生的，而辅音是气流的爆破或摩擦产生的，没有周期性。英语中有48个音素，包含20个元音和28个辅音；汉语普通话包含32个音素，其中有10个元音和22个辅音。普通话汉语拼音的发音体系一般分为声母和韵母。汉语拼音中原本有21个声母和36个韵母，为了建模方便，经过扩充和调整后，一般包含27个声母和38个韵母（不带声调）。另外，普通话是带调语言，共包含四声和额外的轻声。按照这五种声调，以上的38个韵母又可扩增为190个带声调的韵母。

音节是听觉能感受到的最自然的语音单位，由一个或多个音素按照一定的规律组合而成。英语音节可单独由一个元音构成，也可以由一个元音和一个或多个辅音构成。汉语的音节由声母、韵母以及声调构成，其中声调信息包含在韵母中。因此，汉语音节结构可以简化为声母+韵母，汉语中共有409个无调音节，大约1300个有调音节。

声学建模单元的选择可以采用多种方案，比如采用音节建模、音素建模或者声韵母建模等。汉语普通话比较合适采用声韵母进行声学建模，因为不存在冗余，所以不同音节之间可以共享声韵母信息，如"tā"和"bā"均有韵母"ā"。这种建模单元方案可以充分利用训练数据，使得训练出来的声学模型更加稳健。如果训练数据足够多，则建议采用带声调的声韵母作为声学模型的建模单元。对于英文来讲，因为没有声调，可以采用音素单元来建模。为了表述方便，很多文献也常常把普通话的声韵母归为音素级别。

音素的上下文会对当前中心音素的发音产生影响，使当前音素的声学信号发生协同变化，这与该音素的单独发音有所不同。单音素建模没有考虑这种协同发音效应，为了考虑该影响，实际操作中需要使用上下文相关的音素（也被称为"三音子"）作为基本单元进行声学建模，即考虑当前音素的前一个音素和后一个音素，使得模型描述更加精准。对三音子进行精细建模需要大量的训练数据，而实际上对于某些三音子而言数据很难获得，同时精细建模导致模型建模单元数量巨大，例如，音素表有50个音素，则需要的三音子总数为：$50 \times 50 \times 50 = 125000$，模型参数显然急剧增加。因此，严格意义上的三音子精细建模不太现实，往往通过状态绑定策略来减小建模单元数目，典型的绑定方法有模型绑定、决策树聚类等。

下面将着重介绍三类声学模型，包括基于 GMM-HMM 的声学模型、基于 DNN-HMM 的声学模型以及端到端模型。

（1）基于 GMM-HMM 的声学模型　　HMM 是一种统计分析模型，它是在马尔可夫链的基础上发展起来的，用来描述双重随机过程。HMM 的理论基础在 1970 年前后由 Baum 等人建立，随后由 CMU 的 Baker 和 IBM 的 Jelinek 等人应用到语音识别中，L. R. Rabiner 和 S. Young 等人进一步推动了 HMM 的应用和发展。HMM 有算法成熟、效率高、易于训练等优点，自 20 世纪 80 年代开始，被广泛应用于语音识别、手写字识别和天气预报等多个领域，目前仍然是语音识别中的主流技术。

为了描述双重随机过程，HMM 包含五大要素：① N——模型中的状态数目；② M——每个状态可能输出的观察符号的数目；③ $A=\{a_{ij}\}$——状态转移概率分布；④ $B=\{b_j(k)\}$——观察符号的概率分布；⑤ $\pi=\{\pi_i\}$——初始状态概率分布。

以上参数可以简化表示为 $\lambda=(\pi, A, B)$。当给定模型参数后，就可以将该模型看成一个符号生成器（或称信号源），由它生成观察值序列 $O=o_1, o_2, \cdots, o_T$。

在 HMM 的实际应用中涉及三个基本问题需要解决，即如何基于已有模型计算观察值的概率、如何从观察值序列找到对应的状态序列以及如何训练模型参数的问题，归纳起来如下：

1）模型评估问题：如何求概率 $P(O|\lambda)$。

2）识别问题：如何寻找隐含状态序列 $Q=q_1, q_2, \cdots, q_T$。

3）模型训练问题：如何求模型参数 π、A、B。

对于模型评估问题，一种方式是采用穷举法，另一种方式是采用前向 - 后向（Forward-backward）算法，后者可以解决高效计算 $P(O|\lambda)$ 的问题。Viterbi 算法用于解决如何寻找与给定观察值序列对应的最佳状态序列的问题，即识别问题。对于 HMM 模型训练问题，并没有一种方法能直接估计最佳的模型参数，因此要寻求替代的方法。即根据观测值序列选取初始模型 $\lambda=(\pi, A, B)$，然后求得一组新参数 $\bar{\lambda}=(\pi, \bar{A}, \bar{B})$，保证有 $P(O|\bar{\lambda}) > P(O|\lambda)$，重复这个过程，逐步改进模型参数，直到 $P(O|\bar{\lambda})$ 收敛为止。HMM 的经典训练方法是基于最大似然（Maximum Likelihood，ML）准则，采用 Baum-Welch 算法。对每个模型的参数针对其所属的观察值序列进行优化训练，最大化模型对观察值的似然概率，训练过程不断迭代，直到所有模型的平均似然概率提升达到收敛。Baum-Welch 算法的理论基础是最大期望（Expectation Maximization，EM）算法，包含两个主要方面：一

是求期望（Expectation），用 E 来表示；二是最大化（Maximization），用 M 来表示。

如图 4-43 所示，假设 HMM 包含 S_1、S_2、S_3、S_4 和 S_5 共 5 个状态，每个状态对应多帧观察值，这些观察值是语音特征序列（O_1，O_2，$\cdots$，O_T），沿时刻 t 递增，其概率分布不是离散的而是连续的。自然界中的很多连续随机信号都满足高斯分布（Gaussian Distribution），又称正态分布（Normal Distribution），包括语音信号。由于不同人发音会存在较大差异，具体表现是每个状态对应的观察值序列呈现多样化，单纯用一个高斯函数来刻画其分布往往不够，因此更多地是采用多高斯组合的 GMM 来表征更复杂的分布。在图 4-43 中，每个状态对应的 GMM 由 3 个高斯函数组合而成。这种用 GMM 作为 HMM 状态产生观察值的概率密度函数的模型就是 GMM-HMM，从 20 世纪 80 年代起，它一直是统计语音识别的经典模型，至今仍发挥着重要作用。

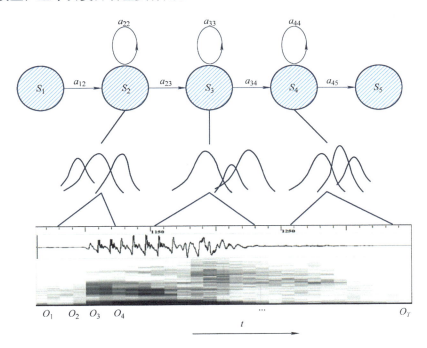

图 4-43　GMM-HMM 模型

GMM 包含三种参数，分别为混合权重、均值和方差。训练这些参数主要分为两个步骤：一是初始化，即构造初始模型；二是重估计，即通过 EM 迭代算法精细化初始模型。在 GMM-HMM 中，HMM 模块负责建立状态之间的转移概率分布，GMM 模块则负责生成 HMM 的观察值概率。一个 GMM 负责表征一个状态，相邻的 GMM 之间相关性并不强，而每个 GMM 所生成的概率就是 HMM 中所需要的观察值概率。因为 GMM 是统计模型,所以原则上参数量要与训练数据规模匹配,即训练数据越多,对应的高斯函数也应该越多。大型的连续语音识别系统所用的 GMM 数目可达几万个,每个 GMM 包含 16 个甚至 64 个高斯分量。

(2)基于 DNN-HMM 的声学模型　尽管 GMM 具有拟合任意复杂分布的能力,但它也有一个严重的缺陷,即对非线性数据建模效率低下。因此,很久以前相关研究人员提出采用人工神经网络代替 GMM,建模 HMM 状态后验概率。但是由于当时计算能力有限,很难训练两层以上的神经网络模型,所以其带来的性能改善非常微弱。21 世纪以来,机器学习算法和计算机硬件的发展使得训练多隐层的神经网络成为可能。实践表明,DNN 在各种大型数据集上都取得了远超过 GMM 的识别性能。因此,DNN-HMM 替代 GMM-HMM 成为目前主流的声学建模框架。

图 4-44 所示为 DNN-HMM 声学模型框架图,HMM 建模语音信号的时变性,DNN 建模声学特征后验概率 $P(S|O)$。DNN 的输入为语音信号提取的声学特征,输出层的每个节点分别代表经过决策树聚类的声学状态,因此输出层的节点数目与声学状态数相同。解码中需要使用声学似然概率,因此 DNN 的输出需要通过如下贝叶斯公式转换再用于后续解码。

$$P(O|S) = \frac{P(S|O)}{P(S)} P(O) \qquad (4-2)$$

式中,由于声学特征已知,$P(O)$ 是固定值,所以把此项省略不会影响识别结果;$P(S)$ 是声学状态的分布概率,通常从训练数据中统计得到。

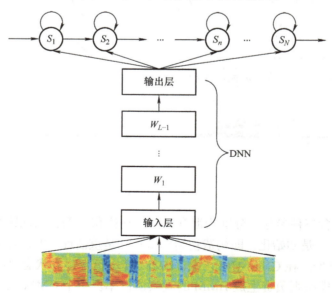

图 4-44　DNN-HMM 声学模型

DNN 的训练需要训练数据及其对应的标注。为得到每帧声学特征的状态标注，需要利用语音的文本标注和已训练完成的 GMM-HMM 模型通过维特比算法做强制对齐。然后使用声学特征及其对应的状态级标注利用误差反向回传算法更新神经网络的模型参数。在声学模型训练中，一般选用交叉熵（CE）作为神经网络声学模型训练的准则。

各个基于 DNN-HMM 模型的语音识别系统所采用的 HMM 架构是相同的，差异主要在于 DNN 的网络结构不同，即 DNN 部分可使用不同的网络模型，如 CNN、LSTM 等：

1）卷积神经网络：对发音单元频谱的统计建模可以借鉴图像处理的方式，把语音信号用语谱图表示为一张图片，然后使用卷积神经网络 CNN 在时间轴和频率轴上提取局部特征。CNN 由卷积层和池化层构成，其结构如图 4-45 所示。网络的输入是二维矩阵，针对语音识别任务，一维表示时域，另一维表示频域。例如，对于上下文共扩展 11 帧的 40 维 Fbank 特征，CNN 的输入为 11×40 的矩阵。卷积层利用卷积核在输入矩阵上分别沿两个维度平移，对输入特征做卷积运算。两个连续的卷积层间存在一个池化层，对卷积层的输出进行降采样。依据池化的方法不同，可分为最大池化和平均池化。

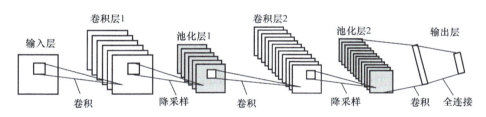

图 4-45　卷积神经网络结构

2）长短期记忆网络（Long Short-Term Memory，LSTM）：LSTM 特别擅长解决像语音这样的序列建模问题。LSTM 中存在一个特殊的结构叫记忆单元，记忆单元包括可以储存历史信息的细胞状态，还有控制信息流的 3 个门——输入门控制输入细胞的信息流；输出门控制从细胞输出的信息流；遗忘门对细胞内部状态进行更新，可以自适应地调节或者忘记细胞的状态。语音识别中常用的 LSTM 单元内部结构如图 4-46 所示。

（3）端到端模型　传统语音识别系统的声学建模一般通过发音单元、HMM 声学模型、词典等信息源，建立从声学观察序列到单词之间的联系。每一部分都需要单独的学习、训练，步骤较为烦琐。端到端（End-to-End，E2E）结构使用一个模型把这三个信息源囊括在一起，实现从观察序列到文字的直接转换。最新的一些进展甚至把语言模型的信息也囊括进来，取得了更好的性能。自 2015 年以来，端到端模型日益成为语音识别的研究热点。

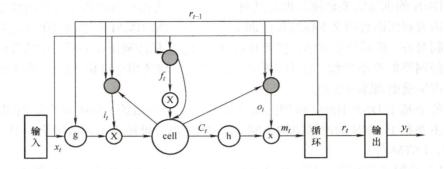

图 4-46　LSTM 单元内部结构

目前比较重要的端到端模型算法主要包括：基于连接时序分类（Connectionist Temporal Classification, CTC）的端到端模型，它由 Graves 等人在 ICML 2006 上首次提出；基于注意力机制的端到端模型，由 Chorowski 等人于 2015 年首先应用到音素识别中；另外，为了充分利用两者的优势，基于 CTC 和注意力的混合编解码端到端模型也被广泛研究⊖和使用。

1）CTC 模型：CTC 是一种解决时间序列数据分类问题的算法，该算法与传统声学建模技术类似，在训练中需要对每一帧数据获取符号标签。但是使用 CTC 准则作为损失函数的模型训练不需要预先做帧对齐，只需要输入观察序列与输出文字序列即可进行训练。为了解决观察序列与文字序列之间的多对少编码问题，在 CTC 模型中引入了空白符号标签 blank，并且在训练过程中，可以将多个连续帧对应同一符号标签；而在预测过程中，出现连续输出同一标签的时候，则把它们合并输出为一个。同时，为了反映输出真实连续的相同标签，引入符号"_"，该符号两侧的标签不进行合并。例如，预测结果为"aa_aaa"的时候，合并结果为"aa"。

CTC 准则一般用于 RNN 模型结构，预测符号集的后验概率。设字典符号集为 A，则存在 $\forall \pi_t \in A \cup \{\_\}$，由 T 个输入特征数据对应的预测符号构成初始解码路径 $\pi = \{\pi_1, \pi_2, \cdots, \pi_T\}$。设 t 时刻预测 π_t 的概率为 $y^t_{\pi_t}$，CTC 模型对路径 π 的后验概率计算为连续符号概率的乘积形式

$$P(\pi \mid X) = \prod_{t=1}^{T} y^t_{\pi_t} \qquad (4\text{-}3)$$

路径 π 由一串帧级别的符号排列而成，不同路径可能对应于同一识别结果（例如，"aaa_b"和"aa_bb"最终都识别为"ab"），因此需要将具有相同识别结果的路径概率进行加和，计算得到总的概率。因此，CTC 模型对标注 l 预测的后验概率计算为

⊖ https://arxiv.org/abs/2005.08100。

$$P_{\text{CTC}}(l|X) = \sum_{\pi=\Phi(l)} P(\pi|X) \quad (4\text{-}4)$$

式中，$\Phi(l)$ 是所有可能的符号转移路径。

这种计算方法的问题在于，转移路径的数量将随着输入数据长度的增加呈现指数级增长。前向-后向算法（Forward-backward algorithm）可以很好地解决这一问题。设 S 为标注训练集，则最终 CTC 模型的训练损失函数计算为

$$L_{\text{CTC}}(S) = -\sum_{(x,l)\in S} \ln P_{\text{CTC}}(l|x) \quad (4\text{-}5)$$

CTC 准则通过引入空白符号来对齐输入声学特征与输出标签符号序列的长度，使得每一帧输入数据都有对应的预测标签的后验概率输出。它摆脱了传统语音识别系统中所需要的 HMM 模型，实现了真正意义上的端到端建模。同时，该模型的主要缺点在于，它依然存在数据之间的条件独立假设，且 CTC 模型只具备声学建模的能力，缺乏语言建模能力，整个系统还依赖额外的语言模型才能取得比较好的识别效果。

2）注意力模型：不同于 CTC 模型，基于 RNN 的注意力模型是一个长序列对应短序列的模型。模型由编码器（Encoder）、解码器（Decoder）和注意力层三部分组成，其中编码器与解码器均由 RNN 构成，注意力层则在两者之间建立映射关系，基于 RNN 的注意力模型结构如图 4-47 所示。

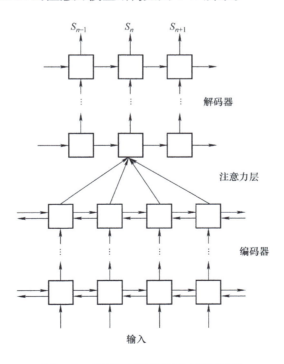

图 4-47　基于 RNN 的注意力模型结构

首先，使用 X 表示尺寸为 $T \times D$ 的输入特征矩阵，其中 T 和 D 分别表示该条语句所具有的帧数和输入特征维数。编码器将所有的输入特征 X 变换为高层表示矩阵 H：$H = \text{Encoder}(X)$。编码器一般由 BiLSTM 构成，也可以包含诸如 CNN 等网络成分。编码器将语音特征映射到一个高层表示空间中，为注意力机制的计算做准备。

注意力机制的设计灵感源自于"人在观察某个目标或场景时，人脑对于目标或场景内部的不同空间位置，具有不同的注意力"这一现象。在语音识别的注意力模型中，一般使用软注意力模型，即注意力权重针对所有的编码器输出数据都要计算出相应的值。另一种硬注意力模型，则通过截断窗等限制方法，仅通过部分时刻实现注意力的计算，多在实时的语音识别场景中使用。

由 RNN 组成的编码器和解码器都可以按照时间展开，设编码器在 t 时刻的输出记为 h_t，则高层表示矩阵 H 可表示为 $H = [h_1, h_2, \cdots, h_T]$；同理，解码器按照句子长度展开后，定义解码器在索引 n 处的状态向量表示为 s_{n-1}。注意力机制的作用就是在编码器和解码器的不同时刻的数据之间建立映射关系，从而实现长序列与短序列之间的建模。具体来说，使用 $e_{t,n}$ 表示 h_t 与 s_n 之间的注意力匹配得分，基于 $e_{t,n}$ 计算两者之间的注意力连接权重 $\alpha_{t,n}$

$$\alpha_{t,n} = \frac{\exp(\gamma e_{t,n})}{\sum_{n=1}^{N} \exp(\gamma e_{t,n})} \quad (4\text{-}6)$$

式中，γ 是伸缩尺度，是一个经验性设置的常量。

在注意力模型中，计算解码器每个时刻的状态时，除了需要前一时刻解码器的状态输出，还需要编码器所有时刻的数据作为背景信息。这种背景信息通过对编码器的所有输出加权求和得到。由于是使用注意力权值完成映射计算的，因此也将背景信息称为注意力背景向量。对应解码器 n 时刻状态的注意力背景向量 r_n 计算为

$$r_n = \sum_{t=1}^{T} \alpha_{t,n} h_t \quad (4\text{-}7)$$

不同类型的注意力机制，它们的主要区别在于计算匹配得分 $e_{t,n}$ 的方式不同。语音识别中的经典注意力类型主要包括：基于位置的注意力机制、基于内容的注意力机制、点积注意力等。

注意力模型是对整句进行建模，在编码器层需要输入全部特征序列，而每一个输出标签是基于整句来进行预测得到的，因此，注意力机制比 RNN/CNN 具有更强的上下文建模能力。注意力模型的对齐关系没有先后顺序的限制，完全靠数据驱动得到，这给注意力模型的训练带来困难，它需要足够多的数据，另外对齐的盲目性会导致训练时间很长。而 CTC 的前向-后向算法可以引导输出序列与输入序列按照时间顺序对齐，因此 CTC 和注意力模型各有优势。可以把两者结

合起来构建 Hybrid CTC/ 注意力模型，采用多任务学习，通过 CTC 避免对齐关系过于随机，以加快训练过程。

3）Transformer：为了进一步摆脱模型对 RNN 的依赖，从而更好地克服模型在长序列建模时的局限性，谷歌在自然语言处理（Natural Language Processing，NLP）领域率先提出了 Transformer 模型。该模型完全使用自注意力（Self-attention）等技术实现序列建模，把传统的 RNN 完全用注意力替代，从而在机器翻译任务中取得了更优的结果，引起了极大关注。随后研究人员把 Transformer 应用到端到端语音识别系统[○]，也取得了非常显著的改进效果。

Transformer 模型摆脱了对 RNN 的依赖，摒弃了所有递归计算层，模型使用自注意力机制、残差连接机制、层归一化（Layer Normalization）、位置编码（Positional Encoding）等主要技术进行建模。在 Transformer 模型中，自注意力按照键值来源不同，可以分为两种，一种是每个层模块中的自注意力，另一种是编码器与解码器之间的注意力。Transformer 模型结构如图 4-48 所示。

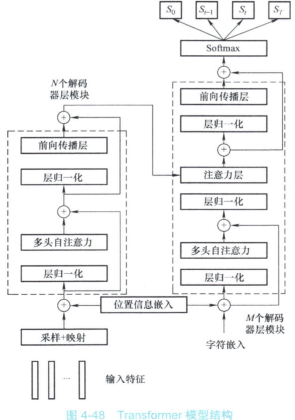

图 4-48　Transformer 模型结构

○ https://arxiv.org/abs/1806.05059。

在输入方面，由于没有递归层，但是模型在建模中还需要时间信息，因此除了声学特征，还加入了时间位置编码信息。为了将声学特征与位置编码相融合，需要对声学特征进行采样和映射，同时也需要将位置编码进行变换，从而使得两种向量的维数相同再进行相加。编码器包含若干个连续的层模块，每个层模块包含四个子模块，按照"层归一化 - 多头自注意力 - 层归一化 - 前向传播层"的方式堆叠，另外的跨越箭头表示残差连接，一共包含两个残差连接。解码器同样包含若干个连续的层模块，每个层模块包含六个子模块，按照"层归一化 - 多头自注意力 - 层归一化 - 注意力层 - 层归一化 - 前向传播层"的方式堆叠，另外还包含三个残差连接。

Transformer 模型的基本注意力机制是尺度放缩点积（Scaled dot product）注意力，该方法在点积注意力的基础上进行了尺度调节，使得点积不会过大。设自注意力查询项为 Q、键为 K、键值为 V，尺度放缩点积注意力函数表示为 $sdp(\cdot)$，则有

$$sdp(Q, K, V) = \text{Soft max}\left(\frac{QK^\text{T}}{\sqrt{d_K}}\right)V \quad (4\text{-}8)$$

式中，d_K 是向量 K 的维度。

在自注意力的基础上使用多头注意力（Multi-head attention），其结构示意图如图 4-49 所示。

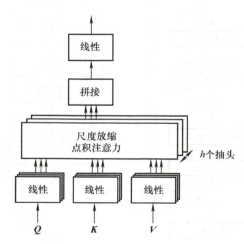

图 4-49 多头注意力结构示意图

每个抽头都使用自注意力机制进行计算，设有 H 个抽头，每个抽头中 Q、K、V 的变换权值矩阵分别为 W_h^Q、W_h^K、W_h^V，设多头注意力函数表示为 $MH(\cdot)$，则计算为

$$MH(\boldsymbol{Q}, \boldsymbol{K}, \boldsymbol{V}) = \text{Concat}_{h=1}^{H}[sdp(\boldsymbol{Q}\boldsymbol{W}_h^Q, \boldsymbol{K}\boldsymbol{W}_h^K, \boldsymbol{V}\boldsymbol{W}_h^V)] \quad (4\text{-}9)$$

式中，$\text{Concat}_{h=1}^{H}(\cdot)$ 是 H 个抽头的注意力进行拼接。

然后进行线性变换得到最终的注意力背景向量

$$r_t = \text{linear}\{\text{Concat}_{h=1}^{H}[r_t(h)]\} \quad (4\text{-}10)$$

需要注意的是，Transformer 模型中的多头注意力有两种。对于编码器或解码器内部的自注意力，Q、K、V 均为来自内部同一层的输出向量；而对于编码器和解码器之间的注意力，Q、K 为来自编码器内部同一层的输出向量，而 V 为来自解码器内部的输出向量。

4.3.2 语言模型

根据式（4-1），$P(W)$ 是语言模型概率，表示单词序列出现的可能性，是语音识别系统重要的组成部分。主流语言模型一般采用基于统计的方法，通常是概率模型。计算机借助于模型参数，可以估计出自然语言中每个句子出现的可能性。统计语言模型采用语料库训练得到，强调语料库是语言知识的源泉，通过对语料库进行深层加工、统计和学习，获取自然语言文本中的语言学知识，从而可以客观地描述大规模真实文本中细微的语言现象。

统计语言模型是对给定的词序列 $W=<w_1, w_2, \cdots, w_N>$，通过计算该词序列的概率 $P(W)$，来判断该词序列是否可以作为一个句子。其中

$$P(W) = P(w_1, w_2, \cdots, w_N) = \prod_{i=1}^{N} P(w_i \mid w_1^{i-1}) \quad (4\text{-}11)$$

式中，$w_1^{i-1} = <w_1, w_2, \cdots, w_{i-1}>$ 是单词 w_i 的先行词序列；$P(w_i \mid w_1^{i-1})$ 是在给定历史词信息 w_1^{i-1} 的条件下，预测得到单词 w_i 的概率，表述这个条件概率的模型就是语言模型。

计算全部历史词条件下当前词概率的复杂度很高，特别是长句子的计算量很大，因此需要简化处理，一般采用最多 N 个历史词的 N 元文法模型。

1. N-gram 模型

N-gram 统计语言模型由于其构建简单、容易理解等优点在很多领域得以广泛应用。N-gram 语言模型以马尔可夫假设为前提，句子中第 i 个词出现的概率只与前 $N-1$ 个词有关，而与其他词无关。从而有

$$P(w_i \mid w_1^{i-1}) = P_{NG}(w_i \mid w_{i-N+1}^{i-1}) \quad (4\text{-}12)$$

满足上述条件的语言模型为 N 元文法模型（N-gram）。当 $N=1$ 时，称为一元文法模型（unigram）；当 $N=2$ 时，称为二元文法模型（bigram）；当 $N=3$ 时，称为三元文法模型（trigram）。其中 N 越大，模型就越准确，同时也会越复杂，需要的计算量会越大。比较常见的 N 的取值为 2 或 3，即 bigram 或 trigram。一元模型和多元模型有明显的区别，一元模型没有引入上下文信息，对句子的约束最小；多元模型对句子有更好的约束能力，对于语音识别的效果更好。

语言模型的概率均从大量的文本语料中估计得到，针对一元模型，可以简单地计算每个词的出现次数。对于二元模型，表示前后两个词组合的概率，为了计算概率 $P(w_i|w_{i-1})$，可以使用频率代表概率，即

$$P(w_i|w_{i-1}) = \frac{c(w_{i-1}w_i)}{\sum_{w_i} c(w_{i-1}w_i)} \quad (4\text{-}13)$$

三元模型也是类似处理，其概率计算公式为

$$P(w_i|w_{i-1}w_{i-2}) = \frac{c(w_{i-2}w_{i-1}w_i)}{\sum_{w_i} c(w_{i-2}w_{i-1}w_i)} \quad (4\text{-}14)$$

在 N-gram 模型中，每一个词的出现只依赖于它前面的 N-1 个词，这降低了整个语言模型的计算复杂度。N 取值越大，区分性越好，但是模型的稀疏性也越大，从而影响语言模型的性能。

训练语言模型，一般采用最大似然算法，通过大量的文本语料来估计参数。由于语料有限，训练数据中不可能包括所有可能出现的词序列，因此会导致零概率或估计不准的问题，这就是稀疏性问题。而且随着模型阶数 N 的增加，稀疏性问题越来越严重。对语料中未出现或少量出现的词组，非常有必要采用平滑技术对它们的概率予以补偿，主要的平滑技术包括折扣法、回退法和插值法等。下面介绍一些常用的平滑算法。

（1）加法平滑　加法平滑算法是最早出现的平滑算法。最简单的加法平滑算法是假设每个 N 元词组出现的次数比真实出现的次数多 1 次，即为加 1 平滑。这样就可以有效地避免零概率问题的出现。为了使得加法平滑算法通用化，每个 N 元词组出现的次数不再是比实际出现次数多 1 次，而是多 σ 次，其中，$0 \leqslant \sigma \leqslant 1$。则有

$$P_{\text{add}}(w_{i-n+1}^{i-1}) = \frac{\sigma + c(w_{i-n+1}^{i})}{\sigma|V| + \sum_{w_i} c(w_{i-n+1}^{i})} \quad (4\text{-}15)$$

（2）折扣平滑　实践证明，加法平滑虽然简单，但是应用起来效果很差，于是在其基础上提出了折扣平滑（Good-Turing）算法。Good-Turing 算法的核心思想是对于任何一个出现了 r 次的 N 元文法，都假设它出现了 r^* 次，即

$$r^* = (r+1)\frac{n_{r+1}}{n_r} \quad (4\text{-}16)$$

式中，n_r 是训练语料中出现次数恰好为 r 次的 N 元文法的数目。

（3）Katz 平滑　Katz 平滑算法是一种应用最广泛的回退平滑算法，它在 Good-Turing 算法的基础上进行了扩展。Good-Turing 算法不能实现高阶模型与低阶模型的结合，而 Katz 平滑算法就是通过加入高阶模型和低阶模型的结合进一

步将 Good-Turing 算法进行了扩展。

Katz 平滑算法会对 N 元文法出现的次数进行判断，假设 N 元文法出现次数小于或者等于 k，则以一定的回退率 $d_r=\alpha(w_{i-N+1}^{i-1})$ 进行回退；如果出现的次数大于 k，则不进行回退，即 $d_r=1$。Katz 平滑算法的公式是

$$\begin{cases} P_{\text{Katz}}(w_i|w_{i-N+1}^{i-1}) = d_r P(w_i|w_{i-N+1}^{i-1}) & c(w_{i-N+1}^{i-1}) > k \\ P_{\text{Katz}}(w_i|w_{i-N+1}^{i-1}) = \alpha(w_{i-N+1}^{i-1}) P_{\text{Katz}}(w_i|w_{i-N+2}^{i-1}) & c(w_{i-N+1}^{i-1}) \leq k \end{cases} \quad (4-17)$$

目前，Katz 平滑算法在 N 元语法模型上得到了广泛的应用，取得了很好的效果。

（4）Kneser-Ney 平滑　Kneser-Ney 平滑算法是插值模型的一种，是使用一种新的方式建立高阶模型与低阶模型的结合。只有高阶分布计数极少或者为零时，低阶分布在组合模型中才是一个重要的组成部分。在训练数据非常少的情况下，更适合采用 Kneser-Ney 插值法。Kneser-Ney 算法从绝对折扣（Absolute discounting）插值法演变而来。例如，针对二元模型，Absolute discounting 平滑公式表示如下

$$P_{\text{abs}}(w_i|w_{i-1}) = \frac{\max[c(w_{i-1}w_i)-d, 0]}{\sum_w c(w_{i-1}w')} + \lambda P_{\text{abs}}(w_i) \quad (4-18)$$

式中，$c(w_{i-1}\ w_i)$ 是 $w_{i-1}\ w_i$ 的组合次数；w' 是任意一个词；d 是一个固定的折扣值；λ 是一个规整常量；$P_{\text{abs}}(w_i)$ 是按单词出现次数统计得到的一元概率，因此可能会存在概率值异常偏大的现象。

Kneser-Ney 插值法对此做了改进，把式（4-18）第一部分的分母表示为一元模型统计，第二部分中的概率不是词单独出现的概率，而是与其他词组合的概率，即

$$P_{\text{KN}}(w_i|w_{i-1}) = \frac{\max[c(w_{i-1}w_i)-d, 0]}{c(w_{i-1})} + \lambda \frac{|\{w_{i-1}:c(w_{i-1},w_i)>0\}|}{|\{w_{j-1}:c(w_{j-1},w_j)>0\}|} \quad (4-19)$$

Kneser-Ney 平滑法还可以分别针对一元、二元、三元和三元以上的组合，设定不同的折扣值 d，这种配置会取得更加有效的平滑效果。

最后介绍一下评价指标。评估语言模型性能最直观的方法是将该模型运用到实际系统中，看它的表现如何。但这种方法不够直观，链路比较长，也容易受到其他因素的影响。目前主要采用混淆度（Perplexity）进行评价，简称 PPL。给定句子 S，其包含词序列 $w_1, w_2, \cdots, w_T$，则混淆度表示为

$$PPL(W) = P(w_1, w_2, \cdots, w_T)^{-\frac{1}{T}} = \sqrt[T]{\frac{1}{P(w_1, w_2, \cdots, w_T)}} \quad (4-20)$$

PPL 越小，表明词序列在模型中出现的概率越高，也就说明语言模型越好。

2. 基于神经网络的语言模型

N-gram 语言模型有个显著的特点，对于未在训练语料中出现的单词，其概率值为 0，这与实际情况不符。另外，虽然使用平滑技术的 N-gram 语言模型能够正常工作，但维度灾难问题大大制约了语言模型在大规模语料库上的建模能力。当人们想要对离散空间中的联合分布建模时，这个问题极其明显。例如，当你想要建模一个 10000 词汇的 N-gram 语言模型时，便需要 $10000^n - 1$ 个参数。神经网络能学习到观察值在连续空间中的特征表征，为了解决维度灾难问题，人们希望神经网络能够应用于语言模型，以适配自然语言的离散、组合和稀疏特性。下面着重介绍三种常见的语言模型：前馈神经网络语言模型、循环神经网络语言模型以及长短期记忆的循环神经网络语言模型。

（1）前馈神经网络语言模型（Feed-forward Neural Network Language Model，FNN-LM） 它通过学习单词的分布式表征来解决维度灾难问题，使得一个词能够使用一个词向量表示。前馈神经网络语言模型一般包含三个部分：

1）词嵌入层（Embedding）：将输入的离散的词映射到连续向量空间中。

2）深层神经网络（FNN）：将历史词的向量表示映射到表征历史状态的连续向量空间中。

3）输出层：利用历史状态的向量表示通过多分类得到下一个词的条件概率。

在词嵌入层中一般会保存一个从词到向量表达的映射表，通过词嵌入层可以将词转换为连续的词向量，作为后续神经网络层的输入。词嵌入层的参数可以随机初始化后进行训练，也可以使用其他方法对预训练得到的词向量进行初始化。在深度神经网络中，因为 FNN 的输入维度是固定的，所以我们一般把历史的词向量拼接成一个数倍长的向量，然后输入 FNN 中，再经过非线性变换后得到对应历史的向量表示。输出层的作用是将之前计算的历史表示转换为词的概率，可以被看作一个输出维度为词表大小的单层神经网络再加上一个 Softmax 操作。由于输出层中的每个词都会有对应的向量表示，所以也常常被称为输出词嵌入。

前馈神经网络语言模型的一个主要缺点在于，其只能建模固定长度的历史信息，对历史长度的选择就成了该算法最为关键的问题。如果历史太长，则模型的参数量和计算复杂度会大幅增加，如果历史长度取得太短，则模型的建模能力会大幅受损。

（2）循环神经网络语言模型（RNN-LM） N-gram 语言模型通常只能对前 3~5 个词序列建模，存在局限性，前馈神经网络语言模型又只能采用固定长度的历史信息进行建模。针对任意长度的句子，我们可以采用循环神经网络语言模型（又被称为递归神经网络语言模型），使用循环连接对上下文的依赖关系进行建模，如图 4-50 所示。

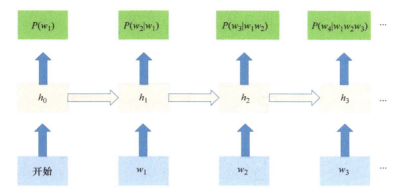

图 4-50　RNN 语言模型循环连接示意图

RNN 语言模型的思想是将更多共享的结构和参数引入神经网络中，可以捕获更长的上下文信息。从理论上讲，利用隐层状态在时序上的传递，RNN 在时刻 t 的输出与之前所有时刻的输入都有关，这样 RNN 就可以获得理论上对任意长度的上下文进行学习的能力。同时，直接对完整历史的条件概率建模与序列的条件概率展开公式完全一致，不存在近似假设，理论更加完备。因为 RNN 在处理序列数据时具有先天优势，可以接受任何变长的输入，因此相较于 FNN-LM，RNN-LM 取得了技术上的突破。在移动输入窗口时，RNN 的内部状态机制有利于避免重复计算，并且 RNN 中的参数共享又进一步减少了模型参数量。

尽管 RNN-LM 理论上可以利用所有历史信息进行预测，但是在训练时，模型很难学习到长跨度信息。因为 RNN 训练期间可能产生梯度消失或爆炸，从而使训练收敛速度变慢甚至不收敛。

（3）长短期记忆的循环神经网络语言模型　长短期记忆的循环神经网络（LSTM-RNN）部分解决了上述长跨度信息依赖的问题，并且可以大大缓解训练中的梯度消失问题。因此，Sundermeyer 等人于 2012 年将 LSTM 引入语言模型中，提出 LSTM-RNNLM。目前，LSTM-RNN 语言模型作为神经网络语言模型的主流模型被广泛使用。

除了记忆单元和神经元网络的结构，LSTM-RNNLM 的框架几乎与 RNN-LM 完全相同。在 LSTM 记忆单元中，添加了三个门结构（包括输入、输出和遗忘门）以控制信息流。一个典型的 LSTM 语言模型如图 4-51 所示，某一个时刻的词语在词嵌入层中得到对应的向量表示，输入 LSTM 产生的隐层输出，经过 Softmax 层之后的输出结果即为模型对下一个时刻词语分布的预测。

对比上述三种经典语言模型，RNN-LM（包括 LSTM-RNNLM）比 FNN-LM 表现更好，并且 LSTM-RNNLM 为最优的语言模型，而当前主流的自动语音识别系统中使用的 NN-LM 也大多基于 LSTM。

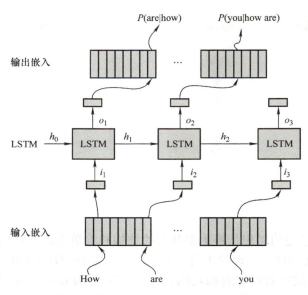

图 4-51 LSTM-RNN 语言模型示意图

纵使 LSTM-RNNLM 效果很好，但是在大规模语料库上训练模型却非常耗时。因为预测目标词的概率分布是通过 Softmax 层进行归一化，Softmax 在计算对数似然时，需要考虑整个词库中的所有单词，当单词个数比较多的时候，计算量非常庞大。为了解决这个问题，目前主要有两种方式："层次 Softmax"（Hierarchical Softmax）与 "噪声对比估计"（Noise Contrastive Estimation, NCE）。前者主要是基于分层次的思想，将词库中的单词不断地分类，形成一棵 Huffman 树，每次训练或预测只需要对树根到树叶的节点进行计算。后者的基本思想是将概率评估转化为二分类问题，区分样本是来自于观察到的数据分布 $P(x)$，还是来自于噪声分布 $Q(x)$，该评估方法可以直接应用于非归一化的模型，因此可以避免非归一化的计算，从而减少统计模型输出层的计算量。

为了改进神经网络语言模型（NNLM），研究者们仍在持续探索各种契合人类处理自然语言习惯的技术，如字符感知模型[⊖]、因式分解模型、双向模型、缓存模型和注意力机制等。在实际应用系统中表现较为出色的是注意力机制，其中包含 Transformer、GPT（Generative Pre-Training）、BERT（Bidirectional Encoder Representations from Transformers）等模型。

4.3.3 解码器

语音识别的最终目的是在由各种可能的单词序列构成的搜索空间中，寻找最

⊖ https://arxiv.org/abs/1508.06615。

优的单词序列。这在本质上属于搜索算法或解码算法的范畴，即解码器要完成的任务。

1. 搜索空间

根据式（4-1）的分析，语音识别寻找最优的单词序列，即在所有可能的单词序列候选中寻找 W，使其声学模型和语言模型的概率乘积 $P(O|W)P(W)$ 最大。所有可能的单词序列候选构成了解码过程中的搜索空间。

解码的搜索空间有多种构成方式，可以分为动态编译解码空间和静态编译解码空间两大类。动态编译只是预先将发音词典编译成状态网络构成搜索空间，其他知识源在解码过程中根据活跃路径上携带的历史信息动态集成。而静态编译解码空间，是把所有知识源统一编译在一个状态网络中，在解码过程中根据节点间的转移权重获得概率信息。

这里简单介绍一下动态编译搜索空间，主要考虑的是词典的表示问题。通常，词典可以采用线性词典（Linear Lexicon）和树型词典（Tree Lexicon）两种方式。对于线性词典（图 4-52），各个单词的音素序列保持严格的分离，单词之间没有信息共享。树形词典又称为音素前缀树（图 4-53），由于它对线性词典中很多具有相同音素前缀的单词路径进行了合并，因此可以在一定程度上降低搜索空间的大小。在前缀树中使用语言模型时（比如 Bigram），当前词 w 的身份只有在到达树的叶子节点后才能知道。因此，语言模型的概率只有在到达 Bigram 中第二个词的结束状态后才能计算。为了在搜索过程中保存正确的单词历史信息，以及为了正确计算语言模型概率，通常采用"树拷贝"（Tree Copy）的方式来组织搜索空间：对于每个前驱词 v，引入前缀树的一份拷贝，到达前驱词 v 的结束状态之后，进入新拷贝的前缀树继续进行搜索。这样在搜索的过程中，当单词结束的假设 w 出现时，总能够知道它的前驱词是什么。

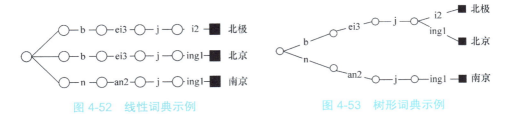

图 4-52　线性词典示例　　　　　　图 4-53　树形词典示例

2. 动态搜索空间解码算法

语音识别寻找最优单词序列的问题可以转化为：在树形词典构成的搜索空间中，寻找最优状态序列的问题。这个问题一般使用维特比（Viterbi）算法解决。它的基本思想是，如果一个路径集合 A 中的最大概率大于另外一个路径集合 B 中的最大概率，则 A 的路径概率和也大于 B 的路径概率和。这个假设只能在一定程度上成立，因此会带来一定的精度损失，但是却能大大降低运算量。

为了确定观测序列 $O=\{O_1, O_2, \cdots, O_t\}$ 对应的最佳状态序列 $S=\{S_1, \cdots, S_t\}$，定义

$$\phi_j(t) = \max[P(S_{t-1}, s_t=j, O_t | M)] \quad (4-21)$$

这个变量表示模型 M 沿着某一状态序列 $S_{t-1} = \{S_1, \cdots, S_{t-1}\}$ 直到 t 时刻处于状态 j，同时产生观测序列 $O_t = \{O_1, O_2, \cdots, O_t\}$ 的输出概率为局部最大。可以看出，$\phi_j(t)$ 和前向概率 $\alpha_j(t)$ 很相似。$\alpha_j(t)$ 计算的是所有可能的状态序列的概率和，而 $\phi_j(t)$ 计算的是概率最大的那条状态序列的概率值。因此可以用递推方法来计算 $\phi_j(t)$，将前向算法中的求和变成取最大值，其递推计算公式为

$$\phi_j(t) = \max[\phi_i(t-1)\, a_{ij}]\, b_j(o_t) \quad (4-22)$$

其含义是时刻 t 所处的最佳状态都应该回溯到前一个时刻所处的最大输出概率的那个状态上。另外，在计算过程中，还需要保存在时刻 t 处于状态 j 的最佳的路径信息，以便能在最后通过回溯得到这个最佳路径。

用 $\phi_j(t)$ 记录时刻 t 模型落在状态 j 上的概率最大的状态序列的概率值，用 $\psi_j(t)$ 记录这条路径前面各时刻所处状态的序列集合，则维特比算法的步骤为：

步骤 1：初始化

$$\begin{cases}\phi_j(1) = \pi_j b_j(o_1) \\ \psi_j(1) = 0\end{cases} \quad (4-23)$$

步骤 2：计算每个时刻针对每一状态的 ϕ 和 ψ 值

$$\begin{cases}\phi_j(t) = \max_i\left[\phi_i(t-1) a_{ij}\right] b_j(o_t) \\ \psi_j(t)\ \arg = \max_i[\phi_i(t-1) a_{ij}]\end{cases} \quad (4-24)$$

步骤 3：结束

$$\begin{cases}P(O, \theta^*|\lambda) = \max_j[\phi_j(T)] \\ \theta_T^*\ \arg = \max_j[\psi_j(T)]\end{cases} \quad (4-25)$$

步骤 4：回溯得到最佳状态序列

$$S^* = \psi_{S^*_T}(T) \quad (4-26)$$

维特比算法是动态规划（Dynamic Programming，DP）算法在 HMM 中的重要应用，与穷举寻找路径的方法相比，它大大降低了运算的复杂度，使快速解码得以实现。

上述维特比算法可以在一个单词内解决观测序列对应的最佳状态序列问题。那么为了处理单词序列，则需要基于树拷贝的搜索空间使用动态规划算法，把一个全局最优问题的求解分解为小的局部问题并且形成递归联系。下面首先引入两个变量的定义：$Q_v(t,s)$ 表示时刻 t 到达前驱词为 v 的词典树状态 s 的最佳部分路径得分；$B_v(t,s)$ 表示时刻 t 到达前驱词为 v 的词典树状态 s 的最佳部分路径起始

时间。这两个变量的计算可以采用如下的迭代公式

$$Q_v(t,s) = \max_{\sigma}\{p(x_t, s|\sigma)\}Q_v(t-1,\sigma) \tag{4-27}$$

$$B_v(t,s) = B_v(t-1, s_v^{\max}(t,s)) \tag{4-28}$$

式中，$s_v^{\max}$ 是前驱词为 v 时假设 (t,s) 的最佳前驱状态。

后向指针 $B_v(t,s)$ 只是简单地根据动态规划的决策进行传播。与前驱词 v 不同的是，正在处理的词 w 的索引只有当前路径假设达到前缀树的结束节点后才有可能知道，因为前缀树的每个结束节点标记的是词典中的对应词。

在词的边界，我们需要为每个词 w 找到它的最佳前驱词 v。为此定义

$$H(w;t) := \max_v\{p(w|v)Q_v(t, s_w)\} \tag{4-29}$$

式中，s_w 是前缀树中单词 w 的结束状态。

为了能够向下一个词传播路径假设，需要在处理时刻 t 的数据帧前传递分数和时间索引

$$Q_v(t-1, s=0) = H(v; t-1) \tag{4-30}$$

$$B_v(t-1, s=0) = t-1 \tag{4-31}$$

整个搜索算法流程见表 4-6。从表中可以看出，DP 递归包含两个层次：一是声学层，主要是处理词内部一些假设的重新组合；二是词对层，处理 Bigram 语言模型的使用。

表 4-6　基于树拷贝的搜索算法流程

声学层：处理 (tree, state) 假设		1. 初始化：$Q_v(t-1, s=0) = H(v; t-1)$ 　　　　　$B_v(t-1, s=0) = t-1$ 2. 时间对准：使用 DP 计算 $Q_v(t,s)$，对不可能的假设进行剪枝 3. 清除 bookkeeping 列表
词对层：处理词边界假设	"Single best"：对每个词 w 存储	1. 计算 $H(w;t) = \arg\max_v\{p(w|v)Q_v(t,s_w)\}$ 　　　　　$v_0(w;t) = \arg\max_v\{p(w|v)Q_v(t,s_w)\}$ 2. 存储最佳的前驱词 $v_0 := v_0(w;t)$ 3. 存储最佳的边界 $\tau_0 := B_{v_0}(t;s_w)$
	"Word graph"：对每个词对 (v, w) 存储	1. 词边界：$\tau(t;v,w) := B_v(t, s_w)$ 2. 词的分数：$h(w;\tau,t) := Q_v(t, s_w) / H(v, \tau)$

注：按照时间顺序从左到右处理。

该搜索过程是一个时间同步宽度有限的搜索策略。为了降低搜索的时间、空间复杂度，需要时刻对活跃路径进行大规模剪枝，只保留最有可能的那些路径继续向下传递。搜索过程中还需要引入一个回溯数组用于记录在每一个时间帧的词边界 (v, w) 和它们的开始时间。在句子的结束处，通过对回溯数组的一些查找操

作可以很轻松地获得识别出来的词序列。

3. 基于加权有限状态机（WFST）的解码器

由 AT&T 提出的加权有限状态转换器（Weight Finite State Transducer, WFST）是一种有效编译静态搜索空间并消除冗余信息的算法，它在单一网络中实现了从输入序列到输出序列的转换，现已成为语音识别中最高效的解码方法。

（1）构建静态解码网络　所谓静态网络就是根据已知的模型，将它们代表的搜索空间进行组合，从而得到一个统一的识别网络：从输入 HMM 状态序列，直接得到词序列及其相关得分。基于 WFST 构建静态解码网络是一个相对复杂的过程。构建网络的第一步是将声学模型、语言模型、词典等知识源转为 WFST 表示。然后依次进行 WFST 网络的合并和压缩，最终得到完整的语音识别静态搜索空间。

首先介绍一下 WFST 的三种基本运算：复合（Composition，用符号 ∘ 表示）、确定化（Determinization, det）和最小化（Minimization, min）。复合是将上下文相关的 HMM 模型、字典和语言模型使用合并算法整合为一个单一的加权有限状态转换器。确定化是当离开某个状态的转移上的输入标签相同时，采取某种机制只保留其中的一条而不影响整个系统的结果，这样离开某个状态的转移就是确定的了。最小化的作用是用最少的状态数量等效表达原 WFST，这样做使 WFST 的状态数目减少，网络更加紧凑。确定化和最小化属于优化算法，减少了识别时间和空间，为提高识别效率起到了不可或缺的作用。

用 H、C、L、G 分别表示 HMM 模型、三音子模型、字典和语言模型的 WFST 形式。不难看出，这 4 个模型在语音识别中相当于 4 个串联的子系统。每一个子系统的输出是下一个子系统的输入。使用 WFST 的合成操作可以实现将上述串联系统组合成一个 WFST。使用 HMM 的状态序列作为这个 WFST 的输入时，系统将直接输出词序列及相应的得分。

但是，直接求 $H \circ C \circ L \circ G$ 的空间复杂度较高，合成的结果内存占用非常之大。为了在有限的内存中完成解码网络的构建，需要对信息逐步引入，并在每一步引入信息之后进行优化，为下一步引入信息做准备。同时，建立好静态解码网络后，还需要进一步优化，使得网络能够有较小的内存占用。基于上述思想，一般网络构建的流程为

$$N = \pi_\varepsilon \{\min\{\det\{H \circ \det[C \circ \det(L \circ G)]\}\}\} \tag{4-32}$$

式中，det 是确定化算法；min 是最小化算法；π_ε 是 ε-Removal 算法。式（4-32）在逐步引入信息的同时采用确定化算法对网络结构进行优化。而在将所有信息引入后，需要采用最小化算法以及 ε-Removal 算法完成进一步的优化，使得形成的静态网络最小。

（2）WFST 解码　WFST 解码本质上也是 Viterbi 解码，它根据输入的特征

序列搜索最佳状态序列。注意，这里的状态不是 HMM 状态，而是 HCLG 的状态节点。所遍历状态节点之间的衔接，可能是产生观察值的转移弧，也可能是不产生观察值的转移弧，比如向代表单词 ID 的节点进行跳转。

基于静态解码网络的搜索算法与基于动态网络的动态规划搜索算法原理上是一致的，也是采用了迭代计算，让概率信息在网络节点间传递更新。不同之处在于，由于静态网络已经把搜索空间全部展开，所以它不需要根据解码路径的前驱词构造搜索空间副本，也不需要在词尾节点根据历史信息查询语言模型概率，它只需要根据节点间的转移权重计算累计概率即可，因此解码速度非常快。

4.3.4 案例："小安，你好！"

唤醒词识别是一种最简单的语音识别系统。它需要识别出事先定义好的唤醒词语音，对于其他非唤醒词语音需要拒识。我们以"小安，你好"唤醒词为例，描述一下整个识别系统的具体实现。唤醒词识别系统框图如图 4-54 所示。

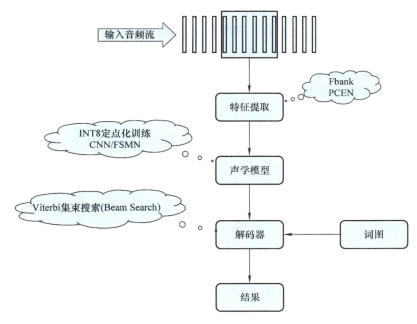

图 4-54 唤醒词识别系统框图

首先根据输入的 vad 信息截取有效语音部分，对语音提取声学特征，一般采用 40 维 Fbank 特征加上一阶二阶差分。然后，将声学特征输入唤醒词训练的声学模型中，计算声学打分。

声学模型采用 CNN-DNN 结构，Fbank 声学特征输入模型的时候，左拼 20 帧，右拼 10 帧，网络输入大小即为 $3 \times 31 \times 40$。输入特征首先通过 1 层二维卷积层，卷积输出通道数 256，卷积核大小为 31×5，步长为 1，卷积后接 BatchNorm 和 Relu 激活函数。然后使用 1 层最大池化层进行降采样，池化窗大小和步长均为 1×4。经过卷积和降采样后的特征大小为 256×1×9，再通过 1 层输出通道数 256，卷积核大小 1×9 的卷积层，输出大小为 256×1×1 的隐层特征。然后经过 reshape 操作转换为大小为 256 的二维特征，后接 3 层 512 节点和 1 层 128 节点的全连接层，每层全连接层均使用 Relu 激活函数。网络输出层是使用 Softmax 激活的全连接层，节点数为输出分类数。模型以音素为建模单元。唤醒词"小安，你好"的发音音素序列为"xiao aa an n i h ao"，其中"安"为单韵母音节，为了声-韵结构的统一，把"安"这个音节拆分为 aa+an 两个音素。唤醒词一共包含 8 个音素，再加上表示静音/噪声的音素 sil，声学模型一共对 9 个发音单元进行建模，输出 9 分类。

最后，在由唤醒词和垃圾吸收网络构成的搜索空间上，根据声学打分结果进行 Viterbi 解码，得到识别结果，判断唤醒还是拒识。唤醒词和垃圾网络构造的搜索空间采用如图 4-55 所示的结构。图中把唤醒词拆分为以音素为单位的 HMM 状态序列，如果唤醒词有多发音，则所有发音的状态序列并联构成一个单一入口单一出口的网络。除了唤醒词，网络中还并联了一个可以循环的垃圾吸收单词 Filler，用于吸收唤醒词范围之外的语音，实现集外词拒识的功能。单词 Filler 的发音为 sil，表示静音或噪声。

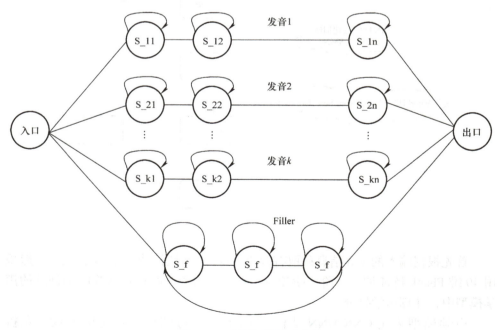

图 4-55　唤醒词的搜索空间

4.4 练习题

1. 深度神经网络难以训练，需要一定的训练技巧，这是为什么呢？

*2. 激活函数是增加模型非线性表达能力的方式，如果不具备非线性，则网络输出信号仅是一个简单的线性函数，无法去模拟更复杂的函数输出。Relu 函数在增加模型表达能力的同时，可以使模型收敛更快，拥有这些优点的同时，Relu 函数是否有什么明显的缺点呢？

*3. 卷积层由于输入图像的特征，一般具有哪些基本参数呢？

4. 卷积层的输入尺寸大小假设为 $n \times n$，那么卷积层的输出尺寸大小为多少呢？

5. 目标检测的 YOLO 模型得到的输出具有怎样的含义呢？大致怎样得到最终输出呢？

6. 声学模型在语音识别系统中的主要作用是什么？一般采用什么建模单元，使用什么模型结构？

7. 相比于 CNN 结构，声学模型使用 RNN 结构有什么优缺点？

8. 与 N-gram 语言模型相比，基于神经网络的语言模型有哪些优缺点？

9. 解码器在语音识别系统中的主要作用是什么？解码器进行搜索的原则是什么？是否能得到全局最优解？

*10. 学习 WFST 的复合运算，使用该运算把下图中的网络 A 与网络 B 合并成一个网络 C，请画出 C 的网络结构。

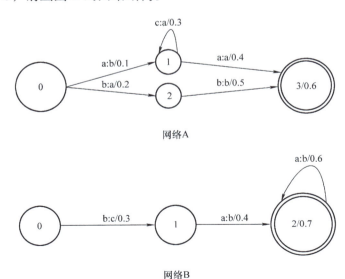

网络A

网络B

Chapter 05

第 5 章
智能座舱数据

通过前几章内容的介绍，读者可以大概了解智能座舱的概念、背景、技术架构、开发流程以及相关的软硬件基础。从第 5～9 章，本书将会沿着智能座舱开发流程详细介绍相关的技术与实操细节，包括数据、算法、感知、场景以及测试，本章为数据部分。在实际开发中，智能座舱数据主要包括三方面内容：座舱数据的采集、座舱数据的标注以及座舱数据的管理。这些数据主要用来进行场景分析、算法模型训练以及各类测试。

5.1 座舱数据采集

随着各类座舱内场景及需求增多，数据的采集也衍生出各式各样采集方式和采集硬件。本节主要介绍座舱数据采集的主要步骤。座舱数据采集大致包含以下可以同时（或顺序）进行的三点：

1）采集环境搭建（包含实车环境和虚拟环境），保证可以采集到更精确、更贴合实际应用的数据。

2）一份采集操作文档，帮助新手或不熟悉座舱数据采集工作的人员更好地去了解和完成数据采集工作。

3）一份问题预案，对于可能会碰见的问题提前做好准备工作和计划，避免时间和人力浪费。

5.1.1 采集环境搭建

（1）采集硬件　采集硬件确认列表见表 5-1，主要包含摄像头与传声器。当这些设备安装完成之后,需要进行初步环境调试。简单来说,可以将以上设备通过 USB 口与计算机连接,完成一些基础数据的采集,如一段视频、音频或一张图片。这些数据可以初步判断硬件精度以及安装角度是否符合预期。

在真实情况中,为了方便设备同步与采集,会将摄像头连接到工控机(图 5-1a)中完成采集,这是因为工控机方便携带与部署,自带系统,拥有多个 USB 接口,方便多个摄像头接入。除了工控机,车机(图 5-1b)也可以用来进行数据采集,特别是结合实际车规级的硬件环境,需要选择对应的车机。还有一些特殊场景需要使用自研设备完成采集,比如多摄像头和语音同步采集。例如,可以采用开发板(图 5-1c)和笔记本计算机来进行多路摄像头及语音的同步采集,并且完成时间戳对齐。

表 5-1 采集硬件确认列表

硬件名称	确认内容
摄像头	工作环境、安装位置、参数配置(分辨率、帧率、数据传输接口、可视角度范围等)
传声器	采样率、采集声道、安装位置

a) 工控机　　　　　　　　b) 车机　　　　　　　　c) 开发板

图 5-1 录制设备

(2)采集软件　采集软件最重要的目标一方面是确保设备同步,一方面是方便数据录制。在这个前提下,市面上有多种采集软件可供选择,例如,计算机自带的相机功能可以实现 mp4 视频数据采集,音频可使用 Adobe Audition CC 进行数据采集。另外,还有一些专门用于数据采集的开源软件可以使用,如 Beelab 等。和硬件一样,这里需要根据实际使用环境来选择不同的采集软件。涉及一些特殊需求(如音视频同步等定制化需求)时,需要根据自身或者项目需要单独开发采集工具。

(3)环境搭建　搭建环境需要注意比较多的细节,如现场设备的线长、供电、辅助工具等,是否有遮挡物,光线是否符合采集要求,很多小事都会影响到采集,需要特别细心地完成环境搭建和准备工作。对于采集环境,在采集设备一致(摄像头、传声器)和安装环境一致的情况下(摄像头的角度、位置等),一般会有实车环境与虚拟环境两种:

1)实车环境:顾名思义,座舱数据的实车环境就在实际的车内。实车环境的数据有诸多优点,如更接近实际应用、数据边界更清晰、算法测试更准确等。

2）虚拟环境：虚拟环境可以在室内搭建，用于模拟实车环境。其好处是采集方便，因为不需要停车费和油费等，运营成本更加低廉。但是数据的情况和实车环境对比还是少了一些细节，如光线、遮挡物等，对算法人员要求更高，后续的迭代也不能无限制叠加虚拟环境的数据去提升实车环境的产品效果，还是要"虚实结合"。

5.1.2 采集文档

一份清晰简洁的采集指导文档可以有效提升数据采集的效率以及采集数据的质量。一般来说，采集的原始需求来自于算法或测试团队，需要在采集之前与这些团队的相关同事做充足的沟通，并且将沟通的内容落实到文档中，方便现场采集人员的指导。采集文档内容见表 5-2，一般是以表格的方式呈现。采集文档也需要进行版本管理，随着算法以及测试的进展进行内容迭代。

表 5-2 采集文档内容

表格目录	内容
数据用途	了解本次采集数据的目的
采集工具	确认采集使用的工具及具体参数
具体需求	采集的主体、范围、环境等
注意事项	数据保存格式、数据命名方式、易错点等
修订记录	记录修订记录，方便追溯

5.1.3 采集数据管理

有效的数据管理可以在实际使用中减少一些数据"浪费"，避免一些重复采集，也能让数据有一个"安全屋"。下面着重介绍在实际管理中的常用设备与方法。

（1）存储设备　图 5-2 所示为常用采集数据管理设备，包括移动硬盘、网络附属存储（Network Attached Storage，NAS）以及数据服务器。这三类设备在移动属性以及容量大小上能够互相补充，在实际管理中经常使用。例如，移动硬盘是采集过程中必不可少的存储设备，它可以在采集后在各个设备中完成数据流转；从硬盘传到 NAS 后，作为中转站可以在项目中实现多人同时在线完成数据的操作，当然也可作为原始数据完成存储；数据服务器作为功能更强大的 NAS，可以成为一种集数据管理、结构管理、用户授权、安全审计、数据趋势、数据追踪、商务智能（Business Intelligence，BI）图表、性能与优化和服务器管理于一体的数据管理服务工具。

a) 移动硬盘　　　　　　b) NAS　　　　　　c) 数据服务器

图 5-2　常用采集数据管理设备

（2）采集记录表格　这一部分需要根据内部数据库设计一套表格标签。对于座舱来说，数据标签至少要包含采集项、日期、人员 ID、性别、年龄、身高、车型、采集时段、地点、天气、帽子、口罩、化妆、眼镜、车外光照、车内光照等信息。采集记录表格示例见表 5-3。

表 5-3　采集记录表格示例

日期	人员 ID	姓名	性别	年龄	位置	身高	时段	车型
2021609	test_01	张三	男	18	11101	155	白天	UNI-T
地点	天气	帽子	口罩	化妆	眼镜	车外光照	车内光照	其他
停车场	未知	是	否	否	是	普通	普通	无

（3）数据格式和命名规则　对于已经采集的数据，要保证同一类型的数据格式一致，方便后续的数据入库、查看、使用。数据命名规则可以在记录表格的时候减少一些添加数据库标签工作。常见的采集数据格式见表 5-4。

表 5-4　常见的采集数据格式

数据类型		格式
视频	微软视频	wmv、asf、asx
	Real Palyer	rm、rmvb
	MPEG 视频	mp4
	手机视频	3gp
	Apple 视频	mov、m4v
	其他常见视频	avi、dat、mkv、flv、vob 等
图片		jpg、jpeg、png
语音		pcm、wav、wma、mp2、mp3

在实际采集中,熟练及灵活使用存储设备,记录表格以及格式和命名规则,再搭配专门的数据库工具用于权限管理,就可以较为高效地完成相关的数据管理工作。

5.2 座舱数据标注

数据标注是进行算法模型训练与场景测试必不可少的一环,是将最原始的数据包括图片、视频、语音、文本变成算法可用数据的过程。原始数据一般通过数据采集获得,数据标注相当于对这些数据进行加工,最后输送到人工智能算法和模型中进行调用。数据标注一般依赖标注平台,标注平台会根据公司内部算法及测试人员的需求,提供对图像、视频、声音、文字等不同对象进行标注的工具。标注数据的高准确率对于模型训练及测试起到了至关重要的作用。另外,由于所需的数据标注量很大,数据标注的成本和效率也会影响整体标注项目的交付质量,因此,降本增效是数据标注工具持续追求的目标。图 5-3 所示为图像标注示例,标注者需要识别和标注图片中的人手是否需要忽略(ignore)以及人手出现的位置。

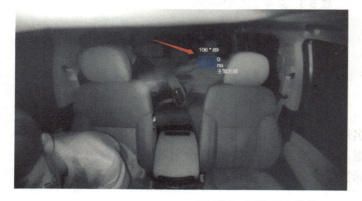

图 5-3 图像标注示例

在数据标注的过程中,标注人员可能会遇到很多较难案例,例如目标处于两条标注规则的模糊边界处、图像质量不高或目标物过小导致分辨不清目标属性以及标注的物体轮廓复杂边缘点排列密集等。图 5-4 所示为人脸关键点标注示例,每张人脸均需标注 68 个关键点,标注人员在标注此项目过程中,需要将图片在工具中局部放大到计算机屏幕大小,然后再根据规则制定的关键点的位置,逐一进行标注,标好一张人脸图约耗时 7min。可以看到在这个

图 5-4 人脸关键点标注示例

过程中，标注方法以及标注体系建设都会有效降低标注时间及出错概率，进而降低标注成本。

在数据标注领域，目前有很多专业的公司提供标注工具及标注服务，其中国内有百度众包、数据堂、京东众智等，国外有 Scale、Amazon、Playment 等。标注服务分为众包（crowdsourcing）和自己组建标注团队两种，后者成本会更大，但是标注质量一般较好。

5.2.1 数据标注方法

数据标注方法主要取决于标注数据类型以及相关标注工具，下面做详细介绍。

（1）标注类型

1）检测相关：常见的有全图（人体/人手/人脸）、人手关键点、人体关键点、人脸关键点、人眼关键点（外轮廓与内轮廓）等检测（图 5-5）。

a) 人手关键点　　　　　　b) 人体关键点　　　　　　c) 人体/人手/人脸检测

图 5-5　常见检测示例

下面展示检测相关的导出示例，可以看到相关的数据格式：

```
{
  "image_key": "S01E08.mp4__00001040.jpg",
  "person": [{    // 一级标注属性 person：人
    "attrs": {    // 标注结果，属性对应值
      "ignore": "yes",
      "gender": "unknown",
      "occlusion": "full_visible",
      "hard_negtive": "no",
      "specific_age": ""
    },
    "data": [415, 75, 587, 429],  // 人标注结果坐标
    "id": 0,
    "struct_type": "rect",   // 结构：矩形
    "track_id": -1  // 跟踪 id
  }, {
    "attrs": {
```

```
            "ignore": "yes",
            "gender": "unknown",
            "occlusion": "full_visible",
            "hard_negtive": "no",
            "specific_age": ""
        },
        "data": [64, 226, 279, 447],
        "id": 1,
        "struct_type": "rect",
        "track_id": -1
    }],
    "skeleton_keypoint_19": [{// 一级标注属性人体 kinect 19 个关键点
        // 关键点对应属性
        "point_attrs": ["ignore", "ignore", "full_visible", "full_visible", "invisible", "full_visible", "full_visible", "invisible", "full_visible", "full_visible", "full_visible", "full_visible", "full_visible", "full_visible", "full_visible", "full_visible", "invisible", "full_visible"],
        "struct_type": "skeleton_keypoint_19", // 结构类型
        "track_id": -1,
        "num": 19,
        "attrs": { / 属性
          "type": "full_visible"
        },
        "data": [ // 关键点坐标
          [0, 0],
          [0, 0],
          [536.74735450744629, 314.66201019287109],
          [531.61070213317873, 413.37987589836121],
          [524.02780199050903, 478.41725850105286],
          [485.00622711181643, 311.59515080451968],
          [488.94023780822755, 410.651025724411],
          [487.04319632053375, 478],
          [554.05072717666621, 177.04086689949037],
          [563.05284996032719, 262.70835118293763],
          [578.66338653564458, 235.34319386482238],
          [474.73405647277832, 167.1644796848297],
          [441.92295722961427, 239.79600834846497],
          [456.94435997009276, 301.12308201789858],
          [509.49065132141112, 118.94514489173889],
          [530.99129829406741, 112.02421002388],
          [548.6642601013184, 113.72959065437317],
          [554.62614479064939, 120.81857533454895],
          [541.61844673156736, 120.89132065773011]
        ],
        "id": 0
    }, {
```

```
    "point_attrs": ["ignore", "ignore", "invisible", "invisible",
"invisible", "invisible", "invisible", "invisible", "full_vis-
ible", "invisible", "invisible", "full_visible", "invisible",
"invisible", "full_visible", "full_visible", "invisible", "in-
visible", "full_visible"],
    "struct_type": "skeleton_keypoint_19",
    "track_id": -1,
    "num": 19,
    "attrs": {
      "type": "full_visible"
    },
    "data": [
      [0, 0],
      [0, 0],
      [207.80025272369386, 469.48482174873351],
      [50.239951515197752, 472.91455435752869],
      [222.34445667266846, 478],
      [199.38020458221436, 478],
      [53.972231483459474, 470.26153159141541],
      [73.110545349121097, 465.79397253990174],
      [202.42547264099122, 369.1900151729584],
      [254.69589939117432, 445.76521704196932],
      [275.92862758636477, 443.66962542533872],
      [101.96600446701049, 409.88135390281678],
      [273.68924655914304, 465.24583106040956],
      [246.6094289779663, 449.2336965084076],
      [158.8506916999817, 307.75204596519472],
      [185.06905460357666, 288.79753470420837],
      [187.76953830718995, 287.56419539451599],
      [156.59985599517822, 308.48608450889589],
      [192.50714237689971, 298.08153357505796]
    ],
    "id": 1
  }],
  "height": 480,
  "width": 640,
  "belong_to":["person|0:skeleton_keypoint_19|0","per-
son|1:skeleton_keypoint_19|1"],    // 框和点的层级关系，比如person id=0下
                                    的skeleton_keypoint_19 点是id=0
  "video_index": 1040,
  "video_name": 0
}
```

2）分类相关：常见的有抽烟、手持物品、情绪分类等（图5-6）。

a) 抽烟　　　　　　　b) 手持物品　　　　　　c) 情绪分类

图 5-6　常见分类相关

下面展示图片分类相关的导出示例,可以看到分类相关的格式:

```
{
    "image_key":"xid10743.jpg",
    "video_name":"1",
    "video_index":"18",
    "width":336,
    "height":336,
    "classify":[
       {
         "struct_type":"classify", //结构类型
         "label_type":"attrs",
         "attrs":{ //二级属性
            "gender":"unknown",
            "is_valid":"unknown",
            "group":"275_2", //分组标识
            "ignore":"no",
            "sub_group":"0"
         },
         "r":[157, 54, 326, 267]
       }
    ]
}
```

3)视频相关:常见的有手势动作、打哈欠(图 5-7)等。

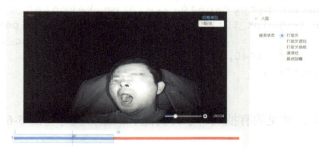

图 5-7　打哈欠视频标注

下面展示的是视频标注的导出样例，可以看到开始帧与结束帧，以及段属性：

```
{
    "image_key":"DMS_2020-09-14-10-34-09-412_RGB.mp4", //视频名称
    "video_name":"1",
    "video_index":"1",
    "width":1280,
    "height":720,
    "hand":[
      {
        "id":10000,
        "data":[
           31,   //段开始帧
           38    //段结束帧
        ],
        "track_id":1,
        "struct_type":"hand",
        "label_type":"segments",          //视频段标识
        "attrs":{                         //段属性
          "Gesture":"wave_left",
          "ignore":"no",
          "hardpositive":"no",
          "hardnegative":"no"
        },
        "luid":"auto-5f884e1d6c788"
      }
   ]
}
```

4）语音相关：包括说话人口音（图5-8）等。

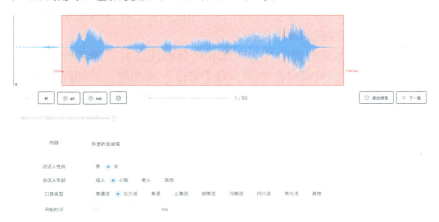

图5-8　说话人口音标注

下面展示的是语音标注导出格式,可以看到相关的开始结束位置以及分类:

```
{
  "voice":[
   {
    "struct_type":"classify", //结构类型分类
    "label_type":"sections",
    "sections":{
      "is_valid":"yes",
      "content":"2342342",
      "has_noise":"no",
      "gender":"male",
      "accent_type":"beifanghua",
      "begin_time":0,
      "end_time":2520
    },
    "id":0,
    "r":[ //开始结束位置
      0,
      2520
    ]
   }
  ]
}
```

(2)标注工具　工欲善其事,必先利其器。要想提高标注工作效率,在有限的时间内得到准确率足够高的标注结果,选择一个优秀的标注工具显得尤其重要。市面上的标注工具五花八门,功能各具特色,下面通过几种常见的分类方法介绍不同的标注工具种类。

1)根据终端呈现的介质不同,分为离线标注(C-S)和在线标注(B-S)工具。前者需要在本地环境下载安装软件,使用更简便,操作响应更敏捷;后者更加便于多人协作,流程更加规范完善。

2)根据是否开源来分类,分为开源和闭源标注工具。前者顾名思义,就是源码开放的免费软件,可以自由使用,自主修改完善功能,而闭源工具一般是商业化的产品,支持和服务较为完善和全面,定期维护更新,性能更加稳定。

下面主要就第一种分类方法介绍几款常用的离线及在线标注工具。表5-5展示了常见离线、在线标注工具对比分别见表5-5和表5-6,离线、在线标注工具示例如图5-9和图5-10所示。

对于企业和高校来说,作为两种不同的机构,在选择标注平台和工具的侧重点上也稍有不同,企业对于商业性数据标注的数据量和预算可能会比较多。对于高校来说,一款好的标注工具应该是免费面向用户开放,环境和性能稳定,方便

管理数据以及满足所需的目标类型标注；而对于企业而言，更关注海量数据的安全性，更需要寻找一款性价比高的商业化软件，支持多角色（标注、质检以及验收）的共同协作流程，能更快速高效地完成整个数据标注项目。

表 5-5 常见离线标注工具对比

标注工具	开发机构	开源	系统	优点	缺点
SuperAnnotate 图 5-9a	OpenCV Team	否	Mac Windows Linux	1. 界面简洁美观，并附有操作指导指示说明 2. 支持图片类数据多种标注类型：点、线、圆、多边形等 3. 灵活自由添加和编辑属性	单一的标注流程，不支持团队协作，适合小规模的图片标注
精灵标注助手 图 5-9b	杭州快忆科技有限公司	否	Mac Windows Linux	1. 免费 2. 通过插件形式支持自定义标注 3. 支持图像、文本、视频等多种数据格式标注	界面和交互比较粗糙
Praat	阿姆斯特丹人文学院语音科学研究所	是	Windows Unix Linux Mac	1. 语音标注功能全面专业 2. 支持在图形和命令行两种用户界面下运行	只能标注语音数据
数据堂	数据堂（北京）科技股份有限公司	否	Windows	1. 工具使用操作流畅 2. 支持多角色用户以及不同的流程管理	1. 适用操作系统较为单一 2. 较为占用系统内存 3. 收取费用

a) SuperAnnotate

b) 精灵标注助手

图 5-9 离线标注工具示例

表 5-6 常见在线标注工具对比

标注工具	开发机构	国家	特色功能
曼孚	杭州曼孚科技有限公司	中国	补帧功能
Playment 表 5-10a	Playment.ai	印度	Quick Check 流程
倍赛	北京深度搜索科技有限公司	中国	流程配置灵活
格物钛表 5-10b	隐木（上海）科技有限公司	中国	2D 标注可以设置最小标注面积和最大误差
DeepenAI	Deepen.AI	美国	4D 语义分割工具

a)Playment　　　　　　　　　　　　　　b) 格物钛

图 5-10　在线标注工具示例

5.2.2　数据标注文档

标注文档承载着各项目标注的具体规则，是算法主观需求的客观量化体现，是标注质检验收以及算法之间确定数据质量的唯一标准。标注文档的好坏影响着标注结果的好坏，关系着数据训练的意义和价值，对于数据标注，一份"好"的标注文档至关重要。

（1）命名　标注文档的命名建议按照业务项目组_业务项目类型_版本号_发布日期进行命名，具体来说：

1）业务项目组：指代公司的业务项目方向，比如智能驾驶、智能家居、智能语音等。

2）业务项目类型：指代项目的方向，比如睁闭眼、人手检测等。

3）版本号：X.Y，建议不出现第三位数字，提升版本管理效率。

4）发布日期：文档发布当天的年月日，如 20210719。

为更便捷和高效地管理标注文档，以及避免人员交接带来的信息流失问题，标注文档建议存储在规定的地方。一般建议服务器存储和各公司内部沟通工具存储两种方式相结合的方法。

（2）内容　建议每一份标注文档都严格区分一级标题、二级标题、三级标题等，依此类推。一级标题可以包含修订记录、背景说明、任务描述、标注属性介绍、注意事项、标注结果输出示例六项内容。

1）修订记录：一般使用表格记录，附在文档目录前面。修订记录需要有表头，包含版本、修订日期、修订内容、修改人等，示例见表 5-7。每条修订记录最好指明具体修订的章节。

2）背景说明：需要明确标注背景（如标注意义、项目期望实现的目标）以及数据分布背景（如白天/黑夜、摄像头鱼眼/窄角、成像颜色等）。

3）任务描述：需要明确标注对象（目标对象的定义和辨认原则）、标注工具（标注项目所使用的标注工具、框点/分类/视频等）以及标注方式（工具的说明，如快捷键的说明、框的贴合度要求、分类数据赋值说明等）。

表 5-7　修订记录示例

版本	修订日期	修订内容	修改人
V1.0	2020.07.21	新建	张三
V1.1	2020.9.28	1. 删除 4.3 中"拿手机"相关的描述 2. 补充 4.5 中的示例图 3. 增加 4.7"遮挡"属性	张三

4）标注属性介绍：包括一级属性、二级属性建议使用分级的标题格式；每个属性给出定义、标准、示例；每个属性都在标注文档中可查询、可追踪；标题使用名词，描述性语言放置正文；不同属性之间处于并列层级，同一属性不同属性值之间互相排斥且穷举。

5）注意事项：包括未被写在标注属性中的其他注意事项；补充的特殊示例；强调的单独标注规则。

6）标注结果输出示例：数据下载后的标注结果输出示例。

（3）逻辑　除去顺序和格式要求外，标注文档应该做到结构清晰、原则统一、逻辑自洽。在撰写文档主体时考虑金字塔原理，即在开始写作前，先将自己的思想组织成金字塔结构，并按照逻辑关系的规则检查和修改。先提出总结性思想，再提出被总结的具体思想。建议采用"相互独立，完全穷尽"（Mutually Exclusive Collectively Exhaustive，MECE）原则，各部分之间相互独立，所有结构的细分在同一维度上明确区分、不可重叠；所有部分完全穷尽，同一逻辑结构下的各个部分全面、周密。为提高标注效率及阅读效率，项目的除外情况建议放在前面，如某种场景下的数据不标注、某种类型下的数据忽略。

5.2.3　标注体系建设

标注体系建设指的是在实践过程中根据团队与项目不断进行优化，最终实现标注标准化、高效化等目标。为了实现这个目标，需要重点关注标注流程管理、标注人员管理以及标注质量控制三个方面，下面详细进行介绍。

（1）标注流程管理　图 5-11 所示为某标注团队的标准化标注流程。按照项目管理的方法论，将每个标注项目划分为启动/标注/规划/执行/监控/收尾 5 个过程组，每个过程组的内容和重点如下：

1）启动阶段：包含计划与预算。在标注项目的启动阶段，由算法团队同事输出标注计划、标注预算、标注需求和标注工期信息。数据代表确认信息后，评估标注计划、回顾标注文档、安排算法/验收团队试标，确认标注文档无问题后与运营、标注团队对接。

2）规划阶段：包含试标与培训。启动阶段结束后，进入规划阶段。规划阶段主要是培训标注团队，安排标注团队试标，获取和确定标注单价，制定标注项目进度计划和项目质量计划。

3）执行/监控阶段：包含标注和验收两个几乎并行的任务，也就是项目进度、质量管理计划确认后，进入执行和监控阶段。在执行阶段，标注项目开始有实际的数据产出。项目执行人员（标注/质检/验收）根据确认好的标注规则执行数据标注工作，在标注过程中有任何疑问，及时在答疑群里与验收/算法同事进行确认。在监控阶段，通过对准确率、工作量、效率的监控，监控项目的质量和进度，及时预警和处理预期外的情况，根据变更管理计划管理变更。

4）收尾阶段：包含确认及总结。项目完成后，进入收尾阶段。收尾阶段主要是确认结算，完成付款流程，收集研发反馈，总结经验教训，归档项目标注文件。

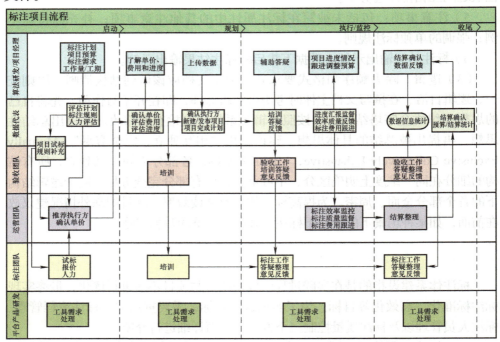

图 5-11 某标注团队的标准化标注流程

（2）标注人员管理 数据标注是一个需要大量人工参与的工作，因此需要通过合理的管理架构对人员进行管理，以保证工作能够有条不紊地进行。标注人员分为三类（表 5-8）：操作员、组长、管理员，数据标注过程中的各个角色之间相互制约，各司其职，每个角色都是数据标注工作中不可或缺的一部分。

在实际的管理过程中，在专业化（表 5-9）和职业化（表 5-10）两个方向培养标注人员，提升标注人员的专业技能，满足数据标注行业对员工的专业需求；完善标注人员的职业成长体系，促进每个标注人员的职业发展。

表 5-8 标注人员角色分类

角色	工作内容
操作员	分为标注员和质检员，由经过一定专业培训的人员来担任。标注员负责标注数据，生成初步的标注结果，质检员负责审核已标注的数据，完成数据校对，适时修改错误补充遗漏，生成质检完成的数据。标注和质检员的配置比为 5:1，即 1 名质检员负责质检 5 名标注员的数据。操作员是标注人员中数量最多，占比最大的组成部分，一般占标注人员总数的 80%~90%
组长	每个标注方向设置一名组长，组长除承担部分的标注或质检工作外，还需要对本组标注和质检员的质量及效率负责
管理员	负责标注人员内部的管理工作，管理所有人员，监督人员的质量和效率，发放和回收标注任务，管理标注周期，发放员工薪酬等

表 5-9 标注人员专业化培养

目标	内容		措施
保证质量第一优先	建立完善的质量培训体系	针对个人	1. 标注员自主学习项目规范，收集自身问题点并整理成册 2. 每天下午下班定为集体复盘学习时间，将复盘学习常态化 3. 全员做好学习笔记并监督落实 4. 验证练习，划定练习题数，集中反馈，减少不必要的盲目练习，快速过渡练习期 5. 总结并记录任务难点和易错点，查漏补缺，系统学习
		针对团队	1. 划重点，组长划出项目疑难问题点并搜集整理项目相关知识，降低标注员的学习成本 2. 定期岗位轮换，使员工在不同岗位上得到锻炼，提升综合技能 3. 鼓励员工提出学习意见建议并分享交流，增强项目人员参与感 4. 针对员工项目过程中提出的建设性意见，进行现金奖励，增强团队学习积极性
		针对组织	1. 每天举行复盘总结会，相互交流标注及审核项目中遇到的问题和对应的解决办法 2. 对齐项目规范要求，增加团队配合度 3. 分享协同，组织分享各自收集的问题点，培训协同解决，众人拾柴，高效学习 4. 复盘整理，每日小复盘，每周大复盘，获取反馈，集中培训复盘规范
	执行严格的质量监督标准		1. 组长每日监督：各个项目的组长每日实时监督所负责项目的质量指标（准确率和图片准确率），根据准确率的情况采取相应的预防、纠正和缺陷补救措施 2. 管理员每周监督：管理员每周汇报全部项目的质量指标，同一项目跨周跟踪和比较
追求效率平稳提升	精细化的运营管理		针对不同的地区/标注工具/项目类型制定差异化细分运营的运营策略，结合市场、渠道、用户行为等数据分析，对标注人员和标注项目展开有针对性的运营活动，以实现运营目的行为： 1. 每周监控各地的提交量产值，对于异常情况分析原因（数据本身/规则/人员变动等） 2. 每周监控各地区员工产值分布情况，聚拢高产值 3. 每周监控各工具、各项目的效率情况，分析效率变化原因，发掘和复制影响效率提升的因素 4. 定期回顾各项目的基准，找准可盈利和可达到的平衡点

（续）

目标	内容	措施
追求效率平稳提升	完善的激励奖励机制	数据标注工作内容成长初期对于人员具有挑战性，主动建立成熟的员工激励奖励机制： 1. 月奖励：每天上报当天任务量，连续一周满足当日最低产量要求的人员录入当月奖励名单 2. 日奖励：超出最低产量部分给予超出部分题数提成 3. 内部PK赛奖励：项目内人员不定期开展产量PK，对高产人员给予额外现金奖励 4. 单人PK、小组间PK、团队PK等方式灵活运用 5. 特殊贡献奖：对摸索出可以突破性创新标注方式方法的人员，如果该方法可以使得团队效率和质量得到大量提升，则给予丰厚奖励 6. 低产低质人员提升：对于长期徘徊在低产低质区的人员，定期组织回炉重新学习，并跟踪观察。每周复盘产量数据，启动末位淘汰和换岗机制
严格执行数据安全	办公网络环境安全保障	标注场地安装有光纤专线，保证IP地址独立，配备企业级网关防火墙、路由器，防止网络入侵、病毒攻击及数据泄露。业务终端设备有线认证入网，行政、管理等终端设备使用的无线网络与有线网络区域隔离，并隐藏SSID、WPA2-PSK强加密、MAC地址过滤。办公场地绝不搭设服务器对外服务，杜绝WiFi共享、自建无线接入点（AP）等一切可能将网络暴露到无线环境中的方式
	办公场所安全隔离保障	各场地间均有双向门禁隔离，且各职场间办公区域物理隔离，保障各项目的数据、信息安全
	信息保密措施保障	所有员工入职即签订保密协议，定期举行信息安全培训。所有员工一律使用公司配备的计算机，设备领用、进出场地、退还均有登记备查，计算机需带出维修时拆除硬盘，并保留维修记录。所有计算机均设有开机密码和自动锁屏保护，安装合规反病毒软件。场地内禁用打印、传真设备。办公场地统一使用公司配备的计算机，所有设备均有入网申请管理记录。场地有域控管理系统及网络技术人员维护，通过技术手段回收终端管理员权限，禁止终端更改系统设置、安装非办公软件、管控文件外发，禁用移动存储设备，禁止私建网络代理和共享网盘等
	账号安全	所有密码均采用字母、数字和特殊字符组合，长度8位以上，符合密码原则，每半年变更一次。办公计算机设置登录密码连续3次输入错误即锁定，员工离职时及时注销办公账号，办公终端进行不可恢复的数据擦除

表5-10 标注人员职业化培养

目标	内容
培养合格的职业素养	1. 企业文化培训 2. 职业意识培训 3. 职业心态培训 4. 职业道德培训 5. 职业行为培训 6. 职业技能培训
建立完善的成长体系和晋升空间	结合员工自身需求，共同确定职业目标，员工自我职业探索与组织为员工量身定制职业发展策略： 1）标注员→组长的晋升 2）组长→管理员的发展

（3）标注质量控制　标注数据的质量直接影响着模型的准确率，因此对于所有的标注项目，质量是第一位的。每个项目在标注过程中都会设置"标注、质检、验收"三道关卡，数据经过层层把关后高质足量地返回到算法手中。除了关卡的设置，还通过以下几种方式来多维度地把控标注质量：

1）标注前：在进入正式标注前，需要重点明确标注规则，并且进行试标以及培训。

① 规则 - 详细明确：在标注前，重点关注标注文档本身的规则明确。拿到研发的标注文档时，需要就逻辑性、整体性、统一性对文档进行回顾，确保标注规则易读易懂无冲突。

② 试标 - 双管齐下：审核文档无问题后，将安排算法同学试标数据，确保算法同学了解实际数据的分布情况，保证文档中的规则可以覆盖95%以上的数据；安排验收同学验收算法同学试标的数据，确保验收同学在验收算法试标数据的过程中与算法同学在规则方面达成统一。

③ 培训 - 多效互动：在文档无问题以及试标无问题后，对接标注团队进行培训。在培训过程中，采用视频工具展示和培训标注规则，对规则无异议后，带领标注团队进入标注界面，操作标注数据直接演绎思考和标注。

2）标注中：标注试标质量达标后，进入正式标注流程。在正式标注过程中，对质量的控制主要为在输出答疑信息时辩证统一，以及实时监控项目的质量指标。

① 答疑 - 辩证统一：真实场景中的数据千变万化，任何项目的标注规则都不能覆盖100%的标注数据，为保证项目的完成质量，每个项目都会有标注答疑群，以及相应的验收BB群。在标注答疑群中，验收向标注输出特殊案例或疑难杂症的答疑信息，在验收BB群，验收之间/验收与研发之间就规则或者数据进行讨论。无论是标注答疑群还是验收BB群，所有输出的答疑信息与标注文档中的规则一定是统一的，不同数据之间的答疑信息在逻辑上也一定是一致的。

② 指标 - 实时监控：除了输出有效答疑信息外，还可以通过系统的统计指标实时监控标注项目的整体质量，主要是准确率。准确率的统计维度分为"准确率"以及"图片准确率"。准确率的定义为图片中最小标注单位的准确率，计算方式为"1－错误的最小标注单位数量/最小标注数量之和"（即100张图片中标注框数为1000框，错误框数为2框，本批数据的准确率为1－2/1000=99.8%）。图片准确率的定义为标注图片的准确率，计算方式为"1－错误的图片数量/全部图片数量"（即100张图片中标注框数为1000框，错误框数为2框，分布在两张数据中，本批数据的图片准确率为1－2/100=98%）。对于标注中的数据，要求所有图片项目的准确率高于99%，图片准确率高于95%。低于99%的数据验收可全部打回到标注和质检，对标注和质检进行二次培训，重新拉齐对规则的

理解,并安排小批次的提交和确认质量,直到所有质检提交的数据准确率高于99%,方可继续标注和质检数据。

3)标注后:每次返回任务后,需要收集算法同学对数据标注质量的反馈情况,确认标注质检验收对于规则的理解是否与算法需求一致(表5-11)。

① 算法反馈-客观及时:在返回任务后,由算法对返回的数据进行抽查,根据抽查数据的质量情况填写反馈——好(准确率>99%)、中(99%<准确率<98%)、差(准确率<98%)。对于"中"和"差"的数据,与标注质检验收确认算法提供的错误数据,界定事故原因,准备质量复盘,避免再次发生同样的事故。

② 信息同步-闭环管理:对于算法提供的反馈意见,及时与标注质检验收同步,强调每次任务的注意事项,保证信息流的公开和完整。

表 5-11 标注验收标准示例

标注类型	工具	单位	准确率要求		研发验收标准
			合同	研发	
语音-小雅	语音2.0	段	95%	95%	A=错误标注段/全部标注段 A>5%,免费清洗 A<5%,数据合格,可对错误数据进行精确清洗(付费)
文本	文本2.0	句	95%	95%	A=错误标注句/全部句子 A>5%,免费清洗 A<5%,数据合格,可对错误数据进行精确清洗(付费)
其他业务	框点	框/点	99%	98%	A=错误框/全部标注框 A>2%,免费清洗 A<2%,数据合格,可对错误数据进行精确清洗(付费)
	分类	图片	99%	98%	A=错误图片/全部图片 A>2%,免费清洗 A<2%,数据合格,可对错误数据进行精确清洗(付费)
	分割	段	99%	98%	A=错误段/全部标注段 A>2%,免费清洗 A<2%,数据合格,可对错误数据进行精确清洗(付费)
	视频	段	99%	98%	A=错误段/全部标注段 A>2%,免费清洗 A<2%,数据合格,可对错误数据进行精确清洗(付费)

注:A 是 Accuracy 的缩写,指"准确率"。

5.3 案例:疲劳数据采集与标注

疲劳检测是智能座舱系统中重要的安全驾驶功能。本节以疲劳检测作为案例,说明智能座舱数据采集、标注和管理的具体实践方法。疲劳检测功能服务于机动车驾驶员，包含打哈欠检测、睁闭眼检测和疲劳动作检测等子检测项目，并通过相应的后处理策略对驾驶员一段时间内的疲劳状态进行检测并输出。

为了训练疲劳检测功能视觉算法模型和验证策略效果，需要针对性地采集包括睁闭眼动作、打哈欠动作、其他疲劳动作和其他相关的负样本动作数据。除此之外，需要采集长时间的含疲劳情形在内的驾驶场景数据。其中，疲劳动作可以由数据录制参与人员表演得到。长时间驾驶数据中，虽然自然驾驶数据可以通过真实驾驶时录制得到，但疲劳驾驶数据既难以通过表演得到，出于安全考虑也难以通过实车真实驾驶录制得到，因此通过搭建一个模拟驾驶环境采集是一个较好的解决方案。本案例主要介绍通过模拟驾驶环境采集疲劳数据。

（1）模拟驾驶环境　使用模拟驾驶环境能够提供尽可能真实的驾驶体验，使录制人员长时间模拟驾驶以达到疲劳驾驶的状态，同时避免带来真实的安全风险。如图 5-12 所示，模拟驾驶环境包括模拟驾驶软件、运行环境、与之配套的方向盘和脚踏板等操控设备、显示设备（投影仪或显示屏）。

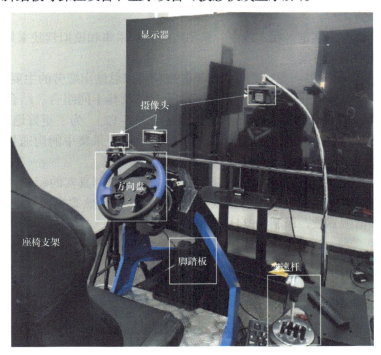

图 5-12　模拟驾驶环境

（2）录制设备　疲劳检测数据采集需要模拟座舱的摄像头。座舱内一般采用 IR 或 RGB 摄像头，不同车型可能的安装位置包括 A 柱位置、转向管柱位置、中控位置和车内后视镜位置，其中 A 柱和中控位置是几乎对称的。为了提升数据采集、标注的可重复利用性，建议同时采集 A 柱位置、转向管柱位置、车内后视镜位置外加正上方、正前方共 5 个位置的 2 种摄像头的数据，如图 5-13 所示。

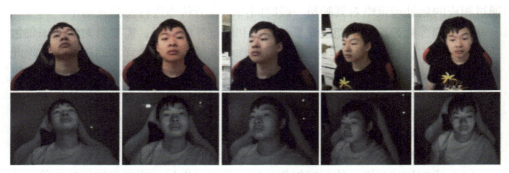

图 5-13 5 个录制位置及 2 种不同类型摄像头录制结果

虽然摄像头角度和类型不同，但人员动作和疲劳状态在同一时刻是相同的。为了在数据标注时节约人力和时间成本，录制工具需要保证多个摄像头录制的视频是帧同步的。

（3）采集方案制定 在实践中，采用疲劳表演采集和模拟驾驶采集两种采集方式相结合的采集方案。

1）疲劳表演采集：观察真实疲劳驾驶视频可以总结出疲劳的主要特征动作，包括打哈欠、缓慢眨眼、微睡眠、揉眼睛等，以及其不同组合。结合车内人头会有不同朝向，依此制定疲劳表演采集方案（表 5-12）。为了更好地引导表演，制作表演示例视频对录制人员进行教学可以有效提升采集中的沟通效率和表演质量。

2）模拟驾驶采集：持续使用模拟驾驶设备，以录制真实的疲劳状态。4h 左右的模拟驾驶时长足以使人进入比较疲劳的状态，包括熟悉模拟驾驶游戏环境，录制 30min 清醒驾驶，录制 3h 自由驾驶数据等。

表 5-12 疲劳表演采集方案

眼睛状态采集方案	1. 手放在方向盘上，睁眼，头从最左边缓转到最右边，再转到最左边（≥ 10s）；然后闭眼再来一次 2. 手放在方向盘上，睁眼，头顺时针（前 - 上 - 右 - 下 - 左 - 上）缓慢转动（≥ 10s）；然后闭眼再来一次 3. 看前方，左手遮眼睛 5s，然后换右手遮眼睛 5s
打哈欠采集方案	1. 双手握方向盘，模拟真实打哈欠，做动作 2s 2. 正前方、左后视镜、右后视镜、风窗玻璃上方各打 1 个哈欠，打哈欠之间间隔 10s 3. 负样本：说话、朗读、唱歌 20s；保持轻微张嘴 10s；每隔 5s 突然张大一下嘴马上再闭上 5 次；随意比较快地张嘴闭嘴 15s；大口吃东西、嚼口香糖、张嘴随便伸舌头乱动各 30s
组合采集示例	平静→用力眨眼然后快速眨眼，2 ~ 3s，重复 3 次→张大嘴打哈欠，手揉眼睛→快速眨眼，夹杂挤眼睛→缓慢眨眼逐渐变快为频繁眨眼，揪头发→眯眼，摸头

（4）采集实施　包括录制人员招募、采集人员培训、采集前确认及采集后确认等。

1）录制人员招募：确定合理的录制人员分布，使采集的数据能够较好地代表真实世界的不同情况，应考虑性别、年龄、种族、驾驶娴熟程度等情况。由于录制涉及人脸等个人身份信息，在录制开始前应签订数据授权协议，约定数据使用范围。

2）采集人员培训：应该事先培训采集人员，熟悉疲劳表演采集和模拟驾驶采集的脚本，保证对疲劳表演理解的一致性和引导方式的一致性；熟悉录制工具、模拟驾驶设备的使用和故障排除，减少意外发生。

3）采集前确认：摄像头录制正常，帧率稳定；保证录制的计算机存储空间足够。

4）采集后确认：录制的视频完整可播放。视频原始信息记录完善，包括存放地址、人员信息、录制时的配置等。

（5）疲劳数据标注　由于疲劳检测任务录制了不同的数据，需要采用不同的标注任务进行标注。具体来说包含眼睛状态标注、疲劳动作标注以及疲劳事件标注。

1）眼睛状态标注：包含睁闭眼标注和眼睛关键点标注，这两个任务都是对单张图片标注的，前者是分类标注，后者是关键点标注。在标注前，需要取得要标注的眼睛图片。具体方法如图 5-14 所示，首先对按照眼睛状态采集方案所录制的视频按照每隔 10 帧抽取 1 帧的方式获得单帧图像；之后使用人脸检测模型、人脸关键点模型预测单帧图像中的人脸关键点；接着依据眼睛关键点，计算眼睛框，抠出眼睛的图像；最后上传图像待标注。

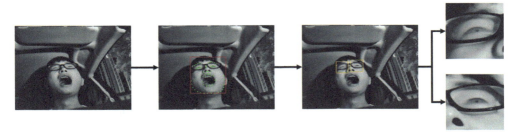

图 5-14　标注前处理流程

对于睁闭眼标注来说，一般采用分类标注工具，具体标注规范见表 5-13，包含了眼睛闭合、眼睛睁开、眼睛微睁眯眼、眼睛向下看、眼睛遮挡以及忽略六类。

对于眼睛关键点来说，一般采用框点标注工具，具体关键点位置见表 5-14。而对于每一个关键点，都要有相应的属性，具体包括完全可见（能明确看到）、完全不可见（被眼皮遮挡了，需要估计位置）以及遮挡（被眼镜或手等其他物体遮挡了，需要估计位置）。

表 5-13　睁闭眼标注规范

标注属性	图片示例	规范描述
眼睛闭合		图片中看不见虹膜，且可以明确地判定为闭眼的状态
眼睛睁开		可以明确地判定为睁眼状态，能清晰地看到虹膜区域，且可见眼球面积（包括眼白和虹膜）占整只眼睛的 1/2 以上（眼睛非常小的情况除外）；对于占比为 1/2 的临界情况，若虹膜区域很清晰，则标记为睁眼；如有部分遮挡、模糊、光斑遮挡、光照过亮或过暗等情况，但仍能清晰地观察为睁眼的数据，则标记为睁眼
眼睛微睁眯眼		可见眼球面积（包括眼白和虹膜）占整只眼睛的 1/2 以下，或者眼睛较小的情况；对于占比为 1/2 的临界情况，若虹膜区域模糊或者眼睛偏小，则标记为眯眼
眼睛向下看		可以明确判定为眼睛向下看。可以结合头部下倾辅助判断，但更重要的是眼睛状态即上眼皮成一定的弧度，上眼皮的下边缘全在眼角连线的下方
眼睛遮挡		眼睛被严重遮挡，无法判别睁闭眼
忽略		图片看不清，分辨不清

表 5-14 关键点位置

关键点	位置	关键点	位置
0 点	眼睛的左眼角点	9 点	虹膜左上弧段的中点
1 点	上眼睑左眼角到最高点的 1/2 处点	10 点	虹膜最上顶点
2 点	上眼睑的最高点	11 点	虹膜右上弧段的中点
3 点	上眼睑最高点到右眼角的 1/2 处点	12 点	虹膜最右侧点（标注时使水平虚线处在瞳孔中心）
4 点	眼睛的右眼角点	13 点	虹膜右下弧段的中点
5 点	下眼睑从左至右的 3/4 处点	14 点	虹膜最下底点
6 点	下眼睑的中点	15 点	虹膜左下弧段的中点
7 点	下眼睑从左至右的 1/4 处点	16 点	瞳孔中心点
8 点	虹膜最左侧点（标注时使水平虚线处在瞳孔中心）		

图 5-15 所示为睁闭眼两种情况下的眼睛关键点标注结果。这里需要指出的是，闭眼时眼睑轮廓关键点 0～7 照常标注，虹膜/瞳孔中心关键点 8～16 统一标注在图片最左上角。

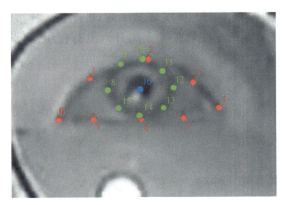 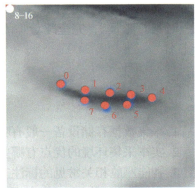

a) 睁眼时　　　　　　　　　　b) 闭眼时

图 5-15 眼睛关键点标注结果

2）疲劳动作标注：疲劳动作标注与上述对单帧图片的标注有所不同，需要采用视频标注工具，对进行动作的起止点标注，因此应当明确地定义起止点，疲劳动作标注参考规范见表 5-15。

表 5-15 疲劳动作标注参考规范

动作	说明
打哈欠	定义：打哈欠的完整过程 开始：打哈欠过程中，嘴巴开始张大的第一帧 结束：打哈欠过程中，嘴巴闭合的前一帧；打哈欠时遮挡的前一帧
其他张嘴	定义：打喷嚏、说话、深呼吸、唱歌、大笑等嘴张得比较大的动嘴 开始：张嘴第一帧 结束：闭嘴前一帧
伸懒腰	定义：伸懒腰的完整过程，伸懒腰时手会往两侧拉伸，或者往上拉伸，或者撑着肋骨两侧 开始：伸懒腰过程中，手开始举起来，手肘开始往上抬的时刻 结束：伸懒腰过程中，手放开或者做其他动作的时刻
揉眼睛	定义：揉眼睛的完整过程，手指接触到眼睛区域，中间没有离开超过 0.5s 视为连续 开始：揉眼睛过程中，手指开始接触到眼睛区域的时刻 结束：揉眼睛过程中，手指开始离开眼睛区域的时刻
其他手部动作	定义：抽烟、打电话、喝水、摸脸、挠头等明显手部动作 开始：抬起手第一帧 结束：放下手前一帧
表演不符要求	定义：演员有些明显敷衍的表演，会造成歧义的动作 开始：明显敷衍表演的第一帧 结束：明显敷衍表演的最后一帧

3）疲劳事件标注：疲劳事件由一系列疲劳动作组成，具有多样性。在对录制的长时间模拟驾驶视频进行标注时，标注没有间断，描述大段时间内的疲劳状态，其标注属性包括正常驾驶、轻度疲劳（打哈欠、伸懒腰、频繁眨眼）、中度疲劳（挤眼睛、揉眼睛、缓慢眨眼、眯眼）、重度疲劳（眯眼呆滞、时常闭眼、时常打瞌睡）、完全睡着（闭眼）以及不在驾驶（人离开，没有在正常驾驶状态）。

5.4 练习题

1. 采集数据存储设备一般有哪几种？
2. 实车采集环境的优点有哪些？
3. 智能座舱相关常见的标注工具有哪几种？
4. 开源和闭源标注工具有哪些区别？
5. 标注文档中，注意事项一般都包含什么内容？
6. 标注过程中，一般使用哪两个指标对标注过程质量进行监控？两个指标的区别是什么？请举例说明。
7. 模拟驾驶环境采集疲劳数据有什么优点和不足？
8. 与眼睛相关的疲劳标注有哪几种？分别使用什么标注工具。

Chapter 06

第 6 章
智能座舱算法研发

　　智能座舱是人机交互的重要应用之一，而其中的算法在整个交互中起到关键作用。算法的类型与精度会直接影响到交互的体验与丰富度。座舱虽小，但关联到的算法基本上囊括了机器学习、计算机视觉及语音等各个方面。以计算机视觉为例，检测、分类、分割、人脸关键点、人体骨架、人脸识别、行为识别、3D视觉等相关领域均有涉及。本章将会详细介绍智能座舱算法研发的相关流程、平台以及常见算法。为了便于学习，常见算法被分为视觉和语音两篇进行描述。如果读者对于深度学习、计算机视觉以及语音识别等理论知识有所欠缺，则建议先学习本书第 4 章。

6.1 座舱算法研发流程

　　智能座舱场景中的算法往往是由多个模型以及策略组合而成的。如图 6-1 所示，对于大部分场景来说，全图检测产生人脸 ROI、人手 ROI 以及人体 ROI，进而进行更加更高层次的检测，如人脸关键点、人手关键点，之后再根据各类策略与模型进行与场景更加相关的开发。因此，在整个座舱算法研发的过程中，首先要做好场景分析与拆解，之后再进行相关算法的研发。对于部分增量式新场景算法研发，要善于对现有流程以及算法进行复用。

　　图 6-2 所示的是标准的座舱算法研发流程，主要包含五个步骤：

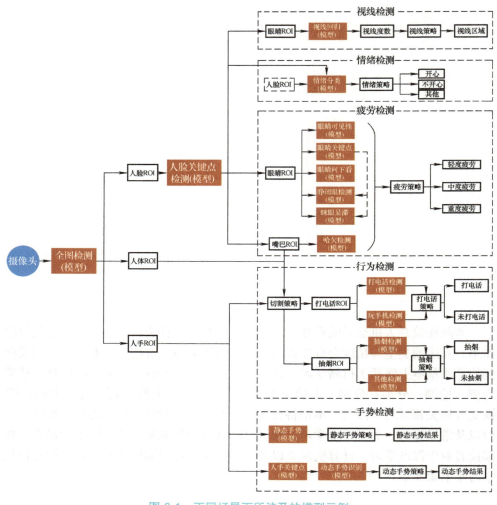

图 6-1 不同场景下所涉及的模型示例

图 6-2 座舱算法研发流程

（1）场景明确 在这个步骤中要对整个场景所涉及的流程进行梳理，明确场景中的各类要求，这与后期的模型选择、数据采集等都强关联。例如，对于打电话识别场景来说，需要明确打电话的动作有哪些，如电话放在耳边、电话靠近耳边、正面看手机、发语音等。对于不同的动作，后续流程采用的算法模型与策略可能会有所不同。因此这个步骤非常关键，通常需要与产品负责人、测试负责人等一起讨论。对于一些比较复杂的场景，可以选择分阶段设计与交付。例如，可以从最常见的打电话动作开始识别，打通整个闭环，进而在确保常见动作识别精度不变的情况下，逐步引入更多复杂的动作。

（2）算法拆解　当场景明确下来以后，需要对实现该场景的算法进行拆解。可以通过流程图的方式规划整个识别的流程以及步骤中所牵扯到的关键算法。儿童情绪可以通过视觉+音频的多模态组合方式来进行识别。通过视觉算法可以检测人脸，进而进行年龄与表情识别。通过音频来识别哭声或笑声，并最终通过多模融合策略来提升这两种情绪的识别精度。可以看出，经过算法拆解步骤，基本的实现方法以及需要开发的算法模型已基本确定。

（3）模型选择　按照算法拆解的结果，该步骤主要选择或搭建相应的算法模型。需要注意的是，模型选择不但需要考虑精度与效率，还要考虑座舱域中的SoC芯片能力。与云端通用芯片不同，端侧芯片所支持的深度学习框架或者算子均有限，需要参考芯片工具链所支持的算法类型来做选择。其好处是目前大部分算法开发平台对于初级开发者均提供了预置模型用于调参建模。在该方式下，开发者无须关注构建模型的代码细节，只需要选择合适的预训练模型以及网络即可。对于系统预置的可配置网络参数，可以适用于大部分场景，开发者也可以根据自己的经验进行调整，以获得更适合特定场景的模型。例如，百度的BML在视觉方面提供了图像分类、物体检测、实例分割等模型；地平线"天工开物"提供了人体人脸人头检测、人体关键点检测、人体跟踪、人体分割等模型。

（4）模型训练　智能座舱相关的模型训练与其他场景没有太多区别。因为运行在端侧，所对应的模型参数量相对较小，且大多数情况下需要通过浮点转定点等操作进一步进行模型压缩。目前大部分车规级芯片都会提供相应的工具链进行以上转换及编译操作。

（5）模型测试及发版　与场景测试不同，模型测试主要面向单个模型，因此测试数据一般需要经过事先处理，最后用于计算准确率（Precision）、召回率（Recall）或 F_1 值[（Recall×Recision×2）/（Precision+Recall）]等指标。这里需要注意的是，在模型迭代的过程中，测试数据也应该增量式累积，这样是为了确保发版模型既能在新的场景中性能达标，也能在过去的场景中稳定表现。

6.2　常见座舱算法（视觉篇）

本节将详细介绍智能座舱相关的常见视觉算法，包括视线、手势、行为、情绪以及疲劳。这里需要指出的是，部分算法依赖于全图检测（人头、人体、人手）以及关键点检测算法的输出，因为这些内容在本书第4章有详细的介绍，这里不再赘述。

6.2.1 视线

"眼睛是心灵的窗户",除了语言交流之外,视线是最重要的沟通途径之一。在人类获取信息的各类方式里,它占据的比例高达83%。研究人员通过分析人类的眼睛视线,能够深入了解/挖掘人类认知行为习惯。随着科技的发展,各类用途广泛的现代科技设备,如眼动仪、头戴式设备(VR/AR设备)等,对视线交互提出了强烈的需求。如何准确地计算(预测)眼睛的视线,对这些科技产品/应用来说是特别重要的。

图6-3展示了人眼眼球模型,方便理解人眼视线的定义:它是一条从人眼出发,到视点终止的射线。具体来说,图6-3中的视线,可以理解为是从眼球中心C出发经过瞳孔中心的连线,最终落在视点G上。

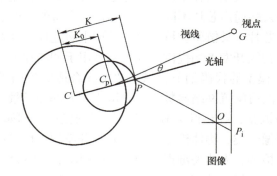

图6-3 人眼视线示意图

近年来,随着人工智能技术在汽车行业的落地推广,视线技术在座舱领域的应用也慢慢普及开来。安全驾驶和车内互动是智能座舱两个重要的功能应用领域,视线技术是这些功能应用的重要的感知信息获取渠道。在安全驾驶上,依靠车内摄像头实时检测驾驶员的视线方向信息,结合上层应用的规则策略等方式,就可以实现驾驶分心监测/疲劳监测/危险驾驶行为预警等功能应用。在车内交互上,视线也是重要的交互方式,可以结合手势/语音等其他模式,丰富视线交互功能(如座椅后视镜调整等)。

1. 传统视线估计方法

学术界对视线的研究工作,已经持续了数十年时间,这期间学者们提出了大量的视线估计方法。通常来说,这些方法可以粗略地归类为3种:基于3D眼球模型的重建方法、基于2D眼睛特征的方法以及基于人眼/脸外观特征的方法。由于人眼结构细节的多样性,每个人重建出来的各自的3D眼球模型是不一样的。因此,这种方法需要对每个人单独进行眼球参数的标定,如虹膜半径、kappa角(瞳孔中线与视轴的夹角,图6-3中的θ)。由眼球重建得到的视线预测值通常是比较准确的，但是这种方法往往依赖一些特定的设备，比如近红外摄像机等。基于 2D 眼睛特征的方法和 3D 重建的方法对额外设备的要求是相似的，它直接使用检测到的眼部的几何特征，比如瞳孔中心、反光点来回归眼睛的注视点。

基于人脸/眼外观的方法不需要专用的设备，它通常使用现成的摄像头来获取人脸/眼图像，并从人脸/眼图像里来预测人眼视线。它的硬件设置比较简单，算法流程上一般包含以下模块：

1）一个特征提取器：可以从图像里提取有效的视线特征。使用经典的图像处理方法，可以构建出这样的特征提取器，如梯度直方图等。但是这种传统的方式不能保证提取到的特征是足够有效的。

2）一个回归器：用来学习特征到视线之间的映射。将高维的图像外观特征映射到低维的人眼视线，如许多经典的回归函数（如局部线性插值、自适应线性回归和高斯过程回归等）。这些算法一般需要大量的训练样本供回归函数学习。然而这些样本的搜集，通常会在个人标定上耗费大量的时间，然后针对每个人学习出特定于某个人的视线估计模型。目前也有一些研究试图减少训练样本的数量，然而这同样会限制这类算法在实际应用中的使用场景。

2. 基于深度学习的视线估计方法

近些年来，随着深度学习技术在视觉领域的不断发展，基于深度学习的视线估计方法也逐步成为新的研究热点。与传统的视线方法相比，基于深度学习的方法有诸多优势：①它可以从高维图像中提取更高级的视线特征；②更强大的拟合能力，它对人脸/眼到视线的非线性映射拟合得更好。这两点优势使得基于深度学习的方法，比起传统的表观/特征学习方法更加可靠和准确。传统方法在头部运动时通常会出现较大的性能下降，而基于深度学习的方法，在一定程度上能够较好地处理头动情况。同时，基于深度学习的方法还可以大幅提高在不同人的视线估计精度上的表现。这些改进，都在很大程度上提升了基于表观/特征的视线估计算法的应用场景。

如图 6-4 所示，使用深度学习来进行视线模型训练，通常有以下三种信息的输入方式：①使用人眼图片作为模型的输入参数；②使用人脸图片作为模型的输入参数；③使用人脸和人眼图片作为模型的输入参数。

不管使用何种输入方式，常用的框架多为：输入 ->CNN Backbone Model-> Gaze related Head。在有些方法中，也会额外使用其他的输入信息，比如使用人头姿态（head pose）来帮助模型学习更具有鲁棒性的视线特征。下面介绍一个经典的视线估计方法，由德国马普所 Xucong Zhang 博士等人提出，这也是最早尝试使用神经网络来做视线估计的方法之一。对于这类视线估计方法来说，最重要的是数据以及算法，下面分别加以介绍。

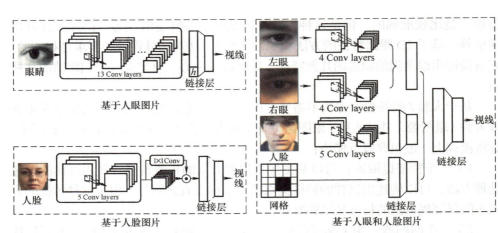

图 6-4　不同视线模型的输入方式（图片来源：Yihua Cheng 等，Appearance-based Gaze Estimation With Deep Learning: A Review and Benchmark，2021 年）

（1）数据　为了便于视线模型训练与测试，他们提出了 MPⅡGaze 数据集，一共有 15 个志愿者参与，采集时长 3 个月，在志愿者日常使用笔记本计算机时记录下视线的真值（Ground Truth）。如图 6-5 所示，因为 MPⅡGaze 数据集来自日常生活，有比较丰富的光照、时间、场景、阴影的变化，图片包含的内容信息更加丰富。与其他数据集对比，无论是数据量还是采集时长都是当时最多的。这也使得 MPⅡGaze 成为目前视线领域最常用的数据集之一。

图 6-5　MPⅡGaze 数据库示例（图片来源：MPIIGaze 数据库）

（2）算法　图 6-6 所示为算法流程图。算法将单目相机照片作为输入，直接输出最终的视线方向。该算法主要包含三个部分：人脸对齐与 3D 头部姿态判断（3D headrotation and eye location）、归一化（Data normalisation）、基于 CNN 模型的视线检测。

1）人脸对齐与 3D 头部姿态判断：在单目相机的照片上进行人脸检测及关键点定位，即双眼的左右边界点与人物嘴巴的左右边界点共 6 个点。这里需要指出的是，以上人脸及关键点定位可以复用本书第 4 章中的相关算法进行。

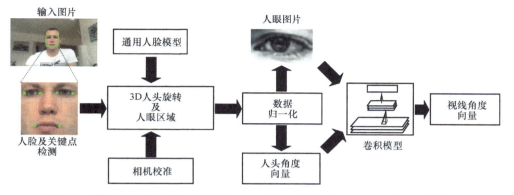

图 6-6 算法流程图（图片来源：Xucong Zhang 等，Appearance-Based Gaze Estimation in the Wild，2015 年）

2）归一化：如图 6-7 所示，归一化流程包括四个主要步骤，即①将摄像机移动到某个固定的位置，并让摄像机的光轴对准人脸的两眼中心；②旋转摄像机，使得相机坐标系的 x 轴和人头坐标系的 x 轴平行；③在用户设定的标准相机空间中以固定分辨率和固定焦距裁剪眼睛图像，并对其进行直方图均衡以形成输入眼睛图像；④最终得到一组固定分辨率的眼睛图像（eye image）和 2D 头部角度向量（head angle vector），并且视线在原来相机坐标系的真值也被转换为标准相机空间下的视线角度。在这个归一化的过程里，消除了头部姿态倾斜角（roll）的影响，因此归一化之后它只有 2 个自由度，即俯仰角（pitch）和偏航角（yaw）。

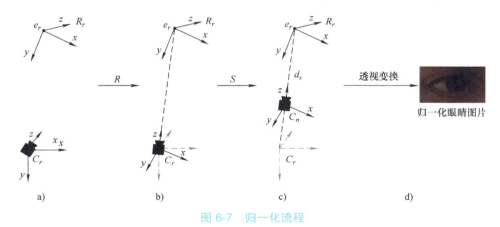

图 6-7 归一化流程

3）基于 CNN 模型的视线检测：CNN 模型的任务为处理输入的 2D 头部角度向量、归一化后的眼部图像，以得到最终的 2D 视线角度向量。如图 6-8 所示，模型搭建采用的 CNN 构架是 LeNet，在全连接层后训练了线性回归层以输出视线角度向量。CNN 将固定分辨率 60×36 的图片作为输入，两个卷积核分别为

171

5×5×20、5×5×50。全连接层的隐藏单元共 500 个，并将头部角度向量拼接至全连接层的输出，以得到最终的 2D 视线角度向量。

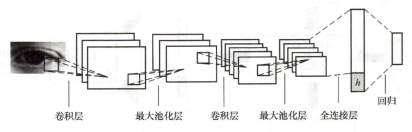

图 6-8　CNN 视线检测模型结构

视线算法的提出时间相对较早，早期以基于传统方法，构建眼部模型来进行视线估计。随着技术的发展，更广泛的使用场景对摆脱硬件限制的视线算法提出了需求。随着深度学习技术的出现，有研究人员开始基于深度学习技术来进行视线算法的研发工作，并且做出了非常好的效果。传统的模型方法和飞速发展的深度学习方法，二者在精度和效率上有着各自不同的优势。在未来，融合传统的、基于人眼模型的方法和基于深度学习的方法会是新的技术发展点。

6.2.2　手势

人类学会直立行走，释放了双手。从此人类的双手逐渐进化成为最灵巧的劳动工具。用双手改变世界，创造新事物，已经成为最自然而然的事情。手的功能千千万万，其中就包含人机交互：在 PC 上，手对键盘和鼠标操控；在触控屏上，手对 UI 界面和虚拟键盘触控操纵；在智能交互时代，人机交互诞生了更多的方式，通过人工智能技术，一个动作、一句话，甚至一个眼神都可以作为人机交互的接口。不可否认的是，用手操控，符合人们长久以来的使用习惯。手势交互，必将成为人机交互最流行、最常用的方式之一。

座舱内一次完整的隔空手势交互（图 6-9），包括如下过程：手作为操控的主体，发送指令；摄像头捕捉人手的动作；后端软件分析人手的交互意图；上位机响应用户手势对应的指令；用户得到手势操控成功的反馈。

按照应用需求，手势可以分为"静态手势"和"动态手势"；按照技术路径，可以分为"2D 手势"和"3D 手势"；按照交互的目标，又可分为"单手手势"和"多手手势"。

（1）静态及动态手势　静态手势是指在发送指令的瞬间，手本身是静止的，智能算法只需要识别手部的静止姿态，就可以区分出手势的类别（图 6-10）。动态手势是指在发送指令的瞬间，除了对手部姿态有特殊要求，手的运动也需要遵循事先预定好的规则（图 6-11）。

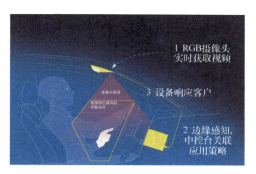

图 6-9　手势交互

a) 比心　　　　　　　　b) 确认　　　　　　　　c) 点赞

图 6-10　静态手势示例

  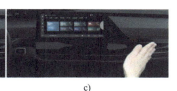

a)　　　　　　　　　　b)　　　　　　　　　　c)

图 6-11　动态手势示例：右滑

由于静态手势只需要识别手部的静止姿态，因而其算法流程较为简单。如图 6-12 所示，在图像帧中检测手部区域，对手部做跟踪并从原图中抠出手部图像或特征，分类网络预测静态手势置信度，后处理策略得到最终的手势指令。

图 6-12　静态手势算法流程

动态手势，除了手部的姿态，还需要解析手的运动状态。如图 6-13 所示，其算法流程一般为：对连续图像帧检测人手，对连续帧的人手做跟踪并抠出手部图像或特征，监测人手的运动状态（是否开始手势），分类网络预测手势类别，后处理策略得到最终的手势指令。

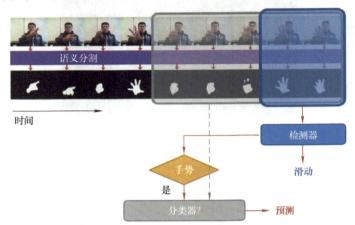

图 6-13　动态手势算法流程（图片来源：Gibran Benitez-Garcia 等，IPN Hand，2020 年）

（2）2D 及 3D 手势　如图 6-14 所示，2D 手势是指在手势的整个处理过程中，只包含二维空间信号。上文提到的静态手势就是一种典型的 2D 手势。

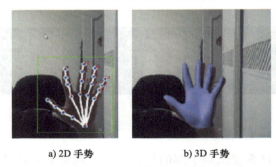

a) 2D 手势　　　　b) 3D 手势

图 6-14　2D 及 3D 手势

然而有一部分复杂手势（如手在光轴方向的运动），通过 2D 手势算法流程无法区分。另一部分手势（如手指在 xz 平面画圈），使用 2D 手势算法流程的识别效果可能严重削弱。要处理手在物理三维空间中的全部手势，3D 手势是一个很好的选择。常见的 3D 手势方案及厂家见表 6-1。目前座舱内的主要方案为深度图（TOF），未来单目 / 多目 3D 很可能成为另一座舱 3D 手势的主流方案。

具体来说，深度图方案是通过传感器分别获取 2D 图像和深度图像，两者融合可以建模 3D 场景。如图 6-15 所示，算法上一般将 2D 图像和深度图像同时输入深度神经网络中，经过特征提取和融合，获取人手的 3D 骨架，并最终得到 3D 人手模型。

表 6-1 常见的 3D 手势方案及厂家

方案	厂家	产品名
双目红外	Leap	Leapmotion
	uSens	uSens
深度图	Microsoft	Hololens
单目/多目 RGB	Google	mediapipe
	Facebook	Oculus

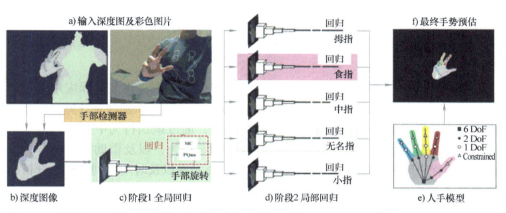

图 6-15 基于 RGB 及深度图的 3D 手势方案（图片来源：Ayan Sinha 等，DeepHand，2016 年）

基于单目 RGB 的 3D 手势方案如图 6-16 所示，输入为一帧或多帧的 RGB 图像，利用深度神经网络，得到 3D 人手骨架，进而得到 3D 人手模型。

图 6-16 基于单目 RGB 的 3D 手势方案（图片来源：Google mediapipe）

基于多目 RGB 的 3D 手势方案如图 6-17 所示，每个相机的图像分别得到 2D 人手骨架，经过三维重建恢复 3D 人手骨架，进而得到 3D 人手模型。当前多目 RGB 方案相比单目 RGB 在效果上有一定优势。

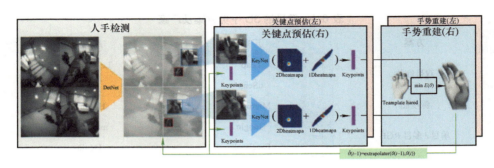

图 6-17　基于多目 RGB 的 3D 手势方案（图片来源：Facebook Oculus）

6.2.3　行为

人的行为一直是人工智能领域研究的重点课题，它有许多实际应用，包括行为分析、视频检索、人机交互、游戏和娱乐。人体行为识别涉及计算机视觉的许多研究课题，包括基于静态图片的行为识别，通过识别行为中呈现的特定状态，结合前后帧中的状态过滤和分析，定位特定行为，以及借助视频帧序列分析，对视频中的人体检测、人体姿态估计、人体跟踪以及时间序列数据的分析和理解。

座舱内的行为识别，主要应对驾乘人员的功能需求，比如对影响驾驶安全的行为做预警或者辅助提升驾乘的舒适度，更高一层可以上升到对驾乘人员行为的精细分析，做"乘车助手"，是智能座舱内非常重要的一部分。座舱内行为类型较多，下面主要以抽烟及打电话两个行为识别为例进行说明。

1. 打电话

本节所描述的打电话特指用手机接打电话，是人们日常生活中相对高频发生的行为，对座舱内的驾乘人员也是如此。座舱内的打电话行为，在驾驶员和乘客上也有不同的逻辑。驾驶员在开车过程中打电话，是一种分心行为，会影响行车的安全，在智能座舱系统中，如果监测到驾驶员有打电话的行为，则会给予提示，提醒分心驾驶带来的危险。乘客在座舱内打电话时，智能座舱相应给予的则是关怀功能，比如降低车内音响音量或关闭车窗等。

（1）打电话识别的算法流程　在技术上，因为打电话行为不是一个连贯的动作，发生时人的姿态相对单一，使用静态图片做分析基本可以满足打电话的需求。打电话识别的算法流程如图 6-18 所示，主要包含以下阶段：

1）通过 DMS 或者 IMS 摄像头获取驾乘人员的图像。

2）检测人脸和人手等人的属性信息。

3）通过第二步获取到的位置以及尺度信息，找到合适的 ROI 区域。

4）送入深度学习网络判别，或者提取传统图像特征做分类判别。

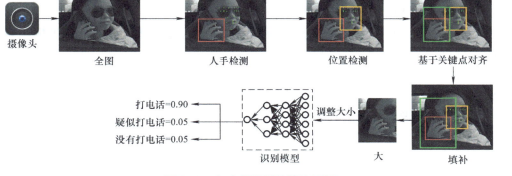

图 6-18 打电话识别的算法流程

（2）打电话识别的难点　然而，因为动作类型较多，且容易受到遮挡、光照以及周围环境等影响，打电话识别有诸多难点。图 6-19 展示了一些在实际开发中遇到的难点：

1）图 6-19a、c，因为光照限制，导致黑色手机在视觉上难以分辨。
2）图 6-19b，因为视角限制，人手在可视范围内几乎不可见。
3）图 6-19b、d，手机被人手遮挡得比较严重。
4）图 6-19c，特殊的打电话姿势。
5）图 6-19e，出现抓握电话的姿势，易触发误报。

图 6-19 常见打电话识别难点

此外，在前排乘客玩手机时，因为姿态导致的手机和人脸透射关系错误，以及外形和电话相似的物体与人的姿态，都容易导致打电话功能的误报。要应对这些静态图像问题，一方面需要从数据入手，有针对性地大量采集座舱内各种姿态的图像，填充行为开集上的网络认知空洞。另一方面，算法本身的挖掘也非常重要，在开集上的静态图像分类，很多场景下是细粒度分类的问题，可以结合图像 attention，对细粒度的图像差别做分类；此外需要深入分析打电话的行为特征，使得算法可以应对不那么理想的分类场景。

2. 抽烟

在驾驶室内抽烟也是常见的座舱内行为。座舱是一个相对封闭的空间，空气流通有限，存在抽烟行为时，通风对座舱内的驾乘人员是刚性需求。在智能座舱中，通过 DMS 或 IMS 摄像头，识别到驾乘人员的抽烟行为，可以辅助提出开窗提醒，在抽烟结束后，可以辅助关窗。

抽烟识别与打电话识别的算法流程类似。然而，比起打电话识别，抽烟识别的难度更大。图 6-20a 所示为常见的座舱中非抽烟人像，图 6-20b 所示为抽烟人像。对比两幅图像，有两个关键因素差异，第一是烟，第二是夹烟的手。烟在图像中所占面积很小，在一些特殊角度，烟几乎不可见，而手也并不是在每次抽烟场景中都会出现，这是抽烟识别中天然存在的难点。

a) 非抽烟人像　　　　　　　　　b) 抽烟人像

图 6-20　抽烟与非抽烟头部区域对比

如图 6-21 所示，除了特殊角度，光照以及棒状物体也会增加抽烟识别的难度。具体来说，在图 6-21a 中，特殊的光照会导致烟体在视觉上几乎不可见。在图 6-21b、c、d 中，吸管、棒棒糖等都容易导致抽烟误报。为了优化以上问题，一般要对吸烟的图片进行细粒度分类，对抗视觉相似物体的攻击，同时要分别应对有手吸烟（手夹烟）和无手吸烟（嘴叼烟）的场景。另外，座舱是一个开放式的场景，其中拍摄到的人脸，因为光线、人脸角度、人的状态、人和不同物体的互动，存在大量的差异。抽烟行为要做到精准识别，数据需要在开集状态中做到基本覆盖长尾，网络设计需要满足细粒度分类的需求，并且要有解决闭集问题的复杂后处理策略。

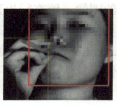

a)　　　　　　b)　　　　　c)　　　　　d)

图 6-21　常见抽烟识别难点

对于抽烟与打电话来说，基于序列的算法也可被用于这类行为识别。这是因为人体动作识别的关键是鲁棒的人体动作建模和特征表示。与图像空间中的特征表示不同，视频中人体行为的特征表示不仅要描述人在图像空间中的外观，还必须提取外观和姿势的变化，将特征表示问题从二维空间扩展到三维时空。近年来，人们提出了多种动作表示方法，包括基于时空变化的局部和全局特征、基于关键点跟踪的轨迹特征、基于深度信息运动变化的动作表示方法，以及基于人体姿势变化的动作特征。下面介绍两种常用的序列行为识别算法：双流方案及基于骨骼点的时序方案。

（1）双流方案　双流方案是基于 Simonyan 等人 2014 年提出的双流卷积网络（Two-Stream Convolutional Network，TSN）发展而来的。如图 6-22 所示，双流方案将视频行为拆分为两个通道，一个通道为普通的卷积网络，处理单帧静态图像，一个通道处理光流序列。这个方案使视频行为识别的能力得到大幅度提升。后续也出现了这种框架的多种升级和变化。

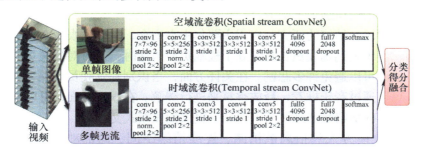

图 6-22　双流方案（图片来源：Karen Simonyan 等，TSN，2014 年）

（2）基于骨骼点的时序方案　通过分析人体关键点序列，对人的行为做判断。如图 6-23 所示，比较经典的是 ST-GCN 方案和后续的改进版本 AS-GCN 等。分析人体骨骼点的方案，相对全卷积等方案，在算力上可以得到一定程度的缓解，尤其是在骨骼点计算上可以和其他相关算法上分享算力。

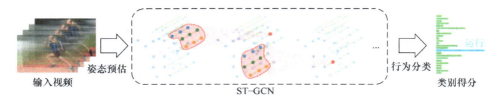

图 6-23　基于骨骼点的时序方案（图片来源：Sijie Yan 等，ST-GCNs，2018 年）

6.2.4　情绪

"人们都说，有多少情绪理论家就有多少情绪理论"。情绪在科学领域尚无达成共识的定义,其在词典中的定义是"一种源自于某人境况、心情及与他人的关系的强烈的感觉"。在过去的几十年里,关于情绪的研究不断增加,研究领域覆盖了心理学、哲学、医学、历史学、情感社会学、计算机科学等。许多理论探讨了情绪对于行为产生的影响,通常认为虽然情绪不是行为的因果力量,但与行为的倾向密切相关。

情绪的应用与我们的生活息息相关,如社会情感检测,大量的人对于一个公共事件的情绪及态度的集合反映了社会情感。比如评论的情绪分析,可以分析出大多数人对于某商品的哪个方面持正面评价、对哪个方面持负面评价,因此基于真实的商品评论分析,可以识别商品在各个方面品质的高低,也可以辅助商家根据用户真实想法进行商品的迭代升级。在医疗领域,情绪识别在心理诊所常应用于抑郁症及自杀倾向评估;在教育领域,情绪识别可以用于学生的异常情绪状态检测,从而辅助教师判断学生的学习状态是否正常;在游戏领域,可以通过情绪识别检测玩家的实时情绪状态,从而进行游戏难度的自动调节;在刑侦以及安检场景,可以将情绪识别用于测谎。

在车载领域,情绪的研究与应用主要集中在安全、关怀、娱乐3个方面。在安全方面,当识别到驾驶员长时间处于极端负面情绪时,及时对驾驶员的情绪进行安抚,或许可以避免许多悲剧。在关怀方面,当识别到驾驶员或乘客处于负面情绪时,可以通过音乐推荐、释放香氛来进行缓解。在娱乐方面,可以通过当前驾驶员或乘客的情绪状态来调节氛围灯、提供拍照模式交互等。

情绪的建模方式包括离散情绪、连续情绪空间、面部动作单元(Action Unit,AU)3种。其中离散情绪的表述最为直观,最容易被理解。接下来将对这3种建模方式进行介绍。

1. 离散情绪

情绪的研究者们对于人类具体有几种基本情绪并未完全达成共识,但他们的理论具有共性。在这其中,有两种经典理论:保罗·艾克曼提出的6种基本情绪以及罗伯特·普拉奇克提出的8种基本情绪及情感轮理论。

20世纪60年代,美国心理学家保罗·艾克曼(Paul Ekman)提出情绪是离散的、可度量的、生理上不同的,并提出了6种基本情绪:快乐、悲伤、愤怒、惊讶、恐惧、厌恶(图6-24a)。艾克曼游历了美国、智利、阿根廷、巴西,并向当地人展示不同面部表情的照片,要求他们把这些照片归类为这6种情绪,结果高度一致。为了探究情绪是否是真正共通的,他又去了从未接触过西方文明的巴布亚新几内亚,验证了这6种基本情绪是所有人类都能识别和体验的基本情绪。20世纪90年代,艾克曼又扩充了一些不只是由面部肌肉表现的或积极或消极的情感,如轻蔑、满足、窘迫、兴奋、内疚、羞愧等。

20世纪80年代,心理学家罗伯特·普拉奇克(Robert Pluchik)提出了8种基本情绪并用情感轮（图 6-24b）表示情绪之间的关系以及情绪的强度。8 种基本情绪是成对的两极情绪：快乐与悲伤、愤怒与恐惧、信任与厌恶、惊讶与期待。普拉奇克提出这些主要情绪是原始的生物反应、让动物更符合生存繁殖的需求。他认为这些主要情绪可以激发动物产生具有高度生存价值的行为，如动物因恐惧而激发的打斗或逃跑的反应。图 6-24b 所示的情感轮包括 3D 的锥状模型及 2D 的轮状模型，前述的 4 组两极情绪分别位于图中角度相对的位置，每种基本情绪包括 3 种强度，程度从外侧向内侧依次加深，如伤心包括沉思（pensiveness）、伤心（sadness）、悲痛（grief）3 个强度。普拉奇克提出了复合情绪的概念，认为基本情绪只占情绪种类的一小部分，其他大部分的情绪由主要情绪组合、混合或衍化而成。

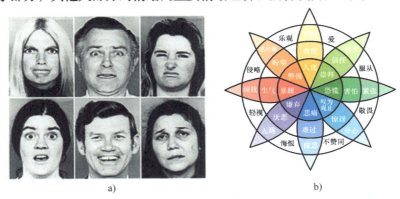

图 6-24 常见情绪示例及情感轮（图片来源：Saunders，2012）

2. 连续情绪空间

如图 6-25 所示，通常用一个二维空间 VA 或三维空间 VAD 来表示连续情绪，其中 V 是效价（valence），表示情绪的积极程度；A 是唤醒（arousal），表示情绪的激动程度；D 是支配（dominance），表示个体对情景和他人的控制状态。任何情绪都可以被映射到这个二维或三维空间中。

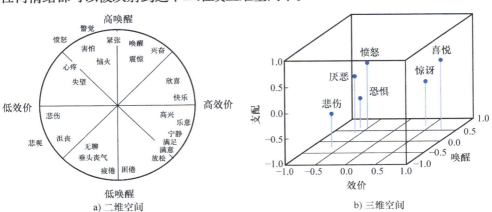

图 6-25 二维或三维空间表示连续情绪

3. 面部动作单元（AU）

在基于观察者的面部表情测量系统中，面部动作单元编码系统（Facial Action Coding System，FACS）是其中具有严格的心理测量学依据且应用最广泛的一个系统。FACS目前发展出3个版本：FACS 1978、FACS 1992、FACS 2002。通过使用FACS编码，并在低帧率下观看缓慢运动的面部动作视频，编码者人为地将所有可能存在的面部表情编码到动作单元中。动作单元的定义为可辨别的最小的面部动作，如图6-26所示的内眉上扬、上眼睑上扬。基于Paul Ekman提出的面部行为编码系统，可以选择关联度较高的AU（0～5）作为情绪评判的标注。其中，AU0表示抬起上嘴唇和人中区域的肌肉，AU1表示颌部下降，AU2表示嘴角拉伸，AU3表示眉毛压低并聚拢，AU4表示嘴角向下倾斜，AU5表示抬起眉毛外角。

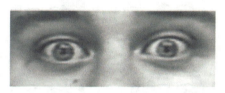

图 6-26　动作单元示例

在情绪动作识别方面，情绪识别使用的信息模态可以包括视觉、文本、音频、生理信号等。视觉信息主要包括人脸表情和人脸关键点及其时序序列；文本主要来自于说话的内容或者发表的文字；音频则主要为音频信号的频率特征（如平均音高、音高轮廓等）、时间特征（如语速、重音频率等）、音质特征（如响度、呼吸音等）；生理信号一般指脑电波、脉搏、呼吸等。情绪的多模态识别常使用视觉、音频、文本3种模态。以下着重介绍情绪识别的视觉方案，包含数据获取、总体框架以及经典方法。

（1）情绪数据的获取　情绪数据的获取方法主要有引导表演、影视剧中的情绪数据挖掘以及拍摄真实反应视频。引导表演分为实验室环境或实车环境，实验室环境常见于公开数据集的录制，实车环境下的实车数据则更贴近于座舱的应用场景。其中一个需要关注的问题是隐私保护，录制前需要获取录制者的相关许可。影视剧中的情绪数据挖掘常见于公开数据集的搭建。拍摄真实反应视频则是一种提前获取视频录制许可，但未透露目的是情绪数据收集的一种数据获取方案，相较于引导表演方式，情绪会更加自然。

（2）情绪识别的总体框架　如图6-27所示，输入一般为人脸图片或序列。预处理方式通常包括人脸检测、人脸关键点检测、人脸矫正、数据增强等。对应前述情绪的3种建模方式，分别有不同的输出形式。离散情绪方式输出每种离散情绪的分类结果，连续情绪方式输出VA或VAD的回归结果，动作单元方式则会输出每种 AU 的分类或回归得分,有时会通过神经网络进一步输出离散情绪的分类结果。在这里面,情绪识别人脸矫正首先通过对人脸正脸无表情和五官遮挡情况下的 5 个关键点的坐标统计均值得到人脸的标准姿态模板,利用检测到的人脸五点关键点和模板计算仿射变换矩阵,最后对原图进行该仿射变换就可以得到仿射变换后的人脸图片。

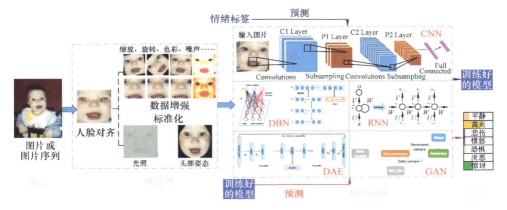

图 6-27　情绪识别的总体框架(图片来源:Aiswaryadevi 等,EN-ELM,2021 年)

(3)情绪识别经典方法　包括基于 AU 的检测方法、基于人脸及关键点序列的双流方法,下面分别介绍。

1)基于 AU 的检测方法:对于一张人脸图片,首先进行各个 AU 数值的计算,这是一个较为前沿的研究课题,当前也有许多的深度学习模型,如 DRML、EAC-Net 等。但无论对于哪种方法,一般的思路都是进行人脸检测和关键点检测,然后进行人脸纹理特征的抽取,得到各个 AU 的值之后,如图 6-28 所示,输入的多种 AU 的数值经过一层隐含层,再经过一层全连接,最后利用 Softmax 作为输出,选择一种情绪标签作为最终的结果。

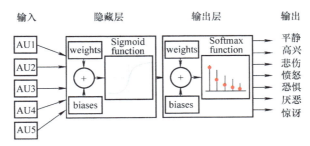

图 6-28　基于 AU 的检测方法示例

2)基于人脸及关键点序列的双流方法:如图 6-29 所示,采用了行为识别中常使用的 TSN,输入包括 2 个部分。第一部分输入为当前帧的人脸图片,输入

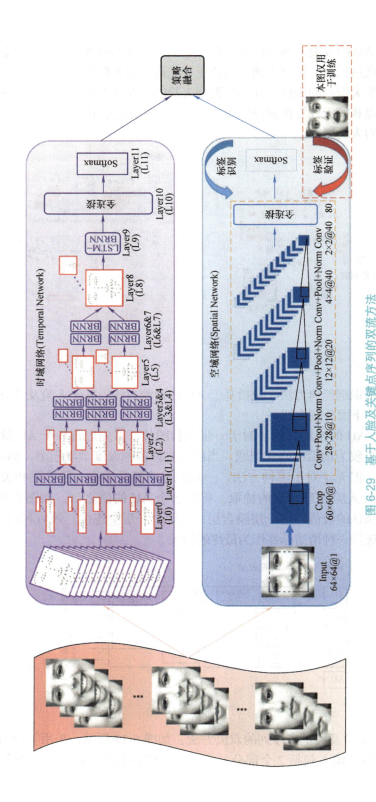

图 6-29 基于人脸及关键点序列的双流方法

(图片来源:Kaihao Zhang 等,Facial Expression Recognition Based on Deep Evolutional Spatial-Temporal Networks,2017 年)

空间网络，提取空间特征，即静态图片包含的人脸表情特征；第二部分输入为人脸关键点的时序特征，并且通过人脸的不同部位将其划分为眉毛、眼睛、鼻子、嘴巴4个部分，采用从局部到整体的层级特征融合，最后得到全局关键点的层级特征。该网络采用了2个输入的后融合方式，在空间网络和时序网络分别得到分类的概率输出后，对结果进行策略融合。

与行为识别类似，目前座舱内的情绪识别也面临诸多挑战。如图6-30所示，基于视觉的情绪识别的难点在于情绪的定义、标注、数据录制存在歧义和个体差异。座舱中的情绪识别则额外需要注意头部姿态大角度、方向盘遮挡、存在阴影、物体遮挡、阳光导致的过曝或阴阳脸、过暗、模糊、人脸不完整等问题。

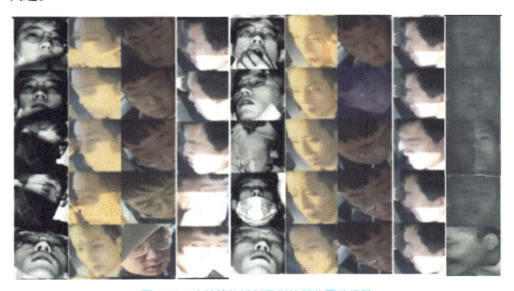

图6-30　座舱情绪识别遇到的部分困难场景

6.2.5　疲劳

疲劳本是人体正常的生理反应，是身体提醒人们进行休息的一种信号，只要适当休息并无危害性。但当其与驾驶相遇时，疲劳就成了残忍的"马路杀手"。当驾驶员疲劳时，其场景感知能力、决策能力、操作能力都会大幅下降，最终导致其对外界环境变化的响应时间延长，提高了交通事故发生概率。从各类交通事故统计报告中可以发现，疲劳驾驶一直是交通事故发生的主要原因之一。因此在智能座舱时代，一套行之有效的疲劳检测系统对于驾驶安全有着十分重要的意义。

疲劳状态本身具有模糊性，不同人对疲劳的感受和认知不同，没有一条放之四海而皆准的判定标准。目前根据学术界的研究总结，疲劳判断特征主要可以分为四大类：

（1）主观评价　主观评价即为驾驶员对自己的疲劳程度进行主观判断，通常提供一套标准问卷，由驾驶员在驾驶过程中每隔一段时间进行自我评测，以此作为其对应的疲劳程度。常见的有斯坦福嗜睡量表（Stanford Sleepiness Scale，SSS）、艾普沃斯嗜睡量表（Epworth Sleepiness Scale，ESS）、卡罗林斯卡嗜睡量表（Karolinska Sleepiness Scale，KSS）以及精神运动警觉性水平测试（Psychomotor Vigilance Test，PVT）。在这些里面，比较著名的是KSS（表6-2），其将疲劳程度分为9级，由驾驶员经过较长时间驾驶后进行自我评估记录。但此类方法无法实时进行疲劳检测，无法在实际驾驶过程中应用，而主要是作为真值，用来验证其他疲劳检测系统的有效性。

表 6-2　KSS 疲劳程度分级

等级	文字描述	等级	文字描述
1	极度警醒	6	有点困倦
2	非常警醒	7	困倦但不需要费力保持警醒
3	警醒	8	困倦且需要费力保持警醒
4	相当警醒	9	非常困倦
5	既不警醒也不困倦		

（2）生理特征　随着生物学、医学、认知科学与信息技术的发展与融合，人们已经可以通过检测特定的生理特征信号以观察人体的状态。就疲劳而言，相关性较大的主要为心脏信号、大脑信号、皮肤信号与眼部信号。其中心脏信号主要为心率测量，可通过包括心电图（Electrocardiogram，ECG）和光电容积描记法（Photoplethysmograph，PPG）等方法进行检测。而大脑信号主要是通过脑电图（Electroencephalogram，EEG）进行分析，根据出现的不同波段来提前判断驾驶员疲劳程度。皮肤信号与眼部信号也是通过相应的技术手段获取特定的生理电信号。但此类生理信号检测都需要依赖侵入式的设备，在实际驾驶环境中较难应用。

（3）驾驶特征　由于驾驶员疲劳时会导致驾驶能力下降，其驾驶行为特征也随之出现变化。因此可以通过分析如方向盘转角、轨道偏离、脚踏板压力变化等驾驶行为特征变化来反向判断驾驶员是否疲劳。但此类特征容易受到天气、道路、驾驶环境等外界因素干扰，容易出现漏报与误报问题。

（4）身体特征　至于身体特征，则主要是集中在驾驶员的脸部状态，包括眼部、嘴部以及脸部整体特征。此类特征主要是通过计算机视觉技术捕捉驾驶员脸部特征，并据此判断驾驶员是否出现了特定的疲劳特征，如打哈欠、长时间闭眼等行为。由于此类特征仅需依赖摄像头捕获脸部头像，不存在侵入式问题，且成本较低，因此成为主流的疲劳检测手段。

由以上分类讨论可知，以身体特征尤其是脸部特征作为输入进行疲劳判断相对而言是一种切实可行的落地技术方案。因此在智能座舱实践中，如图6-31所示，驾驶员脸部特征常被用来进行疲劳检测。脸部特征主要包括嘴部与眼部，以下将从这两方面分别进行说明。

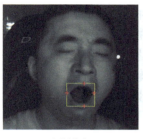
a）打哈欠
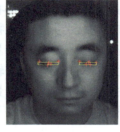
b）长时间闭眼
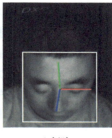
c）打盹
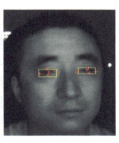
d）眯眼呆滞

图6-31　常见疲劳特征

1）嘴部：主要指捕获驾驶员的打哈欠行为，并附带嘴部是否遮挡等辅助信息。因为打哈欠行为与疲劳相关性较高，且容易为人们接受，因此可将其作为疲劳判断的一种输入特征。如图6-32所示，通过分析打哈欠动作，可以发现该过程中嘴部高度逐步增大，达到波峰后回落，同时嘴部高宽比也会呈现该波动。因此可以通过人脸关键点计算嘴部高宽比与嘴部人脸高度比两个参数结合来判断打哈欠行为。

图6-32　完整打哈欠组图

此方案的优点是实现简单且足够有效，在大部分场景下都能保证较高的准确性。但其在张嘴吃东西、抠牙等特定场景下却无能为力，频繁产生误报（图6-33）。在这种情况下，引入CNN可有效解决此类问题。具体来说，考虑到打哈欠是一个时序动作，需要先由特征模型提取嘴部特征，再将多帧特征作为分类模型的输入，最终得到打哈欠行为的检测结果。通过引入深度学习方法，各类场景下出现的问题都可通过补充相应的训练数据解决，突破了原先通过人脸关键点检测打哈欠方案的限制，再辅以嘴部遮挡信息作为过滤条件，可以达到较高的精度。

图 6-33 常见打哈欠干扰行为

2）眼部：嘴部特征主要是指驾驶员眼睛的睁闭状态，并附带眼睛可见性、眯眼呆滞等辅助信息。当驾驶员出现明显疲劳时，其眼部将会出现明显变化，如眯眼、闭眼等，因此眼部状态是相当重要的疲劳判断输入特征。首先，因为眼部图像容易受到光照环境的影响，尤其是驾驶员戴眼镜时容易出现反光、模糊等问题，对眼部状态判断造成了极大的干扰。针对这种场景，较难通过计算机视觉技术手段排除干扰，因此引入眼睛可见性检测来判断此类场景并发出警报以表示无法在此场景下进行眼部状态判断。在眼睛清晰可见的条件下，通过驾驶员双眼的睁闭眼状态、眼部关键点等感知结果来判断单帧的眼部状态。

通过引入 PERCLOS（Percent Eye Closure），可将多帧的眼部状态进行统计并输出眼部疲劳判断。具体来说，PERCLOS 指在一定时间内眼睛闭合所占的时间比例（f）。在具体试验中，有 P70、P80、EM 三种测量方式。其中 P80 被认为最能反映人的疲劳程度。PERCLOS（f）的测量原理如图 6-34 所示。图中曲线为一次眼睛闭合与睁开过程中睁开程度随时间的变化曲线，可根据此曲线得到所需测量的某个程度的眼睛闭合或睁开持续的时间，从而计算出 PERCLOS 值。图中 t_1 为眼睛完全睁开到闭合 20% 的时间；t_2 为眼睛完全睁开到闭合 80% 的时间；t_3 为眼睛完全睁开到下一次睁开 20% 的时间；t_4 为眼睛完全睁开到下一次睁开 80% 的时间。通过测量 t_1、t_2、t_3、t_4 的值，就能计算出 PERCLOS 的值 f。对于 P80 测量方式来说，当 PERCLOS 值 $f > 0.15$ 时，认为驾驶员处于疲劳状态。

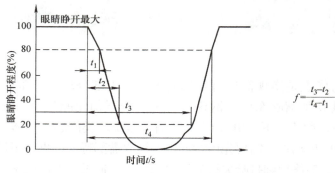

图 6-34 PERCLOS（f）的测量原理

3）其他：除了上述嘴部与眼部的疲劳特征外，还有其他一些疲劳特征，虽然频率较低，但也是判断疲劳的有效输入。如图 6-35 所示，包括伸懒腰、点头打盹以及手捂嘴更加复杂的打哈欠等。要检测这些疲劳特征，需要如人体关键点、头部姿态等特征，并利用上一节提到的多帧算法进行行为识别。

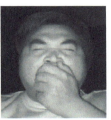

a) 伸懒腰（向上）　　b) 伸懒腰（向下或前）　　c) 点头打盹（上下左右）　　d) 打哈欠（手捂嘴）

图 6-35　其他疲劳特征

在实际开发中，需要将各类疲劳特征进行混合，通过综合策略判断分别映射到不同等级疲劳之上（如轻度、中度、重度），并与不同的疲劳缓解手段对应，形成完整的座舱疲劳检测与缓解策略，如图 6-36 所示。

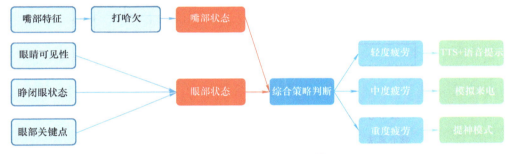

图 6-36　疲劳检测与缓解策略

目前的疲劳检测实践中，输入特征依然局限在驾驶员的脸部特征上。随着智能座舱概念的逐渐普及，相信不远的将来会持续引入更多类型的传感器，进而获取更多驾驶员特征如生理信号、驾驶行为等，多种特征融合将成为主流疲劳检测方案，进一步提高检测精度，保障出行安全。

6.3　常见座舱算法（语音篇）

本节将详细介绍智能座舱相关的常见语音算法，包括语音前端以及语音后端（语音识别及自然语言处理）。与语音相关的基础知识在本书第 4 章有详细的介绍，这里不再赘述。

6.3.1　语音前端

语音前端是音频信号处理的核心问题，也是车载语音识别和语义理解的重要的预处理步骤。车内多声道扬声器的回声、路噪以及车内多人说话的相互干扰都极大地影响了车内语音交互系统的性能。基于传声器阵列的语音前端，通过合理的定位、分离与提取，可以显著提升语音信号质量，是在车载环境下提升语音识别系统性能的有效手段。

图 6-37 所示为车载语音前端信号处理框图，其中粗实线箭头表示多通道语音数据，细实线箭头表示单通道语音数据，细虚线箭头表示参数。处理框图中的核心算法模块简介见表 6-3。

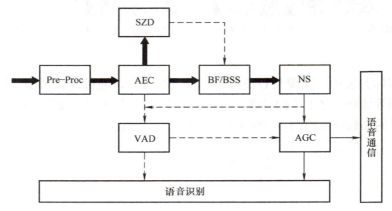

图 6-37　车载语音前端信号处理框图（图片来源：Aiswaryadevi 等，EN-ELM，2021 年）

表 6-3　车载语音前端信号处理框图核心算法模块简介

核心算法	解决问题
预处理（Pre-Processing，Pre-Proc）	消除直流干扰
回声消除（Acoustic Echo Cancellation，AEC）	消除设备本身播放声音的干扰
波束形成（Beamforming，BF）	通过空间滤波，增强期望方向的语音信号
盲源分离（Blind Source Separation，BSS）	分离不同声源的信号，抑制干扰方向的信号
噪声抑制（Noise Suppression，NS）	消除空调噪声、风噪、胎噪、发动机噪声、路噪等常见车内噪声
自动增益控制（Automatic Gain Control，AGC）	调整信号能量，适配唤醒和语音识别
音区检测（Sound Zone Detection，SZD）	确定说话人音区，协助波束形成
激活音检测（Voice Activity Detection，VAD）	确定语音起始和结束时间点

（1）预处理（Pre-Proc）　预处理一般包含基本通道拆分、信号初步滤波以及直流去除，主要部分是信号初步滤波。当前主流的语音识别系统输入为 16kHz 采样信号，语音识别不需要用到所有频带的信息，一般有效信息集中于 100～7000Hz 频带。为了降低复杂度，可以采用无限脉冲响应（IIR）滤波器实现，图 6-38 所示为 150～7200Hz IIR 带通滤波器频率响应。

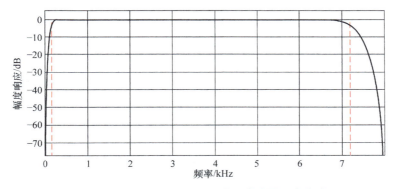

图 6-38　150～7200Hz IIR 带通滤波器频率响应

（2）回声消除（AEC）　扬声器播放的声音通过多种声学路径汇集到车内传声器处叠加，产生声学回声。回声对车内语音信号采集产生严重影响，因此 AEC 是必不可少的前端模块。AEC 是一种自适应滤波技术，其主要解决的问题是预测并消除扬声器播放的声音在传声器处产生的回声。图 6-39 所示为最基本的基于自适应滤波的 AEC 算法示意图。

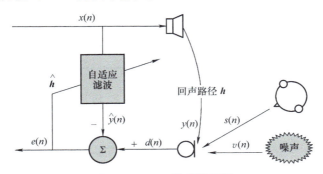

图 6-39　AEC 算法示意图

传声器接收到的第 n 个采样点的信号为 $d(n)$，定义为

$$d(n)=y(n)+s(n)+v(n)=\boldsymbol{h}^{\mathrm{T}}\boldsymbol{x}(n)+s(n)+v(n)$$

式中，$s(n)$ 是近端语音信号；$v(n)$ 是近端噪声和干扰信号；$y(n)$ 是待消除的回声信号，$y(n)=\boldsymbol{h}^{\mathrm{T}}\boldsymbol{x}(n)$；$\boldsymbol{h}$ 是真实的回声路径脉冲响应系数，$\boldsymbol{h}=[h_0,h_1,\cdots,h_{N-1}]^{\mathrm{T}}$；$\boldsymbol{x}(n)$ 是远端输入信号，$\boldsymbol{x}(n)=[x(n),x(n-1),\cdots,x(n-N+1)]^{\mathrm{T}}$；$N$ 是 $\boldsymbol{h}$ 对应的房间脉冲响应（RIR）的有效长度。

回声消除流程可以表示为

$$e(n)=d(n)-\hat{y}(n)=d(n)-\hat{\boldsymbol{h}}^{\mathrm{T}}\cdot\boldsymbol{x}(n)$$

式中，$\hat{y}(n)$ 是估计的回声信号；$\hat{h}$ 是估计的回声路径脉冲响应系数，$\hat{h}$ 通过自适应滤波进行估计，常用的估计方法包括最小均方算法（LMS）、归一化最小均方算法（NLMS）、递归最小二乘法（RLS）和卡尔曼滤波等。

与为通信服务的 AEC 不同，为智能语音交互服务的 AEC 处理后要尽可能保留原始信号的相位特性，便于后续的传声器阵列算法处理，因此 AEC 过后，一般不加非线性处理。在硬件设计合理的情况下，车载 AEC 一般可以抑制 15～25dB 的回声信号。AEC 处理前后的时域语音信号如图 6-40 所示，AEC 处理后，回声信号被显著抑制，近端语音信号得到增强。

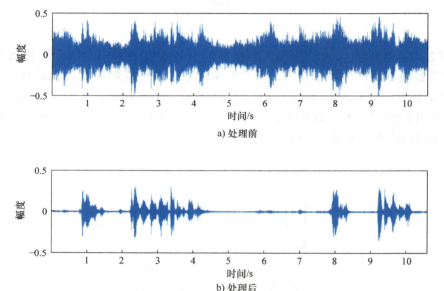

图 6-40　AEC 处理前后的时域语音信号

（3）波束形成（BF）　BF 是一种空间滤波技术，空间滤波可以增强或抑制特定方向的声音信号。最简单的 BF 算法是延时求和波束，图 6-41 所示为 2 传声器延时求和波束形成原理图。传声器接收到的语音信号存在时延，依据期望方向的信号时延，对传声器阵列采集的信号进行延时相加；来自期望方向的语音信号被对齐，输出信号被增强；而来自干扰方向的信号，由于没有对齐，输出信号不会被增强。

常用的 BF 算法包括延时求和（DS）波束、超指向性（Superdirective）波束、最小方差无失真响应（MVDR）波束和广义旁瓣消除器（GSC）波束等。图 6-42 所示为 MVDR 波束增强前后的时域语音信号，传声器数目为 2，传声器间距为 10.5cm，期望方向为 45°，干扰方向为 135°。对比波束增强前后的时域语音信号，可以发现 MVDR 波束可以有效抑制干扰信号，增强期望方向的语音信号。

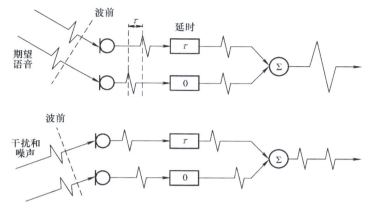

图 6-41 2 传声器延时求和波束形成原理图

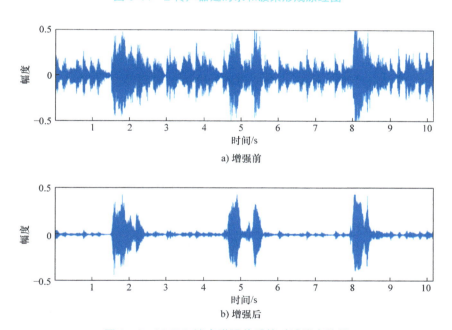

图 6-42 MVDR 波束增强前后的时域语音信号

BF 算法具有以下特性：需要较多的传声器数量，才能获得较好的增强效果；需要期望方向的先验信息；期望和干扰方向的夹角需要超过一定范围，才能获得较好的增强效果。

（4）盲源分离（BSS） BSS 可以用来模拟人类的听觉系统特性，增强来自特定声源的声音，在自动语音识别（ASR）系统中具有重要的应用价值。由于混响的存在，传声器接收到的信号通常是源信号通过卷积混合得到的，需要较长的有限脉冲响应(FIR)滤波器,才能有效分离传声器接收到的信号,提高了 BSS 的难度。图 6-43 所示为频域 2 传声器 BSS 系统框图,图中省去了频率索引。

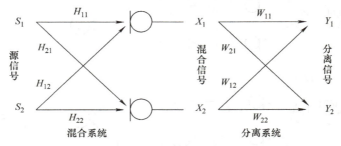

图 6-43 频域 2 传声器 BSS 系统框图

假设有两个声源 S_1 和 S_2,传声器接收到的信号 $X = [X_1 X_2]^T$ 可以表示为

$$X = HS = \begin{bmatrix} H_{11} & H_{12} \\ H_{21} & H_{22} \end{bmatrix} \begin{bmatrix} S_1 \\ S_2 \end{bmatrix}$$

式中,H_{mn} 是第 n 个声源到第 m 个传声器的频域传递函数,$m=\{1,2\}$,$n=\{1,2\}$。

分离信号 $Y = [Y_1 Y_2]^T$ 可以表示为

$$Y = WX = \begin{bmatrix} W_{11} & W_{12} \\ W_{21} & W_{22} \end{bmatrix} \begin{bmatrix} X_1 \\ X_2 \end{bmatrix}$$

式中,W_{mn} 是分离滤波器,通过全盲的方法获得,且需满足

$$WH = I$$

式中,I 是单位矩阵。

相比于 BF,BSS 不需要声源的方位信息即可分离出不同的声源;干扰和声源夹角也没有严格要求。但是 BSS 存在通道排序的问题,需要额外的方法选择主声源通道。常用的 BSS 方法包括主成分分析(PCA)、独立成分分析(ICA)和非负矩阵分解(NMF)等。图 6-44 所示为图 6-42 中混合信号经过 BSS 分离后的时域语音信号,对比这两张图可以发现 BSS 降噪量比 BF 更高,有助于更好地提取期望语音信号。

(5)噪声抑制(NS) BF 和 BSS 可以处理方向性干扰,对于和语音同方向,或者无方向性的散射场噪声处理能力有限,而 NS 可以抑制散射场噪声以及与声源同方向的稳态噪声。BF 和 BSS 处理信号输出往往存在一定残留串扰,多通道 NS 则可以进一步抑制残留串扰。常用的 NS 算法包括谱减法、维纳滤波、最优改进对数谱幅度估计(OMLSA)、多通道后置滤波器和基于机器学习的降噪算法(deep-NS)等。

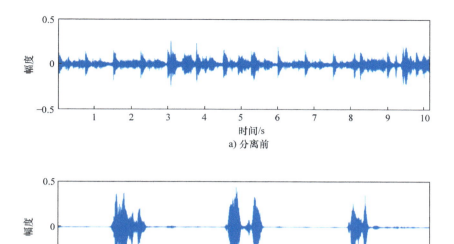

图 6-44　BSS 分离获得的 2 路时域语音信号

图 6-45 所示为含噪信号、单通道 OMLSA 算法降噪和 deep-NS 算法降噪获得的时域语音信号及其对应的频谱图。语音信号频谱图表示语音信号频域的能量分布图，横坐标是时间，纵坐标是频率，频点的能量强度用不同颜色区分，红色表示能量高，蓝色表示能量低。噪声来自实车录制，包括风噪、胎噪、空调以及发动机噪声，此外 1.5～7.0s 时间段内还包含一组车外连续鸣笛声。对比不同算法的降噪效果可以发现，OMLSA 对稳态噪声（如发动机噪声等）具有较好的抑制效果，对于非稳态的鸣笛声抑制能力较弱；deep-NS 算法，对于稳态噪声和非稳态鸣笛声均有较好的抑制效果，但是增强后的语音频谱图变模糊（图 6-45c 中 4.0～5.0s 时间段内 2kHz 以下的频谱），不利于语音识别。

（6）自动增益控制（AGC）　由于车内说话人音量大小动态变化特征明显，且与传声器的距离远近不定，因此需要引入 AGC，用以调整语音增强后的信号幅度，进而提升语音唤醒率以及语音识别的准确率。

（7）音区检测（SZD）　SZD 可以确定说话人的位置，为 BF 提供期望信号的方向信息，是实现车载多音区独立控制必不可少的环节。常用的 SZD 算法包括基于到达时间差的方法（如 GCC-PHAT）、基于波束的方法（如 SRP-PHAT）、基于子空间的方法（如 MUSIC）以及最大似然方法（如 MLE）等。

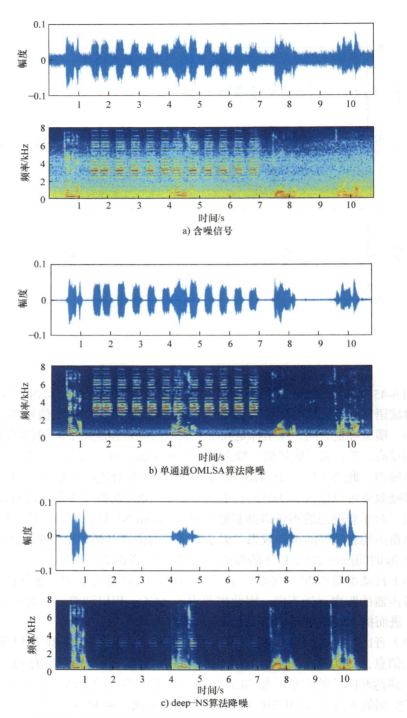

图 6-45 不同算法降噪前后的时域语音信号及其对应的频谱图

（8）激活音检测（VAD） VAD用于判断音频数据是否存在语音信号，可以辅助提升BF、AGC、NS、语音唤醒以及语音识别性能。常用的VAD算法包括基于信号门限的方法、基于统计模型的方法以及基于机器学习的方法。

综上，经过基于传声器阵列的语音前端处理，车内干扰语音采集的多种噪声都可以得到有效抑制，这可以显著提升车内智能语音交互的用户体验。实车系统有更多技术点需要关注，比如音频软硬件的协同优化、oneshot场景的处理、唤醒响应延时的降低、人声隔离性能的提升、自唤醒问题的解决、CPU占用和内存的优化等。

6.3.2 语音后端

车载语音后端模块包括自动语音识别（Automatic Speech Recognition，ASR）和自然语言理解（Natural Language Understanding，NLU）两个模块。自动语音识别负责将输入的语音信号转化为文字信息，自然语言理解模块接收文字信息并处理分析其包含的意图信息。

1. 自动语音识别

自动语音识别又叫语音文字转换（Speech to Text，STT），是人机语音交互中的基本核心能力，负责将语音信号转化为文本内容，用于之后的语义理解以及信息检索等服务。本书第4章对语音识别的基本原理做了详细介绍，了解到语音识别主要由声学模型、语言模型和解码器3个大的算法模块组成。语音识别的过程就是在一个已知的搜索空间内，基于声学模型的概率和语言模型的概率，使用解码器搜索最优路径的过程，构成最优路径的词序列就是识别结果。图6-46所示为语音识别系统框架。

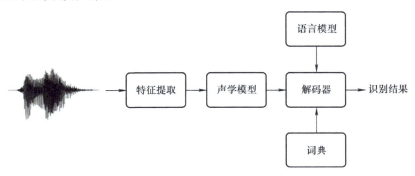

图6-46 语音识别系统框架

下面将基于该框架介绍如何构建智能座舱领域内的语音识别系统，主要包含数据扩充、特征提取、声学模型、语言模型以及解码器5个部分。

（1）数据扩充 目前智能座舱领域的语音识别系统，核心模型是基于深度神经网络进行构建，因此训练数据需要充分覆盖不同的人群、噪声等场景。数据扩充的目的是提高训练数据的丰富度，覆盖更多的场景，从而保证模型对不同人群、不同环境的鲁棒性。提高人群复杂度的方法是对原始数据本身进行处理，包括变调和变语速。变语速通常会使用 0.9 倍速、1 倍速、1.1 倍速 3 种语速；变调是指提高原始语音的音高（pitch），通常会把音高增加 50 或 100。变调和变速均通过 sox 实现⊖。提高场景覆盖度的第二种方法是在干净的语音上添加噪声和混响，以此来模拟不同的声音环境。通过搜集获得车载领域各种场景下的噪声和混响，以均匀分布或者以 10 为均值、5 为标准差的高斯分布制作信噪比范围 0～30dB 的增强数据。

（2）特征提取　在计算语音的声学模型概率之前，需要先提取声学特征。在语音识别领域，最常用的特征是 FilterBank 特征，简称 FBank 特征，在智能座舱领域我们使用 80 维 FBank 特征。FBank 特征提取流程如图 6-47 所示。

图 6-47　FBank 特征提取流程

1）预加重：通常语音低频部分的能量要比高频部分的能量高，这种现象被称为频谱倾斜。预加重的目的是为了提高高频部分的能量，使高频部分的特征更容易被声学模型捕获，从而提高语音识别的准确率。

2）分帧加窗：特征提取的目的是为了建立一个特定颗粒度的建模单元的分类器，比如音素。因为频谱特征变化非常快，不可能在整个句子上提取频谱特征。语音信号是非平稳信号，其统计特性是随着时间变化的。但是语音信号又具有短时平稳的特性，因此可以通过一个滑动窗来截取一小段语音信号，在这一小段语音信号内其统计属性是不变的。使用滑动窗截取的一小段语音称为一帧，截取的过程被称为分帧。分帧在时域上即是用一个窗函数和原始信号进行相乘，常用的函数有汉明窗或者汉宁窗。窗函数的宽度被称为帧长，通常为 25ms，相邻两个窗函数之间的偏移量被称为帧移，通常为 10ms。

3）离散傅里叶变换：分帧加窗后基于每一帧信号提取频谱信息，需要知道每个频带上的能量分布。为离散时间（采样）信号提取离散频带的频谱信息的工具是离散傅里叶变换（Discrete Fourier Transform，DFT）。实际使用中，DFT 通过快速傅里叶变换（Fast Fourier Transform，FFT）实现。FFT 是 DFT 的一种高效率实现，但是要求每帧数据的采样点的个数必须是 2 的指数。语音识别中通常使用 16K 采用率的语音，每帧 25ms，即 400 个采样点，因此会通过补 0 的方式补足 512 个点然后进行 512 点的 FFT。

⊖　http://sox.sourceforge.net/。

4）梅尔域和 log 域转换：通过 DFT 得到了每个频带上信号的能量，但是人耳对频率的感知不是等间隔的，而是近似于对数函数。因此需要将线性频率转换为梅尔频率，梅尔频率和线性频率的转换关系为

$$\mathrm{mel}(f) = 2595\lg\left(1+\frac{f}{700}\right)$$

在实际操作中，通过设计梅尔滤波器组实现转换。通常所说的提取 80 维的特征，其中 80 就是由梅尔滤波器组的个数决定的。使用梅尔滤波器组进行滤波后取 log 操作就得到 Fbank 特征。

（3）声学模型　声学模型负责建立语音特征到建模单元之间的映射关系。在现在语音识别架构中，基本都采用基于深度神经网络的声学模型建模方法，其核心组成部分包括输入、输出和模型结构。在语音识别任务中，输入即声学特征，即上面介绍的 FBank 特征。输出即建模单元，需要根据任务类型选择建模单元；模型结构即采用深度网络的类型，详细信息如下：

1）建模单元：中文语音识别系统通常采用声韵母或者音节建模，此处采用连接主义时间分类（CTC）损失函数并且使用单状态隐马尔可夫模型（HMM）对音节进行建模，如图 6-48 所示。其中图 6-48a 表示传统的三状态 HMM，是一种标准的左右结构的 HMM 拓扑，声学特征按照时序在状态拓扑上进行跳转，每一个状态至少持续一帧，并有可能一个状态对应多帧特征。图 6-48b 是实际使用的单状态 HMM 拓扑，采用单状态 HMM 可以简化拓扑结构，通过后续解码时将每一状态持续的帧数做出限制，理论上也可以达到三状态建模的效果。如图 6-48c 所示，在实际解码时采用每个状态至少持续三帧的拓扑结构，实际预测中等同于三状态建模。

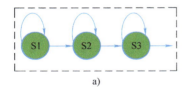

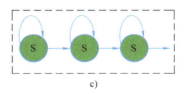

图 6-48　HMM 拓扑结构

模型在训练的时候通常会在时序上进行拼帧，并且语音特征本身存在一定的冗余性，因此采用单状态建模可以方便地在训练模型的时候进行降帧率（lower frame rate）训练⊖，即在训练过程中通过对特征序列进行采样，只将连续 3 帧数据中的某一帧作为训练数据。为防止信号丢失，可以在训练的不同轮次采样不同的数据，相对取 3 帧中的固定一帧可以少量地增加数据的多样性。降帧率训练方法

⊖　https://arxiv.org/abs/1507.06947。

理论上会提高 3 倍的训练速度，同时在解码的时候进行跳帧搜索，减少搜索序列长度，提升解码实时率。

2）模型结构：声学模型采用深层前馈序列记忆神经网络（Deep Feedforward Sequential Memory Network，DFSMN）结构，这是一种非循环网络结构，同时又能充分利用序列间上下文信息，捕获序列内的长时依赖。如图 6-49 所示，DFSMN 的基本结构是在标准的 DNN 隐层（Hidden Layer）上增加一个记忆块（Memory Block），与 LSTM 不同的是，记忆块并没有循环连接，因此 DFSMN 在本质上属于前馈神经网络，可以直接使用 BP 算法进行训练，从而减小了训练复杂度。在实际使用中，网络的输入层（Input Layer）接收 80 维的 FBbank 特征，输出节点是中文音节加上 CTC 的 blank，网络本身由 10 个 DFSMN Component 和若干个全连接层组成。DFSMN Component 是 DFSMN 网络的核心部分，一个 DFSMN Component 由三部分组成，一个是线性投影层（Projection Layer），一个 Memory Block 和一个从 Memory Block 连接到下一个隐层的权值矩阵。

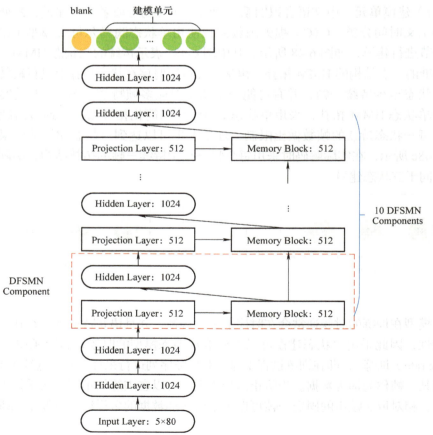

图 6-49　DFSMN 声学模型网络结构

（4）语言模型　语言模型的目的是建立一个能够描述给定词序列在语言中出现概率的分布。本书第 4 章介绍了多种类型的语言模型，这里结合实际开发经验，重点介绍在智能座舱实践中经常使用的基于时间卷积神经网络（Temporal Convolution Network，TCN）的语言模型（图 6-50）[一]。

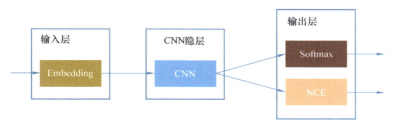

图 6-50　基于 TCN 的语言模型

基于 TCN 的语言模型主要由三部分组成：输入层、CNN 隐层和输出层。输入层输入数据为 one-hot 向量，维度为词典个数，大概在 10 万～50 万，输出数据为 Embedding 向量，维度一般在 100～1000。TCN 隐层包含一层或多层 CNN，隐层 CNN 具有因果卷积、扩张卷积等特性，通过这些属性来扩大历史感受野，可以利用更多的历史信息来预测下一个词。隐层的输入数据为输入层的输出。输出层主要对结果进行分类，输出层的输入数据为 CNN 层的输出，输出数据为类别概率。

图 6-51 所示为基于 CNN 的时间卷积网络。CNN 在处理图像时，将图像看作一个二维的"块"（高度和宽度），迁移到文本处理上，可以将文本看作一个一维对象，高度为一个单位，长度为 n 个单位；文本有时间序列，一个词只能看到前面的信息，而看不到后边的信息，因此一般采用因果卷积来保证预测下一个词时只利用已知历史词；对于因果卷积，存在的一个问题是需要很多层或者很大的 filter 来增加卷积的感受野，为了解决这个问题，这里采用扩张卷积（dilated convolution），通过跳过部分输入使 filter 可以应用于大于 filter 长度的区域。基于 CNN 的卷积神经网络可以进行大规模并行处理，通过调整层数、膨胀系数和滤波器大小，可以灵活改变感受野大小；同时，TCN 的反向传播路径和序列的时间方向不同，避免了 RNN 中经常出现的梯度爆炸、梯度消失的问题。

输出层主要对结果进行分类，常用的方法为 FC + Softmax，但是用 FC + Softmax 分类时，在 Softmax 层前需要一个全连接层映射分类数，类别的数目由词典内单词的个数决定。由于词典较大（10 万～50 万），导致全连接计算量巨大，耗时较长，所以在实践中采用噪声对比估计（Noise Contrastive Estimation，NCE）来进行分类[二]。具体来说，NCE 是一种采样方法，它不是直接估计某个词

㊀　https：//arxiv.org/abs/1803.01271。

㊁　https：//arxiv.org/abs/1206.6426。

语的概率值，而是借助一个辅助的损失值，实现正确词语概率值最大化的目标。NCE 的核心思想是：训练一个模型来区分目标词语与噪声。于是，待解决的问题就由预测正确的词语简化为一个二值分类器任务，分类器试图将正确的词语与其他噪声样本区分开来。因此 NCE 不需要做计算量巨大的全连接计算，可以大幅减小计算量。

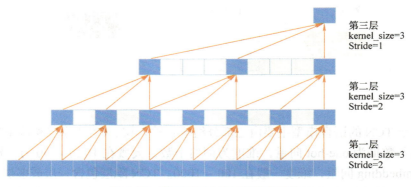

图 6-51 基于 CNN 的时间卷积网络

基于 TCN 的语言模型的打分相比 N-gram 语言模型的查询式打分，耗时会增加几百到几千倍，因此需要结合 TCN 语言模型的特点，在解码过程中进行优化，通常有多级缓存、量化内积等优化方法。图 6-52 所示为基于两级缓存的 TCN 模型打分流程，首先查找一级缓存，命中则直接返回概率，否则查找二级缓存，命中则仅需进行 NCE 计算，否则需要进行模型调用。对于新计算得到的输出向量和概率，分别放至二级和一级缓存，以供之后查找。

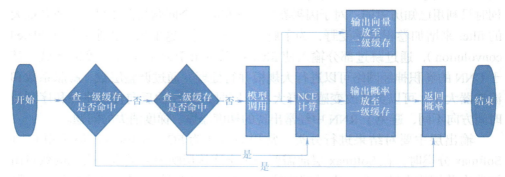

图 6-52 基于两级缓存的 TCN 模型打分流程

具体来说，令二元组 score_item=<w_hisf_seq, w_target> 表示语言模型打分项，其中 w_hisf_seq 表示历史词序列，w_target 表示目标词，语言模型打分目标是计算 w_target 在 w_hisf_seq 后面出现的概率 p(w_target|w_hisf_seq)。

第一级缓存为打分结果缓存，使用的数据结构是哈希表，是以打分项 score_item 为索引，以打分结果 p（w_target|w_hisf_seq）为值，对打分结果进行缓存。在进行打分时，首先查找缓存，命中则取用，否则重新打分并将打分结果放至一级缓存。哈希索引使用 64 位整型数据类型，存储 4 个整型值，分别是 w_hisf_seq 的最后 3 个历史词的 ID 和目标词的 ID。

第二级缓存为输出向量缓存，使用的数据结构是哈希表，是以打分项中的 w_hisf_seq 为索引，以 TCN 模型在进行 NCE 计算前的输出向量指针为值，对输出向量进行缓存。在一级缓存不命中时，首先查找输出向量缓存，命中则取出并进行 NCE 计算，否则重新调用 TCN 模型并进行 NCE 计算，并将输出向量放至二级缓存，将输出概率放至一级缓存。哈希索引使用 64 位整型数据类型，存储 4 个整型值，为 w_hisf_seq 的最后 4 个历史词 Id。

经统计，一级缓存命中率约 89%，二级缓存命中率约 11%，其中 NCE 计算和模型调用占耗时的主要部分。

（5）解码器　解码器的主要功能为根据输入的音频数据或者特征在搜索空间中搜索最优词序列，需要综合运用声学、语言学、发音词典等信息，属于一个复合模块。本节仅介绍解码器的相关算法，声学和语言学信息分别使用声学模型分数和语言模型分数代替。解码器相关的算法主要包括搜索空间构建、搜索算法、剪枝算法、结果回溯 4 个部分。

1）在搜索空间构建方面，按照搜索空间的构成方式，可以分为动态编译解码空间和静态编译解码空间两种方式。对于智能座舱领域的离线语音识别系统，因为资源的限制，一般采用动态编译解码空间的方式。动态编译解码空间只是预先将发音词典编译好，其他知识源在解码过程中动态集成，能够避免静态编译的内存瓶颈。

关于搜索空间的结构，首先要考虑的是词典的组织方式，本文采用线性词典前后缀合并的方式。对于线性词典（图 6-53），各个词的模型在搜索过程中保持严格的分离，词的模型之间没有信息的共享。搜索空间的构建方法主要是将声学模型、声学上下文、发音词典这 3 个知识源通过前缀合并、后缀合并和状态级优化预先编译成紧致的状态网络，而语言模型通过扩展的令牌在解码过程中动态集成。

以图 6-53 中的三词线性字典为例，由"北京""北极"" 南京"三词组成。假设采用跨词（Cross Word，CW）上下文相关（Context Dependent，CD）三音子建模，词条的音素序列将转换成三音子序列。依据其位置，三音子序列可分三部分：词头的扇入（Fan-In，FI）三音子，词中三音子串和词尾的扇出（Fan-Out，FO）三音子。词中音素的上下文可由词本身决定，而词头音素的上文需依赖于前驱词的最后一个音素，词尾音素的下文需依赖于后继词的第一个音素。

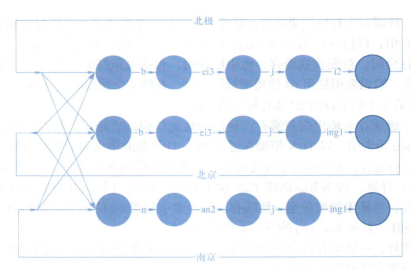

图 6-53 线性词典

图 6-53 对应的初始状态网络如图 6-54 所示,由共享图头区、独立图中区和共享图尾区三部分组成,为简便起见,这里省略了头尾静音和中间停顿的特殊词。不同词条的前缀和后缀分别在图头和图尾区进行共享,而词条的中间部分和标识(ID)信息在图中区独立创建。状态网络有两种类型的结点:虚结点和状态结点。

虚结点(Dummy Node)是指用于标记词 ID 或特殊情形的节点,不含具体的声学状态。在图 6-54 中,虚结点用方块表示。虚结点根据其作用的不同可分为五种(表 6-4)。

状态结点(State Node)是指用于标记声学状态的节点。一个三音子通过音素决策树可以查找到其对应的 3 个 HMM 状态,在状态网络中表示为 3 个连续的状态节点。图中状态节点用圆圈表示;三音子用"a–b+c"表示(音素 b 有左上文 a,右下文 c)。状态节点根据其在网络中所处位置的不同可分为三种(表 6-5)。

一般来说,由图 6-53 线性词典生成图 6-54 所示的状态网络需要分三步执行:

① 通过共享扇入和扇出三音子的方式构建初始状态网络。线性字典里的词条依如下方式逐一加入已存在的初始状态网络中,以词条"南京"为例:

a)在独立图中区创建该词条词中三音子串对应的状态节点,并把标记有该词条 ID 的 WI 节点附在其后。词条"南京"的词中三音子串"n-an2-j,an2-j-ing1"对应的状态节点 N45-N50 先被创建,标记有"南京"的 WI 节点 N51 紧随其后。

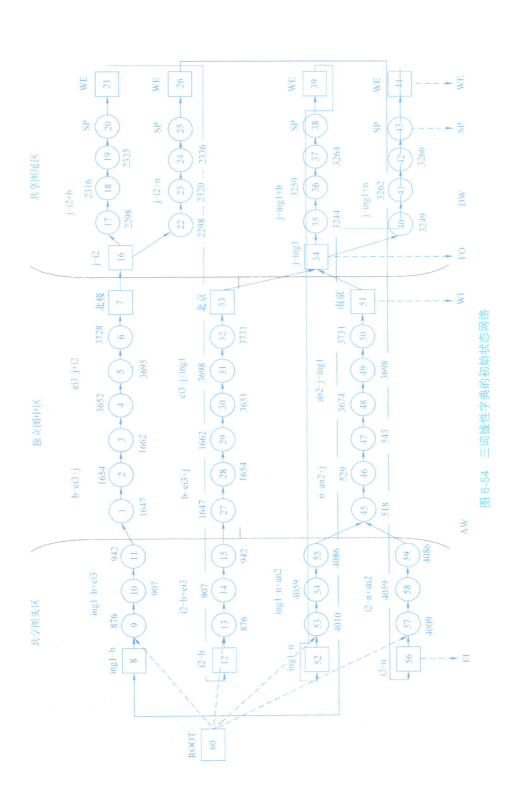

图6-54 三词线性字典的初始状态网络

表 6-4 虚结点

类型	作用
ROOT	整个状态网络的根
FI	用于聚集所有相同词头音素和词间左上文的三音子
FO	用于聚集所有相同词尾音素和词内左上文的三音子
WI	用于记录词的 ID
WE	用于标记一个词条的结束

表 6-5 状态节点

类型	作用
SP	用于吸收词与词之间短暂的静音
AW	介于 FI 和 WI 之间的状态节点
DW	介于 WI 和 SP 之间的状态节点

b）在共享图头区如果不存在该词条扇入三音子，则创建该扇入三音子节点并将其邻接到对应的 FI 节点和词中三音子串的第一个状态节点。词条"南京"的扇入三音子根据上文有"ing1-n-an2"和"i2-n-an2"两种变体，相应的状态节点 N53-N55、N57-N59 先被创建，后分别与相应的 FI 虚结点 N52、N56 和词中三音子串的第一状态节点 N45 相连。

c）在共享图尾区如果不存在该词条的扇出三音子，则创建该扇出三音子的状态节点，后继 SP 节点和 WE 节点，并邻接到相应的 FO 节点和 FI 节点。词条"南京"的扇出三音子有"j-ing1-b"和"j-ing1-n"两种变体，已经在共享图尾区存在（在创建词条"北京"时生成），则无须操作。

② 通过前向节点合并算法优化初始状态网络，产生前向优化状态网络。前向节点合并算法从 FI 节点和 FO 节点开始，沿着由左到右的方向前向合并初始状态网络。前向节点合并的过程如下：

a）拥有相同声学状态和共同父亲节点的两个姐妹节点进行前向合并。

b）两个姐妹节点的所有后继节点成为新合并节点的后继节点。在图 6-54 中，节点 N17 和 N22 不仅有相同的父亲节点 N16 并且有相同的状态编号 2298，可以被合并。应该指出的是，步骤一中将 WI 节点放在词条词中三音子串的后面，保证了前向合并的充分性。

③ 通过后向节点合并算法，进一步优化网络产生最终的状态网络。后向节点合并算法首先将 WI 节点前向移动到最近的拥有多儿子的祖先节点，再从 FI 节点和 FO 节点开始沿着反方向做后向节点合并。后向节点合并算法如下：

a）两个拥有相同后继节点和相同声学状态的姐妹节点被后向合并。

b）原两姐妹节点的所有前驱节点成为新合并节点的前驱节点。最后，将 WI 节点再一次尽可能地前移，保证它们是最初的不共享节点。

2）在搜索算法方面，搜索的核心算法是 viterbi。不同的任务会有不同的实现版本，在实际实践中我们采用基于紧致状态网络的 token pass 算法。token 是搜索算法中常用的表示搜索过程中部分路径的数据结构，主要包括路径概率和时间回溯信息。本文在这里加以扩展，每个 token 的数据结构还追加了 N-gram 历史和当前词 ID 的信息。当前词 ID 在一开始被标记为未知（unk），当经过 WI 节点的时候被更新为该 WI 节点上记录的词 ID。在令牌合并时，需满足以下条件：

① 两个令牌在状态网络中的同一个节点上。

② 包含有相同的词 ID。

③ 拥有相同的 N-gram 历史。

当 token 传播到 WI 节点上时，语言模型的概率被累加到令牌的路径概率中。状态网络中 WI 节点被尽可能地前移让语言模型的概率可以尽早被集成。为了进一步更早地集成语言模型概率，还可以采用状态级语言模型预估（Language Model Look-Ahead，LMLA）技术。LMLA 技术本身是应用在音素前缀树上，属于音素级 LMLA，但是可以将其扩展应用到状态网络上。为了避免前一帧的 token 和当前帧的 token 进行合并，token 的传递将从状态网络的 SP 层开始，按照时间顺序逐帧沿着反方向逐层进行。如果有多个后继节点，那么将依据其节点类型分别进行处理。

3）在剪枝算法方面，对于大词汇连续语音识别中完全 DP 搜索，在每个时间帧，DP 递归程序将面临巨大数目的 HMM 状态。如果采用一定的剪枝策略，则可以把计算量降低，同时保证识别率基本不下降。剪枝操作主要有如下 3 个步骤：

① 声学剪枝：保留与最佳 token 的声学分数比较接近的路径，假设声学剪枝门限为 f_{ac}，当前帧最大累计声学概率为 Q_{ac}，若某个 token 的声学得分 $q_{ac} < Q_{ac} - f_{ac}$，则剪掉 q_{ac} 对应的 token。

② 语言模型剪枝：语言模型的得分仅在 token 到达词边界时才加入累计得分中，语言模型剪枝又称为词尾剪枝（Wordend Pruning）。之所以采用词尾剪枝，是因为不同历史的语言模型的概率相比于不同词的概率变化幅度小很多，而且词尾的声学层概率相对比较稳定，通常在词尾可以应用更窄的剪枝束宽度。

③ 直方图剪枝：把存活的 token 个数限制在一个范围内，即设置一个上限 M，如果活动 token 的个数超过了 M，则保留得分最高的 M 个 token。

4）在结果回溯方面，解码过程中，需要保存用来进行结果回溯的信息，通过这些保存的回溯信息生成词图，在词图上使用 A star 算法就可以得到 NBest 结果和最终的识别结果。

2. 自然语言理解

在智能座舱语音交互技术链条中，自然语言理解（NLU）是指以语音识别所获得的文本为输入，经过信息提取，输出结构化的语义信息的过程。一段自然语言文本对于计算机而言仅仅是一串编码，计算机无法理解它的含义，也就无法帮助人类去执行这段自然语言文本所蕴含的指令。例如，用户输入"空调设为25℃"，NLU 模块将这段文本进行解析，识别它的领域是家电控制而非音乐、故事等，意图是控制而非关闭、启动等，控制对象是空调而非座椅等，属性是温度而非风速，值是25，进而执行这条指令，完成空调温度设定任务。

语义结构化信息的格式通常包含领域（Domain）、意图（Intent）、槽位（Slot）三种信息。领域通常包含车控、音乐、天气、股票、笑话等可选值；每个领域下有若干种意图，如音乐领域通常包含点播、播放、暂停等；每个意图下可能有若干槽位，如音乐领域点播意图通常包含歌名、歌手、专辑等槽位。除领域、意图、槽位之外，还可以包含一些辅助信息，如领域和意图的解析结果置信度、解析所用方法等。

图 6-55 所示为 NLU 处理流程：首先对 ASR 的识别文本进行领域分类，获得 Domain 的取值，同理经过意图分类获得 Intent 取值，最后进行槽位填充获得所需语义项信息，整理得到最终的结构化信息。

图 6-55　NLU 处理流程

领域、意图识别作为文本分类任务，常用的方法有最大熵（Maximum Entropy，ME）、逻辑回归（Logistic Regression）、支持向量机（Support Vector Machine，SVM），神经网络类的方法如循环神经网络（Recurrent Neural Network，RNN）、长短期记忆网络（Long Short Term Memory Network，LSTM）、基于卷积 TextCNN 模型和时序卷积网络 TCN 等。

以智能座舱中常用的 TCN 模型为例，一般来说，残差连接为输入和输出的非线性变换的线性叠加，然后经过激活函数获得输出。此处所使用的 TCN 模型中，残差连接作用在两层卷积层上。通过 TCN 网络对文本的编码，就获得了整句的特征表示，接着经过全连接和 Softmax 运算，获得在预测类别上的概率分布。

槽位填充作为序列标注任务，常用的方法有隐马尔可夫模型（Hidden Markov Model，HMM）、条件随机场（Conditional Random Field，CRF），神经网络类的方法通常使用编码器加条件随机场的模型结构。在智能座舱实践中，通常使用 TCN-CRF 的神经网络模型（图 6-56）。

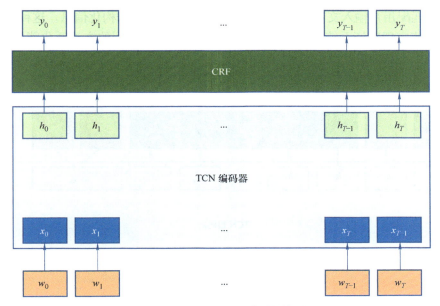

图 6-56 TCN-CRF 模型结构图

在图 6-56 中，编码器（Encoder）使用 TCN 模型来结合上下文信息对当前词进行特征提取。通常编码器可以替换为任何其他模型结构，如 RNN、LSTM 等。编码器所获得的特征形式为在预测目标列表上连续分布的特征向量，以此作为 CRF 层的输入。CRF 层一般通过对相邻位置的预测目标进行限制，以获得一个整句的最优标注结果。

通常领域意图分类和槽位填充作为分离的任务来做，其优势在于各个模块可拆卸，便于单独升级优化。智能座舱场景往往期望在保证性能的同时可以有更低的资源占用，多任务模型能够将领域意图分类和槽位填充任务合并，使用单个模型完成全部 NLU 解析工作。具体来说，如图 6-57 所示，多任务模型通常使用上游编码器加下游多任务的模型结构。在每个样本开头预置 w_D 和 w_I 两个分类标志位，分别用来做领域（Domain）和意图（Intent）的分类任务。编码器在每个词的位置结合上下文进行特征提取，获得对应的隐状态特征 h，经过 Softmax 计算后获得在预测目标列表上的概率分布。

在句子序列上做序列标注任务以提取实体，这部分与分离的 TCN-CRF 模型没有区别。为了方便提取隐含槽位，如在限定车载场景中，"风量调大"默认含有 < 对象，空调 > 槽位键值对，在句子尾部设置 w_{OS} 标志位，其对应的隐状态特征做两次分类任务，其一获得槽位名预测结果，另一个获得槽位值预测结果。标志位数量是不固定的，在模型预测阶段，其槽位名预测结果出现 <end> 时，则解码结束。在实际实现时，通常还会添加一个规则解析模块，基于规则匹配的方式来精准匹配用户输入文本，并按照规定格式解析和返回结构化信息。这种方法常用于快速实现验证系统、快速解决已知问题。但规则匹配的方法泛化能力不足，依赖人工不易维护。

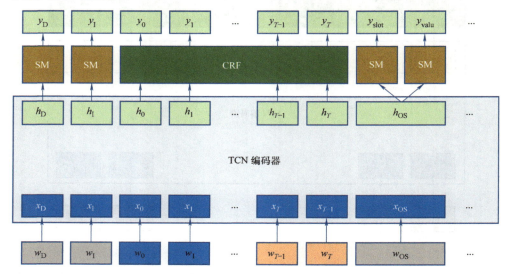

图 6-57　多任务模型结构图

在自然语言理解中，语义端点检测是另外一个技术难点。语音交互中的语义端点检测是从语义层面判断用户语音指令是否结束。传统的判断基于语音端点检测（Voice Activity Detection，VAD）来识别连续静音段，当静音时长超过阈值（通常为 300～450ms）时则认为语音指令结束。这种方法无法识别用户自然停顿。语义判不停是负责通过自然语言理解的方法来识别人类语言中的自然停顿，从而更好地控制人机交互的节奏。

如图 6-58 所示，语义判不停模块接收 ASR 的识别文本作为输入，输出是否停止的预测结果及置信度。VAD 模块接收音频特征作为输入，识别连续静音段，输出检测结果。上层策略融合模块负责结合语义判不停和 VAD 的判停结果，根据预置的策略获得最终的判停结果。从理论上来说，语义判不停是自然语言处理中的文本分类任务，可以根据场景选择合适的分类方法。在智能座舱实践中，通常采用卷积类模型。

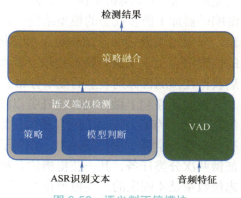

图 6-58　语义判不停模块

6.4 常见座舱算法（多模篇）

人在感知世界的时候是多模态的：如我们可以用眼睛看到色彩，用耳朵听到声音，用手指去触碰纹理，用鼻子去闻到气味，或用舌头去品尝味道。模态指的是某种传感器感知到的某种数据模态，当多种模态的数据进行联合处理学习，则被认为是多模态任务。多模态机器学习（Multi Modal Machine Learning，MMML）的目的是针对多种模态数据进行联合学习、联合处理。当前，多模态机器学习的热点在于视觉、语音、文本的融合学习，如视觉问答（Visual Question Answering）、文字图像搜索（Text-Image Retrieval）、音视觉语音识别（Audio Visual Speech Recognition）等。由于多模算法融合多种模态数据的缘故，笔者谐称之为"鸡尾酒算法"，多模语音算法因其能够在多人说话场景下体现出来的显著优势，被笔者称为"解决鸡尾酒会问题的鸡尾酒算法"。

在座舱中，常见的多模态算法主要集中在多模语音领域，包括多模命令词识别、多模语音分离等。由于唇语在高噪声场景中能提供相对稳定的视觉信号，多模语音算法相比纯语音算法在高噪声场景、人声混叠场景中能产生显著优势。由于舱内的摄像头和传声器的位置较为固定，座舱内的多模语音算法能带来较为稳定的识别效果提升。

如图6-59所示，多模语音是一种在传统语音算法的基础上融合了视觉算法的语音交互方案，使用视觉与语音等多模态AI技术融合；结合用户行为，精准判断用户意图；解决了单模态语音下"难唤醒、误唤醒、误识别"三大痛点，大幅提升了消费者的智能交互体验，加速了汽车智能化的发展。

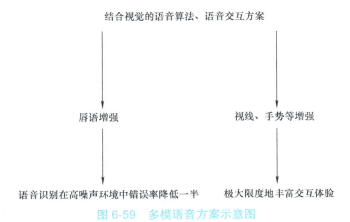

图6-59 多模语音方案示意图

1. 多模语音方案

（1）多模语音解决问题 具体来说，基于单模纯传声器的感知，单模语音难以解决拾音差、实现全车语音交互难、人声干扰处理难以及噪声干扰消除难等问题。针对这些问题，多模语音融合了图像感知，以解决单模语音的痛点为初衷，逐步覆盖更多普适化场景（图 6-60）：

1）多模多音区定位：结合唇动、声音和人员位置信息以及传声器阵列技术，可以通过少量传声器精准进行多音区定位。

2）多模人声分离：结合唇动、声音的特征和盲源分离技术，在高干扰下能够基于更少的传声器精准抽取干净人声，提高干扰下语音识别性能并实现全车可语音交互。

3）多通道人声检测：基于多通道人声检测技术，可以更好地确定目标人声，隔离干扰人声。

4）场景化降噪和回声消除：基于不同场景的噪声特性，通过 AI 降噪消除噪声和回声让通话和识别性能大大提升。

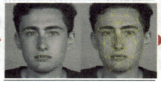

图 6-60　多模语音方案演进路线

（2）多模语音算法流程　图 6-61 所示为一个通用的多模语音算法及其数据流。在实际开发中，多模语音算法需实现音视频的实时融合预测，需依赖 25 帧/s 及以上帧率的视频，以及实时的音频处理。具体来说，一个多模语音算法流程通常至少有两组输入：

1）视频输入：摄像头数据需经过前置神经网络模块的实时处理，第一步往往需要在图像中进行人脸检测，在获得较为准确的人脸检测结果之后，可以运行人脸关键点检测算法。人脸关键点算法能够预测脸部的重要特征点的位置，如眼角、鼻尖、嘴角等。经验上，多模语音算法通常使用 68 点及以上的人脸关键点，其中有 20 个点用于描述唇部区域的定位特征点，使用数量较多的特征点能够在大角度侧脸的场景中，获得较好的唇部区域定位。在使用唇部关键点进行嘴部区域定位后，人脸区域会结合关键点相对标准脸的偏转角度进行仿射变换修正图像角度。唇部区域图像会结合时间戳被整理成视频数据，用于后续识别。

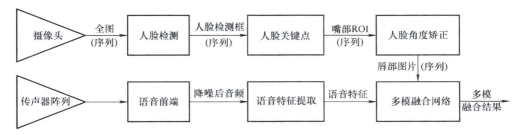

图 6-61 多模语音算法通用方案

2）语音输入：在获取到原始信号及扬声器参考信号，会通过语音前端模块（参见 6.3.1 节）进行降噪处理，再进行语音的特征提取，并获得实时流式的音频特征。

2. 多模语音的座舱应用

在视频数据和音频特征都准备好之后，多模语音算法会接受视频和语音数据进行联合预测。为了实现音视频同步，需要获取到准确的音视频时间戳，通过时间戳实现语音和视频的严格对齐。由于音视频的帧率不一样，一个整数倍的帧率比例更容易让多模语音算法处理，通常使用的帧率是视频 25 帧 /s，音频特征 100 帧 /s，这样视频和音频能够以 1∶4 的整数比例关系实现数据对齐。在实际座舱开发中，一个成熟的多模语音系统会融合多个摄像头和多个传声器的数据和结果，且在唇部遮挡或唇部质量不佳的条件下灵活切换单模语音和多模语音方案，将多模系统的性能优势发挥到极致的同时能保障各个场景的基础性能良好。基于以上架构，下面介绍多模命令词以及多模语音分离两个常见的座舱应用。

（1）多模命令词 多模命令词是首个在座舱中被量产交付的多模语音算法。免唤醒命令词任务是基于预定义的命令词词表进行识别的任务。语音免唤醒命令词在座舱中有召回低、误报高的传统痛难点：当有数十个免唤醒命令词的时候，语音免唤醒命令词需要在召回率和误报率中进行权衡妥协。当风噪、胎噪、人声干扰噪声变大的时候，单语音命令词会出现识别性能的大幅下降。多模态音视觉命令词识别系统，通过将视觉唇语和语音融合到一起，在高噪声场景中，实现了 70% 的相对漏报率的下降。

图 6-62 所示为多模命令词的算法流程，在多模语音原始数据流的基础上，多模命令词模型增加唇部视频和语音特征输入，在模型中融合特征并预测发音音素，音素的概率输出由解码器解析并产出命令词的识别解码结果。

如果将以上算法流程进行抽象，可以看到一个通用的多模声学模型结构（图 6-63）一般由以下几个模块构成：

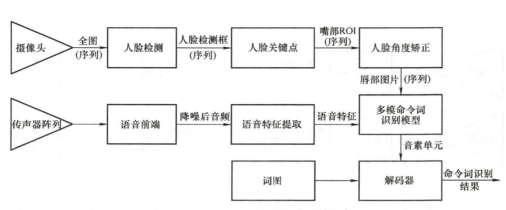

图 6-62　多模命令词的算法流程

1）视觉特征编码器（Visual Feature Encoder）：可以由 3D 卷积（3D Convolution）、2D 卷积（2D Convolution）和视觉转换器（Vision Transformer，ViT）等基础模块及其组合构成。

2）语音特征编码器（Audio Feature Encoder）：可以由 2D 卷积（2D Convolution）、1D 卷积（1D Convolution）、转换器组（Transformer Block）、卷积增强转换器（Convolution-augmented Transformer，Conformer）、前馈序列记忆神网络（Feedforward Sequential Memory Network，FSMN）等基础模块及其组合构成。

3）多模融合编码器（Multimodal Fusion Encoder）：可以由特征拼接（Concatenation）、逐元素加（Elementwise Add）、门融合（Gate Fusion）、注意力机制（Attention）、跨域转换器（Cross-Transformer）等基础模块及其组合构成。

4）特征聚合编码器（Feature Aggregation Encoder）：可以由 2D 卷积、1D 卷积、转换器（Transformer）等模块及其组合构成。

5）分类器：通常由线性层（Linear Layer）和激活函数层（Activation Function Layer）构成。

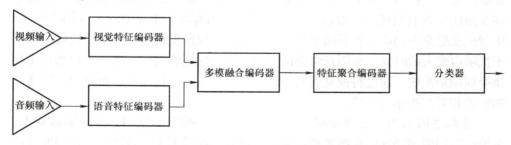

图 6-63　通用的多模声学模型结构

解码器部分可参考本书第 4.3.3 节，与通用识别不同的是，命令词识别的解码网络是词图网络和垃圾回收网络，根据声学打分进行维特比解码，结合后处理逻辑返回命令词识别结果。

（2）多模语音分离　"鸡尾酒会问题"（Cocktail Party Problem）是语音识别领域的经典问题，指人们在鸡尾酒会中交谈，语音信号会重叠在一起，算法需要将他们分离成独立的信号。经典的神经网络语音分离方案有聚类方法如 Deep Clustering，频域分离方法如复数比例掩码（complex Ideal Ratio Mask，cIRM），以及时域分离方法 TasNet。但语音分离方案由于算法限制，不好解决"谁说了什么"的问题，音频通道容易出现分离错乱的问题。多模语音分离方案能结合更加明确的目标人图像信息，在混叠人声中能较好地实现目标人声提取。

在座舱算法实践中，一种可行的多模语音分离算法如图 6-64 所示。具体来说，特定采样率的音频输入经过短时傅里叶变换之后，能够获得实虚部表示的复数频谱特征。由于频谱特征动态范围较大，可以使用相位不变的指数压缩降低频谱特征的动态范围。压缩后的频谱和唇部特征作为模型输入多模语音分离网络，模型预测的是一组 cIRM，该掩码会被应用于数值压缩的带噪频谱特征，获得数值压缩后的降噪后频谱特征。在对数值进行指数数值反压缩后，会获得降噪后的频谱特征，通过逆短时傅里叶变换后，我们可以获得降噪后的音频。

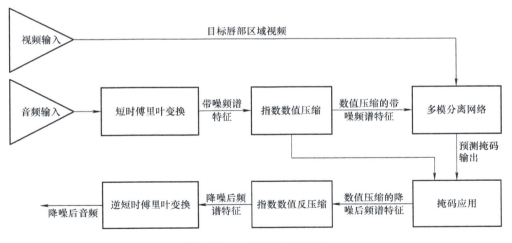

图 6-64　多模语音分离算法

模型结构上，可使用 UNet 作为语音分离的主干网络，在 UNet 的瓶颈层（bottleneck）实现视觉特征的多模态融合。模型训练过程中，使用背景干净的语音数据作为监督信号，训练数据采用在原始数据上人工扰动产生的加噪数据，可以实现有效的训练。

对于以上的多模算法，最后可以在综合测试平台中进行体验测试及量化测试（图 6-65）。

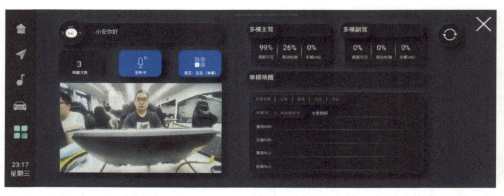

图 6-65 单多模语音测试页面

6.5 案例：安全带算法研发

本节将以安全带检测为例来说明座舱算法研发流程。为了便于描述，这里选择地平线艾迪平台作为算法研发平台加以展示。

如图 6-66 所示，安全带是日常驾驶中的必备安全保证，如果没有系安全带，仪表盘或后视镜附近的安全带状态指示灯就会变红，在车辆起动后，也会有相应的座舱提示音发出。其主要原理是通过在安全带卡扣中的传感器来实现的。卡扣传感器能够实时检测卡扣连接状态，并通过无线或有线方式将连接状态发送到监控终端，最终实现报提示功能。而在现实情况中，因为部分驾驶员或乘客安全意识淡薄，存在各种错误系安全带的情况，如系在肚子上、位置过高或过低等。有的驾驶员甚至自作聪明地把安全带先扣在座椅上，自己再坐下去，将安全带放在背后。对于上面这些情况，普通的卡扣传感器无法探测。得益于智能座舱中的摄像头，可以通过计算机视觉的方法进行安全带检测，并实现对上述错误情况的识别。如果精度达标，甚至可以省去卡扣传感器，进而降低整车的成本。

图 6-66 安全带及安全带状态提示

因为在实际情况中车型及摄像头传感器安装位置不同，所用到的算法方案会略有不同，这里只考虑后排中间座位，使用后视镜位置的 RGB 摄像头来描述整个开发过程。图 6-67 所示为系安全带识别流程及算法拆解：

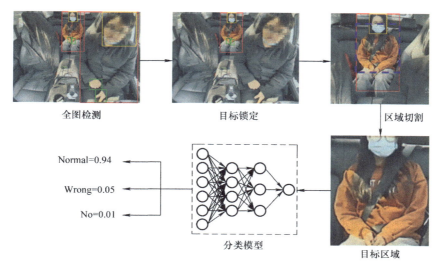

图 6-67 系安全带识别流程及算法拆解

1）当图片输入后，先复用全图检测模型检测到人脸（黄色框）、人手（绿色框）以及人体（红色框）。

2）通过策略进行目标锁定，如坐在后排中间位置的乘客。在有些情况下，也可以通过预先定好的位置坐标来进行判断。

3）锁定目标后，进行 ROI 目标区域切割，这样可以降低周围噪声对算法的干扰，让模型更加聚焦目标区域。这里切割的方法是：以人脸框的 1/2 为起点，人体框的 3/4 为终点作为 ROI 的高度。以人体框的宽度作为 ROI 的宽度，最终得到目标 ROI 区域（紫色框）。可以看到，目标区域基本涵盖了整个安全带区域，并且将其他无关区域排除在外。

4）拿到目标区域后，这里选择分类模型进行是否系安全带识别。这是因为安全带属于刚性物体（Rigid Object），在戴上后变形较少，因此采用图像分类模型基本上可以满足要求。模型分类定为三类：系安全带（Normal）、错误或不确定系安全带（Wrong）、没有系安全带（No）。对于第一和第三种分类比较清楚，第二种分类主要是为了解决那些系安全带方法错误（如系在肚子上）或疑似系安全带的情况（如斜挎包背带），需要更多后续逻辑去进行判断。

当以上步骤完成后，基本上可以得到结论：复用现有的全图检测模型（不需要训练）以及训练分类模型用于系安全带分类。这里使用艾迪平台（AIDI）进行系安全带分类模型训练与测试（图 6-68）。首先采集相关的安全带数据，并存储在数据管理系统（AIDI Data）中。之后，使用全图检测模型以及 ROI 切图策略，得到一系列目标区域图片，并提交到标注系统（AIDI Label）进行标注（图 6-69）。具体数据采集、管理及标注方法，在本书第 5 章有详细描述，这里不再赘述。

地平线艾迪平台

地平线整车厂AI研发基础算法开发一站式工具链平台

 问题分析系统 AIDI Issue
 模型训练系统 AIDI Model
 数据标注系统 AIDI Label
 数据管理系统 AIDI Data

图 6-68 地平线艾迪平台

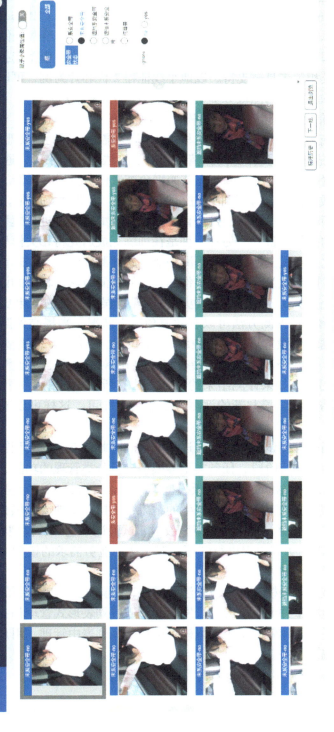

图 6-69 系安全带标注界面

在模型选择上，目前在学术界有大量优秀的图像分类模型可供选择，如VGG系列、Inception系列、SqueezeNet、MobileNet系列、EfficientNet等（详见本书第4章）。对于安全带这类场景来说，大部分模型不用做任何修改，直接进行简单配置即可进行训练。另外，如本章开始部分所说，模型选择也要考虑运行的端侧芯片及相关工具链支持。以地平线征程2代芯片为例，可以采用为其专门设计的 VarGNet 来进行图像分类（详见本书第 4.1.5 节）。

在训练阶段，可以采用艾迪模型训练系统（AIDI Model）进行相关操作。如图 6-70 所示，AIDI 平台已实现与 GPU 训练集群打通，时刻监控各集群中的 GPU 使用情况以及各类任务排队情况。对于算法工程师来说，通过 traincli 完成训练集群配置并提交任务，即可在艾迪平台查看任务进展和详情。

对于完成训练的模型，即可进行模型测试。需要注意的是，这里的模型测试可以通过两种方式进行，一种是直接在训练完成后即可进行模型测试，相关的测试及代码均提前准备好。另外一种是在训练完成后先将相关模型保存在模型管理系统中，之后通过艾迪平台的预测功能发起评测任务。在实际情况中，不推荐第一种评测，因为这是典型的"小作坊式"的评测方法，相关的评测任务以及结果并没有进行记录，无法回滚，也容易出现错误，相关的结果更不能进行有效的分享。而第二种评测方法可以有效避免以上状况。当提交评测任务之后，系统会自动根据相关设置进行模型拉取、GT 拉取、预测、评测结果分析、评测结果可视化等。每一个评测任务都会有相关的 ID 对应，并且可追溯、可随时查看（图 6-71）。另外，如果评测结果的计算方法有所变动，相关的预测任务也无需再跑，只要将预测结果与新的评测方法相关联即可，这样可以节省计算资源与时间。

最后，当模型测试通过，即可进行发版。因此，艾迪的模型管理模块提供对不同训练框架、训练阶段、任务类型等模型进行分类管理的功能，可以分成试验模型（Experimental Model）和发版模型（Published Model）两大类。

试验模型是算法工程师训练产生的结果，支持以本地或提供分布式文件系统路径方式上传到平台，平台将对模型版本、试验记录追踪、模型相关的训练/预测/评测/编译任务等内容进行管理；对于达到业务需求的模型，可进行模型发版，并邮件通知订阅人员。

发版模型通常是模型使用方关注的模块，是算法工程师发版的结果；在文件内容上与试验模型并无本质区别。发版模型通过列表形式管理相关联的一系列模型，如打电话项目依赖的多个发版模型可在一个列表中管理，用户也可基于此直接发起模型编译任务。

图 6-70 艾迪模型训练系统界面

评测报告
返回首页
语言
帮助文档
主页 / 评测管理 / 评测报告
创建者
报告名称
搜索
重置
新建评测报告
报告ID
报告名称
状态
创建者
描述
创建时间
操作
6005897
RUNNING
2021-07-23 18:20:48
配置 日志 删除 重新评测
6005896
RUNNING
6005895
SUCCESS
2021-07-23 16:53:10
6005894
SUCCESS
暂无描述
2021-07-23 16:27:17
6005893
SUCCESS
暂无描述
2021-07-23 16:26:37
6005892
SUCCESS
暂无描述
2021-07-23 16:24:36
6005891
SUCCESS
暂无描述
2021-07-23 16:23:59
6005890
SUCCESS
暂无描述
2021-07-23 16:21:39
6005889
SUCCESS
暂无描述
2021-07-23 16:20:49

图 6-71 模型评测页面

当模型发版完成以后，即进入相关上层应用开发阶段，包含策略制定及插件化开发，本书第 7 章将会做详细的描述。需要特别注意的是，策略制定与算法模型输出密切相关。以安全带为例，一般采用多帧结果综合判断是否系安全带，如连续 20 帧窗口中超过 15 帧图像模型输出 Normal>0.9，则判断为系安全带。而这里的 20 和 15 两个参数都需要经过一系列的试验与打磨才可以得到。如果窗口过小，则精度有所降低，如果窗口过大，则灵敏度有所降低。上层策略中的参数都要以实际场景中的体验为导向，而相关的算法，也需要不断进行优化，以协助上层策略实现高灵敏度高准确率的目标。

6.6 练习题

1. 座舱算法研发流程主要包含哪几个步骤？

*2. 视线估计的研究方向分为哪几个类别？近些年的研究工作主要在哪个方向展开？有哪些代表工作？

3. 你觉得影响一个视线估计算法性能好坏的因素都有哪些？

4. 通过静态图片做行为识别时，主要的难点是什么？

5. 你认为座舱内有哪些行为的识别是当前没有但有应用价值的？

6. 你认为 3D 人脸信息会对表情识别有帮助吗，为什么？

*7. 针对不同头部姿态下的表情识别，你能想到哪些优化方法？

8. KSS 疲劳程度主要包含哪几类？

9. 在智能座舱中，视觉上的疲劳特征主要包括哪些？

10. BF 和 BSS 做语音分离有什么差异？

11. 为什么车内播放音乐声较大时，语音识别率会降低？

12. 智能座舱中自然语言理解任务是指将用户指令的自然语言文本解析为结构化的语义信息，后者通常包含哪些关键部分？

*13. 语义端点检测和传统语音端点检测有什么不同？二者如何配合？

14. 智能座舱的场景中，还有什么算法可以实现多模态融合？

15. 多模态算法未来的发展是什么？

16. 在语音识别的解码过程中，为了提高效率，通常会采用剪枝算法，请列举三种常用的剪枝算法。

17. 语音识别的系统架构主要包含哪几个模块，每个模块的作用是什么？

Chapter 07

第 7 章
智能座舱感知软件开发

根据本书第 2 章介绍的整体开发流程，当算法模型训练完成后，下一步就要开始进行座舱感知软件的开发。简单来说，感知软件的开发就是将算法模型转换成易于在芯片上运行的格式，并且在特定的开发框架内进行上层策略的开发。本章将详细介绍感知软件开发的流程、所需的芯片工具链以及开发框架，并在最后介绍打电话识别的真实案例。

7.1 感知软件开发流程

为了增加实操性，本节首先介绍感知软件开发的环境搭建，之后详细介绍开发流程。本节所涉及的开发软件，读者可以通过地平线开发者论坛（https://developer.horizon.ai/）进行相关资料的查看与下载。

7.1.1 开发环境搭建

感知软件开发程序通常是在 Linux 的环境下完成的开发，如 CentOS⊖、Ubuntu⊖ 等，而开发者的开发机通常安装的是 Windows 环境，因此通常在虚拟机中安装上述 Linux 环境。常用的虚拟机有 VMware 和 VirtualBox，下文主要介绍 VirtualBox 和 Ubuntu 的安装和使用。

⊖ CentOS：Community Enterprise Operating System，中文意思是社区企业操作系统，是 Linux 发行版之一。

⊖ Ubuntu：一个以桌面应用为主的 Linux 操作系统。

VirtualBox 作为一款由甲骨文公司出品的、适用于 x86 平台的虚拟机,能够支持目前市面上所有主流的操作系统,并且由于是完全免费的,深受 Linux 开发者的喜爱,截止到本书编写时,其最新的版本是 6.1.24,可以从 http://download.virtualbox.org/virtualbox/6.1.24/ 上进行当前最新版本的下载,Windows 用户选择下载 VirtualBox-6.1.24-145767-Win.exe 版本。

完成 VirtualBox 之后,需要下载 Ubuntu 的镜像文件。Ubuntu 是一款基于 Debian 的主打桌面应用为主的 Linux 操作系统,支持 x86、x64 架构,进入 Ubuntu 的官网页面(https://ubuntu.com/#download),选择需要下载的版本。截止到本书编写时,最新的 Ubuntu 的版本已经发布到了 20.04。不过考虑到系统的稳定性和开发兼容性,通常开发者会选择 16.04(LTS)和 18.04(LTS)这两个历史版本进行开发。如图 7-1a 所示,本书将采用 16.04 版本作为开发版本,该版本可以通过页面 https://ubuntu.com/download/alternative-downloads 进行下载。

完成 Ubuntu 的版本下载之后,就可以对虚拟机进行安装。VirtualBox 的安装过程比较简单,本书不做详细描述。VirtualBox 安装完成之后,通过 vios 的方式加载下载好的 Ubuntu16.04 的系统镜像即可完成对 Ubuntu 进行加载。若是第一次打开,则需要对 Ubuntu 进行安装,安装界面如图 7-1b 所示。完成 Ubuntu16.04 的安装之后,就可以基于上述环境进行感知软件的开发。

图 7-1　Ubuntu 下载位置及安装界面

7.1.2　开发流程概述

感知软件开发流程中每个开发步骤都是基于对数据的处理,从而得到最终的结果数据。在此过程中,可能会产生或者依赖模型、配置文件以及各类处理逻辑的代码,所有这些内容最终会以打包 SDK 的方式或者构建 App 的方式提供到使用者手中。结合本书第 2 章所描述的整体开发流程,更加具体的开发流程主要包含以下步骤:

1）感知场景定义：座舱的感知软件开发建立在 AI 技术的基础之上，继承了多种基础技术，如面向舱内提供了诸如人脸基础感知、驾驶员安全和行为监测、乘客行为检测、人脸识别、多模语音、儿童模式等各种不同场景的服务，任何技术都需要基于场景作为落脚点才能明确其价值。

2）感知场景设计：通过感知场景进行需求分析，将场景细化到最小颗粒度，分析场景信息，简化假设和量化分析其内在的规律，然后进行场景的算法模型及上层策略设计，并对该场景定义的问题求解。

3）感知场景开发：完成上层算法及策略设计之后，进入开发阶段。开发阶段主要是通过一系列工程化方法，包括模型训练、模型发布与部署、工程开发、策略开发、SDK 及 App 发布等，将场景设计的方案落地，解决感知场景定义的问题。

4）感知场景验证：场景验证主要是确认场景开发过程的正确性、完整性、安全性、指标是否满足需求以及质量是否可靠，评估实际输出与该场景预期输出之间是否一致。

5）感知场景发布与 OTA 升级：场景部署通常是通过构建版本的方式将经过验证的场景功能发布到 App，然后安装到车机中。若是已经经过量产的车型，则可以通过 OTA 升级的方式将新的场景应用发布到用户。

7.2 芯片工具链

工具链主要负责算法模型在芯片上部署的过程，这个过程核心包括模型量化、模型结构优化、模型编译优化等阶段。为了更好地理解每个阶段解决的问题，这里先从 AI 推理加速器件开始介绍，在此基础上提出 AI 芯片工具链的抽象，并以地平线的工具链使用为实例进行细致阐述。

需要注意的是，计算系统的能力是计算、存储和控制器件的综合表现，本节重点关注设计理念、引出工具链使用者需要关注的问题。在具体的细节部分，会默认忽略其他器件的综合影响，更加完备的设计指导读者可参考计算系统设计的相关专业书籍。

7.2.1 AI 计算单元

本书第 4 章介绍了深度学习的基础知识，其本质上是一系列叠加的数学计算，通过庞大的计算逻辑建立输入与输出的关联关系。在 CNN 中，这些计算量主要集中在卷积计算；在 RNN 和 Transformer 等网络结构中，卷积不再主导计算量，但核心计算都可以拆解为矩阵计算。在典型的神经网络计算中，矩阵计算占据了 90% 以上的计算量。因此对于一款推理加速器件而言，最关键的能力就是加速核心矩阵计算过程。

加速矩阵计算的通用做法都是在计算单元（Compute Unit，CU）中增加处理元件（Processing Element，PE）数量。在一般通用逻辑计算单元中，简单计算单元如图 7-2a 所示，围绕一个单一的处理元件，不断完成数据读取、计算、数据回写的过程。增加处理元件数量后，仍然是同样的数值计算过程，在一个计算周期内可以完成更多的计算，如图 7-2b 所示。然而，增加处理元件数量后，芯片的制造成本（工艺、面积）与使用成本（功耗）都会增加。行业研究与应用场景需求显然不会满足于此，考虑到应用的领域比较聚焦，可以根据应用的要求逐步去掉冗余的能力，从而达到降低成本的目的。

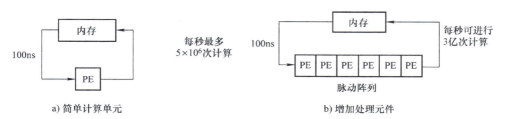

图 7-2　计算单元

首先关注的是计算精度，神经网络的鲁棒性高，在足够大的数据空间内，将各特征的表值精度降低，仍然可以具有同等级别的表达能力。这种降低计算精度的方式称之为模型轻量化或量化，其可用性和可靠性在丰富的研究和生产实践工作中得到了验证，基本原理是将数据分布压缩在更小的数据范围中，本书在第 4.1.4 节有详细介绍，这里不再赘述。

其次是计算类型的减弱，主导神经网络计算量的矩阵运算可以进一步聚焦到乘加简易操作，在扩充计算单元数量的同时，单个计算单元的能力较于通用计算芯片会减弱。图 7-3 所示为各计算精度条件下的计算成本分析，对于拥有较多基础计算单元的加速器件而言，其成本节约十分明显。

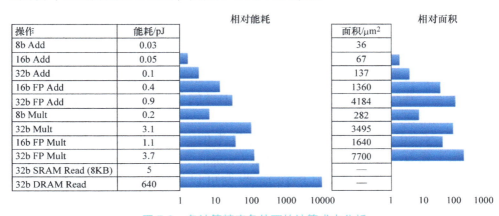

图 7-3　各计算精度条件下的计算成本分析

完成上述两个能力裁剪后，就出现了 AI 加速芯片中核心加速器件的基本形态，这种形态也常被称为 MAC 阵列或 MAC Engine。一个 MAC 对应一个基本计算单元，提供乘法和加法能力。MAC 阵列规格一般以 $N×N$ 规格给出，表示在单个机器周期内可以完成两个矩阵相乘的计算。由于神经网络所拆解出的矩阵计算规模会很大，具体执行过程中会将大矩阵拆解为若干 $N×N$ 小尺寸计算，如图 7-4 所示。

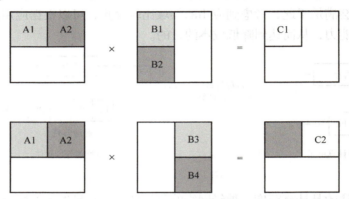

图 7-4　矩阵的分块计算

在明确 MAC 大小后，配合频率信息就可以比较直接地计算加速阵列提供的物理算力（TOPS[⊖]）：

$$TOPS =（Freq × MAC\_Count × 2）/1T$$

式中，Freq 是 MAC 阵列的工作频率；MAC_Count 是根据 MAC 尺寸得到的 MAC 数量，一个 MAC 代表一次乘法和一次加法，所以计算 TOPS 时需要乘以 2；1T 是 1000G（G：Giga），也就是 10^{12}。

以一款规格为 $64×64$ 的 MAC 阵列为例，假设其工作频率为 1GHz，通过上式可以直接求得其提供的物理算力约为 8TOPS（$1×64×64×2/1000$）。

然而，对于一款加速器件而言，并不能一味地把算力做高。首先根据前文分块计算的拆解规则，充分的计算资源利用需要原始矩阵规模恰好是 MAC 阵列规格的整数倍，否则就会有无效计算，MAC 阵列规格越往上提升，无效出现的概率就会变高。其次，算力提升后，对于存储系统的要求变高，"存储瓶颈"可能成为有效利用算力的障碍。

以 ResNet50 在 Tesla T4 上做推理计算为例，一次 ResNet50 推理要消耗 7.7GOPS[⊜] 算力，同时访问 45.2MB 数据（weight + 2 × activation，INT8）。Tesla T4 有 130TOPS 的峰值算力（INT8），假设可以达到 85% 利用率，也就是

⊖ TOPS 是 Tera Operations Per Second 的缩写，1TOPS 代表处理器每秒钟可进行 1 万亿次（10^{12}）操作。
⊜ GOPS 是 Giga Operations Per Second 的缩写，1GOPS 代表处理器每秒钟可进行 10 亿次（10^9）操作。

110.5TOPS。因此，在 1s 内可完成 110.5TOPS/7.7GOPS = 14350 次推理。那么在 1s 内，则需要访问 14350×45.2MB = 648.62GB 数据（约 649GB/s）。Tesla T4 的 GDDR6 理论峰值带宽是 320GB/s，已经远远超支了。显然，Tesla T4 不会没有考虑这样的情况，真实的应用中，避免 DDR 带宽超支的策略是多级存储结构，以 GPU 为例的使用情况如图 7-5 所示。

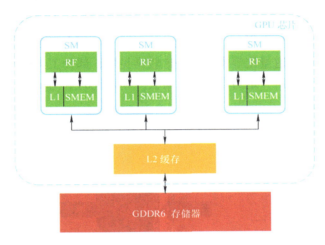

图 7-5　GPU 的多级存储示意图

多级存储能力为利用数据的局部性特点提供了可能性，合理的利用可以有效缓解 DDR 带宽压力。但需要注意的是，这种能力是一种基础，如何发挥其价值还需要具体计算与数据的行为控制逻辑合理。即使充分利用，带宽瓶颈也不能完全解决，芯片设计需要在互相竞争的资源之间（容量、带宽）做出一系列权衡（trade-off），以平衡出性能、功耗和成本上的最优解。

7.2.2　AI 芯片工具链

工具链是算法方案与芯片的连接桥梁，将负责把模型方案以最优方式在芯片上运行起来。前文介绍了芯片推理加速器件存在低精度计算、计算模式固定、提供存储与计算权衡能力等特点。作为连接桥梁，工具链需要使得算法模型方案能较好地适配这些特性，一般需要完成模型量化、模型图优化和模型编译几个重要阶段，下面按这几个部分依次展开介绍。

（1）模型量化　模型量化是一种模型压缩技术，就是将以往用 32bit 或者 64bit 高精度表达模型以更小的规模表达，量化后模型推理对于计算、存储资源的需求都会明显减少，同时会保持与原模型相当的预测能力，目前比较常见的有 INT8 和 INT4 量化。根据量化模型的获得方式差异，模型量化行为又可以分为后量化（Post-Training Quantization）和量化训练（Quantification Aware Training）两种。

后量化不会改变模型训练的过程，算法研发人员依然使用公开深度学习模型训练，在模型收敛达到可用状态后，导入后量化工具完成模型的量化过程，如图 7-6 所示。在使用工具链完成后量化过程时，用户需要准备的是校准样本和一定的后量化配置。校准样本的量一般不会很大，数量在 100 左右即可。样本要求尽量正常，如对于图像检测模型，每个校准样本应该包含有效检测目标，避免使用纯色、曝光过度等异常样本。量化相关的配置一般不会很多，选择用什么量化方法，是否启用逐通道量化等配置都是比较常见的，部分工具链也会尽量去减少用户的配置依赖，采用一定的自动化策略去找到最优的量化配置。

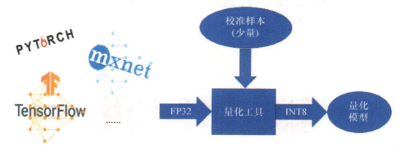

图 7-6　后量化过程示意图

量化训练工具会加入模型的训练过程中（图 7-7），一般用法是在浮点模型收敛后再转伪造定点进行微调。

图 7-7　量化训练过程示意图

（2）模型图优化　模型图优化是一个从模型计算特性层面考虑的优化策略，一般会包括图结构优化和算子替换等操作，为后续的模型编译做好准备。典型图结构优化有 block 的融合，如卷积、批量归一化、激活操作的融合，在 TensorRT 会将其融合为一个 CBR block；对于结构相同但是权值不同的一些层，TensorRT 也会合并成一个更宽的层，计算时占用一个 CUDA 核心。TensorRT 的模型图优化示例如图 7-8 所示。

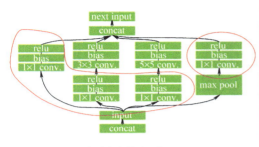
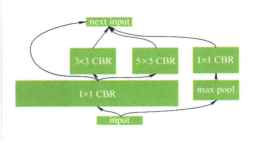

a) 未被优化前的网络　　　　　　　b) 使用TensorRT优化后的网络

图 7-8　模型图优化示例（TensorRT）

（3）模型编译　模型编译是把最终模型转换为推理芯片可识别的指令与数据的过程。AI 推理芯片固定了计算模式，提供了多级存储机制环节对于内存带宽的较高需求。编译器接受固定的计算图，考虑如何将其转化为具体的计算指令、如何充分利用多级存储特性，从而给出最优的计算效率表现。对于用户而言，对编译行为的内部细节不用有太多了解，但是需要知道的是各种优化仅仅是根据实际输入的模型来做的，模型本身就决定了优化效果的上限，举个比较极端的例子，单个简单的标量乘法就没法充分利用加速阵列的计算资源。因此，最理想的情况是，在算法设计阶段就尽量使计算符合硬件特性。这些策略有多个方面，如合理设计各层特征图尺寸，避免过多的填充带来无效计算；避免过于特殊的结构导致局部数据复用特性存在挑战。

7.2.3　地平线 AI 工具链举例

地平线 AI 工具链是各种深度学习框架与地平线各代芯片的连接桥梁。以最简洁的方式描述，它以各训练框架得到的模型为输入，将这些输入转化为地平线芯片可识别的计算指令与数据集合，并提供系列部署接口完成转化后模型在芯片平台上的部署。地平线芯片工具链如图 7-9 所示。

地平线工具链主要包含了模型训练、模型优化与转换、板端部署 3 个部分（图 7-10），如一般工具链情况，对后量化和量化训练两种模型获得方式均有直接的支持。

一般使用过程中，建议优先尝试相对简易的后量化方案，即"浮点 - 定点转换方案"。此方案可以广泛兼容常用深度学习框架得到的模型，Caffe 模型可以直接识别，其他框架模型均可通过 ONNX[⊖] 中间格式中转实现间接兼容，如图 7-11 所示。

⊖　ONNX：开放神经网络交换（Open Neural Network Exchange）格式，是一个用于表示深度学习模型的标准，可使模型在不同框架之间进行转移。

图 7-9　地平线芯片工具链

图 7-10　地平线工具链主要构成

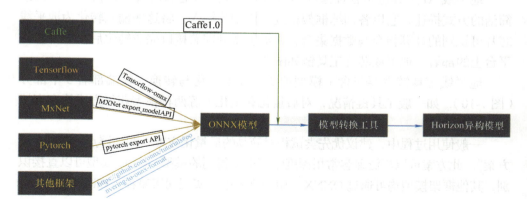

图 7-11　地平线浮点转定点的框架支持策略

使用工具链转换模型，首要关注的就是模型所使用算子是否在工具链的算子约束范围中，对于常用的典型算子都会在默认的支持范围中，模型设计要尽量避免使用支持范围之外的算子。顺利通过算子适配后就可以完成转换的过程，不过整个转换过程不能直接结束，部署前需要从性能和精度两个方面去验证模型方案的可用性。

（1）性能验证　性能验证方面依次有静态性能评估和动态性能评估两种策略，完整的分析过程如图 7-12 所示，应该依次包括以下步骤：

1）使用静态模型分析工具 hb_perf 预估性能，这个工具能既能预估模型整体性能表现，也能逐层从存储利用、计算资源利用等方面较全面地分析。在整体表现不及预期时，可以具体定位到不符合预期的某些层，根据模型设计建议进行适当调整。

2）在静态分析性能满足预期的情况下，仍然建议使用动态性能评估工具做二次检查。这个工具是实际在目标芯片平台下工作的程序，可以直接加载转换并加速推理，可以准确地统计在物理芯片上的实际表现。一般情况下，静态分析与动态分析的性能偏差会很小，但是当模型输入输出数据量特别大、存在 CPU 算子时会有偏差。为了更高的性能表现，CPU 算子应该在静态分析阶段就尝试替换掉，大数据量输入输出带来的偏差需要使用一些高阶模型修改策略解决。

3）模型修改工具 hb_model_modifier 常用于取消模型首尾的数据排布转换、量化 / 反量化节点，整个解决方案实施时可以把这些取消掉的计算融入推理前后处理中完成，从而达到提升整个应用流程效率的目的。

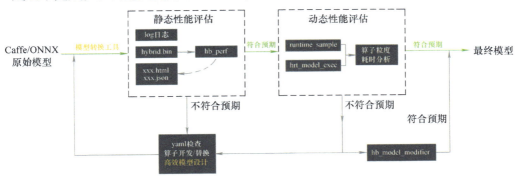

图 7-12　地平线工具链性能分析过程

（2）精度验证　精度分析是比较算法研发过程中较为常见的过程，地平线模型转换工具会将内部各阶段所生成的模型同时以 ONNX 的格式存下来，使用 ONNX 验证精度的过程与一般的算法研发验证过程没有什么差别。如图 7-13 所示，在这个过程中，地平线工具链提供的是三阶段方法论：

1）在发现精度损失的第一时间，验证整个转换 pipeline 配置是否正确，比较典型的配置错误是前处理配置、样本通道顺序、样本数据排布格式等导致的。

2）在确定 pipeline 配置无误后，原因可以聚焦到量化过程。其可能的原因是部分层对于量化敏感、校准数据异常，也可能是量化算法的选择与配置不够好，逐步的调优过程都会一步一步地引导。

3）受限于后量化方式本身不能完全保障精度效果，部分无法通过配置调整得到满意精度的模型，需要转向量化训练获得更好的精度效果。

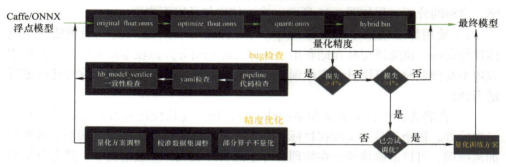

图 7-13　地平线工具链精度分析过程

量化训练能力是通过在常见训练框架上附加插件的形式提供，根据不同框架的特点，内含能力可能不太一样，常见的有量化配置的映射能力、特定量化算法能力等。不过对于用户而言，其表现形式都一样，在已有模型方案的源码中引入这个插件能力，根据插件要求通过简单调用完成原始模型到可进行定点训练的形式转换即可。转换后的模型需要继续训练，继续训练的过程只需要少量的训练轮次。地平线工具链定点训练及部署过程如图 7-14 所示。

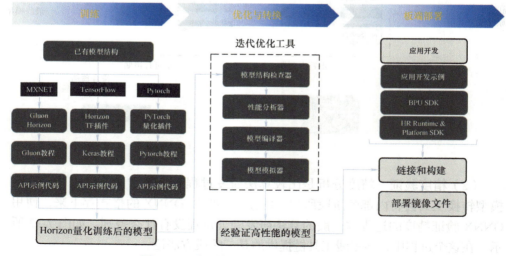

图 7-14　地平线工具链定点训练及部署过程

7.3 感知软件开发框架

智能座舱感知软件开发框架是一种可以集成 AI 检测功能和后处理的开发框架,如图 7-15 所示,其主要目标有两个:

1)提供调用系统基本能力的组件,包括通信、图像获取、语音获取以及预测四大功能。

2)提供集成模型和计算功能的模型集成框架,包括发布订阅、消息与序列化以及节点三大功能。

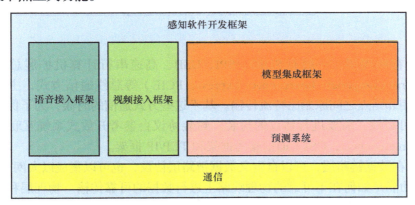

图 7-15 感知软件开发框架

7.3.1 通信及底层组件

通信及底层组件主要包括通信、视频接入框架、语音接入框架、预测系统(图 7-15)4 个基本功能。通过这 4 个功能,可以实现 AI 基本功能的开发,下面分别展开介绍。

1. 通信

在智能座舱开发中,通信是需要实现的一个基本能力。以某芯片与外部 SoC 通信体系为例,包括安全数字输入输出接口(Secure Digital Input and Output,SDIO)通信、串行外围设备接口(Serial Peripheral Interface,SPI)通信、Ethernet 通信、USB 通信等。而智能座舱的通信组件不仅需要集成以上几种基本通信能力,还需要进行多种通信方式的组合通信和快速适配,因此对通信组件的设计提出了更高的要求。具体来说,在芯片上进行感知软件开发过程中,一般存在 3 种通信方式:跨 SoC 通信、进程间通信、线程间通信。

(1)跨 SoC 通信 如图 7-16 所示,跨 SoC 通信一般是端到端的物理连接方式,通常分为物理层、数据链路层、传输层,并在这三层的支持下,最后到达应用层。

图 7-16　跨 SoC 通信

1）在物理层，一般有 SDIO、SPI、USB、高速串行计算机扩展总线标准（Peripheral Component Interconnect Express，PCIE）等总线通信方式，主要功能是完成相邻结点之间原始比特流传输。基于这些方式通信的时候，为了保证通信效率和可靠性，需要进行协议的封装。封装协议会参考开放式系统互联（Open System Interconnect，OSI）通信参考框架和 TCP/IP 框架。

2）在数据链路层，可以自定义数据链路层协议，也可以集成以太网等协议。其主要功能是如何在不可靠的物理线路上进行数据的可靠传输。物理层和数据链路层与 OSI 参考框架具有对应关系。

3）在传输层，由于是端到端的通信，因此网络层协议的封装实际意义并不大，自定义协议中一般不存在网络协议，会直接封装传输层的协议，并支持多路复用协议。但是如果希望基于以太网通信，TCP/IP 协议自身包括网络层和传输层协议，则只需要集成此协议栈即可。传输层的主要功能是实现网络中不同主机上的用户进程之间可靠的数据通信。

4）在应用层，用户根据业务需求自定义业务层协议，一般为了支持更加复杂的业务逻辑通信，通信协议的设计需要具有可扩展性，典型的应用层通信协议见表 7-1。

表 7-1　典型的应用层通信协议

起始字节	定义	数据类型	描述
0	起始符	WORD	固定为 0x23，0x23
2	命令单元	BYTE	见命令单元定义
3	数据单元长度	WORD	数据单元长度是数据单元的总字节数，有效值范围 0～65531（使用网络字节序，高字节放低地址）
5	数据单元	—	数据单元
倒数第 1 位	校验码	BYTE	采用异或校验（BBC）法，校验范围从命令单元的第一个字节开始，同后一个字节异或，直到校验码前一个字节为止，校验码占用一个字节

（2）进程间通信　如图7-17所示，进程间通信一般就是基于操作系统（Operating System，OS）软件以上的通信，一般分为通道层和应用层。应用层通过通道层的一个或者几个通道方式来实现通信。例如，消息队列、套接字可以比较独立地完成全双工的复杂协议的通信；而共享内存一般需要配合信号量、信号或者管道来实现比较完善的通信。

图7-17　进程间通信

进程间通信协议设计，一般只进行应用层协议的设计即可，通道层都是OS提供的软件层的机制，不需要进行协议的封装，因此协议层次上不建议强行按照OSI参考模型来分层。进程间通信，无论何种通信方式，数据的传输必然是用户态到内核态再到用户态的过程，因此其通信性能天生会有损耗。这种损耗在不同的操作系统上有所不同，主要依赖于操作系统用户态到内核态所经过的协议栈而定。

（3）线程间通信　进程内部线程间通信其实已经和通信协议关系不大，称之为线程间同步机制更加合适。因为进程内部堆栈内存共享，所以无须进行应用协议的封装，线程间的流程配合，主要依赖于各种同步机制，如互斥锁、条件变量、信号量。

2. 视频接入框架

视频接入框架一般为视频输入输出（Video In/Out，VIO）子系统，主要处理传感器输出的数据，支持一转多（多路）或者单路图像输入，并对图像按照需要进行必要的处理，透过上层软件调用将图像数据输出给后续的芯片以及多媒体部分使用。

具体来说，VIO子系统软件需要管理相关硬件IP的通路控制、信息以及数据获取，并最终通过上层的图像模块（Image Module）传递给芯片以及多媒体设备进行相应的处理。该部分软件最终会以一个库文件（Library，Lib）的形式提供接口给上层应用软件调用。

如图7-18所示，图像输入路径包括传感器接口（SIF）模块、图像信号处理（ISP）模块和图像处理单元（IPU）模块。SIF提供图像输入和图像输出的视频接口，其中包括MIPI、DVP、BT1120接口。ISP提供原始图像的图像处理功能，并将原始格式图像转换为YUV格式图像。IPU提供调整大小功能（如Crop/Scaler/Pyramid）。图像最终转换为YUV420SP NV12格式，并将被写入DDR，等待芯片处理。

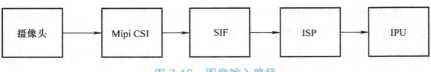

图 7-18　图像输入路径

图 7-19 所示为 VIO 子系统软件层级结构，整体的软件调用流程从上到下依次为：

1）上层应用软件（Application）：调用 VIO Interface 交互接口。

2）VIO Interface：主要功能是对接用户的功能调用，向下调用对应的 HAL（Hardware Abstraction Layer，硬件抽象层）层接口，同时返回调用者需要的数据以及相关信息。从功能角度看，它是 VIO HAL 和用户之间的接口层。

3）VIO Hal：VIO 的相关硬件抽象层，主要负责配置 VIO 相关各个硬件模块功能以及组织，配置硬件工作通路，实现相关数据流通道的控制、信息等输出接口。

4）VIO Driver：各个硬件 IP 的驱动控制程序。

5）VIO Hardware：VIO 通路上的硬件 IP。

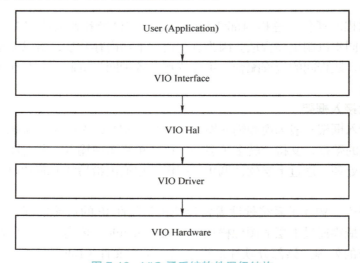

图 7-19　VIO 子系统软件层级结构

3. 语音接入框架

高级 Linux 声音架构（Advanced Linux Sound Architecture，ALSA）是市场上最常用的语音接入框架，其在 Linux 操作系统上提供了对音频和乐器数字接口（Musical Instrument Digital Interface，MIDI）的支持。在 Linux 2.6 的内核版本后，ALSA 目前已经成为 Linux 的主流音频体系结构。除了 alsa-driver 驱动外，ALSA 包含在用户空间的 alsa-lib 函数库，具有更加友好的编程接口，并且完全兼容于开放声音系统（Open Sound System，OSS），开发者可以通过这些高级应用程序接口（Application Programming Interface，API）使用驱动，不必直接与内核驱动 API 进行交互。综上，ALSA 主要有支持多种声卡设备、模块化的内核驱动程序、支持对称多处理（SMP）和多线程、提供应用开发函数库以及兼容 OSS 应用程序等特点。

如图 7-20 所示，ALSA 框架自上而下分为 AlSA Libray API、ALSA Core、ALSA-SoC Core、Hardware Driver 4 个层次（Audio Hardware 只是底层硬件，不包含在框架中）：

1）AlSA Libray API：AlSA Libray API 对应用程序提供统一的 API 接口，各 App 只要调用 alsa-lib 提供的 API 接口就可实现放音、录音、控制。目前提供了两套基本的库，其中 tinyalsa 是一个简化的 alsa-lib 库，主要应用于安卓系统。

2）ALSA 核心层（Core）：向上提供逻辑设备系统调用，向下驱动硬件设备。具体来说，相关的逻辑设备包括脉冲编码调制（Pulse Code Modulation，PCM）、控制接口（Control，CTL）MIDI、TIMER 计时器等；相关的硬件设备包括 Machine（指某款机器）、集成电路内置音频总线（Inter-IC Sound，I2S）、直接存储器访问（Direct Memory Access，DMA）及 Codec 音频编解码器。

3）ALSA-SoC Core：ALSA-driver 的核心部分，提供了各种音频设备驱动的通用方法和数据结构，为其驱动提供 ALSA Driver API。

4）Hardware Driver：音频硬件设备驱动，由三大部分组成，分别是 Machine、Platform、Codec，提供 ALSA Driver API 和相应音频设备的初始化及工作流程，实现具体的功能组件，这也是驱动开发人员需要具体实现的部分。

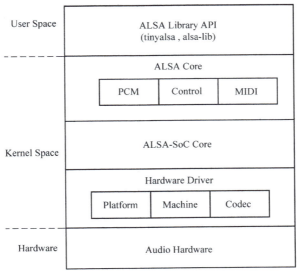

图 7-20　ALSA 框架

4. 预测系统

市场上常见的 AI 预测框架有 tensorRT、MXNet 等，大部分也可以支持多种平台。以地平线的 BPU（详见本书第 3.1.5 节）芯片架构为例，其预测系统分为 4 个层次，如图 7-21 所示，包括 BPU Predict 层、BPU PLAT 层、Kernel 层和 Hardware 层。

1）BPU Predict 层：实现了一套简单易用的接口，支持上层应用快速在 BPU 上运行模型。

2）BPU PLAT 层：作为特定 AI 算法与实际硬件之间的桥梁，主要负责申请释放 BPU 任务所需内存和封装 BPU Diver 处理操作等功能。对于一个算法模型来说，使用该算法的应用通过 BPU PLAT 获取到运行该算法的系统环境，通过 BPU PLAT 接口将算法信息输入 BPU 硬件核心进行处理，并通过 BPU PLAT 获取处理状态。

3）Kernel 层：包括 ION⊖ 内存框架和 BPU CNN Dirver。在 Linux 平台可通过使用 ION 来实现连续物理内存区域的管理，保证 DDR 空间的有效利用。BPU CNN Dirver 与 BPU CNN CORE 硬件交互，负责设置任务、等待结束及其他辅助功能，支持获取任务执行的系统状态。

4）Hardware 层：包括 DDR 和 BPU CNN CORE。DDR 提供实际的物理内存，接受 ION 内存管理框架的管理。BPU CNN CORE 为 CNN 加速核心，支持高效卷积神经网络计算。

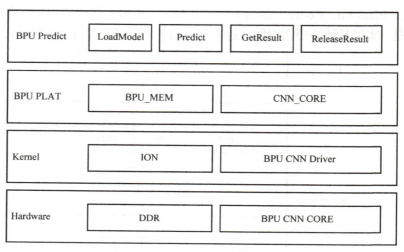

图 7-21 预测系统示例

⊖ ION 是 Google 在 Android4.0 为解决内存碎片化管理而引入的通用内存管理器，用来支持不同的内存分配机制。

7.3.2 模型集成框架

随着人工智能的发展，AI 的检测流程越来越复杂，代码复用性、模块化、易于集成的需求越来越强烈，因此需要一种易于集成 AI 检测功能的基础集成框架。市场上常见的框架如 ROS、APOLLO ROS、地平线 Coral[⊖]，其基本实现思想都是通过发布订阅通信模式、消息与序列化、节点来设计，从而简单快速地构建计算体系。

（1）发布订阅通信模式　发布订阅是一种类似于消息队列的通信方式，消息的发布者不会将消息直接发送给特定的订阅者，而是将发布的消息分为不同的主题（topic），订阅者可以关注一个或多个 topic，只接收感兴趣的消息，无须了解哪些发布者存在。

其优点是松耦合性，发布者和订阅者无须相互知道对方的存在，topic 才是他们关注的重点，因此发布者和订阅者无须知道底层网络的拓扑结构。发布者和订阅者的运行各自进行，无须顾及对方，这种特点使软件的可扩展性也大大增强。基于 topic 的发布订阅实现上有两种方式：

1）第一种是基于消息队列中间件的方式，如 kafka、AMQP、Rabbit 等通信中间件。其特点是具有中心节点的概念，所有的消息都发布到中间件上，中间件按照 topic 进行统一管理，并按照 topic 将消息发送给消息的订阅者。该方式的缺点是通信效率会降低，中心节点可能会成为通信瓶颈。

2）第二种是基于分布式的通信方式，如 ROS 和地平线 Coral。其特点是提供中心管理节点，各个 topic 的发布和订阅信息在管理节点上管理，发布者和订阅者首先通过此节点获取到 topic 的信息，然后发布者和订阅者之间直接建立连接。该方式的优点是不存在中心节点造成的通信瓶颈，通信效率高。

（2）消息与序列化　发布订阅的通信模式主要是为了传输消息，因此在确定了通信方式之后，需要定义发布和订阅的消息内容。在 ROS 框架和地平线 Coral 框架中，都定义了基本的消息类型格式，用户也可以自定义消息类型格式。

具体来说，如果发布者与订阅者在同一个进程中，那么他们之间的消息传输可以直接传递对象的地址。如果发布者和订阅者在不同的进程，那么就需要进行序列化和反序列化操作。序列化的作用就是将对象或者数据结构转换为字节序列的过程，在传递或者保存对象时，序列化需要保证对象的完整性和可传递性；反序列化指的是将字节序列恢复为对象或者数据结构，需要根据字节序列中保存的对象的状态和描述信息重建对象。因此，序列化和反序列化的核心作用就是对象的保存和重建。

⊖ Coral 是地平线开发的一套插件化开发框架，可以通过地平线开发者论坛（developer.horizon.ai）获取。

在应用场景中，网络通信和通用的数据交互，常用的技术有 JSON、XML、Protobuf 等。这里重点介绍一下 Protobuf 工具。Protobuf（Google Protocol Buffers）是 Google 提供一个具有高效的协议数据交换格式工具库，与 JSON 类似。但相比于 JSON，Protobuf 有更高的转化效率，其时间效率和空间效率都是 JSON 的 3~5 倍。总体来说，Protobuf 有如下优点：

1）语言无关、平台无关：Protobuf 支持 Java、C++、Python 等多种语言，支持多个平台。

2）高效：比 XML 更小、更快（20~100 倍）、更为简单。

3）扩展性及兼容性好：可以更新数据结构，而不影响和破坏原有的旧程序。

（3）节点　节点就是一个独立的代码模块，实现一个逻辑上比较独立的功能。在 ROS 中，节点被命名为 Node；在地平线 Coral 中，节点被命名为 Module。为方便描述，在本节中统称为 Node。

节点通过订阅 topic 来定义节点需要输入的消息，通过发布 topic 来定义节点需要输出的消息。节点需要定义其主要的处理流程，当节点订阅的消息都到达以后，节点将执行主要处理逻辑，然后发布自己的消息。节点可以作为一个独立进程运行，也可以作为线程运行。节点与节点之间的通信，可以是线程间通信和进程间通信。发布订阅通信模式根据节点之间是否在同一个进程，提供进程间通信方式和线程间的通信方式。

图 7-22 所示为典型的运行流程：Node1 通过 subcriber1 订阅了 Topic1、Topic2 和 Topic3 三种类型的消息，通过 publisher4 发布了 Topic4 一种类型的消息。Topic1、Topic2 和 Topic3 三种消息的发布者与 Node1 处于同一个进程，而 Topic4 的订阅者 subcriber2、subcriber3 和 subcriber4 在另外一个进程中。

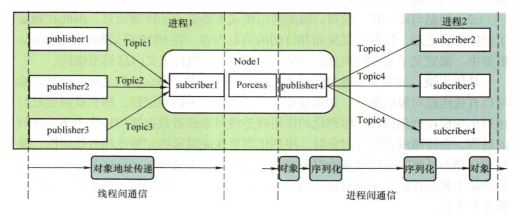

图 7-22　典型的运行流程

更加具体的，Topic1、Topic2 和 Topic3 这三种类型的消息将通过线程间的通信方式传递到 Node1 中，直接传递对象地址。Node1 将取出三个 Topic 消息，运行核心处理逻辑 Process，然后将消息通过 publisher4 发布到 Topic4 上。由于 subcriber2、subcriber3 和 subcriber4 与 Node1 不在一个进程，进程 Topic4 上的消息将通过跨进程的方式传递到 subcriber2、subcriber3 和 subcriber4 上，Topic4 对应的消息对象将首先被序列化，然后通过进程间通信方式发送到进程 2 上，然后再被反序列化，最后重建对象。

基于发布订阅、消息与序列化和节点思想，典型的模型集成流程如图 7-23 所示（以地平线 Coral 模型集成框架为例）：

1）经过模型训练和模型编译后，将得到一个待集成的模型。

2）定义一个插件类，基于 Module 模板生成一个 Module 类，类中需要定义好发布和订阅的消息信息。

3）基于 Message 的模板类，生成 Module 类需要发布的 Message 类，如果需要将消息内容进行序列化（Serialize）和反序列化（Deserialize），则需要实现序列化和反序列化接口。

4）定义 Module 类的初始化流程，主要是加载配置文件和模型问题。

5）实现 Module 类的 Process 主处理流程，包括 Receive 订阅的消息、进行消息的预处理、调用预测接口进行模型预测、对预测的结果进行后处理、将后处理的结果放在 Message 中调用发布接口进行发布。

6）对 Module 进行编译，生成一个插件包，插件包中将包括插件 so、配置文件、模型文件。

7）将插件包部署到工程中，基础工程将会根据发布订阅信息将整个 pipeline 处理流程串通起来，当 Module 接收到其订阅的消息时，主处理流程将会自动调用执行。

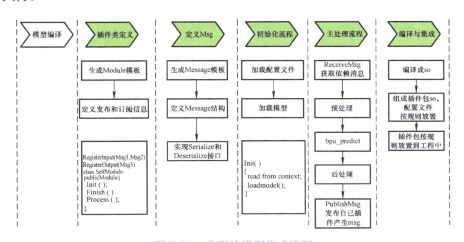

图 7-23　典型的模型集成流程

7.4 案例：打电话识别开发实践

通过上面三节内容的介绍，相信读者对于感知软件的开发流程及相关工具（芯片工具链以及开发框架）有了一定的理解。本节将通过一个真实的打电话识别案例及相关代码来介绍具体的开发实践。

7.4.1 模型编译和管理

进行模型发布和部署的时候通常会对模型进行加密或者编译成二进制文件，目前在座舱项目中采用的是将模型编译成二进制文件的方式实现模型的发布和部署。基于本章节中描述的地平线工具链为例，主要步骤如下：

（1）模型下载　通常会有一个通用的模型管理平台对所有的发布模型和试验模型进行管理，如地平线通过艾迪平台完成模型的管理（图7-24）。

（2）模型编译器安装　地平线的模型编译器可以通过指令`hbdk-cc--version`检查编译的版本，若开发机上没有该指令，也可以通过如下指令进行编译器的安装：

```
# 安装3.14.2版本
pip3 install hbdk==3.14.2 -i http://pypi.hobot.cc/hobot-local/simple --trusted-host pypi.hobot.cc --trusted-host mirrors.aliyun.com
```

安装完成之后，再来执行`hbdk-cc--version`就可以检查到开发机上版本的具体信息，如下所示：

```
version: 3.14.2
runtime version: 3.9.9
cmake_build_type: relo3withdebinfowithassert
supported_march: bernoulli, bernoulli2,
git_version: 553d5a3
git_full_commit_hash: 553d5a3255318dddbbfe6b3d9785af40ac906f7e
git_branch: develop
release_type: public
```

（3）获取模型描述信息　模型描述文件主要用于记录完成模型编译时需要进行定义的参数信息，如下：

```
INPUT_SHAPE = 1x128x128x3
INPUT_TYPE = resizer
MODEL_JSON_NAME = v0.0.1/model_x2_infer-symbol.json
PARAM_FILE_NAME = v0.0.1/model_x2_infer-0037.params
```

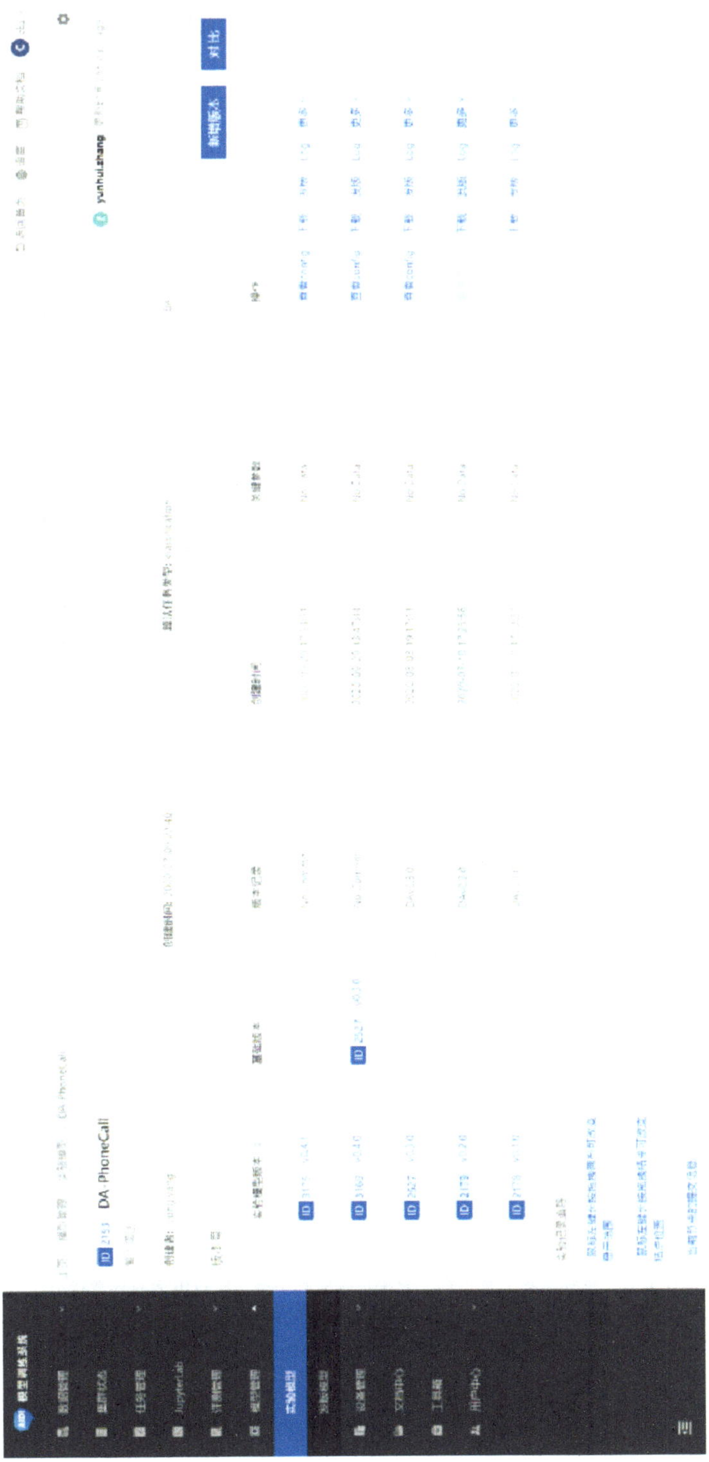

图 7-24 AIDI 模型管理界面（详见本书第 2.2.2 节）

确认完成上述描述信息之后，就可以对模型进行编译，编译脚本如下所示：

```
hbdk --march bernoulli -n dms_exp_model -m ../v0.0.1/model_x2_infer-symbol.json -p ../v0.0.1/model_x2_infer-0037.params -s 1x128x128x3 -o ../lib/dms_exp_model.hbm -i resizer --O3 --description ../outputs/dms_exp_model_bernoulli/model/model_info.txt
```

完成模型编译之后，需要对发布的模型二进制进行管理，通常可以将模型托管到 Artifactory 上。Artifactory[⊖] 是一款由 Jfrog 开发的 Maven 仓库服务端软件，可以用来在内网搭建 Maven 仓库，供公司内部公共库的上传和发布，以提高公共代码使用的便利性。

7.4.2 感知软件开发

以构建打电话识别场景应用为例，其感知软件开发主要步骤详见表 7-2。首先需要完成打电话行为的场景定义，即何种行为需要被认为是打电话。确定产品定义之后，需要采集一定数量的数据进行场景评估，评估定义是否需要开始进行该场景的训练集和测试集的数据采集，或者通过一些合法渠道获取对应的数据，并对该数据进行标注，并基于该训练数据进行模型训练，产出打电话行为识别的预测模型。模型开发完成之后，在感知应用框架内对模型进行集成，并完成该模型的感知性能评估。

表 7-2　打电话感知软件开发主要步骤

步骤	描述
打电话场景定义	对打电话行为的场景定义，即何种状态被认为是打电话行为，确认打电话的正负样本场景，完成第一轮产品定义之后，基于该场景采集一定数量的数据进行场景评估，确认哪些数据的定义符合预期，哪些数据的定义不符合预期，经过多轮迭代之后，完成最终的场景的定义
打电话场景设计	打电话的场景定义完成之后，开始对打电话的场景进行细化，比如微信电话、人脸大角度打电话、反手打电话以及各种手部握电话的姿势等，采集小批量测试集对各个场景的评估，选择合适的模型结构和数据比例，并产出算法模型的原型设计，对该场景进行指标的基准值（Baseline）输出
打电话功能开发	进入开发阶段，需要对前面确定的细化场景进行大批量的数据采集，并产出针对打电话行为检测的算法模型，通过地平线芯片工具链将该模型编译成二进制文件并发布到二进制文件的管理平台，感知 App 通过二进制管理平台拉取该二进制模型文件进行模型的加载和集成，并通过开发相应的感知融合策略确保该功能落地
打电话功能验证	进入测试阶段后，会对整个场景功能进行测评，包括该功能的长期稳定输出，各个细分场景的指标是否达到了预定的需求，总体指标是否达到需求，开发覆盖的内容是否和预先设定的场景存在偏差，感知流程上是否存在无法正确检测手持手机打电话的异常状态等，完成上述验证之后，该功能场景就可以正常进行发布并产出测试报告
打电话功能发布和 OTA	版本各项功能都验证通过之后就可以发布到客户手中进行升级，若是已经经过量产的车型，则可以通过 OTA 的方式将新的场景应用发布到用户

⊖ 详见 https://www.jfrogchina.com/artifactory。

完成模型的编译和上传 Artifactory 之后，就可以进入模型集成和感知功能开发，后续代码用于描述关键的代码部分。

（1）定义消息（C++）

```cpp
// exp_model_frame.h

namespace Cabin {
typedef int64_t TrackID;
class ExpModelInfo {
 public:
 ExpModelInfo()
        : algo_clsf1_score_(0.0f),
          algo_clsf2_score_(0.0f),
          algo_clsf3_score_(0.0f) {}
 ExpModelInfo(float score1, float score2, float score3)
        : algo_clsf1_score_(score1),
          algo_clsf2_score_(score2),
          algo_clsf3_score_(score3) {}
    ~ExpModelInfo() = default;
    const float &algo_clsf1_score() const { return algo_clsf1_score_; }
    float &mutable_algo_clsf1_score() { return algo_clsf1_score_; }
    const float &algo_clsf2_score() const { return algo_clsf2_score_; }
    float &mutable_algo_clsf2_score() { return algo_clsf2_score_; }
    const float &algo_clsf3_score() const { return algo_clsf3_score_; }
    float &mutable_algo_clsf3_score() { return algo_clsf3_score_; }
    void clear() {
      algo_clsf1_score_ = 0.0f;
      algo_clsf2_score_ = 0.0f;
      algo_clsf3_score_ = 0.0f;
    }

 private:
  float algo_clsf1_score_;  // 电话分类输出 1
  float algo_clsf2_score_;  // 电话分类输出 2
  float algo_clsf3_score_;  // 电话分类输出 3
};

class ExpModelMsg {
 public:
    ExpModelMsg() {}
    ~ExpModelMsg() {}
    // exp_model_info_ 用于描述每个基于 TrackID 下的 exp_model 的感知输出
```

信息
```cpp
    std::unordered_map<TrackID, ExpModelInfo>exp_model_info_;
  };
}
```

(2)定义节点(C++)

```cpp
// exp_model_module.h

#include <memory>
#include "hobot-dms/base/message/exp_model_frame.h"

namespace HobotDMS {
class ExpModelModule : public DMSModule {
  public:
     ExpModelModule();
    ~ ExpModelModule() noexcept;
    int32_t DMSModuleInit(coral::RunContext *context) override;
    void Reset() override;
    void Fini() noexcept;
    // 声明节点
    PROCESS_DECLARE(ExpModelModule, 0);
    // 注册需要依赖的输入消息
    REGISTER_INPUTS(ExpModelModule, 0, ImageMsg, FaceMsg);
    // 注册需要输出的消息
    REGISTER_OUTPUTS(ExpModelModule, 0, ExpModelMsg);

  private:
    // model_handle_ 用于保存模型加载到内存中的句柄
    bpu_predict_wrapper::ModelHandlemodel_handle_;
    // predict_ 用于保存进行模型推理的预测器
    std::unique_ptr<bpu_predict_wrapper::CNNResizerModel> predictor_;
};
}

// exp_model_module.cc

#define MODULE_TAG "ExpModelModule"
#include "ExpModelModule/ExpModelModule.h"
#include <algorithm>


namespace HobotDMS {
ExpModelModule::ExpModelModule()
    : DMSModule("ExpModelModule"),
      model_handle_(nullptr),
```

```cpp
      predictor_(nullptr) {}

  ExpModelModule:: ~ ExpModelModule() noexcept { ExpModelModule::Fini(); }

  int32_t ExpModelModule::DMSModuleInit(coral::RunContext *context) {
    // 模型加载内存
     int ret = bpu_predict_wrapper::BPUInterface::GetInstance()->LoadModel(
        "../lib/dms_exp_model.hbm", &model_handle_);
    if (0 != ret) {
      LOGE_T(MODULE_TAG) << "DMS_EXP_MODEL ERROR";
      return -1;
    }

    // 构建预测器
    predictor_.reset(new (std::nothrow)
    bpu_predict_wrapper::CNNResizerModel("dms_exp_model"));
    if (nullptr == predictor_) {
      LOGE_T(MODULE_TAG) << "DMS_EXP_MODEL ERROR";
      return -1;
    }

    // 预测器初始化
    int err_code = predictor_->Init();
    if (err_code) {
      LOGE_T(MODULE_TAG) << "DMS_EXP_MODEL ERROR";
      return -1;
    }
  }

  void ExpModelModule::Fini() noexcept {
    // 释放预测器
    if (nullptr != predictor_) {
      (void)predictor_->Finish();
      predictor_ = nullptr;
    }

    // 释放模型内存
    if (nullptr != model_handle_) {
   (void)bpu_predict_wrapper::BPUInterface::GetInstance()->ReleaseModel
      (model_handle_);
      model_handle_ = nullptr;
    }
  }
```

```cpp
void ExpModelModule::Reset() { Fini(); }

PROCESS_DEFINE(ExpModelModule, 0) {
  HobotDMSContext *dms_context = reinterpret_cast<HobotDMSContext
*>(context);
    for (int index = 0; index <dms_context->Camera_cnt_; ++index) {
      // 获取外部消息
      auto sp_face_msg = RECEIVE_MSG(FaceMsg);
      auto sp_img_msg = RECEIVE_MSG(ImageMsg);

      // 构建本节点消息
    spExpModelMsgsp_exp_model_msg = ExpModelPool::GetSharedPtrEx(true);
       if ((nullptr == sp_img_msg) || (nullptr == sp_face_msg) ||
           (nullptr == sp_exp_model_msg)) {
         LOGW_T(MODULE_TAG) << "Input Msg Is Null";
         return;
       } else {
         // 构建预测 ROI
         CNNParamWrapper cnn_param{};
         for (auto iter = rois.begin(); iter != rois.end(); ++iter) {
           bpu_predict_wrapper::CNNBBoxcnn_roi{};
           int track_id = iter->first;
           FBox_f&bbox = iter->second;
           cnn_roi.id = track_id;
           cnn_roi.roi = iter->second;
           cnn_param.rois_.push_back(cnn_roi);
         }

         // 模型预测
         int32_t ret = predictor_->Predict(
            sp_img_msg->pym_info_.GetPymBuf(), cnn_param.rois_,
            GetBpuCoreByCameraId(sp_img_msg->m_Camera_id));
         if (0 != ret) {
           LOGW_T(MODULE_TAG) << "Predict Failed, Ret:" << ret;
           return;
         }

         // 获取预测结果
         ret = predictor_->GetFeatureResult(cnn_param.results_);
         if (0 != ret) {
           LOGW_T(MODULE_TAG) << "GetFeatureResult failed! ret=" << ret;
           return;
         }

         // 预测结果后处理
         for (auto iter = rois.begin(); iter != rois.end(); ++iter) {
           track_id_ttrack_id = iter->first;
```

```cpp
      size_t cnn_size = cnn_param.results_.size();
      for (size_t idx = 0u; idx<cnn_size; ++idx) {
      CNNParam *cnn_res = cnn_param.GetCNNParam(track_id,
         static_cast<int>(idx));
      if (nullptr == cnn_res) {
       continue;
      }
      bpu_predict_wrapper::CNNModelResult&result = *cnn_res->result;
      if (0u == result.features_.size() ||
         result.features_[0u].size() <sizeof(float) * 3u) {
        continue;
      }
      float *data = reinterpret_cast<float *>(result.features_[0u].data());
      std::vector<float> scores{data[0u], data[1u], data[2u]};
      Softmax<float>(scores);

      // 更新消息
      ExpModelInfo exp_info(scores[0], scores[1], scores[2]);
      (sp_exp_model_msg->exp_model_info())
          .insert((std::pair<int, ExpModelInfo>(track_id, exp_info)));
      }
    }

    // 预测值后处理
    (void)predictor_->ReleaseResult();
   }
    // 发布消息
    PUBLISH_MSG(sp_exp_model_msg);
  }
}
// 注册模块
REGISTER_MODULE("ExpModelModule", ExpModelModule);
}  // namespace HobotDMS
```

（3）节点合入 pipeline（C++）

```
{
    "name" : "ims_workflow",
    "nodes" : [
        "CameraModule",
        "FaceHandDetectModule",
        "ExpModelModule"
    ]
}
```

（4）序列化和反序列化（Protobuf）

```
// 试验模型得分
message ExpModelInfo {
  optional float algo_clsf1_score = 1; //clsf1 得分
  optional float algo_clsf2_score = 2; //clsf2 得分
  optional float algo_clsf3_score = 3; //clsf3 得分
}

message VisionPercept {
  required CameraType Camera_type = 1; // 摄像头类型
  ... ...
  optional ExpModelInfo exp_model_info = 21; // 验证模型信息
}
```

7.5 练习题

1. 感知应用开发需要经历那几个阶段？

2. 模型发布的方式有哪些？

*3. 假定 MAC 阵列尺寸为 32×32，工作频率是 1GHz，那么其提供的物理峰值算力是多少？

4. 后量化方式下，校准数据集的要求是什么？

5. 智能座舱感知算法模块开发框架提供哪几种系统调用的基本能力？

6. 模型集成框架通过哪几种设计思想使模型集成具备了代码复用性、模块化、易于集成的特点？

Chapter 08

第 8 章
智能座舱场景应用开发

第 7 章介绍了在 AI 芯片上进行智能座舱感知软件的开发方法。本章进入智能座舱的最后一个开发环节,也是 AI 芯片的配套和落地环节——智能座舱场景应用开发。顾名思义,场景应用属于娱乐域的人机交互范畴,运行在车机系统上。这是和第 7 章最大的一个区别:算法和感知软件运行在 AI 芯片上,而场景应用运行在车机 SoC 上。目前市场上的车机操作系统有 Linux、AliOS、鸿蒙 OS、安卓(Android)等。本章以 Android 系统为平台,介绍场景应用开发的细节。

8.1 场景应用全貌

在介绍场景开发之前,先了解下汽车智能座舱所依赖的传感器的全貌。目前,360° 环视、内置行车记录仪(Digital Video Recorder,DVR)在量产车上的装配率已经很高了,并逐渐从后装转为前装标配。在智能化方面,随着 AI 技术的快速发展和普及,出于公共出行安全考虑,欧盟和中国近年来均已出台相关法律法规。例如,国内已率先对"两客一危"等商用车车型安装驾驶员监控系统(DMS)做出强制要求,乘用车搭载要求也在推进制定中。而欧盟 E-NCAP 发布的"2025 路线图"中要求从 2022 年 7 月开始,新车都必须配备 DMS。

随着搭载 DMS 车越来越多,这个由法规"催生"的刚需市场正在向为消费者提供新的人机交互方式的方向探索,传感器的种类和数量也在逐年增长。如

图 8-1 所示，智能座舱除了安装有为驾驶员服务的 DMS 摄像头外，还增添了舱内监控系统（In-cabin Monitoring System，IMS）摄像头为其他乘客服务，安装在 B 柱两侧的后排盲区检测系统（Rear Monitoring System，RMS）为后排乘客服务，四音区传声器（MIC）为智能语音服务以及车外解锁摄像头（Unlock Camera）为解锁服务。这些传感器极大地丰富了智能座舱的场景应用。

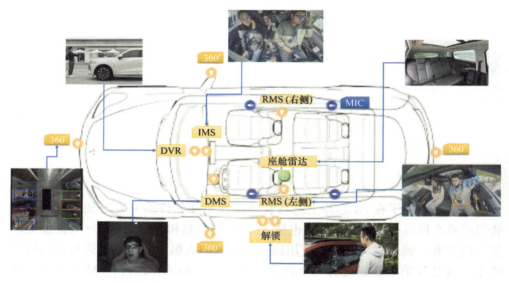

图 8-1 智能座舱传感器全貌

为了将上面的各类传感器接入，需要根据实际车型和项目情况设计不同的硬件接入方式，详细信息在本书第 3.4 节有详细描述。从场景应用的角度出发，图 8-2 展示了一个智能座舱硬件方案示例，图中虚线框内是场景应用运行的硬件平台，即车机 SoC。从宏观的角度看，第 7 章中的感知软件在 AI Board（俗称 AI 板子）中对于接入的各类传感器信息进行识别与处理，得到感知结果。本章场景应用在 AP Board（俗称 AP⊖ 板子）中接收各类感知结果，实现更加高层的场景应用。

从软件方案的角度来说，相关示例如图 8-3 所示（以地平线的软件方案为例），可以看到场景应用平台（Antares）承接了云端、感知软件以及 Android Framework/Service 的输入，最后将经过处理后的相关结果输出给 Android App 端来完成场景应用。

⊖ AP：应用处理器（Application Processor），与 AI 处理器相呼应。

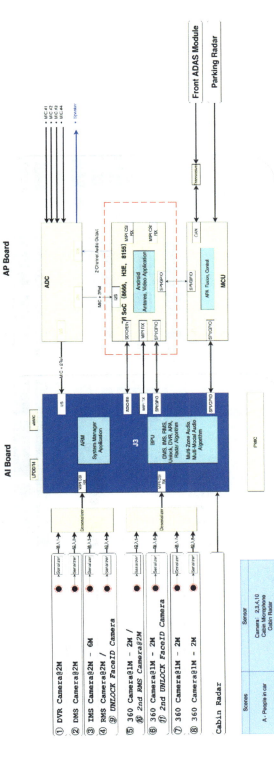

图 8-2 智能座舱硬件方案示例

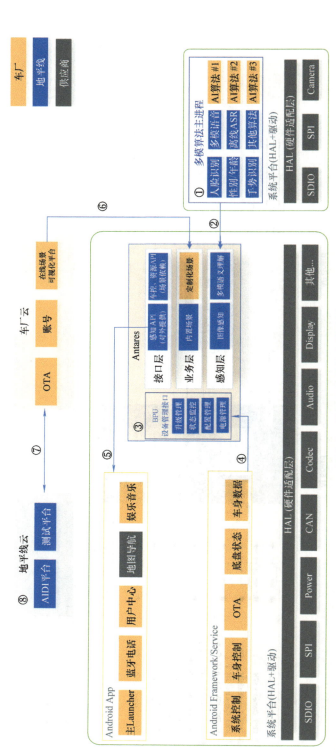

图 8-3 智能座舱软件方案示例

具体来说,图中的主要数据流含义为:

1)感知软件运行在 J3(征程三代芯片)系统中,输出感知结果的结构化数据。

2)算法感知结果序列化后发送到车机端。

3)设备管理仅仅是接口的适配,不做任何逻辑控制和处理;感知层、业务层和接口层跑在 Antares 的一个进程里面,以服务的形式注册到系统服务中,且启动优先级较高。

4)AI 通用处理器的软件包升级和电源管理由 Antares 统一管理,车机端的主控模块通过调用适配接口实现通信和管理。

5)Antares 对其他 App 提供多模(图像、语音及融合感知结果)的感知能力。

6)车厂可通过在线场景可视化编辑平台定制个性化场景,并部署到车机端运行生效。

7)车厂云与地平线艾迪平台(详见本书第 2.2.2 节)可以按照需求进行对接。

8)艾迪平台负责图像与语音数据的存储、标注处理、训练以及模型迭代。

以上分别通过硬件与软件两个角度介绍了智能座舱应用开发在整个智能座舱开发中的位置,可以看到场景应用开发是实现智能座舱功能的"最后一公里"。通过对各类参数以及应用的配置,可以实现各种丰富的场景应用。下面将会详细介绍场景应用框架以及基于该框架的场景开发流程。

8.2 场景应用框架

本书的第 2.2.2 节简要介绍了场景应用开发的常见框架。这类框架在不同厂家虽然有不同的结构,但最终实现的目标与原理大同小异。为了方便介绍,本节主要以地平线 Antares 为例加以详细介绍。Antares 是地平线推出的一套场景应用开发框架,工作在 Android 车机端,以系统服务的形式运行。如图 8-4 所示,Antares 在车机端主要分为物理层、硬件抽象层⊖(Hardware Abstraction Layer,HAL)、组件层、业务层、对外 API 和 AI 应用。

1)物理层:主要是与芯片通信。物理链路的支持,目前主要包括安全数字输入输出接口(Secure Digital Input and Output,SDIO)、USB、串行外围设备接口(Serial Peripheral Interface,SPI)等针对一体机方案的通路;另一种是针对分体机方案的车载以太网通信的链路。

2)HAL 层:包含驱动加载和 J 系列终端守护进程 HBService。HBService 有系统的 root 权限,可以完成对 J 系列芯片的诊断、通信管理等功能。

⊖ 若使用分体机以太网接入方式则无该层。

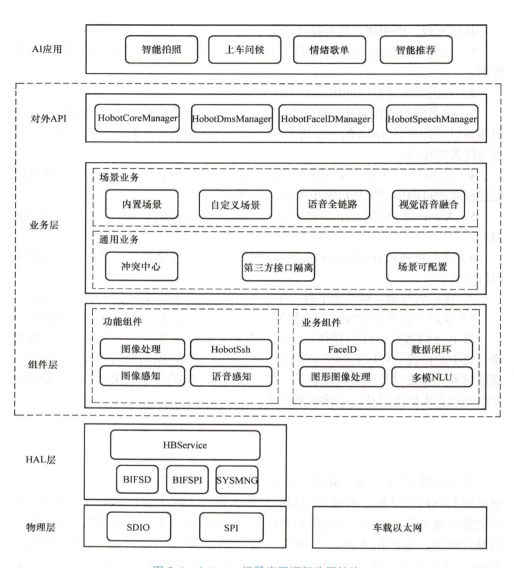

图 8-4 Antares 场景应用框架分层结构

3）组件层：主要分为功能和业务两类组件。功能组件中每个模块的功能相对独立，是 AI 基础能力的提供者；业务组件主要是完成一个具体业务，通常会依赖功能组件提供内容。

4）业务层：主要是具体的业务实现，包括内置的场景和用户自定义场景，如疲劳缓解、驾驶分心等完整的业务功能。在各车型业务层的部署上需要有差异化的定制，需要根据客户的需求做适配。

5）对外 API：主要是 Antares 对第三方应用提供的基础能力，包括图像和语音的感知结果、人脸识别（FaceID）的基础能力接口等。

6）AI 应用：AI 应用可以是 Antares 内置的具体应用，也可以依赖对外 API 实现的具体职能场景，依赖 Antares 的赋能能够创造更丰富的内容。

每个场景应用需要以上各层配合参与完成，Antares 在应用框架设计时做到了软件解耦、组件化设计，因此 Antares 自身包括组件层、业务层和对外 API，其他层级都是整个座舱场景开发在车机端开发中的依赖。下面主要通过对 Antares 的通信、组件、工程模式以及对外能力输出 4 个方面展开介绍。

8.2.1 通信

对于使用 Antares 的车机端来说，其通信主要包含内部通信和云端通信两类。如图 8-5 所示，HBService 负责管理 AI 芯片、收集端侧的信息、管理各种 AI 芯片的状态、与 Antares 通过本地局域网 TCP/IP 方式通信。Antares 负责感知结果的接收和解析，并通过 Binder 方式可以提供给第三方模块使用，另外通过 HBService 作为通信中介，通过 SDIO 或者 USB 方式通信完成收集 AI 芯片端的功能和业务信息。Antares 和云端的通信主要针对 FaceID、场景可配置、语音资源端云融合等方案达到场景更丰富、内容更可靠、交互更智能，通过 TCP/IP 方式和公有或私有云部署的服务端交互。

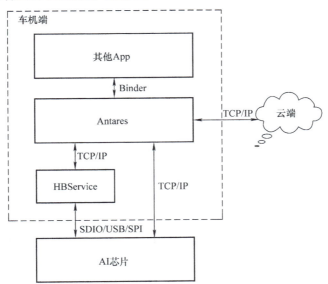

图 8-5 Antares 通信方式

基于以上原理，在硬件方面，使用 Antares 的车机和使用 AI 芯片的终端可以以一体机或分体机两种形态配合使用。一体机主要以 SDIO、USB 方式通信，分体机以车载以太网 TCP/IP 方式通信，详见本书第 3.4 节。图 8-6 所示为硬件拓扑结构示例（基于地平线征程 2 代芯片）。在车机侧，Pept-SDK 与 Ctrl-SDK 分别代表感知（Perception）SDK 与控制（Control）SDK。在 AI 芯片终端，OP-App 代表业务（Operation）App，也就是本书第 7 章中的感知软件部分输出。在实际操作中，无论基于哪种形态，在 Antares 内部不需要更改软件逻辑，通过配置文件切换就可以灵活切换通信方式，达到和一体机一样的交互效果。

基于上述模块，车机侧与含有 AI 芯片的终端就可以有效的协同工作。在图 8-6 中，两者内外的数据流通用不同的颜色来表示：红色代表感知链路；蓝色代表控制链路；绿色代表 MCU 链路（详见本书第 3.1.3 节）；紫色代表握手信息（Acknowledgement Character，Ack）回复。其中，灰色模块基本上是以标准品的形式存在，由专门的团队来维护。

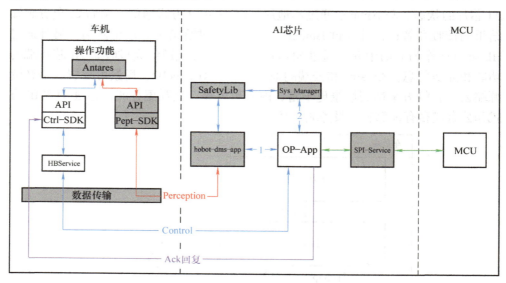

图 8-6　硬件拓扑结构示例

而在数据处理方面，Antares 在框架设计时预留了多种数据接入方案和硬件解耦。有一个数据中转站的处理中心，对所有接入的数据进行分类处理，支持多种 AI 芯片（如征程系列芯片），其他算法方案的数据也可以处理转发。

基于地平线征程系列芯片的 Antares 数据处理示例如图 8-7 所示。在数据接入方面，J2 终端与 Jx 终端分别代表征程二代芯片与征程其他类型芯片，另外还有第三方算法公司感知结果接入。数据中转站对不同平台提供的数据进行数据格式转换，统一数据和分类。再上一层的数据队列用于对不同类型的数据分类，以推流的方式放入不同功能的数据队列。最后对不同的功能模块从数据队列中取数据进行解析和分发。

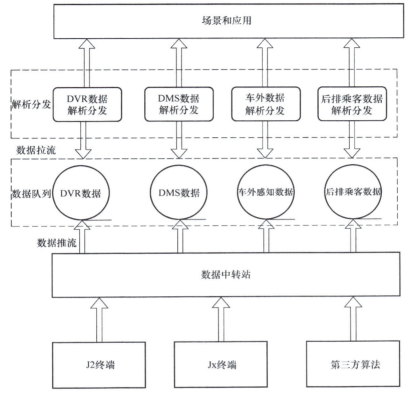

图 8-7 Antares 数据处理示例

在感知通信方面，如图 8-8 所示，主要是针对 AI 芯片终端图像和语音感知结果进行消息拼接、组合和转发。换句话说，拿到感知结果后，如何在第 7 章中介绍的感知软件与本章介绍的 Antares 之间进行高效的通信。具体来说，从 AI 芯片终端拿到感知消息后，如果是高频数据则需要做队列处理，低频数据可以直接转发。高频数据通过打标签的形式分为重要和非重要数据，重要数据存入队列被处理，非重要数据丢弃。在通信设计时还需要考虑针对不同摄像头感知的数据如何区分，在每帧数据的附加头信息中添加了摄像头类型、ID 以及时间戳信息用于区分消息内容。

更加具体的，感知结果在 JNI（Java Native Interface）层根据摄像头类型、时间戳、重要性和数据类型分类上报。另外，感知数据会放入不同的队列中分类处理，不阻塞底层数据的上报，队列容量可设置。为了增加效率，FaceID 数据处理优先级较高，单路开一路数据通道，而对于语音感知的通信频率较低，可直接分发。

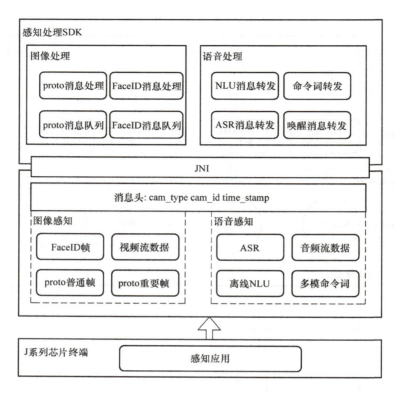

图 8-8 感知通信结构示例

8.2.2 组件

所谓组件化，就是将一个较大的工程项目按功能和业务逻辑拆分成多个模块，并且各个模块之间相互独立，相互解耦，每一个模块可以单独进行开发调试，各个模块调试完，最后以独立模块的形式在 App 或 SDK 中打包成一个完整的项目。随着 Antares 的版本不断迭代，新功能不断增加，业务也会变得越来越复杂，SDK 中的能力和业务还会继续增加，而且每个模块的代码也变得越来越多。为了解耦模块间的依赖和多人协作开发，必须要有更灵活的架构代替单一的工程架构。图 8-9 所示为常规组件架构。

按照属性来划分，组件可以分为业务组件、功能组件与打包组件（俗称"壳"组件）三类：

1）打包组件：负责管理各个业务和功能组件以及打包 APK 或 SDK 包，没有具体的业务功能。SDK 与 App 壳组件一般会分别打包成 AAR（Android Archive）和 APK（Android Application Package）包对外提供。

2）业务组件：根据具体业务而独立形成一个功能模块。

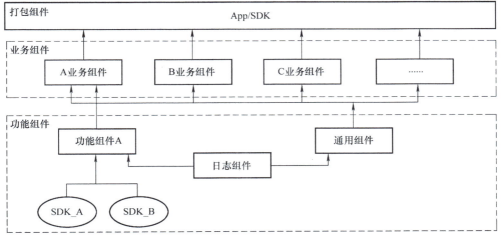

图 8-9 常规组件架构

3）功能组件：提供开发 App 的某些基础功能，如感知结果解析、日志处理存储等。其中部分特殊功能的组件用到了面向切面编程（Aspect Oriented Programming，AOP）思想，为了方便描述，这里将这类组件统称为 AOP 组件。

除此之外，图中的通用组件属于功能组件，是支撑业务组件的基础，提供较多业务组件需要的功能，如提供网络请求等。另外，上述业务组件模块一般相互独立，尽可能解耦，避免直接依赖，但功能组件可以被业务组件依赖。基于以上原理，Antares 是以 SDK 组件化的方式集成打包，具体架构如图 8-10 所示。

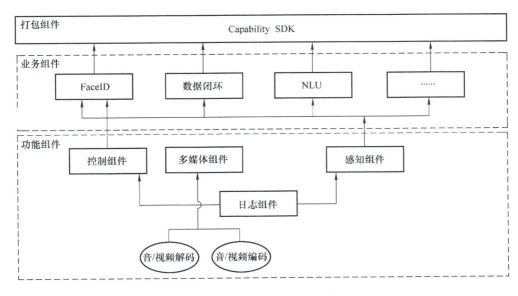

图 8-10 Antares 组件化架构

在代码层面，如图 8-11a 所示，业务组件统一用“antares_”开头，功能组件统一用“_lib”结尾。在 Android Gradle 编译中功能组件较多，业务组成也比较复杂，但每个工程并不需要所有的组件都打包在壳组件中对外提供，可以根据项目需要在 build.gradle 中灵活配置相关组件以及打包方式，如图 8-11b 所示。

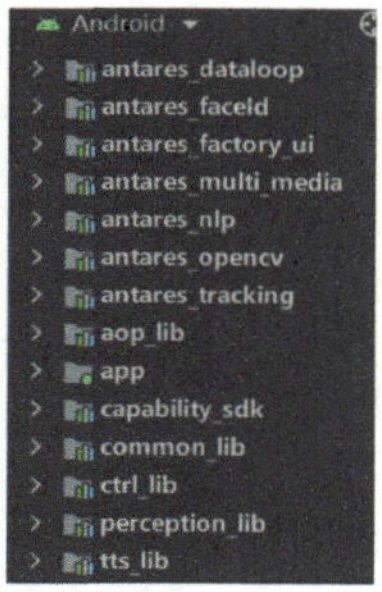

a)

```
embed project(path: ':antares_nlp', configuration: 'default')
embed project(path: ':antares_faceId', configuration: 'default')
embed project(path: ':antares_dataloop', configuration: 'default')
embed project(path: ':common_lib', configuration: 'default')
embed project(path: ':aop_lib', configuration: 'default')
embed project(path: ':ctrl_lib', configuration: 'default')
embed project(path: ':perception_lib', configuration: 'default')
embed project(path: ':tts_lib', configuration: 'default')
embed project(configuration: 'default', path: ':antares_tracking')
embed project(path: ':antares_factory_ui', configuration: 'default')
```

b)

图 8-11　Antares 组件及打包项内容

基于上述架构，下面主要介绍 Antares 的感知组件、AOP 组件以及业务组件的相关细节。其他组件可以在地平线开发者论坛或本书提供的参考资料中找到详细介绍。

1. 感知组件

以 Antares 接入地平线征程系列芯片终端为例，感知组件承接底层数据的通信数据，解析、分类、转发到各功能模块中使用，既是数据提供者，也是智能场景开发数据的源泉。感知组件按照代码层级分类有 Java 层和 Native 层两类，按照功能分类有图像感知和语音感知两类。Native 层主要是接收芯片终端的原始数据进行第一次解析，根据不同的消息类型进行重组上传到 Java 层，Java 层主要对 Native 回传的数据进行第二次解析分发，根据不同的业务模块再做一次重组封装，打包成可用性更好的结构体。Native 层和 Java 层通过 Android 的标准 Java 原生接口（Java Native Interface，JNI 接口）封装通信。

```
// 感知帧消息头信息
case MSG_PERCEPTION_ADDITIONAL_INFO：
// 图像 JPEG 预览数据
case MSG_PERCEPTION_JPEG_PREVIEW_DRIVER：
// 普通感知 Proto 数据，可丢帧
case MSG_PERCEPTION_POROTO：
// 重要感知 Proto 数据，不可丢帧
case MSG_PERCEPTION_POROTO_IMPORTANT：
// 人脸识别感知
case MSG_PERCEPTION_FACEID_REGESTER：
```

```
// ASR VAD
case MSG_AUDIO_ASR_VAD：
// ASR 感知结果
case MSG_AUDIO_ASR：
// ASR 驾驶员时间戳
case MSG_AUDIO_PILOT_ASR_STAMP：
// ASR 驾驶员 VAD
case MSG_AUDIO_PILOT_ASR_VAD：
//ASR 驾驶员音频
case MSG_AUDIO_PILOT_ASR_AUDIO：
// ASR 前排乘客时间戳
case MSG_AUDIO_COPILOT_ASR_STAMP：
// ASR 前排乘客 VAD
case MSG_AUDIO_COPILOT_ASR_VAD：
// ASR 前排乘客音频
case MSG_AUDIO_COPILOT_ASR_AUDIO：
```

上面的代码模块展示的是在 Navite 层的消息类型分类，后续扩展新的类型直接扩展其 ID 即可，这样也避免了耦合的逻辑。

8.2.1 节中介绍到高频数据通过推拉流的方式进行数据解析和分发，低频数据直接解析分发。图 8-12 所示为感知数据的详细处理流程。具体来说，需要针对感知结果数据做分类处理，如 DMS、乘客、DVR 这类数据交互很频繁的情况需要有队列管理和丢帧的机制来保证数据的实时性，而另一类数据如语音识别结果、FaceID 识别结果等低频数据则直接进行解析和分发即可。

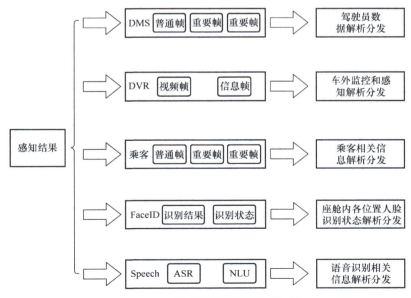

图 8-12　感知数据的详细处理流程

感知结果涉及跨端通信，使用的打包工具是 Protobuf 方式，是一种序列化结构数据的机制，但是比它们更小、更快、更简单，同时支持多语言、跨平台（详见本书 7.3.2 节）。在 Native 层，根据图像和语音的感知结果区分不同的功能类型，把一个个数据包从 Native 层通过 JNI 传递到 Java 层，再通过附带的头信息在 Java 端做解析，下面举两个接口的例子：

```
/**
 * Protobuf 数据的回调
 *
 * @param   data        Protobuf 数据
 * @param   ProtoLen    Protobuf 数据长度
 * @param   ProtoType   Proto 配型：0，普通类型；1，重要消息类型
 * @param   CameraType  摄像头类型：0，DMS_IR；1，DMS_RGB
 * @param   CameraID    摄像头编号：0,1,2...
 */
void onProto(byte[] data, int ProtoLen, int ProtoType,
             int CameraType, int CameraID);

/**
 * 用于 asr 的数据
 *
 * @param   data
 * @param   dataLen
 * @param   hisfVad
 * @param   type          0 原始，1 驾驶员，2 前排乘客
 * @param   timeStamp
 */
void onAsrData(byte[] data, int dataLen, int hisfVad, int type,
long timeStamp);
```

在上述代码块中，在 Native 层已经对 Proto 数据做了统一。除了基本功能数据外还需要一些额外的信息辅助判断解析队列，这样可以根据不同的回调参数来判断消息队列的处理方式；另外，在 Proto 消息中添加了重要和非重要的标志位，如果在性能遇到瓶颈时可以触发丢普通帧的策略；根据 CameraType 类型可以区分不同摄像头的感知功能，方便多设备接入的接口扩展；最后，语音感知结果的回调中增加了一些调试参数，可以辅助判断和定位问题。

Java 端在收到 Navite 回调的感知数据后，是如何解析和分发的呢？这里以驾驶员 DMS 数据的 Proto 队列管理和分发机制完整代码为例，介绍相关队列管理和分发机制。

（1）创建缓存队列

```
private ArrayBlockingQueue<ProtoData>mIRBlockProtoQueue
                = new ArrayBlockingQueue<ProtoData>(150);
```

（2）接收数据　主要是接收 Native 层回调的 Proto 数据，根据摄像头类型把数据丢入对应的队列，并保证重要帧数据不能丢。

```
if (CameraType == CAMERA_IR_PROTO) {
    if (mIRBlockProtoQueue.size() >= 1) {
        if (ProtoType != PROTO_TYPE_IMPORTANT) {
            return;
        }
    }
    ProtoData ProtoData;
    synchronized (mIRFreeQueue) {
        ProtoData = mIRFreeQueue.poll();
    }
    if (null == ProtoData) {
        ProtoData = new ProtoData();
    }
    if (mIRFreeQueue.size() >= MAX_SAVE_NORMAL_SIZE) {
        mIRFreeQueue.clear();
    }
    if (ProtoData.getProtoData() == null || ProtoData.getProto-
Size() <ProtoLen) {
        ProtoData.setProtoData(new byte[ProtoLen]);
    }
    System.arraycopy(data, 0, ProtoData.getProtoData(), 0, Pro-
toLen);
    ProtoData.setCameraType(CameraType);
    ProtoData.setProtoType(ProtoType);
    ProtoData.setProtoSize(ProtoLen);
    if (!mIRBlockProtoQueue.offer(ProtoData)) {
        LogUtils.w(TAG, "IRProtoQueue full, loss frame");
    }
} else if (CameraType == CAMERA_RGB_PROTO) {
    ......
}
```

在上述代码块中，根据 Native 回传的 Camera 类型做队列处理；通过阻塞队列保存 Proto 数据，队列大小自行设定，超过设定的大小后按照跟踪数据到普通数据再到重要数据的顺序丢帧；使用深 copy 原则，避免数据被 Native 篡改；数据队列尝试使用复用的原则，避免重新申请内存带来开销。

（3）数据队列解析

```
while (mProcessIRProtoFlag) {

    ProtoData irProtoData = null;
    try {
        irProtoData = mIRBlockProtoQueue.take();
    } catch (InterruptedException e) {
        e.printStackTrace();
    }
    if (irProtoData != null) {
        try {
            DMSOutputProtocol.DMSSDKOutput.PerceptResult output =
            DMSOutputProtocol.DMSSDKOutput.PerceptResult.PARSER.
            parseFrom(irProtoData.getProtoData(), 0, irProtoData.
            getProtoSize());
                // 把 irProtoData 对象再塞回队列复用
            synchronized (mIRFreeQueue) {
                mIRFreeQueue.offer(irProtoData);
            }
            mBpuProtoManager.cook(output);
        } catch (InvalidProtocolBufferException e) {
            LogUtils.e(TAG, "InvalidProtocolBufferException " + e);
            e.printStackTrace();
        }
    }
}
```

在上述代码块中，通过循环等待取消息的方式来解析，避免阻塞 Native 数据的更新；Proto 解析通过 Native 数据回传的长度做解析，方法更可靠；解析后数据队列回调复用，提高对内存的复用率，减少资源的开销。

（4）业务类数据解析和分发　这里以驾驶员疲劳为例描述解析和分发的流程。

1）根据 Proto 包含的信息选择图像还是语音感知去解析。

```
public synchronized void cook(final DMSOutputProtocol.DMSSDKOut-
put.PerceptResult output) {
        // 检测 Proto 传输状态
        checkProtoStatus();

        // 解析图像感知相关结果
        if (!output.getVisionList().isEmpty())

        // 解析语音感知相关结果
        if (!output.getVoiceList().isEmpty())
}
```

2）进入图像感知的驾驶员 DMS 相关信息解析。

```
// 驾驶员 DMS 解析
if (visionPercept.getCameraType().getNumber()
        ==
DMSOutputProtocol.DMSSDKOutput.CameraType.CAMERA_IR_VALUE
        && !visionPercept.getPersonList().isEmpty()) {
    for (DMSOutputProtocol.DMSSDKOutput.PersonInfopersonInfo:
    visionPercept.getPersonList()) {
        if (personInfo.getFaceInfo().getType().getNumber() == AI-
Constants.PersonType.DRIVER) {
            if (personInfo.getFaceInfo().hasTrackingId()
                && (personInfo.getFaceInfo().getTrackingId()
                !=mTrackingID)) {
                mTrackingID = personInfo.getFaceInfo().getTrack-
ingId();
                mMainDriverInfoImpl.parseFaceAppear();
            }
            mMainDriverInfoImpl.parseDmsInfo(personInfo);
        }
    }
}
```

3）驾驶员疲劳解析分发。

```
// 策略疲劳等级解析和分发
if (personInfo.getFaceInfo().hasFatigueState()
        &&
personInfo.getFaceInfo().getFatigueState().hasFatigueRating()) {
    switch (personInfo.getFaceInfo().getFatigueState().getFa-
tigueRating().getNumber()) {
        case DMSSDKOutput.FatigueEnum.FATIGUE_ST_NORMAL_VALUE:
            mFatigueObservable.onFatigueLevel(0);
            break;
        case DMSSDKOutput.FatigueEnum.FATIGUE_ST_LV1_VALUE:
            mFatigueObservable.onFatigueLevel(1);
            break;
        case DMSSDKOutput.FatigueEnum.FATIGUE_ST_LV3_VALUE:
            mFatigueObservable.onFatigueLevel(2);
            break;
        case DMSSDKOutput.FatigueEnum.FATIGUE_ST_LV4_VALUE:
            mFatigueObservable.onFatigueLevel(3);
            break;
        case DMSSDKOutput.FatigueEnum.FATIGUE_ST_NONE_VALUE:
        case DMSSDKOutput.FatigueEnum.FATIGUE_ST_UNCERTAIN_VALUE:
```

```
                mFatigueObservable.onFatigueLevel(4);
                break;
            default:
                break;
        }
    }
```

通过上面的代码可以看到，Proto 最终解析成几类疲劳等级，然后通过一个回调接口发送出去，从而完成一个完整功能的解析和分发。

2. AOP 组件

在项目开发中，用于统计用户行为的统计代码和用户行为日志记录代码一般会分散在各业务模块中。比如在某个模块中，要想对用户"行为 1"和"行为 2"进行统计，按照面向对象编程（Object Oriented Programming，OOP）思想，就需要把统计的代码以强依赖的形式写入相应的模块中，这样会造成项目业务逻辑混乱，并且不利于对外提供 SDK。在 Android 项目中，可以使用 AOP 思想，把项目中所有的日志统计代码从各个业务模块提取出来，统一放到一个模块里面，这样就可以避免提供的 SDK 中包含用户不需要的日志统计相关代码。

具体来说，AOP 是一种可以通过预编译方式和运行期动态代理实现在不修改源代码的情况下给程序动态统一添加功能的技术。从技术上来说，AOP 是 OOP 的延续，是软件开发中的一个热点，是函数式编程的一种衍生范型，将代码切入类的指定方法和指定位置上的编程思想。利用 AOP，可以对业务逻辑的各个部分进行隔离，从而使得业务逻辑各部分之间的耦合度降低，提高程序的可重用性，同时提高开发的效率。

AOP 和 OOP 在字面上虽然非常类似，但却是面向不同领域的两种设计思想。OOP 针对业务处理过程的实体及其属性和行为进行抽象封装，以获得更加清晰高效的逻辑单元划分，而 AOP 则是针对业务处理过程中的切面进行提取，它所面对的是处理过程中的某个步骤或阶段，以获得逻辑过程中各部分之间低耦合性的隔离效果。这两种设计思想在目标上有着本质的差异。

举个简单的例子，对于"雇员"这样一个业务实体进行封装，自然是 OOP 的任务，可以为其建立一个"Employee"类，并将"雇员"相关的属性和行为封装其中；若用 AOP 设计思想，对"雇员"进行封装将无从谈起。同样，对于"权限检查"这一动作片断进行划分，则是 AOP 的目标领域，若通过 OOP 对一个动作进行封装，则有点不伦不类。

在场景应用框架中，AOP 编程的主要用途有日志记录、行为统计、安全控制、事务处理、异常处理、系统统一的认证、权限管理等。可以使用 AOP 技术将这些代码从业务逻辑代码中划分出来，通过对这些行为的分离，可以将它们独立到非指导业务逻辑的方法中，进而在改变这些行为的时候不影响业务逻辑的代码。

（1）AspectJ 概述　AOP 是一个概念、一个规范，本身并没有设定具体语言的实现，这实际上提供了非常广阔的发展的空间。AspectJ 是 AOP 的一个很悠久的实现，能够和 Java 配合起来使用[⊖]。AspectJ 的使用核心就是其编译器 ajc（AspectJ Compiler），将 AspectJ 的代码在编译期插入目标程序当中。具体来说，ajc 会构建目标程序与 AspectJ 代码的联系，在编译期将 AspectJ 代码插入被切出的切点（PointCut）中，达到 AOP 的目的。AspectJ 中几个要了解的关键字概念（图 8-13）：

1）AspectJ：类似于 Java 中的类声明，在 AspectJ 中包含着一些 PointCut 以及相应的 Advice。

2）JoinPoint（连接点）：表示在程序中明确定义的点，例如，典型的方法调用、对类成员的访问以及异常处理程序块的执行等。连接点是应用程序提供给切面插入的地方在插入地建立 AspectJ 程序与源程序的连接。

3）PointCut（切点）：表示一组 JoinPoint，这些 JoinPoint 或是通过逻辑关系组合起来，或是通过通配、正则表达式等方式集中起来，它定义了相应的通知（Advice）将要发生的地方。

4）Advice（通知）：定义了在 PointCut 里面定义的程序点具体要做的操作，它通过 before、after 和 around 来区别是在每个 JoinPoint 之前、之后还是代替执行的代码。

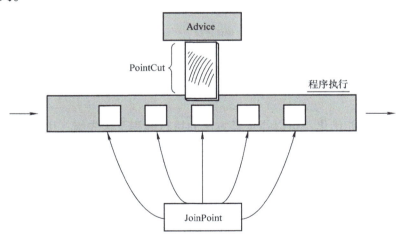

图 8-13　AspectJ 的几个关键字概念

结合以上概念，一个 JoinPoint 是程序流中指定的一点。PointCut 收集特定的 JoinPoint 集合和在这些点中的值。一个 Advice 是当一个 JoinPoint 到达时执行的代码，这些都是 AspectJ 的动态部分。更加形象地说，JoinPoint 就好比是程

⊖ 资料来源：https://www.eclipse.org/aspectj/。

序中一条一条的语句,而 PointCut 就是特定一条语句处设置的一个断点,它收集了断点处程序栈的信息,而 Advice 就是在这个断点前后想要加入的程序代码。AspectJ 中也有许多不同种类的类型间声明,这就允许程序员修改程序的静态结构、名称、类的成员以及类之间的关系。

（2）AspectJ 工程结构与 AOP 应用　在使用上,如图 8-14a 所示,一般情况下,会把一个简单的示例应用拆分成两个模块,第一个包含 Android App 代码；第二个是 Android Library 工程,使用 AspectJ 注入代码。经过 ajc 编译后,可以将两个模块的代码编译在一起,使 App 可以正常运行。下面以地平线的业务为例,介绍 AOP 的两个具体应用：

1）用于数据埋点：埋点是记录某一事件的信息集合,包括事件名和事件属性,这些信息一般以键值对的形式记录在日志中。在实现上,如图 8-14b 所示,将一些业务点进行埋点,统一放置与 aop_lib 中,从而与各业务模块进行了解耦。

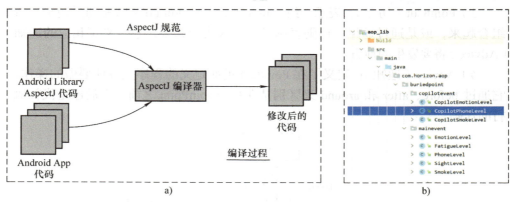

图 8-14　AspectJ 一般工程结构与 aop_lib 示例

2）用于性能优化：可以指定某方法的执行线程及优先级,用于按照业务优先级分级启动不同的业务模块。例如,高优先级启动通信模块、低优先级启动数据闭环或任意方法执行耗时统计。

3. 业务组件

Antares 的目标是提供框架加内置组件的集合,因此除了上述感知组件以及特殊用途的 AOP 组件外,Antares 还内置了多个业务组件,如多模语音以及 FaceID。多模语音相关的细节已在本书 6.4 节做过介绍,下面简要介绍一下 FaceID。

FaceID 的全称是车载人脸识别,它是基于云端平台即服务（Platform as a Service, PaaS）以及终端 AI 能力打造的"车载端 + 云"的人脸识别一体化解决方案。它围绕车内外多样化应用场景,为 OEM 提供基于 FaceID 的智慧账户和智能车控的能力。FaceID 产品包主要包含 AI 芯片、车机端 SDK（Antares）以及云端 PaaS 服务。

整个解决方案围绕人脸识别核心功能,其中包括人脸检测、人脸抠图、活体检测、人脸属性检测、人脸特征提取、人脸库管理与人脸检索比对等功能,核心流程包括人脸库管理和人脸识别比对。用户在车机端 SDK、云端服务及 Sample App 基础上,可以开发出完整的人脸注册 + 人脸识别的产品。客户可以结合云端 FaceID 能力以及离线 FaceID 能力,打造端云协调方案,业务流程如图 8-15 所示。

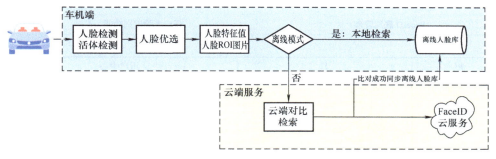

图 8-15　FaceID 业务流程

在用户注册方面,建议通过一个用户组(group_ID)来对应一个设备/车辆,一个客户可以创建多个 group_ID,一个 group_ID 有多个驾驶员用户(personID),一个 personID 支持有限张人脸(人脸注册图片)。在实际操作中,为保证识别准确率,一个 group_ID 建议限制在 10000 人以内,每台车注册的人脸底库最大为 100 人,一个 personID 最多支持 5 张人脸。

在人脸识别方面,需要感知软件与车机端交互完成,注册流程如图 8-16 所示。在用户注册时,一般用手机截取一段小视频,视频时长 1s 以内,25 频 /s 左右即可。视频通过 OEM 的云服务平台转发给 FaceID 云服务,在这里会依次执行活体检测、人脸优选,返回一张最优的人脸图片给 OEM 云,OEM 云检查图片是否符合标准,最后调用注册接口完成注册,并将注册的信息返回给 OEM 云。

图 8-16　FaceID 注册流程

感知软件与车机端分工见表 8-1。用户解锁车辆,感知软件上电开启人脸识别,用户上车,感知软件完成人脸识别。待车机完成启动后,可通过接口查询人脸识别结果,或者调用接口重新触发感知软件进行人脸识别。车机使用人脸识别结果完成账户登录。以地平线征程 2 代芯片（J2）为例，一个完整的 J2 与车机交互方案流程图如图 8-17 所示。

表 8-1 感知软件与车机端分工

感知软件（AI 芯片终端）	车机端（Antares）
特征值提取	从 OEM 云同步合法账户列表至 AI 芯片终端
人脸比对	建立本地人脸与云端 personID 的数据映射关系
FaceID 底库管理	开启人脸识别功能

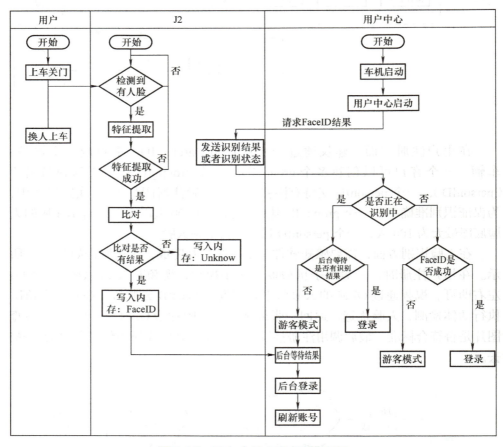

图 8-17 J2 与车机交互方案流程图

FaceID 作为 Antares 的一项业务组件，除了可以用于车机账户登录外，还可以扩展到其他场景，如调节座椅、后视镜、起动发动机等。继续以 J2 为例，如图 8-18 所示，用户解锁车辆，J2 上电开启人脸识别，用户上车，J2 完成人脸识别，通知 MCU 识别结果，MCU 接收到识别结果通知相关模块（调节座椅、起动发动机等）。待车机完成启动后，可通过接口查询人脸识别结果，或者调用接口重新触发 J2 进行人脸识别。车机最后使用人脸识别结果完成账户登录。

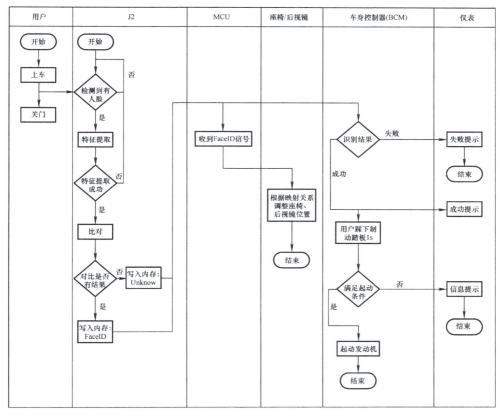

图 8-18　J2 与车机、MCU 交互方案

8.2.3　工程模式

Antares 的工程模式主要是实现对 AI 模组（即 AI 芯片端侧）的诊断、升级、图像预览和数据录制等功能，协助开发、测试及售后人员日常调试和能够快速定位 AI 芯片终端的问题。AI 模组上车后对用户来说就是一个黑盒子，但是开发和测试人员却需要关注其很多信息，想获取这些信息，只有接了串口或者非常熟悉调试工具的操作才能很方便地得到想要的信息。为了方便调试和获取 AI 模组的实时信息，Antares 的工程模式是非常有必要的。

在项目启动早期阶段，数据录制帮助算法获取有效数据，图像预览帮助定位摄像头安装位置和成像效果；在项目中期，实车路试采集数据、FaceID 模拟调试、OTA 调试验证等功能，都需要有主动交互的页面；在项目后期或者交付后，抓取日志定位 AI 模组问题、查看诊断码定位问题等都需要借助工程界面来完成。

工程模式由多个隐藏的活动（Activity）组成，调试界面通过车机中的隐藏按钮或者 Android 调试桥（Android Debug Bridge，ADB）调试命令打开，主要具备的功能如图 8-19 所示。下面以诊断、升级以及视线标定 3 个常用功能为例，介绍其背后原理和使用方法。

图 8-19　Antares 工程模式主要具备的功能

1. 诊断

AI 模组的诊断，在调试和售后阶段比较频繁，项目开发和售后阶段都可以通过查看诊断码定位摄像头、通信、内核等问题，方便现场技术支持工程师（Field Application Engineer，FAE）和负责测试的同事迅速判断问题并反馈给研发定位。目前，诊断包括芯片诊断、通信诊断、感知软件诊断等各类诊断场景，同时在日志中也周期性地去诊断 AI 芯片模块，在压力测试时会实现上下电的诊断策略，这些诊断都是为了辅助定位 AI 模组是否存在异常情况。

图 8-20　芯片诊断数据流

（1）芯片诊断　芯片诊断是在 AI 芯片生产后，通过读取芯片的一些参数查看芯片在不同环境下（高低温）的运行状态以及质量是否达标，主要信息有 EfuseID⊖、Process Monitor、芯片结温、芯片 SOM 功耗。在 Antares 中，芯片诊断数据流如图 8-20 所示，诊断内容见表 8-2。

⊖　一次性可编程存储器，在芯片出场之前会被写入信息。在一个芯片中，Efuse 的容量通常很小，如 128B。

表 8-2 芯片诊断内容

诊断内容	描述	诊断内容	描述
Current	芯片 SOM 功耗电流（A）	monitor_freq	表示振荡器频率
Power	芯片 SOM 功耗功率（W）	monitor_lcdl	表示 lcdl 的值（开机电流）
Voltage	芯片 SOM 功耗电压（V）	monitor_temp	表示上电时的温度（℃）
Cur_temp	当前芯片温度（℃）	socuid	Efuse ID

（2）感知软件诊断　一般通过发送 JSON 格式的诊断码来展示诊断结果。示例诊断码如下，每个字段（诊断项）的描述见表 8-3。

```
{
  "name": "model_dtc",
  "dtc_info": {
    "dtc_id_base": "0x1001",
    "dtc_num_max": 16,
    "dtc_module_id_min": "0x8001",
    "dtc_module_id_max": "0x8FFF",
    "dtc_mapping": [
      {
        "module_id": "0x8002",
        "event_id": "0x0001",
        "dtc_id": "0x1001",
        "dtc_description": "model_load0_error",
        "dtc_snapshot_len": 20,
        "dtc_stable_time": 1000
      },
      {
        "module_id": "0x8003",
        "event_id": "0x0001",
        "dtc_id": "0x1002",
        "dtc_description": "model_load1_error",
        "dtc_snapshot_len": 20,
        "dtc_stable_time": 1000
      }
    ]
  }
}
```

表 8-3 诊断码字节描述

诊断项	描述	诊断项	描述
name	诊断项的名称	module_id	诊断模块 ID
dtc_info	诊断项的信息	event_id	事件 ID（module_id 和 event_id 的组合必须唯一）
dtc_id_base	此诊断项错误码的基地址	dtc_id	错误码（必须在 dtc_module_id_min 和 dtc_module_id_max 内）
dtc_num_max	此诊断项总的错误码个数	dtc_description	错误描述
dtc_module_id_min	此诊断项的最小错误码号	dtc_snapshot_len	错误快照的字节长度（错误快照默认的保存地址为 /var 里面，长度不固定）
dtc_module_id_max	此诊断项的最大错误码号	dtc_stable_time	错误诊断的稳定时间（错误持续时间大于此时间才会上报错误）
dtc_mapping	诊断错误 mapping	—	—

（3）上下电诊断　上下电测试诊断是为了测试 AI 模组在实车或者台架上模拟成百上千次的断电、上电后各个功能是否能够正常工作，包括时间信息、系统状态、感知结果是否正常、诊断码信息（图 8-21）。上电通过继电器周期性控制电源上电和下电，通过每次诊断的时间信息可以知道是否存在某一次 Antares 没有启动成功，其他信息可以判断一次上电工作是否正常。

```
6.  2020-09-09-19:16:58
OPEN成功
START NO TEST
 CPU: 66.0% | MEM USED: 116MB | 温度: 54 | BPU0 Loading: 44 | BPU1 Loading: 71
【诊断码】:0x3004【诊断码解释】:rgb open circuit
【诊断码】:0x2016【诊断码解释】:faceid module do cnn failed
获取PROTO成功

7.  2020-09-09-19:20:58
OPEN成功
START NO TEST
 CPU: 62.0% | MEM USED: 116MB | 温度: 53 | BPU0 Loading: 48 | BPU1 Loading: 74
【诊断码】:0x3004【诊断码解释】:rgb open circuit
【诊断码】:0x2016【诊断码解释】:faceid module do cnn failed
获取PROTO成功

8.  2020-09-09-19:24:56
OPEN成功
START NO TEST
 CPU: 62.0% | MEM USED: 114MB | 温度: 52 | BPU0 Loading: 48 | BPU1 Loading: 68
【诊断码】:0x3004【诊断码解释】:rgb open circuit
获取PROTO成功

9.  2020-09-09-19:28:56
OPEN成功
START NO TEST
 CPU: 58.0% | MEM USED: 115MB | 温度: 51 | BPU0 Loading: 46 | BPU1 Loading: 65
【诊断码】:0x3004【诊断码解释】:rgb open circuit
【诊断码】:0x2016【诊断码解释】:faceid module do cnn failed
获取PROTO成功
```

图 8-21　上下电诊断结果示例

2. 升级

以地平线征程系列芯片（Jx 端）为例，图 8-22 所示为两种常用的升级方式：

FOTA 直接升级（见本书第 2.1.3 节）以及借助 Antares 进行升级。

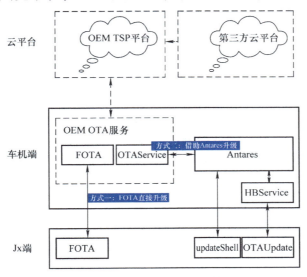

图 8-22　常用的升级方式

而在工程模式下，工程界面升级为了模拟 U 盘 /OTA 的升级方式升级 AI 模组，在车机目录放入相关的升级包，直接单击升级按钮，升级流程和状态返回值与通过 OS 升级方式一致，具体流程如图 8-23 所示。

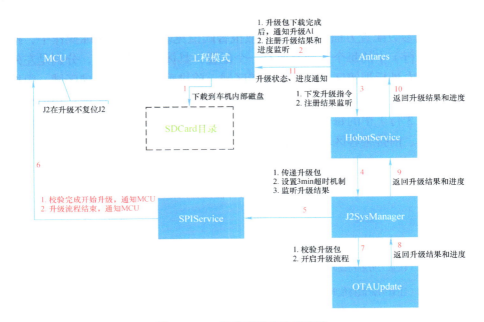

图 8-23　工程模式下的升级流程

3. 视线标定

视线工程界面包括视线标定和参数配置两个功能，视线标定是为了提高视线精度，参数配置是为了实车调试时将视线参数实时下发以提高调试效率。

在视线标定方面，如图 8-24 所示，视线区域、注意力等功能涉及空间计算。摄像头作为输入传感器，因为存在装配误差，其位置、姿态与设计值也会存在偏差，由此引入硬件导致的视线精度误差，因此有必要标定摄像头的位置和姿态。通过下线标定，视线精度可提升 2°。以车机屏幕区域举例，2° 的视线精度误差会导致视线落点计算存在 3cm 的偏差，由此可能导致当用户看着屏幕靠近边缘区域时，会被误判为在注视屏幕之外 3cm 的区域。如果是右后视镜，则由于距离更大，误差也会进一步被放大。

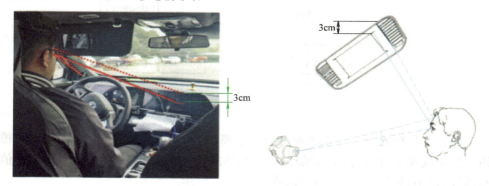

图 8-24 视线标定示意图

在视线参数配置方面，注意力分散报警阈值见表 8-4。在实际操作中，报警区域（第 2 行）中的每个区域都要有一个配置，具体有 8 个区域，分别是左外后视镜区域、右外后视镜区域、内后视镜区域、前排乘客前风窗玻璃区域、中控显示区域、仪表显示区域、档位及空调操作区域、仪表下方向盘区域；相似地，危险区域（第 3 行）中的每个区域也都要有一个配置，具体有 5 个区域，分别是左前车门区域、前排乘客区域、仰视左车窗区域、仰视风窗玻璃区域、仰视右车窗区域。

表 8-4 注意力分散报警阈值

区域	范围
安全区域（注意力集中持续时间阈值）/ms	0~20000 的整数
报警区域（注意力分散持续时间阈值）/ms	0~20000 的整数
危险区域（注意力分散持续时间阈值）/ms	0~20000 的整数
视线区域未知持续时间 /ms	0~20000 的整数

Antares 视线标定与参数配置界面如图 8-25 所示。以注意力分散功能开启阈值为例，报警区域和危险区域的时间阈值需要根据速度（km/h）区间进行配置。速度区间包括 5 个：0~30、30~70、70~100、100~120、>120。因此，需要修改的区域只有报警区域和危险区域共 13 个区域，在界面中以不同颜色标示。

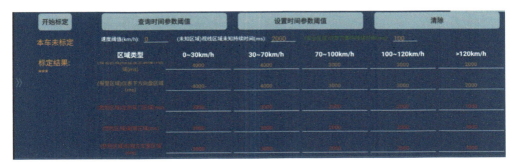

图 8-25　Antares 视线标定与参数配置界面

8.2.4　对外能力输出

经过上述对通信、组件以及工程模式的介绍，场景应用框架可以整体打包进行对外能力输出。具体来说，场景应用框架可以结合 AI 芯片所提供的算力，以及现有的图像感知、语音信号处理、语音识别等核心技术（见本书第 4 章与第 6 章），以预测、主动推荐、语音对话、举止行为交互等为一体的 AI 服务对外接口 API。下面继续以 Antares 为例进行对外能力输出（Antares Manager）方面的介绍。

在组成方面，Antares Manager 的目录结构如图 8-26 所示。可以看到，目录中提供了基础的感知组件以及业务组件。具体来说，HobotCoreManager 主要提供 AI 模块的基础功能接口；HobotDmsManager 主要提供 DMS 和视线等感知功能；HobotFaceIDManager 主要提供 FaceID 相关功能；HobotSpeechManager 主要提供单模和多模语音感知相关功能。

在接入方面，可以提供 Service 的 APK 文件，直接放到 AOSP 源码中编译到 img 镜像中，之后通过配置车机 Android 系统的启动白名单，实现开机

图 8-26　Antares Manager 的目录结构

自动启动；也可以先安装 APK，之后通过 adb 命令执行启动服务；还可以通过 Activity 拉起服务。

在通信方面，Antares 和其他 App 应用通信是通过 Android 常用的 Binder 方式通信的，在对外能力输出时，为了能够减少各功能模块的解耦，一般需要 Binder 连接池来隔离接口（图 8-27）。

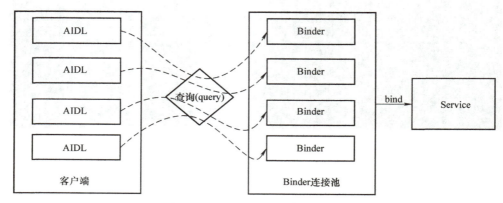

图 8-27　Binder 连接池的工作原理

具体来说，要先创建一个 Service 和一个 AIDL（Android Inter-Process Communication）接口，接着创建一个类继承自 AIDL 接口中的 Stub 类并实现 Stub 中的抽象方法，在 Service 的 onBind 方法中返回这个类的对象，这样客户端就可以绑定服务端 Service，建立连接后就可以访问远程服务端的各类方法。上述是典型的 AIDL 使用流程，假设业务有 100 个模块需要使用 AIDL 进行通信，为了避免创建 100 个 Service 占用资源使项目重量级加重，将所有的 AIDL 用一个 Service 去管理是必要的。

如图 8-27 所示，在客户端中，每个业务模块创建自己的 AIDL 接口并实现此接口，这个时候不同业务模块之间是不能有耦合的，所有实现细节要单独开发，然后向服务端提供自己的唯一标识和其对应的 Binder 对象；对于服务端来说，只需要一个 Service 就可以了，服务端提供一个 queryBinder 接口，这个接口能够根据业务模块的特征来返回相应 Binder 对象给它们，不同的业务模块拿到所需的 Binder 对象后就可以进行远程方法调用。由此可见，Binder 连接池的主要作用就是将每个业务模块的 Binder 请求统一转发到远程 Service 中去执行，从而避免了重复创建 Service 的过程。

基于上面介绍的 Binder 连接池，如果要增加服务端 AIDL 业务需求，则只需修改服务端的 BinderPoolImpl 和新增对应的 AIDL 接口就可以了。BinderPool 能够极大地提高 AIDL 的开发效率，并且可以避免大量的 Service 创建。因此，建议在 AIDL 开发工作中引入 BinderPool 机制。Antares Binder 连接池的具体实现方式如图 8-28 所示，代码附在图后。

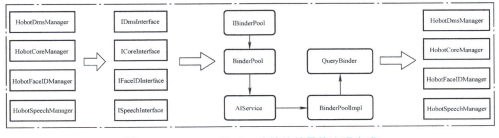

图 8-28　Antares Binder 连接池的具体实现方式

```
/**
 * 查询 Binder
 *
 * @param binderCode binder 代码
 * @return Binder
 */
public IBinder queryBinder(int binderCode) throws RemoteException {
    try {
        if (mBinderPool != null) {
            Log.i(TAG, "binderCode " + binderCode);
            mHobotAIServiceBinder = mBinderPool.queryBinder(binderCode);
            Log.i(TAG, "queryBinder ret  " + mHobotAIServiceBinder);
        }
    } catch (RemoteException e) {
      e.printStackTrace();
    }

    return mHobotAIServiceBinder;
}
```

上述 Java 代码模块为 Binder 查询接口，而里面调用的 Binder 连接池 Java 代码如下：

```
/**
 * Binder 池实现
 */
```

```java
    public static class BinderPoolImpl extends IBinderPool.Stub {
        public BinderPoolImpl() {
            super();
            LogUtils.i(TAG, "BinderPoolImpl contract");
        }

        @Override
        public IBinderqueryBinder(int binderCode) throws RemoteException {
            LogUtils.i(TAG, "queryBinderbinderCode " + binderCode);
            IBinder binder = null;
            switch (binderCode) {
                case ServiceType.SERVICE_CORE:
                    LogUtils.i(TAG, "ServiceType SERVICE_CORE");
                    binder = (IBinder)
            EngineFactory.getFactory().createEngine(EngineType.CORE_ENGINE);
                    break;
                case ServiceType.SERVICE_FACEID:
                    LogUtils.i(TAG, "ServiceType SERVICE_FACEID");
                    binder = (IBinder)
            EngineFactory.getFactory().createEngine(EngineType.FACEID_EN-
GINE);
                    break;
                case ServiceType.SERVICE_DMS:
                    LogUtils.i(TAG, "ServiceType SERVICE_DMS");
                    binder = (IBinder)
            EngineFactory.getFactory().createEngine(EngineType.DMS_ENGINE);
                    break;
                case ServiceType.SERVICE_SPEECH:
                    LogUtils.i(TAG, "ServiceType SERVICE_SPEECH");
                    binder = (IBinder)
            EngineFactory.getFactory().createEngine(EngineType.SPEECH_EN-
GINE);
                    break;
                default:
                    LogUtils.i(TAG, "no support service type !");
                    break;
            }
            return binder;
        }
    }
```

对于上述代码，使用者在初始化创建实体类时，会传入 binderCode 拿到 IBinder 代理对象；通过 IBinder 代理对象转换成 Service 的句柄对象；在 Binder 连接池使用工厂方法设计模式创建功能模块的引擎，达到使用者和服务端的连通；使用者拿到 Service 对应模块的句柄后，就可以通过 API 和服务端自由通信了。

8.3 场景开发示例

每一个 OEM 厂商、每一款车型都希望自己的智能化场景是独一无二的，是有自己特色的，是符合自己用户群体和画像的，因此场景一定是百花齐放、争奇斗艳的。但也因为这个特性，给开发人员带来了不少的工作量，每一个车型场景都要定制化开发一遍，这里面有很多算是重复的劳动。如何在满足场景个性化的同时减少开发人员的重复投入，是行业一直在思考和迭代的方向。

8.3.1 场景可视化配置

目前有不少家（科大讯飞、仙豆智能、威马汽车等）都推出了面向 OEM、面向用户的场景可视化的编辑工具。用户可以在 Web 端或者手机 App 端定制或修改属于自己的个性化场景。Antares 中也包含一套可视化编辑的方案。通过 Web 前端定义或修改场景，通过网络下发协议到车机端执行的一个流程，整体架构如图 8-29 所示。

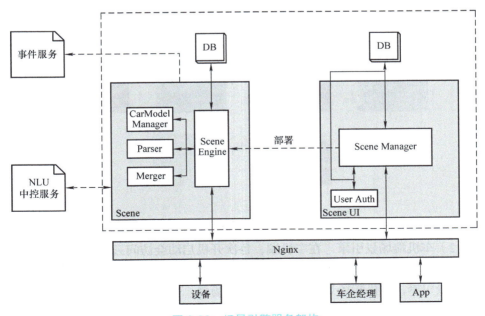

图 8-29　场景引擎服务架构

（1）云端节点及配置示例　具体来说，在云端有6种类型节点：

1）开始节点：标识场景的入口，每个场景只能有一个开始节点。

2）事件感知节点：表示端上能够捕获到的事件的集合，比如驾驶员抽烟感知、目视中控感知、NLU给出的一个意图、云端系统推送给出的定制化意图等。其中，一个感知节点是感知检测能力（与、或、非）的组合集。

3）车控节点：表示当前能够控制的车的行为的能力集合，如降低窗户、关闭空调等。

4）交互节点：表示驾驶员和车机系统的弹出提示交互。其中，一个交互节点是一个弹出提示框，用户可以选择同意或拒绝。

5）条件节点：表示在整个场景中流程的判断节点。其中，一个条件节点的输入只有一个，可以是交互节点，可以是车控节点，也可以是条件节点，子节点有两个，其子节点的第1个分支表示条件通过，第2个表示条件不通过。

6）结束节点：表示整个场景执行完成，没有子节点。

图8-30所示为驾驶员打电话场景云端配置示例：当检测到驾驶员打电话时，先判断驾驶员车窗是否关闭，没有关闭则结束场景，如果车窗处于关闭状态，就弹窗询问用户是否开启驾驶员打电话模式，倒计时5s自动同意，用户同意后就执行车控全部打开车窗，然后进入等待驾驶员打电话结束事件，当接受到驾驶员打电话结束事件时，则再次弹窗询问用户是否退出驾驶员打电话模式，倒计时5s自动同意，则把驾驶员车窗提升至70%，然后结束场景。

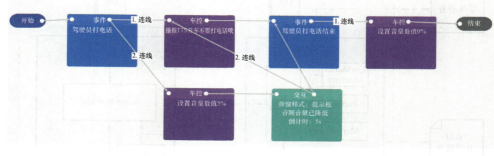

图8-30　驾驶员打电话场景云端配置示例

（2）车机端场景引擎　在车机端，每次开机启动会访问云端下载当前车辆的场景包，拿到返回的场景包之后会覆盖自己本地缓存的场景包，然后重新更新本地的场景引擎，车机端场景引擎会加载这些场景，并进行执行。车机端场景引擎主要实现功能包括如下6个方面：

1）场景事件路由器：场景事件路由器对外提供了fun onEvent(tt:

SceneEvent)方法，负责对外接收场景事件，所有的事件都要经过这里，由其进行分发至不同的场景中。

2）场景外部交互代理：场景外部交互代理主要负责将具体场景与依赖外部的车控代码等进行解耦，通过动态代理模式，抽象了三类接口，即条件、交互、车控。具体场景在执行过程中需要访问外部资源时，都需要经过该代理模块进行资源访问。

```
fun condition(service: String): Any?
fun prompt(vararg params: Any?, c: (n: Boolean) -> Unit)
fun ctrl(service: String, vararg params: Any?)
```

3）场景协议引擎：场景协议引擎主要负责解析云端下发的场景协议，每个场景都会被该模块解析成具体的实例映射至车机内存中，当收到场景事件路由器分发的事件，将会按照协议通过场景外部交互代理模块进行交互、车控、条件判断等功能执行。

4）场景协议缓存：场景协议缓存模块主要负责对场景协议的管理，包括但不限于写入、删除、读取等功能，由其内部维护一套协议管理逻辑，对外暴露的接口清晰明了，易于使用。

5）场景协议下载：场景协议下载模块主要负责访问云端，下载当前车辆部署的场景包及相关音视频等文件资源，还有定时向云端报告当前车辆状态等。

6）场景原子方法及变量：场景原子方法及变量包含了对场景事件的定义及对车控、条件等的抽象，该模块在场景引擎初始化时由具体车型去适配，引擎内部无须关心其具体实现，该模块将车型和引擎进行了解耦，可以很好地将框架移植到其他车型上面。

8.3.2 冲突处理

用户在进行场景开发的时候，如果开发的场景是相对独立的，与其他场景或者模块没有耦合，则不需要考虑冲突。但很多时候，在某些条件下，场景触发的时候是有耦合的，例如，场景 A 和场景 B 都会播放 TTS⊖ 操作空调、车窗等，这个时候就要考虑场景冲突了。场景 A 和场景 B 同时触发时，执行顺序是怎样的？A 执行完，B 这个时候还在执行，要不要恢复空调？

针对以上情况，需要单独抽出来一个模块，专门用来处理场景冲突。换句话说，场景开发人员可以只专注于自己场景的开发，不用管与其他场景的冲突如何处理，这一切都交给冲突处理中心去决策，如图 8-31 所示。

⊖ TTS：Text To Sound，文本到语音播放器，是一款 Android 平台的应用。

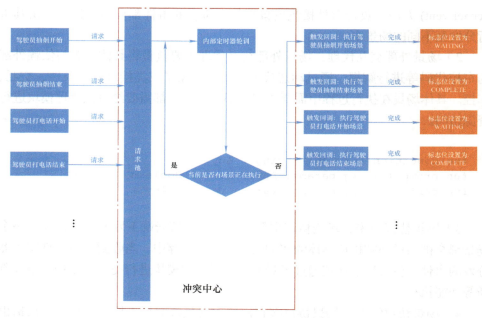

图 8-31 冲突处理中心示意图

（1）完整场景　具体来说，完整的一个场景大致包含场景正在执行（RUNNING）、等待场景执行（WAITING）、整个场景执行结束（COMPLETE）：

1）场景正在执行：指场景正在执行 TTS、UI、车身控制（如操作天窗，车窗）等操作。

2）等待场景执行：指场景正在等待执行。

3）整个场景执行结束：指整个场景运行结束，下次触发从头开始执行。

相关的代码如下所示：

```
public enumSceneState {
    /** 执行期，正在执行某些操作（TTS, UI, 车身控制等）*/
    RUNNING("running"),
    /** 等待执行 */
    WAITING("waiting"),
    /** 执行结束，场景默认状态 */
    COMPLETE("complete");
}
```

（2）冲突准则

1）冲突准则 1：一个完整的场景可以有很多部分，目前一个场景最多分两部分。第一部分为场景开始，第二部分为场景结束。场景正在执行的时候不能被打断，每部分执行完毕的时候可以触发别的场景。场景按照优先级的高低执行，相同优先级的场景，按照请求的时间顺序排队执行。

2）冲突准则2：结合公共资源的处理策略，以先开的为准，公共资源采用引用计数，所有依赖的事件结束才关闭。例如，驾驶员抽烟场景操作空调，空调引用计数加1，如果空调是打开的，则不进行操作，否则打开空调；驾驶员抽烟结束的时候，空调引用计数减1，空调引用计数为0的时候，恢复空调状态。同时，冲突处理中心提供查询所有场景的状态，可以很方便地应付多场景融合下的处理逻辑。

8.4 案例：抽烟场景应用开发实践

本节以抽烟车窗智能调节场景为案例来介绍智能座舱场景应用开发流程。为了方便读者实操，这里从开发环境搭建开始介绍，之后进入场景应用开发。

8.4.1 开发环境搭建

目前，市面上的车机端操作系统大都是Android系统，而Android应用场景的开发目前大都基于主流的Android开发工具（Android Studio）来实现，因此Android Studio的开发环境搭建必不可少。Android Studio是谷歌推出的一个Android集成开发工具，基于IntelliJ IDEA。类似Eclipse ADT，Android Studio提供了集成的Android开发工具用于开发和调试。

在进行Android Studio安装前，需要先配置JDK环境。截至本书撰写时，JDK版本已经更新到1.8，大家可以去Oracle官网下载相关版本⊖。JDK的安装过程以及JDK环境变量的配置比较简单，在此不再赘述。JDK安装完毕之后可以通过java -version来查看JDK的版本，以此来确认JDK是否安装成功（图8-32）。

```
λ java -version
java version "1.8.0_192"
Java(TM) SE Runtime Environment (build 1.8.0_192-b12)
Java HotSpot(TM) 64-Bit Server VM (build 25.192-b12, mixed mode)
```

图 8-32　查看 JDK 是否安装成功

JDK配置完毕之后，即可进行Android Studio开发环境的安装。Android Studio的官网下载地址为 https://developer.android.google.cn/studio，读者可以在上面下载任意版本的Android Studio进行安装，其安装过程也比较简单，在此不再赘述。以Android Studio 4.0版为例，安装成功后的启动页面如图8-33所示。

⊖ 下载地址：https://www.oracle.com/java/technologies/javase-downloads.html。

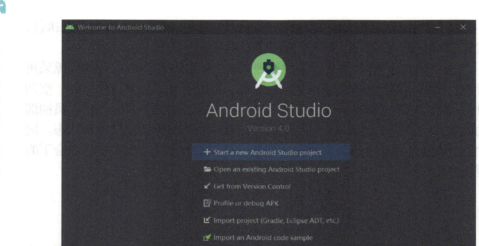

图 8-33　Android Studio 4.0 版安装成功后的启动页面

众所周知，因为 Java 具备跨平台的特点，所以 Java 与本地代码交互的能力非常弱，而存在一些 Android 应用场景需要使用 NDK[⊖] 来与本地代码（如 C、C++）进行交互。关于 NDK 的配置也比较简单，只需要下载对应的 NDK 版本，然后在 Android Studio 的 Project Strucure 窗口中进行配置即可。这里以 ndk-r14b 为例，配置如图 8-34 所示。

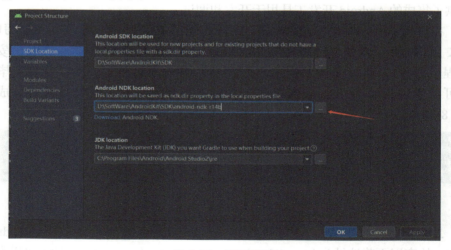

图 8-34　NDK 配置

至此，车机端开发环境搭建的介绍就结束了，后续车机端各种各样的

⊖ NDK 的英文全称为 Native Development Kit，是 Android 的一个工具开发包。

Android 应用程序就可基于此环境进行开发。

8.4.2 场景应用开发

随着 AI 芯片以及摄像头等相关外设的接入，车机端可以获取各种图像感知以及语音感知处理结果。基于这些感知信息，车机端可以根据需求进行不同应用场景的开发和迭代。例如，基于驾驶员 DMS 摄像头识别而开发的疲劳缓解策略，可以不受自然光照的限制，对行车过程中的驾驶员疲劳状态进行监控，以此降低因疲劳驾驶导致交通事故的概率，提升驾驶员行车安全系数；基于 IMS 摄像头识别而开发的前排乘客智能音量策略，能够在前排乘客打电话的时候主动降低当前媒体音量，当打电话事件结束之后自动恢复媒体音量，进一步提升车内乘员的乘车体验。当然，诸如视线亮屏、驾驶员分心、高速道路出口分心提醒等功能都可以基于地平线强大的感知能力得以实现。

下面以智能车控场景中的驾驶员或前排乘客抽烟为例，简单介绍下整个开发流程，相关技术细节在本节不展开描述，感兴趣的读者可以上地平线开发者论坛，或者通过本书背面提供的链接找到相关的代码。此场景就是当车内摄像头识别到驾驶员或者前排乘客抽烟时自动开启车窗，同时开启空气净化，抽烟结束后自动关闭车窗以及净化，以此来在一定程度上减少车内乘员不必要的动作，从而提升乘车体验，此场景的时序如图 8-35 所示。

（1）抽烟事件监听　不管是智能车控场景还是其他诸如疲劳缓解场景，场景开发首先要做的就是通过注册监听获取当前车内摄像头识别到的 DMS 感知事件，只有先获取到针对车内人员的感知状态才能有针对性地开始相关场景的开发工作。以智能车控场景中驾驶员、前排乘客的抽烟事件监听为例，示例代码如下：

```
PerceptionWork.getInstance().getMainDriverApi().registerSmokeEventListener(new IDriverSmokeEventListener() {
    @Override
    public void onDriverSmokeEvent() {
        //TODO 处理驾驶员抽烟逻辑
    }
});

PerceptionWork.getInstance().getCopilotApi().registerSmokeEventListener(new ICopilotSmokeEventListener() {
    @Override
    public void onCopilotSmokeEvent() {
        //TODO 处理前排乘客抽烟逻辑
    }
});
```

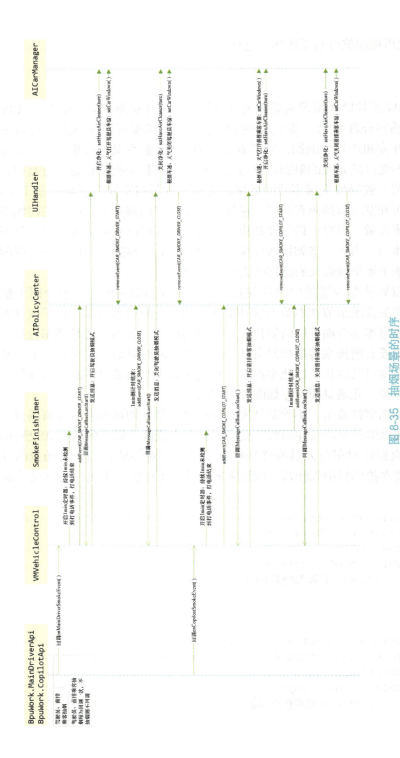

图 8-35 抽烟场景的时序

（2）操控车窗涉及的冲突处理　比如，智能车控中的驾驶员、前排乘客抽烟场景会涉及开车窗的操作；驾驶员疲劳缓解策略中，当监测到驾驶员处于重度疲劳时，会主动开启空调降低车内温度，同时当车速低于 60km/h 时，会把驾驶员车窗开启 10% 来缓解驾驶员疲劳状态，也会涉及车窗的操作。这样一来，当 2 个场景同时触发时，便会产生针对车窗操作的冲突。除了车窗，空调、中控屏的显示都有可能涉及冲突处理。为此，需要设计了一套冲突处理策略，通过结合各场景触发时的资源占用状态以及优先级来对场景交互行为的触发进行决策。各个场景触发交互行为前只需要先经过冲突处理中心进行决策，如此一来就解决了场景间的冲突问题。

（3）交互反馈　有了感知事件和冲突处理中心，下一步就是场景触发的交互行为了。当检测到驾驶员、前排乘客抽烟事件时，首先中控屏幕会有弹窗，同时伴随着 TTS 播报 "即将为您开启驾驶员（或前排乘客）抽烟模式"；当用户 5s 之内不单击 "取消" 的话，就会开启驾驶员、前排乘客对应一侧的车窗（车窗开启幅度和车速相关联），同时会开启空气净化；待抽烟事件结束后，中控显示屏会提示 "即将为您关闭驾驶员（或前排乘客）抽烟模式"；同样，如果用户 5s 内不单击 "取消"，将会自动关闭车窗和空气净化。

针对不同场景的触发，车机的交互行为也不同。正如上面提到的疲劳和抽烟场景会触发车窗、空调的交互操作，前排乘客智能音量场景以及手势切歌场景会涉及媒体类的相关操作等。随着越来越多的智能座舱场景的开发，交互行为将会更加多种多样，除了普通的文字展示弹框、TTS 播报、仪表动效等，诸如车内氛围灯甚至车外灯光的控制都可以加入交互行为中，以此来提升用户交互的质感。

8.5　练习题

1. 目前市场上常见的车机操作系统主要有哪些？
2. AI 专用处理器接入车机的方式有几类？
3. 场景应用框架包含哪几个层级？
4. AOP 是什么？
5. 场景可视化配置的服务包含哪几个关键节点？

Chapter 09

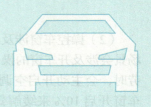

第 9 章
智能座舱场景测试

本章是智能座舱场景开发流程的最后一步，也是非常关键的一步。有效的测试可以确保座舱智能场景的稳定性，提升用户的使用体验。一般来说，智能座舱场景测试最关注 2 个关键点：测试标准以及测试工具。具体来说，测试标准主要关注测试数据与流程的标准化，进而一方面确保各类场景能够测试到，另外一方面降低人工失误而产生的误测与漏测。而测试工具自动化可以进一步增加测试的效率，并最终确保发版的感知软件与场景应用的稳定性。本章先简要介绍座舱场景测试流程，进而介绍相关工具及搭建方法，最后介绍语音与视觉测试标准。

9.1 座舱场景测试流程

智能座舱场景测试流程如图 9-1 所示，主要分为 3 个大步骤：数据集构建、台架算法测试以及实车算法测试。在展开之前，先需要了解一个在本书中被反复提及的概念——badcase，这是在座舱研发团队中经常提及的一个口语词，代指测试出来的误报、漏报等算法问题。在学术界，badcase 有时也会被称为失败案例（failure cases）、少见案例（rare cases）或长尾案例（long tail cases）等，详见本书第 10 章。为方便描述，本书所指的 badcase 更广，涵盖以上所有情况。本章中所说的算法测试包括算法模型及上层策略。其他与硬件相关的长稳测试，读者可参考第 3 章。

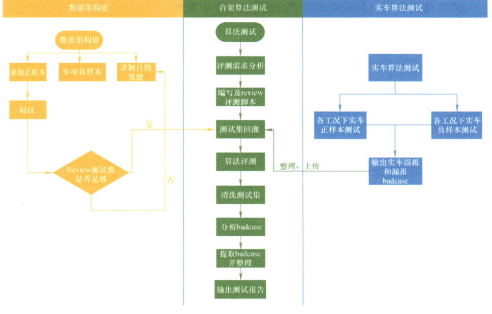

图 9-1　智能座舱场景测试流程

（1）数据集构建　主要目的是构建场景测试的标准或临时数据集，从而找出误报及漏报 badcase，量化输出指标，并反馈给研发等其他部门。关于数据集录制，在本书第 5 章有详细介绍，这里不再赘述。

（2）台架算法测试　主要目的是通过算法迭代测试，分析不同版本的算法对于 badcase 的解决率和算法指标，客观衡量算法是否达到发版标准。

（3）实车算法测试　主要目的是通过实车进行算法测试。通过实车测试，可更快地发现当前版本的 badcase，也是对复杂场景的补充，以及对台架算法测试结果的二次确认。

9.2　座舱场景测试工具

在实际开发中，图像测试与语音测试无论在数据、测试工具、测试方法以及测试标准上都差异较大，因此下面单独介绍图像及语音相关的测试工具。

9.2.1　图像测试工具

对于图像测试来说，最重要的有三方面：数据管理、自动化测试以及测试结果管理（特别是 badcase 管理）。对于这三方面，不同的公司或团队均会有不同的测试工具。

（1）数据管理　座舱数据管理在实际开发中常面临以下 2 个问题：

1）数据量大、存储难：录制数据、闭环数据、现有的测试集和回灌生成的数据量很大，经常需要不停地转移，不同使用者来回拷贝，无法有效归档，易冗余和丢失。

2）研发和测试数据难以一致：测试集、干扰集、自然驾驶、录制的专项功能测试集、测试和研发在各自不停地清洗，每个版本需要验证一致性对齐，异常繁琐，费时费力。

而数据管理的本质是实现物理数据的数字化，通过各种抽象标签对这些数据从不同维度表达我们的认知。最后像人类的语言一样，通过不同的组合来表达不同的语义，从而检索到需要的数据。例如，座舱常用的一些简单的标签包括车厂（什么车厂采集的数据）、车型、时间、天气、光照、人员位置、人员性别、人员年龄、人员发型、人员眼镜、人员身高、事件及地点等。根据以上标签，就可以很容易组合出测试想要的数据的检索条件。以地平线相对应的工具举例说明，图 9-2a 所示为 IR 摄像头 + 驾驶员 + 在暗光情况下 + 抽烟的结果；图 9-2b 所示为有戴帽子的且表情开心的数据，摄像头可以是 IR 或 RGB。

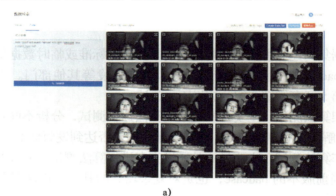

a)

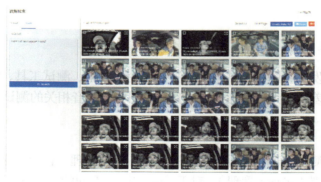

b)

图 9-2　测试数据检索示例

（2）自动化测试　对于自动化测试来说，座舱测试方案从最初的单个重复回灌方式，到自动化回灌，到基于数据驱动的自动化测试方案，越来越受到重视。自动化测试技术有良好的可重复性、高并发和高效率的特点，为各类测试项目显著提高了测试效率，将测试人员从烦琐的执行中解放了出来。以地平线为例，通过多种工具的组合来提升自动化测试水平：

1）数据自动入库：提供数据入库工具，可以在线看到数据入库情况（图9-3）。

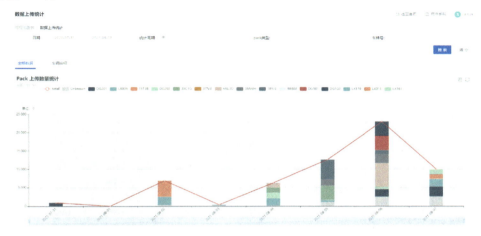

图9-3　数据入库情况

2）在线播放工具：在线观看数据、快进快退、截图、算法和后处理策略输出等（图9-4）。

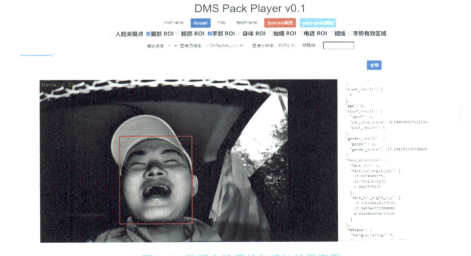

图9-4　数据在线播放与感知结果查看

3）在线标注工具：对已有的数据进行标注，或者修改标签的能力（图9-5）。

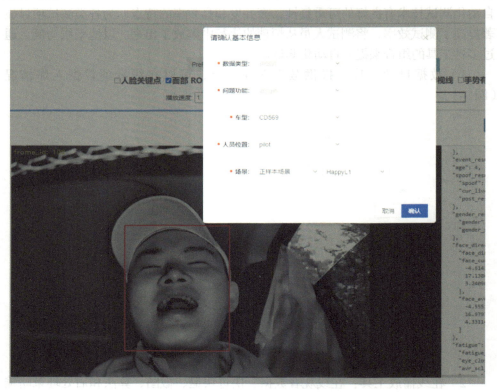

图9-5　修改标签

4）任务管理工具：包括管理数据上传、下载、挖掘、回灌和测评等任务，可以在线查看任务状态和执行日志信息（图9-6）。

图9-6　任务管理工具

5）测评任务自动输出测评结果，可以根据历史数据自动诊断测评结果（图9-7）。

图 9-7　测评结果自动统计与输出

另外，对于测试的结果，还有 badcase 分析工具（图 9-8），方便对自动分析的结果进行二次核验，给研发团队反馈准确的分析结果。

图 9-8　badcase 分析工具

（3）badcase 管理　对于 badcase 管理来说，座舱测试数据主要分为正样本、负样本和自然驾驶。其中正样本的 badcase 是漏报，负样本和自然驾驶的 badcase 是误报。如果测试场景数据和训练数据在场景上区别较大，会造成 badcase 较多的情况。但 badcase 并不能明确地确定模型现存缺陷，所以需要先对 badcase 打上不同的标签，进行多维度标注。比如目标检测里面，badcase 可以按大中小、否集中、是否有遮挡等维度进行标注。这些标签需要用数据库实现在线管理，从而方便对每个版本 badcase 进行管理，其管理界面如图 9-9 所示。

图 9-9　badcase 管理界面

除此之外，该工具还提供 badcase 自动化统计功能（图 9-10），通过对各个维度分布统计，为研发指明迭代方向。另外，还可以根据一些条件检索 badcase，并利用这些 badcase 中的数据来生成新的负样本测试集，用新的版本进行回灌验证，看新版本解决了哪些 badcase，还剩下多少 badcase，为发版提供更加丰富的参考。

a) 漏报　　　　　　　　　　　　　b) 误报

图 9-10　badcase 自动化统计功能

9.2.2　语音测试工具

语音的测试工具与图像测试有较大不同。具体来说，需要待测设备、汽车 1 台、笔记本计算机 2 台（分别播放语料、噪声）、人工嘴 1 个（播放语料，也可使用高保真音响替代）、高保真音响⊖ 2 个（用于播放噪声）、雅马哈（Yamaha）HS8 有源音响一台、车内支架（摆放人工嘴、音响）、声级计⊜ 1 个（测试语料、噪声的音量）、带数据记录 SD 卡（1 级）、卷尺（测量到待测设备距离）、胶带（用于标记）、音频线路输出电缆（用于将语音笔记本计算机连接到语音扬声器、将噪声笔记本计算机连接到噪声扬声器）以及 Adobe Audition CC（播放测试语料、噪声）。人工嘴与声级计实体如图 9-11 所示。

图 9-11　人工嘴与声级计实体

⊖　推荐品牌：Fostex 6301ne 有源显示器（单台），电子平衡。
⊜　推荐品牌：General DSM403SD 声级计。

在以上工具准备完毕后，就进入搭建环节。在条件允许的情况下，尽量在车内搭建测试环境，因为这样最贴近真实使用场景。

如图 9-12 所示，待测设备的摆放，不能有任何遮挡待测设备传声器和喇叭的行为。图中的 DUT 代表待测设备（Device Under Test）；VPM 代表虚拟测量点（Virtual Measurement Point）；MRP 代表嘴部参考点（Mouth Reference Point），本文均采用人工嘴 25cm 处测量。具体摆放距离、夹角、高度的详细数据见表 9-1。

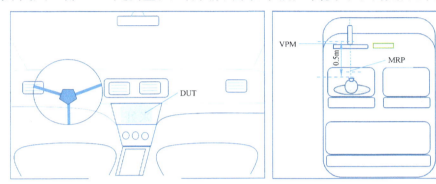

图 9-12　待测设备摆放与测量示意图

表 9-1　设备摆放详细数据

名称	位置	角度	其他
待测设备（Device Under Test）	设备正常使用位置	—	—
噪声源（Noise Speaker）	前排乘客/后排位置，播放噪声音响中心位置与头枕齐平	正前方	空调：高档、中档、关闭（根据实际产品选择） 车窗状态：半开、关窗 车窗个数：全部、前排
人声声源（Speech Speaker）	车内任意座位，人工嘴与头枕齐平	正前方（根据实际场景略微调整）	—

搭建环境过程当中，测量人声源和噪声源的音量会用到一个很重要的工具——声级计。具体来说，取样模式选择快速（FAST），计权网络选择 A 计权，之后手持声级计，到被测位置，高 1cm，记录 30s 内的平均值记为测试音量。而对于实车内的各种声源，需要使用计算机连接音响、人工嘴。在播放噪声与人声时，为确保播放音量的一致性，需做以下设置：

1）计算机上"播放设置"，禁用所有音效。

2）将音响的音量和人工嘴的音量调节到固定档位，记录档位值，后续不再调节。

3）在连接音响和人工嘴的笔记本计算机中，将播放音频的软件音量调到最高，音效关闭后不再调节。

4）测试过程中，根据不同信噪比，只调节计算机音量，以保证测试场景的准确。

人声声源音量测量、噪声声源音量测量以及回声声源音量测量，详见表9-2。

对于人声声源音量测量，播放人声校准音，在人工嘴0.5m处，即VPM位置，测量音量平均值见表9-2第1行。

噪声声源音量测量即车内交谈声（在驾驶员位置测量）。播放交谈声校准音，在人工嘴0.5m处，即VPM位置，测量音量平均值见表9-2第2行（交谈音量比唤醒人声低3dB）；空调（无须测量，可直接选择档位）可选高档、中档、低档（根据实际产品具体选择）；其他噪声（风噪、路噪等）以实际情况为准。

对于回声声源音量测量，一般用车载音响播放音乐/电台等，在驾驶员位置测量。播放音乐校准音，在人工嘴中心点上方10cm米处，即ERP位置，测量音量平均值见表9-2第3行。

表9-2 声源音量测量

人声声压级（@VPM）/dB（A）（人声高低）	中(78)，高(83)
交谈声压级（@VPM）/dB（A）（交谈高低）	中(75)，高(80)
回声声压级（@ERP）/dB（A）（回声高低）	中(78)，高(88)

9.3 座舱场景测试标准

为了快速全面地找到算法badcase，就需要建立丰富的测试场景集。基于场景的智能座舱的测试方法是实现加速测试、加速评价的有效途径，也是测试、验证、评价智能座舱功能与性能的关键，贯穿智能座舱车辆研发测试全生命周期。测试场景是开展智能座舱测试评价的重要前提。

然而，座舱场景测试目前在行业内没有统一的标准，而且现实世界中的场景具有无限丰富、复杂、不可预测的特点。但有个根本原则：需尽可能覆盖真实的全部场景。也就是说，场景库中的测试场景对现实世界的覆盖率越高，测试集构建的有效率就越高。

在实际工作中，座舱场景测试是将视觉与语音测试分开来进行的，这是因为二者输入源不同，摄像头是视觉的输入源，传声器是语音的输入源。但这个也不是绝对的，例如，目前多模语音或交互兴起，在这种情况下，需要根据不同的场景来设计特定的测试方法与用例。本节将会从车载视觉与语音两个方面进行详细的介绍。除此之外，本节还将重点介绍在测试中常见的算法误报与漏报列表，帮助读者在数据收集与算法研发阶段提前避免失误。

9.3.1 车载视觉测试标准

由于不同光线折射到人脸的阴影不同，不同年龄段人脸的纹理不同，佩戴不同饰物（如：刘海、眼镜等）、不同身高对人脸的遮挡不同，都会对算法识别结果产生一定影响，故将测试场景分为 3 个通用维度，详见表 9-3 所示。

表 9-3 测试场景维度划分

场景维度	详细分布
光照	1. 白天顺光、白天顶光、树荫下、白天侧光、隧道、夜晚无光照、夜晚正常道路 2. 夜晚路灯下、夜晚对向远光灯、夜晚侧向远光灯、夜晚后向远光灯、夜晚车库
车控	1. 天窗：全开、半开、全关 2. 车窗：全开、1/5 开、1/4 开、1/3 开、1/2 开、全关 3. 车速：静态、动态 4. 方向盘/座椅：方向盘和座椅调整至舒服姿势
模特	1. 性别：男、女 2. 配饰：戴帽子、戴不同款眼镜、戴墨镜、正确戴口罩、口罩拉到下巴等 3. 年龄：0~6 岁、6~12 岁、12~18 岁、18~28 岁、28~35 岁、35~45 岁、45~55 岁、55 岁以上 4. 属性：姿态、身高、发型

在实际情况中，以上维度的分布情况不尽相关且动态变化，如在疫情期间，戴口罩的人数明显多于不戴口罩的人。因此，实际的测试场景（常规场景与疑难场景）需要根据每款车型的用户画像以及不同区域的光照时长来做配比与调整。

7 种不同的光照定义见表 9-4，包括普通光照、阳光直射、侧光（俗称"阴阳脸"）、暗光、弱光、复杂光照以及夜晚开灯。在构建测试场景的时候，上述情况需要尽可能全部覆盖到，并且在比例上也要根据实际情况来做灵活调整。

表 9-4 光照定义

光照标签	中文释义	示例图
normallight	普通光照：普通光照打在脸上，没有阴阳脸	

（续）

光照标签	中文释义	示例图
directlight	阳光直射：太阳光全部打到脸上或人脸高亮略有反光	
sidelight	侧光：太阳光打在脸上并形成阴阳脸	
darklight	暗光：光线非常暗，接近全黑，看不清人脸信息	
weaklight	弱光：有一定亮度，比如夜晚车内开灯、夜晚有路灯等，肉眼能看出人脸信息	
complexlight	复杂光照：斑驳的光线照在脸上，即脸上有多处阴影	
nightwithlight	夜晚开灯：晚上车内开了灯	

下面举一个实际的例子：选择 100 个模特来构建测试集，具体的模特覆盖要求、光照覆盖要求以及车控覆盖要求见表 9-5。

表 9-5 测试集具体的覆盖要求

场景维度		覆盖要求
模特要素	座位	驾驶员、前排乘客、2L、2M、2R
	性别（每个座位）	男 60 人，女 40 人
	属性（每个座位）	戴帽子：5~10 人（帽子款式不同） 戴眼镜：可按照模特实际情况 戴墨镜：5~10 人（墨镜款式不同） 正确戴口罩：2 人（抽烟无此属性） 口罩拉到下巴：10 人
	年龄（每个座位）	18~28 岁：50 人 28~35 岁：30 人 35~45 岁：10 人 45~55 岁：5 人 55 岁以上：5 人
光照要素	座位	驾驶员、前排乘客、2L、2M、2R
	光照（每个座位）	普通光照：60% 侧光：8% 夜晚：9% 阳光直射：5% 暗光：1% 弱光：2% 夜晚路灯下斑驳光照：2% 白天太阳光下斑驳光照：2% 夜晚开灯：1% 开天窗：8% 隧道：2%
车控要素	座位	驾驶员、前排乘客、2L、2M、2R
	车控	天窗：全开 10%、半开 30%、全关 60% 车窗：全开 10%、1/5 开 15%、1/4 开 15%、1/3 开 15%、1/2 开 15%、全关 30% 车速：静态 30%、动态 70% 方向盘/座椅：上下左右调整至舒服姿势 100%

注：2L（二排左侧），2M（2 排中间），2R（2 排右侧）。

座舱视觉算法测试集一般分为三类，分别是正样本测试集、自然驾驶测试集和专项负样本测试集，具体信息见表 9-6。

表 9-6 座舱视觉算法测试集

测试集	目的和用途	时长/数量要求	动作要求
正样本测试集	构建正样本测试集，用于输出指标 Recall，客观体现算法的查全率如何	每个座位至少 500 个动作样本	按照各算法功能定义，做出符合要求的动作，需尽量真实
自然驾驶测试集	一方面用于客观衡量每小时的误报次数，另一方面用于暴露未知场景的误报数据	至少 300h	自然驾驶测试集为正常在车内可能做的动作，不包括奇怪的干扰动作。尽量覆盖一切在车内可能做的动作，包括吃东西、化妆等
专项负样本测试集	在未构建完成自然驾驶测试集时，可快速发现行为类算法的误报数据，快速衡量算法在误报方面的效果	每种分类至少 200 个样本	基于经验总结归纳出来的专项负样本场景

在上述测试集中，专项负样本测试集一般需要根据经验进行总结，而且伴随着场景的丰富，其数量也在不断增加。对于刚成立的座舱研发团队来说，专项负样本比较少，如果测试不充分的话，则一些负样本也比较难发现，其出现的频率也比较难判断。为了帮助读者尽快构建起自己的专项负样本测试集，表 9-7 列举了 28 个常见但容易干扰算法的专项负样本，部分示例可参考图 9-13。

表 9-7 常见负样本列表

编号	系列名称	描述
1	摸捏嘴系列	手自然地放在嘴边（可发散各种不同的手置于嘴边的动作，可发散）
2	喝吸管系列	包含但不限于奶茶、各种样式的酸奶（包含吸管露出长、吸管露出短、不同颜色吸管）。注意，一定要喝东西，不能纯含吸管摆拍
3	喝水杯系列	喝水，每个模特使用自带的杯子喝水，还有喝可乐、雪碧等
4	用水杯捂脸系列	每人自带水杯捂脸
5	系安全带系列	自己或他人帮助系安全带
6	香烟半举系列	特指抽烟已经完成后，半举着的状态（至少 3s），香烟离嘴部有一定距离
7	手放衣领系列	各种手抓衣领动作
8	涂口红/唇膏动作系列	涂口红、涂唇膏系列动作
9	戴耳机动作系列	分别戴上两只耳机
10	掏耳朵系列	手指在耳朵里至少 4s，分别掏两只耳朵
11	戴眼镜扶眼镜系列	扶眼镜，包括从中间扶和从侧面扶
12	抠鼻系列	需包含电话手势挖抠鼻动作
13	托腮系列	各种拳头、手掌或手指托腮动作
14	手摸头发系列	男女各种摸/捋头发动作
15	抓耳挠腮系列	侧面、头顶以及后脑勺抓耳挠腮动作
16	吃柱状物食品系列	包含但不限于：棒棒糖、辣条、麻花、百奇棒、夹心棒、薯条、火腿肠、冷饮、串串香、烤串、用筷子吃饭、带吸管的酸奶等棒状食品

（续）

编号	系列名称	描述
17	叼牙签/竹签/筷子系列	用嘴叼牙签、竹签、筷子等细长柱状物
18	戴/卸/调整口罩系列	拿下口罩，再戴上口罩，再用手捏口罩上边缘的鼻梁线，拇指食指捏口罩钢丝
19	双手玩手机系列	需要包含正前方、侧脸及低头看手机等各类动作，双手握手机发信息
20	吃非柱状物系列	包含但不限于：吃小蛋糕、曲奇饼干（一般是圆形的）
21	玩笔系列	准备多种外观的笔（记号笔、中性笔、钢笔等），持笔的手靠窗边时，可以将手臂搭在窗户上，如图9-13所示
22	化妆系列	包括用手在脸上打粉底
23	撇嘴系列	各类撇嘴，如图9-13所示
24	关顶灯/天窗系列	单手关顶灯/天窗动作
25	前后排拿东西系列	前排从后排单手拿东西（面纸盒之类），后排从前排单手拿东西
26	身体探前系列	后排模特身体探前，手部扶座椅动作
27	单手玩手机系列	单手握手机、玩手机等动作
28	双手交叉系列	双手合十、交叉等动作

a) 摸捏嘴

b) 香烟半举

c) 手放衣领

d) 戴眼镜

e) 抠鼻

f) 托腮

g) 玩笔

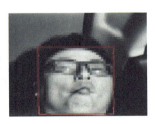
h) 撇嘴

i) 叼牙签

j) 关顶灯

k) 单手玩手机

l) 双手交叉

图9-13 部分负样本示例图

（1）专业指标　实际测试过程中，需对上述不同场景维度以及车内人员的行为进行不同的排列组合及遍历取值，以扩展场景边界，有效覆盖测试盲区。在测试指标方面，下面几个专业指标会被经常用到：

1）FN（False Negative）：被判定为负样本，但事实上是正样本，即漏报。

2）FP（False Positive）：被判定为正样本，但事实上是负样本，即误报。

3）TN（True Negative）：被判定为负样本，事实上也是负样本。

4）TP（True Positive）：被判定为正样本，事实上也是正样本。

上面的正样本和负样本与算法检索结果的关系就是：实际为正样本的应该都出现在算法检索出的结果中；实际为负样本的应该都不出现在算法检索出的结果中。

刚接触测试的读者可能会容易遗忘或弄混上面4个指标（FN、FP、TN、TP），这里介绍一个比较好记的方法：把缩写分为两个部分，即第一个字母（F及T）和第二个字母（P及N）。

首先搞清楚第二个字母，即算法识别的结果（Positive 或 Negative）：P 是 Positive 的缩写，表示算法识别的是正样本；N 是 Negative 的缩写，表示算法识别的是负样本。

再搞清楚第一个字母，即对算法识别结果进行评价和判断（False 或 True）：T 是 True 的缩写，表示算法识别结果是正确的；F 是 False 的缩写，表示算法识别结果是错误的。

（2）评测指标　清楚上述4个缩写术语后，通常使用如下评测指标来客观衡量算法识别的结果：

1）Recall=TP/(TP+FN)，即召回率 = 正样本识别数 / 正样本总数，也称查全率。使用正样本测试集输出 Recall，即在所有正样本数据集中识别正确个数的比例。

2）Fpphr=FP/ 总时长，使用自然驾驶测试集输出每小时误报次数。例如 Fpphr=0.01，那意味着每100h会出现1次误报。

3）Accuracy=（TP+TN)/(TP+TN+FP+FN)，即准确率 = 预测正确数 / 样本总数，表示有多少比例的样本预测正确，多用于统计性别识别结果。

4）1-off Accuracy，即识别结果与标注差在正负1之间。例如，实际年龄为30岁，算法预测结果在区间 [18，28] 和 [35，45] 的均准确。该指标多用于统计年龄识别结果。

5）Precision=TP/(TP+FP)，即精确率 = 正样本识别数 /(正样本识别数 + 负样本误报数)。该指标建议仅在内部相同测试集上不断迭代，用于比较不同版本的结果。不推荐对外使用，因为正负样本混合的测试集，通过改变正负样本占比，可调整该指标的结果，无法客观展示算法识别的结果。

9.3.2 车载语音测试标准

目前车厂大多数采用的为单模语音方案,即只有一路语音信号输入,但是单模语音在噪声嘈杂的环境下就会无法识别,比如在闹市区或者车上人员比较多和吵闹的情况下,用户可能无法顺畅地爱车进行语音交互。而多模语音由于加入了图像的一路信号辅助,刚好可以解决这个用户痛点,具体信息见本书第 6.3、6.4 节的介绍。下面分别介绍单模语音与多模语音的测试标准。

1. 单模语音测试标准

在介绍具体测试标准前,先介绍相关的测试数据准备情况。测试过程中使用的唤醒音频、query 音频、噪声音频、回声音频和误唤醒音频均要满足规格:标准 48k 采样率(最低 16k)、16 位、单/双声道(根据实际待测设备选择)、能量 −18dB(ov)。

测试数据包括以下 5 个方面:

1)唤醒音频:用户一般为 18~30 以及 31~60 两个年龄段;根据实际产品使用地区来灵活选择方言或普通话;语速方面(4 个字唤醒词时间),快语速 0.65~0.85s,正常语速 0.85~1.5s。

2)query 音频:分为间隔较长及较短两种模式。间隔较长是指唤醒词与 query 音频之间的间隔为 0.4~1s,而间隔较短为 0~0.4s。对于以上两种模式,音频类需要符合待测设备实际应用场景的 query 音频。

3)噪声音频:根据不同被测设备选用适合的噪声,噪声类型包括乘员交谈、车噪、路噪、空调等,尽量覆盖不同类型。

4)回声音频:根据不同被测设备选用适合的回声,回声类型包括音乐(摇滚乐、古典乐、清唱等)、TTS(导航播报音等)、有声读物、FM 电台,尽量覆盖不同类型。

5)误唤醒音频:乘员交谈声、TTS、音乐、有声读物、FM 电台、实际噪声(路况等)。

利用以上数据就可以构建不同的测试集。例如,唤醒测试集需从唤醒语料中(成人普通话正常语速、成人普通话快语速、成人方言正常语速)抽取,且保证男女比例 1:1;识别测试集应覆盖较多高频使用场景 query 语句词;误唤醒测试集包括误唤醒音频,累计播放时长不少于 24h,音频按照 1:1 比例抽取。

在测试内容方面(表 9-8),实车语音交互功能丰富,一般在不同场景对待测设备进行唤醒、识别率等指标测试。

对于上面描述的各类测试数据,考虑到实际用户使用产品的场景,将参考主要场景做路测。表 9-9 展示了根据各影响因素不同组合而成的场景占比作为抽取测试场景的参考。

表 9-8 测试内容

测试内容	详细描述
唤醒率	成功唤醒次数与唤醒词总次数之比。假设测试语料中总共尝试 N 次唤醒,唤醒成功 R 次,唤醒率 =$R/N \times 100\%$
唤醒音区准确率	成功唤醒的情况下,正确输出唤醒音区的次数。假设测试语料中总共尝试 N 次唤醒,成功唤醒 S 次,正确输出音区次数为 R 次,音区定位准确率 =$R/S \times 100\%$
识别率	以完整语句的识别情况来判别语音识别效果。假设参与识别的句子总数为 L,识别完全一致的句子数为 H,识别率 =$H/L \times 100\%$
识别音区准确率	指用户成功发出识别语句后,正确输出识别位置的次数。假设参与识别的句子总数为 L,定位成功 R 次,音区定位准确率 =$R/L \times 100\%$
人声隔离率	指非目标人声位置发出语句被拒绝识别的准确度。假设目标人声位置成功唤醒 N 次,且未发出语句,非目标人声位置发出语句 S 句,未被识别,人声隔离率 =$S/N \times 100\%$
误识率	指用户未发出唤醒词而唤醒引擎错误输出已唤醒结果的概率。用单独外放设备播放一定时长的噪声语料,检测语音唤醒的结果,需覆盖有回声及无回声情况。如在一段时间 T 内,误唤醒 W 次,误识率 =W/T,一般量化到 24h 或 48h 内的误唤醒次数
唤醒延迟	用来衡量语音唤醒引擎的响应速度,为检测到唤醒词尾点与唤醒响应时间点之间的时间差
CPU 占用率	根据不同类型待测设备 CPU 的详细信息,查看语音 SDK 占用百分比的峰值、均值
内存占用率	根据不同类型待测设备,查看语音 SDK 内存开销

表 9-9 测试场景分布

车速 / (km/h)	音乐 /dB(A)	乘员交谈 /dB(A)	关窗			前排半开窗	前后排全半开窗
			关空调	空调中档	空调高档	关空调	关空调
0~40	—	—	5%	5%		5%	5%
	78	—	5%	5%	1%	5%	5%
50~80	—	—	5%	5%	1%	5%	0.5%
	78	—	5%	5%		5%	0.5%
	—	75	1%	1%	1%	0.5%	0.5%
9~120	—	—	5%	5%	1%		
	—	80	5%	5%			
	88		1%	1%			

需要注意的是,表 9-9 中所有场景总和为 100%,各组合场景在其中的占比。另外,还要根据具体设备的使用场景来选择测试音乐的噪声或回声。例如,表 9-10 展示了一个在某车型测试过程中总结出的经验值,对于行业内具有一定的参考性。测试方案中,测试结果将按照测试场景优先级占比进行加权计算,得

出最终结果。最终结果应满足以上认证标准，并且单个测试场景下唤醒率及识别率等不低于60%。

表9-10 噪声及回声场景指标（CUP、内存占用率根据具体产品确认）

唤醒率	唤醒音区准确率	识别率	识别音区准确率	误识率	人声隔离率	唤醒延迟
≥90%	≥90%	≥85%	≥85%	≤1次/24h	≥80%	<0.4s

基于以上测试平台、用例以及标准，下面介绍具体的测试方法。

（1）唤醒

1）首先按照测试要求摆放测试设备（见图9-12中的DUT实际摆放位置），图9-14所示为角度示意图。

2）然后选取测试场景：驾驶员唤醒，以车速为90~120km/h时关窗、乘员交谈80dB（A）、车载音响播放、关空调为例。

3）之后进行音频调节，使其满足测试要求：

① 驾驶员位置播放人声校准音，在人工嘴0.5m处测量音量平均值为78dB（A）。

② 驾驶员位置播放噪声校准音，在人工嘴0.5m处测量音量平均值为80dB（A），记录播放音量。

4）上述条件准备好后，开始测试：将播放噪声的人工嘴摆放到前排乘客位置，播放人声的人工嘴摆放在驾驶员位置；先播放噪声，再播放唤醒词，记录唤醒次数并计算唤醒率，统计测试结果。

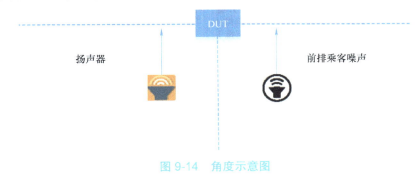

图9-14 角度示意图

（2）唤醒音区准确率 选取（1）中的测试场景，进行音频调节：

1）驾驶员位置播放人声校准音，人工嘴0.5m处测量音量平均值为78dB（A）。

2）驾驶员位置播放噪声校准音，人工嘴0.5m处测量音量平均值为80dB（A），记录播放音量。

开始进行测试,将播放噪声的人工嘴摆放到前排乘客位置,播放人声的人工嘴摆放在驾驶员位置;先播放噪声,再播放唤醒词,记录唤醒成功总次数,以及成功唤醒次数中,定位成功的次数,并计算唤醒音区定位准确率,统计测试结果,测试结果记录见表9-11(其中平均值为加权计算)。

表9-11 音区定位记录

	1L	1R	2L	2R	3L	3R	平均值
音区定位							

(3)识别率 选取(1)中的测试场景,进行音频调节:

1)驾驶员位置播放ASR音频校准音,人工嘴0.5m处测量音量平均值为78dB(A)。

2)驾驶员位置播放噪声校准音,人工嘴0.5m处测量音量平均值为80dB(A),记录播放音量。

开始进行测试,将播放噪声的人工嘴摆放到前排乘客位置,播放人声的人工嘴摆放在驾驶员位置;先播放噪声,再播放唤醒词+自动语音识别(Automatic Speech Recognition,ASR)语句,记录完全一致的句子数量,计算识别率,统计到测试结果中,测试结果记录示例见表9-12(表中"Y"表示"执行测试的场景组合")。

表9-12 测试结果记录示例

车速/(km/h)	回声音乐/dB(A)	噪声乘员交谈/dB(A)	窗户状态			空调状态			权重	唤醒数量	样本数	唤醒率
			关窗	半开窗(前排)	全开窗(前排+后排)	关空调	空调中档	空调高档				
0~40	—	—	Y	—	—	Y	—	—	5%			
			Y	—	—	—	Y	—	5%			
			—	Y	—	Y	—	—	5%			
			—	—	Y	Y	—	—	5%			
	78	—	Y	—	—	Y	—	—	5%			
			Y	—	—	—	Y	—	5%			
			Y	—	—	—	—	Y	1%			
			—	Y	—	Y	—	—	5%			
			—	—	Y	Y	—	—	5%			

(4)识别音区准确率 选取(1)中的测试场景,进行音频调节:

1)驾驶员位置播放ASR音频校准音,人工嘴0.5m处测量音量平均值为78dB(A)。

2）驾驶员位置播放噪声校准音，人工嘴 0.5m 处测量音量平均值为 80dB（A），记录播放音量。

开始测试，将播放噪声的人工嘴摆放到前排乘客位置，播放人声的人工嘴摆放在驾驶员位置；先播放噪声，再播放唤醒词+ASR 语句，记录识别总次数，识别音区定位成功的次数，计算识别音区准确率，统计测试结果。

（5）人声隔离率　选取一个测试场景（如目标位置二排右侧，车速 50~80km/h、关窗、二排左侧播放噪声交谈声、音乐关闭、空调 2 档）进行音频调节：

1）驾驶员位置播放人声校准音，人工嘴 0.5m 处测量音量平均值为 78dB（A）。

2）驾驶员位置播放噪声校准音，人工嘴 0.5m 处测量音量平均值为 80dB（A），记录播放音量。

开始测试，将播放噪声的人工嘴摆放到二排左侧位置，播放人声的人工嘴摆放在二排右侧位置；播放唤醒词+ASR 语句，ASR 语句结束同时播放噪声，记录唤醒成功次数以及交谈噪声语句未被系统识别次数，计算人声隔离率，统计测试结果，测试结果记录见表 9-13（其中平均值为加权计算）。

表 9-13　隔离率记录

	1L-1L-1R	1R-1R-2R	2L-2L-1R	2R-2R-2L	L1L-1L-1R	3R+3R-1L	平均值
隔离率							

（6）误识率　一般在声学实验室中测试，首先进行音频调节：

1）台架驾驶员位置播放人声校准音，人工嘴 0.5m 处测量音量平均值为 78dB（A）。

2）台架驾驶员位置播放噪声校准音，人工嘴 0.5m 处测量音量平均值为 80dB（A），记录播放音量。

开始测试，播放时长大于或等于 24h 的音频，记录播放时长、误唤醒次数。

（7）其他　包括响应时长、CPU 占用率、内存占用率以及体验测试：

1）响应时长：记录播放唤醒词的结束时间点与待测设备响应时间的起始点，计算响应时长。

2）CPU 占用率：12h 记录语音 SDK 的 CPU 占用值（需要在多种场景下播放唤醒词），并统计结果。

3）内存占用率：12h 记录语音 SDK 的内存占用值（需要在多种场景下播放唤醒词），并统计结果。

4）体验测试：上述测试完成后，一般要进行真人体验测试，因为真人测试最能体现用户价值。具体来说，全车所有位置都要进行实车体验，可选择闹市区、高速等路段。场景选择唤醒（安静、噪声、回声）与识别（安静、噪声、回声）测试，记录体验测试结果。

2. 多模语音测试标准

车载多模语音的测试标准参考单模测试语音，不同点主要在于多模语音需要算法回灌测试和真人实车测试。下面从测试工具和设备、测试数据、测试内容、测试方法以及测试指标5个方面进行详细介绍，部分内容以地平线的多模语音测试标准为例。

（1）测试工具和设备　一般需要开发板（如地平线J2开发板或96Board）用于算法回灌测试；搭载完整传声器和摄像头的车机，用于实验室误报测试；功能良好的测试车，用于实车测试；声压计、高保真音响；实车，用于采集测试数据。这里的实车与测试车可以是同一辆。

（2）测试数据　用于多模语音测试的数据一般有2种类别：

1）算法回灌测试数据：实车采集的图像和语音pack⊖进行回灌。在实际操作中，因为驾驶员无法边开车边采集，所以采用静态数据和动态车噪混合的驾驶员仿真动态数据pack。具体来说，分别采集免唤醒命令词数据、唤醒数据、唤醒+ASR数据，以及静态仿真数据。采集文档按照声音（信噪比、干扰声、车速、AEC等）和图像（光照、唇部遮挡、人脸朝向等）等因素设定了多个采集场景，按照需求从中选取场景进行测试数据采集，典型采集场景见表9-14。除上述典型场景，采集场景还可参考高速公路、多名乘客交谈、各种车噪路噪、导航语音干扰、发动机干扰、唇部遮挡、不同人脸朝向等不同实际使用场景的情况。

2）误唤醒测试数据：使用12h的音频（综艺、新闻、电视剧等）进行放音测试以及24h以上实车录制的自然驾驶数据（图像及语音）进行回灌测试。

表9-14　多模测试数据采集场景

内容	场景1	场景2
车速	0~40km/h	静止
测试人声	78dB（A）	78dB（A）
噪声	前排乘客声75dB（A）	空调最大声
回声	中等音量抒情歌曲	无
车窗状态	前排乘客半开，其余关	全部关
人脸朝向	自然	看向前排乘客
唇部状态	无	无
光线	明亮	车库（弱光）

⊖ 地平线提出的一种特殊数据格式，简单理解就是将原始数据、标签以及属性等信息打包在一起，方便传输。

（3）测试内容　与表 9-8 类似，主要统计唤醒率、免唤醒命令词识别率、唤醒音区准确率、离线 ASR 识别率、识别音区准确率、多模人声隔离率、唇动检测准确率等。其中唇动检测准确率为新加项，表示唇部发生唇动的准确率，但不包含非发声唇动。

（4）测试方法　多模语音主要采取算法回灌测试、自然驾驶数据误识别回灌测试、实验室放音误报测试、唤醒延迟测试。具体来说：

1）算法回灌测试：回灌生成 Proto（可以理解为包含识别结果的文件），对 Proto 进行评测，输出算法回灌指标，主要包括唤醒率、免唤醒命令词识别率、唤醒音区准确率、离线 ASR 识别率、识别音区准确率和多模人声隔离率。

2）自然驾驶数据误报回灌测试：准备 100h 以上的人声丰富的自然驾驶数据进行回灌测试，输出误报指标。

3）实验室放音误报测试：车机、摄像头、传声器按照实车角度摆放，高保真音响以 78dB（A）播放 24h 的综艺音频（距离音响 0.5m 测得），统计误识别次数。

4）唤醒延迟测试：实车测试唤醒时后台 adb logcat 记录唤醒延迟的 log，再统计整体的延迟最大值、最低值和平均值。

除了以上的算法测试外，还有 CPU 占用率及内存占用率。具体来说，实车测试和实验室误唤醒测试过程中，使用后台 top 命令来统计多模语音进程的 CPU 占用率（如 9-15）、内存占用率及系统时间，并计算峰值与均值，测试时长 1h 以上。

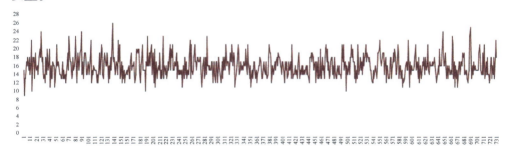

图 9-15　CPU 占用率统计示例

在以上实车测试中，免唤醒识别测试需要分别测试驾驶员和前排乘客位置，每个词至少说 3 遍，统计每个场景的识别个数和音区准确数；唤醒与 ASR 识别测试需要分别在 1L、1R、2L、2R 每个位置说 10 句唤醒 +ASR 语句，统计每个位置的唤醒音区准确率、离线 ASR 识别率、识别音区准确率及多模人声隔离率；CPU、内存以及延时测试需要在实车测试以上内容时，通过后台 logcat 统计，并在后期统计结果。另外，需要保存上述诊断结果，判断音频有无丢帧。

（5）测试指标：测试方案中测试结果将按照测试场景优先级占比进行加权计算，得出最终结果。最终结果应满足表 9-15 中的认证标准，且单个测试场景下唤醒率及识别率等不低于 60%。

表 9-15　多模测试指标示例（CPU、内存占用率根据具体产品确认）

功能点	多模双音区	多模四音区（前排采用多模，后排采用纯语音）
唤醒率	>95%	>95%（前排）；>90%（后排）
误唤醒	<1 次 /24h	<1 次 /24h
唤醒延迟	<500ms	<500ms（前排）；<400ms（后排）
唤醒音区	>95%	>95%（前排）；>90%（后排）
免唤醒词唤醒率	双音区指标相对错误率降低 40%	—
免唤醒词误唤醒	对标双音区	—
免唤醒词延迟	双音区指标 +100ms	—
免唤醒音区	>95%	>95%（前排）；>90%（后排）
人声隔离率	>85%	>85%（前排）；>80%（后排）
非音区唤醒率	对标双音区	—
云端 ASR 句准度	>85%	>85%（前排）；>80%（后排）
ASR 音区	>85%	>85%（前排）；>80%（后排）

9.4　案例：抽烟识别场景测试

本节以抽烟识别场景的测试为例，帮助读者了解本章所描述的测试流程、工具及标准。在场景上，乘客在车内抽烟，当智能座舱识别到抽烟后，会根据当前是否下雨和车速等信息来判断是否打开座位旁的窗户进行通风，做到主动化的人机交互。该场景测试有以下 4 步：

（1）构建正样本、专项负样本、自然驾驶数据

1）录制场景和动作需满足第 9.3.1 节中的要求。

2）数据集录制完成后，需要将正样本和专项负样本进行标注。

3）数据标注完成后，将数据和标注信息上传至第 9.2.1 节介绍的算法测试平台中。

（2）算法回灌测试　在算法测试平台中，对已有测试集分别进行回灌、评测、badcase 分析、badcase 统计，最终输出算法测试报告。

（3）实车体验测试　参考第 9.3.1 节的描述，需尽量覆盖更多更复杂的情况，找到更多未知的 badcase，同时也是对算法回灌测试做的二次确认。

（4）badcase 对齐　测试团队组织算法团队、工程团队、产品团队拉通对齐各个算法的 badcase。图 9-16 所示为 4 个真实测出来的 badcase：图 9-16a 所示的脸偏转较大，导致抽烟漏报；图 9-16b 所示为香烟呈点状导致抽烟漏报；图 9-16c 所示为喝牛奶误报抽烟；图 9-16d 所示为吃棒棒糖误报抽烟。在拉通会上，需要量化阐述上述算法的 badcase 分布和指标，并且由产品团队给出 badcase 解决优先级，由算法团队和工程团队给出 badcase 解决方案和解决计划，进而驱动下一轮算法迭代。

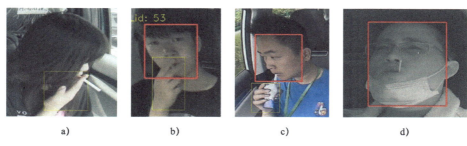

图 9-16　抽烟漏报及误报示例

9.5　练习题

1. 车载多模语音测试数据采集，主要考虑哪些因素？
2. 算法测试不推荐用 Precision 的原因是什么？
3. 为什么做算法测试，要把数据录下来？
4. 算法回灌测试的主要流程是什么？
5. 座舱数据管理主要问题有哪些？

Chapter 10

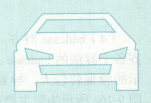

第 10 章
智能座舱生命周期

前面几个章节详细介绍了智能座舱开发过程中的重要环节,包括数据、算法、感知软件、场景应用以及最终的场景测试。在真实开发过程中,感知软件以及场景应用相对来说比较稳定,相关的工具也较为完善,在部署之后改动也较少。而以数据、算法以及最终的测试组成的小闭环往往是循环次数最多的环节,特别是在大部分场景中需要通过迭代算法模型来解决 badcase,需要有专门的工具与方法来增加迭代的效率,统称为机器学习生命周期。本章首先简要介绍机器学习生命周期的相关概念与理论基础,之后介绍在机器学习生命周期的框架下加速解决 badcase 的方法以及相关的自动化工具,最后介绍一个在上述框架下模型自动迭代的案例。

10.1 机器学习生命周期

(1)主要步骤 机器学习生命周期(Machine Learning Lifecycle)是一种用来描述机器学习系统(更多是算法模型)循环迭代流程的统称。图 10-1 所示为一个典型的机器学习生命周期,可以看到主要包含 5 个步骤:数据管理、模型训练、模型验证、模型部署以及执行。通过对生命周期中这 5 个步骤的优化,可以进行高效模型迭代,进而增加机器学习系统的稳定性。

从上面的 5 个步骤可以观察到 2 个重要的特征:①机器学习模型迭代是由数据流驱动的;②这 5 个阶段都具有较高的内在复杂性,并存在相互依赖关系。因此，机器学习生命周期管理需规范数据，并对各步骤细化解耦。对于智能座舱来说，上述步骤也是类似的，即如何通过发现的 badcase 来精准收集相关的训练及测试数据，进而进行快速模型迭代，并最终高效解决相关的 badcase（误报及漏报）。

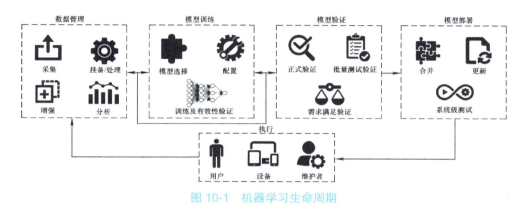

图 10-1　机器学习生命周期

（2）算法迭代示例　图 10-2 所示为一个用于解决情绪 badcase 的算法迭代示例：

1）发现了多条 badcase，大部分是因为戴口罩引起的表情识别误报（误报为开心）。因此需要高优解决戴口罩场景下的表情识别误报及漏报。

2）通过可视化发现戴口罩的方式有多种，口罩的颜色也有多种。其中，半戴口罩在理论上是可以解决的。最有效的方法是通过收集更多戴口罩的样本，将其加入训练。

3）采集数据并通过标注系统来标注半戴口罩、全戴口罩，对应不同的标签。

4）将以上数据按照批次加入训练，并进行算法测试，看是否可以准确识别半戴口罩的表情以及过滤全戴口罩的表情。

5）将符合要求的模型进行部署，并持续监控，发现更多的 badcase。

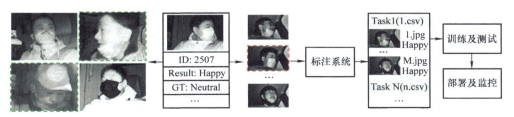

图 10-2　解决情绪 badcase 的算法迭代示例

在上述示例中，机器学习生命周期的重要任务是研究如何优化上述流程，如何提供更加便利的工具来加速流程运行，如何尽可能降低在上述过程中发生人为错误的概率，以及如果发生错误如何实现回滚与复盘等。针对以上研究点，目前在学术界与工业界提出了一些原始的方案，其核心就是工具与流程。而在这两者之中，智能座舱研发的流程已经趋于稳定，在本书的第 2 章已经做了介绍，这里不再赘述。因此，智能座舱研发团队的核心任务之一就是对工具的打磨与优化。具体来说，将 badcase 作为驱动智能座舱算法模型迭代的主要依据，生命周期管理流程可以按照 badcase 管理与分析、数据管理、算法模型训练及测试以及最终的部署与管理等方向进行拆分。具体方法将会在本章第 2 节进行详细描述。

（3）面临的挑战　这里需要指出的是，虽然机器学习生命周期管理框架能快速迭代优化模型，并经简单修改配置后能快速适配大多数场景应用，但是机器学习管理框架依旧面临着诸多挑战。这些挑战集中存在于数据管理阶段、模型训练阶段、模型部署阶段，这也是学术界研究的热点问题。

1）数据管理阶段：在大规模混杂脏数据与有效数据，并存在数据不匹配的情况下，对数据进行有效筛选并传递给对应执行单元面临着挑战。在学术界与工业界，针对该挑战提出了用于数据准备和集成的一些工具，例如，BigGorilla 提供了一组用于信息提取、模式匹配和实体匹配的工具包。

2）模型训练阶段：当出现误报、漏报或其他异常时，对模型的快速回溯性跟踪有助于问题定位及迭代修复。在学术界与工业界，针对该问题提出了用于模型管理的一些工具，例如，ModelDB 提供了各种库在试验阶段中跟踪和检索模型的来源信息。

3）模型部署阶段：在对模型训练与测试进行合并简化时，如何设计复用接口，保障复用简易性及接口高性能是一个值得深入研究的问题。在学术界与工业界，针对该问题提出了高性能预测服务系统，例如，Pretzel 通过重用模型训练和测试阶段的接口来缓解部署负担。同时还有用于在本地和 Web 上部署模型服务的服务基础设施 Cortex，这些方法都充分利用了模型训练和预测的接口。

（4）架构设计考虑因素　除了上述具体的研究热点外，在工业界，机器学习生命周期管理框架在架构设计时需考虑框架复用性、服务持续性、可操作性与稳健扩展性 4 个因素，以便搭建简练完整的管理框架，并尽可能缓解目前存在的挑战性问题：

1）框架复用性：除特殊用途的定制化生命周期管理框架外，机器学习生命周期框架需要适应不同领域的任务。因此在设计框架结构时需着重设计独立易替换的工具链组件，在底层数据接口满足不同元数据的接入。在模型训练阶段则需考虑自动化模型选择的功能实现，便于模型训练测试模块根据数据类型及场景选择最优模型，适应多领域应用。

2）服务持续性：根据模型迭代由 badcase 驱动的理论基础，在设计一个框架时不应只支持在固定数据上进行模型迭代，要明确新场景主动采集的数据和异常案例引导采集的数据是增强模型迭代的关键因素。因此，管理框架应实现持续引入新数据更新迭代模型的能力。

3）可操作性：在机器学习生命周期闭环的应用部署执行环节中，用户和维护人员是关键的闭环节点。为了在部署环节反馈有效的数据，管理框架应该具备容易安装和配置的特性，并且为用户和维护人员提供清晰易用的用户界面和消息窗口。此外，框架还应该提供最小的配置推荐，以便用户快速检查数据和模型。

4）稳健扩展性：一个框架的基本需求是保障数据、配置和环境的安全，防止意外损坏。同时还应该提供便捷的扩展接口，以便在特殊场景下快速扩展适配，最为重要的是适配迭代管理中常见的大规模数据量。

通过上述内容，相信读者对于机器学习生命周期的背景、方法、对智能座舱的影响以及学术界与工业界的关注点都有了一定的了解。下面将会详细介绍如何通过机器学习生命周期的思想来加速智能座舱算法模型迭代与 badcase 解决。

10.2 长尾问题及快速迭代

长尾问题在座舱领域尤为常见。由于汽车的移动属性以及座舱的开放特征，座舱场景中的各类感知功能容易受到光照、背景、衣着等各类不可控因素影响。因此在实际交付中会发现大部分问题虽然在测试阶段得到解决，但新的 badcase 会源源不断地反馈回来，而且这些 badcase 各有特色，触发条件特殊，不易复现。如果得不到解决，就会严重影响座舱体验甚至带来潜在的风险。因此，如何快速定位长尾问题并通过快速迭代得以解决，是机器学习生命周期中的关键需求之一。

10.2.1 长尾问题

在统计学中，"头"（Head）和"尾"（Tail）是两个统计学名词。如图 10-3a 所示，正态曲线中间的突起部分叫作"头"，两边相对平缓的部分叫作"尾"。在日常生活中，大多数的样本会集中在头部，而分布在尾部的则是个性化的、零散的小量的样本。如图 10-3b 所示长尾效应（Long Tail Effect）是统计学中一个常见的现象，指的是大多数样本会集中在头部，而部分差异化的、少量的样本会在分布曲线上面形成一条长长的"长尾"（Long tail）。长尾理论在 2004 年由克里斯·安德森（Chris Anderson）提出，他在文章中告诉读者，"商业和文化的未来不在热门产品，不在传统需求曲线的头部，而在于需求曲线中那条无穷长的尾巴。"

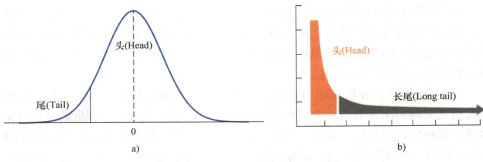

图 10-3 正态分布及长尾效应

在机器学习领域,长尾效应主要表现在训练数据的分布以及 badcase 的分布两方面:

1)训练数据的长尾效应:在训练数据中,一小部分的类别占据了大多数的训练样本,而大部分的类别只有极少数的训练样本。在过去,常见的大规模数据集如 ImageNet、COCO、Places Database 等都是经典的分类数据集,这些数据集的特点是类别标签大致均匀分布,但是在现实世界的数据集上,通常会有分布的长尾效应,如麻雀、蝴蝶(图 10-4)等。为了更加贴近现实,近年来公布的很多视觉数据集中都存在长尾效应挑战,由于深度模型对数据的极度渴求,以及长尾数据分布的极端类不平衡问题,使得深度学习方法难以获得优异的识别精度。

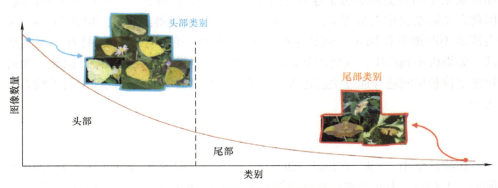

图 10-4 训练数据的长尾分布

2)badcase 的长尾效应:在座舱算法部署以后,常见的问题会在测试阶段发现并得以解决,但大部分剩余的问题只有在实际使用过程中才能发现。这些问题大都比较特殊,在各种因素综合在一起后才会触发,数量呈长尾分布。图 10-5a 所示为驾驶员在开车的时候吃棒状物,在特殊角度下呈现会被误报为抽烟;图 10-5b 所示为由于驾驶员玻璃贴纸的原因,在特殊天气中一束光刚好打进来穿过嘴部,在某些特殊的情况下会被误报成抽烟;图 10-5c 所示为在某些特殊的角度下出现眼镜反光，并且刚好挡在了瞳孔位置，引起疲劳等误报；图 10-5d 所示为驾驶员戴有框眼镜，在低头的时候眼球被遮挡引起漏报。

图 10-5　座舱中的长尾问题

上面的这些 badcase 统称为长尾问题（Long tail problem）。如图 10-6 所示，长尾问题不但大量存在于智能座舱中，在自动驾驶领域也经常遇到。这些长尾问题虽然数量较少，但严重影响用户体验和驾驶安全。在实际交付中，如何快速高效解决长尾问题体现了一个座舱团队的整体实力。

图 10-6　自动驾驶中的长尾问题（图片来源：特斯拉）

10.2.2　快速迭代

算法模型的快速迭代是解决长尾问题的方式之一，类似于软件工程中的敏捷开发（Agile Development）。具体来说，就是以解决长尾问题为核心，采用迭代、循序渐进的方法进行算法模型迭代。在迭代过程中，算法模型可以被切分为多个同步运行的子项目，包括数据采集、数据标注、模型训练与测试、场景开发与场景测试。这些子项目独立运行又相互依赖，进而催生出随机应变且加速迭代的效果。

这些子任务的参与者、所需工具、具体任务及相关依赖见表 10-1。其中子任务 1、2、3 可以形成一个小闭环。具体来说，由测试团队反馈并拉通 badcase 之后，算法团队需要进行 badcase 分析，包含数量统计（用于优先级安排）、原因分析、解决方案确认。之后不断进行内部算法迭代（通常是通过更好的数据 + 模型调参来实现），用于解决高优先级的 badcase。在内部迭代过程中，除了模型自身调参等操作外，算法团队还会不断根据需求给数据团队下达数据采集任务（数据量、数据类型、交付时间等），之后给标注团队下达数据标注任务（待标注数据、标注文档、交付时间），用户扩展训练及测试数据。因为子任务 4 相对来说是模型接收方，成熟度比较高，流程也比较稳定，因此提升小闭环的内部迭代以及子任务 5 的反馈效率，可有效加速整个算法模型的迭代。

表 10-1　子任务列表

子任务	参与者	所需工具	具体任务	相关依赖
子任务 1：数据采集	数据团队	数据采集工具；数据管理平台	数据采集任务分解；数据采集；数据管理	平台维护团队
子任务 2：数据标注	标注团队	数据标注平台	数据标注	平台维护团队
子任务 3：模型训练与测试	算法团队	算法开发平台	数据采集任务下达；数据标注任务下达；算法模型训练；算法模型测试；算法模型发版	平台维护团队；数据团队；标注团队；工程团队；测试团队
子任务 4：场景开发	工程团队	软件开发平台	算法模型集成；策略优化；软件发版	算法团队；测试团队
子任务 5：场景测试	测试团队	测试平台	数据采集任务下达；场景测试与报告；badcase 分析与反馈	平台维护团队；数据团队；算法团队；工程团队

为了加速小闭环以及子任务 5 的反馈效率，一个有效的途径就是通过一个平台来加速整个流程。如图 10-7 所示，Yang 等人认为这类平台至少要包含 4 个组成部分，分别是问题分析及管理（Badcase Analysis and Management，BAM）、数据分析及管理（Data Analysis and Management，DAM）、模型训练及测试 (Model Training and Testing，MTT)、模型部署及管理 (Model Serving and Management，MSM)。

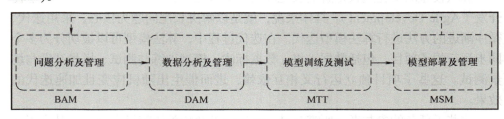

图 10-7　小闭环的 4 个组成部分

（1）BAM 模块　对测试团队反馈回来的 badcase 进行统一管理，方便测试团队与算法团队进行有效沟通。如图 10-8 所示，BAM 中还应有各类统计分析功能，方便对现有 badcase 进行优先级排序，进而作为数据收集、模型调优等敏捷开发的触发条件。另外，对于算法团队的成员来说，这里的统计分析还可以作为整个算法团队工作的指导原则之一,更加贴近于交付。

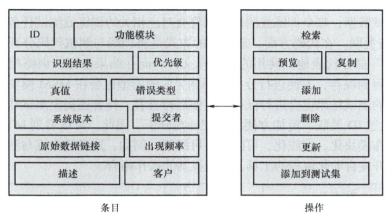

图 10-8　BAM 模块

（2）DAM 模块　对训练、测试以及原始数据进行管理的模块。如图 10-9 所示,这个模块的主要特点是实体数据与数据标注和管理分离,通过 CSV（Comma-Separated Values）或 JSON（JavaScript Object Notation）等轻量级的数据格式进行管理。例如,一个 CSV 中可能包含几百个或者上万个图片数据的存储路径、标注结果及原始数据属性等。而在提交标注的时候,有时候是一个或者多个 CSV 一起提交,这样既符合现实数据采集情况（有时候是多个数据采集或上传任务同时进行）,也给整个过程带来一定的灵活性。在操作方面,可以看到除了基本的增删改查等操作外,还有"Group Items"的操作,这是为接下来将标注完成的数据灵活合并,作为训练或测试数据。

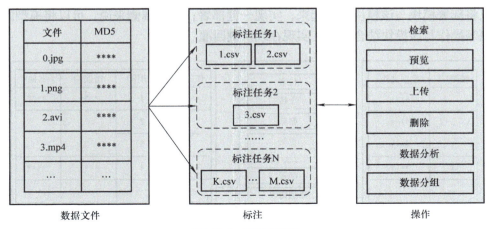

图 10-9　DAM 模块

（3）MTT 模块　进行模型训练和测试相关的代码组织、运行以及相关操作。如图 10-10 所示，经过 DAM 中的"Group Items"操作，可以得到一系列的训练或测试数据，每个训练或测试数据将会对应相关的训练或测试任务，通过任务 ID 进行关联。在代码方面，最简单的方式是将训练与测试代码分开，中间的"Common"部分代表他们共用的一些库文件。而在结果方面，训练相关的日志文件将会得到保存，方便进行分析。训练完成的模型也会在 MSM 模块中进行管理。相关的测试结果也会进行保存，方便进行查看。作者还提出测试结果可以与 badcase 通过 ID 关联，更加方便结果统计与分析。因此，可以看到 MTT 可以方便整个操作模块化、在线化、可回滚、可回溯。例如，这里的训练与测试代码分开，方便开发自动化流程的工具，进行灵活的操作组合。

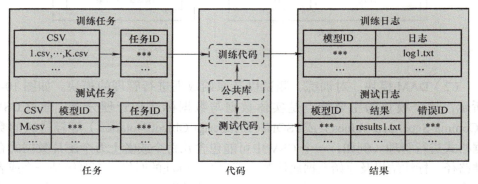

图 10-10　MTT 模块

（4）MSM 模块　对 MTT 中训练好的模型进行统一管理，并且对接下来的部署等操作进行管理（如图 10-11）。在操作方面，除了对于模型以及部署记录的增删改查外，这个模块本身具有较强的可扩展性。例如，对于云端系统来说，可以将部署模块与该模块结合起来，实现一键部署；对于端侧来说，可以将模型回灌等操作与该模块结合起来，实现在线一键回灌。

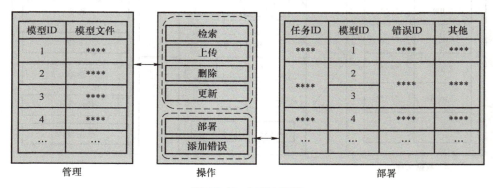

图 10-11　MSM 模块

综上，可以看到一个平台至少要包含以上 4 个模块或所提及的功能，才能有效加速整个闭环或者反馈的效率，进而加快长尾问题的解决。一般来说，这种平台要么根据实际需求来自己开发，要么可以直接租用现有的一些平台。图 10-12 所示为一些现有的商业平台，可用于打通机器学习的生命周期闭环，加快长尾问题的解决效率。例如，Datatron 在模型管理、测试、badcase 管理、上层策略、部署、监控等方面均有完整的模块及解决方案（图 10-13），可以同时服务于数据科学家、软件工程师、算法工程师等开发团队，相关功能扩展后还可以服务于不同的客户及用户。Peltarion 在数据管理与分析上面不但提供了丰富的 SDK，还有非常专业的可视化界面进行分析结果的展示（图 10-14）。

图 10-12　一些现有的商业平台

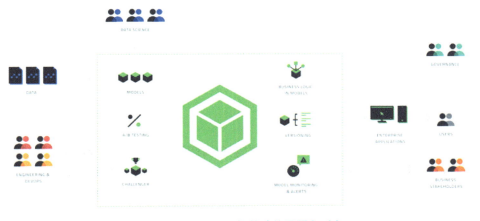

图 10-13　Datatron 相关功能及服务对象

图 10-14　Peltarion 数据管理与分析

这里需要指出的是，目前大部分较为完整的生命周期闭环管理平台均为收费的商业软件，这是因为这部分需要投入大量的人力去进行模块化设计、开发、维护、设备租用以及根据客户的需求进行定制化开发。目前免费的平台较少且功能单一，如果需要打通整个闭环，那么额外的开发是必不可少的。例如，MLflow是一款开源的用户机器学习生命周期管理的开放平台，涵盖了模型管理、训练及测试流程追踪以及结果管理（图10-15）。其主要的实现方式是通过在相关数据处理、训练、测试等代码中嵌入MLflow提供的API，进而实现对以上这些流程的记录。MLflow还提供了用户界面，用户可以查看、查询这些记录，最终实现追踪与管理的目的。MLflow没有数据管理模块，需要自己搭建硬件平台，并且需要对训练或测试代码进行改造，因此使用起来并不是很便捷。但是作为开源免费软件，用户可以在MLflow的基础上进行二次开发，打造属于自己的机器学习生命周期管理平台。

图 10-15　MLflow 官网展示的功能

10.3　流程自动化

在上一节中，可以看到一个完整的生命周期包含多个模块，而且每个模块中都含有较多操作。在实际情况中，当一个场景开发完成后，特别是在迭代了1~2轮模型后，整个闭环中的操作会逐步固定下来，就可以开始考虑将整个闭环中的流程自动化起来。以情绪检测为例，整个场景中会涉及多个模型，而迭代较多的是情绪分类模型。当情绪分类模型迭代1~2次以后，相关的数据处理、标注方法、训练及测试方法等都趋于稳定，大部分 badcase 可以通过增加更多的数据进行训练即可得到解决，因此如果将以上的这些操作进行模块化，再通过某种方式进行串联和自动化执行，就可加速整个流程，并且降低人力成本。

目前部分商业平台已经支持上面所述的流程自动化，以 KNIME 为例，该平台提供了互动界面，可以让用户通过鼠标操作来完成流程的组合与监控。如图10-16所示，用户可以将一些标准化的操作代码进行模块化打包并上传到系统中，之后通过操作界面的拖拽与连接进行各个模块的组合，最后可以形成一个工作流并进行自动化执行与实时状态监控。

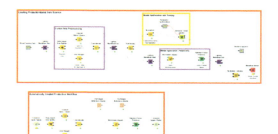

图 10-16　KNIME 的模块操作

而在开源领域，目前比较优秀的是 AirFlow。AirFlow 是 Airbnb 开源的一个用 Python 编写的调度工具，于 2014 年启动，2015 年春季开源，2016 年加入 Apache 软件基金会的孵化计划。如图 10-17 所示，Airflow 通过有向非循环图（Directed Acyclic Graph，DAG）来定义整个工作流，因而具有非常强大的表达能力。具体来说，一个工作流可以用一个 DAG 来表示，在 DAG 中将完整地记录整个工作流中每个作业之间的依赖关系、条件分支等内容，并可以记录运行状态。通过 DAG，可以精准地得到各个作业之间的依赖关系。一个正常运行的 AirFlow 系统一般由以下 4 个服务构成：

1）WebServer：AirFlow 提供了一个可视化的 Web 界面。启动 WebServer 后，就可以在 Web 界面上查看定义好的 DAG 并监控及改变运行状况；也可以在 Web 界面中对一些变量进行配置。

2）Worker：一般来说，用 Celery Worker 执行具体的作业。Worker 可以部署在多台机器上，并可以分别设置接收的队列。当接收的队列中有作业任务时，Worker 就会接收这个作业任务，并开始执行。AirFlow 会自动在每个部署 Worker 的机器上同时部署一个 Serve Logs 服务，这样就可以在 Web 界面上方便地浏览分散在不同机器上的作业日志了。

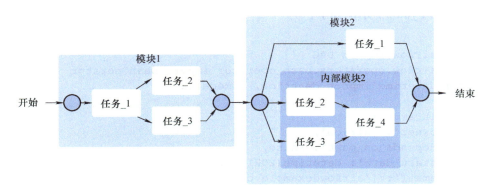

图 10-17　AirFlow DAG

3）Scheduler：整个 AirFlow 的调度由 Scheduler 负责发起，每隔一段时间 Scheduler 就会检查所有定义完成的 DAG 和定义在其中的作业，如果有符合运行条件的作业，Scheduler 就会发起相应的作业任务以供 Worker 接收。

4）Flower：提供了一个可视化界面以监控所有 Celery Worker 的运行状况。在实际开发中，这个服务并不是必要的。

此外，AirFlow 还是一个开放的平台，各个爱好者为其编写了各类插件，方便进行 DAG 定义及操作等，大大降低了 AirFlow 的使用难度。另外，AirFlow 还有版本控制和权限管理等其他功能，这里不再详细赘述，目前国内外有各种介绍 AirFlow 使用方法及扩展的网络资料。用户也可直接访问相应网站（https://airflow.apache.org）来获取详细资料。

10.4 案例：基于 AirFlow 的自动模型迭代

由于 AirFlow 具有优秀的工作流调控能力，流程控制中能完整记录整个工作流中每个作业之间的依赖关系、条件分支等内容，并同步运行状态。当工作流的中间任务发生错误导致流程终止时，AirFlow 能对错误工作节点进行回溯重执行，避免整体流程重新开始。由于模型迭代属于多流程长周期任务，在模型迭代的生命周期间中都需要维持迭代工作流，并监控工作节点的任务状态。因此十分适合运用 AirFlow 对模型的自动化迭代进行管理。同时 AirFlow 拥有与 Hive、Presto、MySQL 等数据源进行交互的能力，满足了模型迭代过程对大规模数据量的需求。

模型迭代的工作流程会涉及数据的采集清洗、模型训练、模型测试与模型部署等步骤，在 AirFlow 中以 DAG 文件定义模型迭代的工作流程，其中包括默认参数、DAG 对象、执行器与依赖关系等。下面将介绍 DAG 定义文件的基本样例，并通过驾驶员监控系统中的疲劳检测模型迭代介绍详细的使用细节。DAG 定义文件（Python）示例如下：

```python
from airflow import DAG
from airflow.operators.bash_operator import BashOperator
from datetime import datetime, timedelta

default_args = {
    'owner': 'airflow',
    'depends_on_past': False,
    'start_date': datetime(2021, 6, 1),
    'email': ['airflow@example.com'],
    'email_on_failure': False,
    'email_on_retry': False,
```

```
    'retries': 1,
    'retry_delay': timedelta(minutes=5),
}

dag = DAG('tutorial', default_args=default_args,
    schedule_interval=timedelta(days=1))

t1 = BashOperator(
    task_id='get_data',
    bash_command='data',
    dag=dag)

t2 = BashOperator(
    task_id='analyse_data',
    bash_command='analyse',
    dag=dag)

t2.set_upstream(t1)
```

上述代码块中 DAG 定义文件包含模块导入、默认参数设置、实例化 DAG、实例化任务与依赖关系设置，具体的实现工具如下：

1）default_args 用于默认参数设置，在任务的构造函数初始化时使用，可替代显式传递的参数，同时定义可用于不同目的不同参数集。一个典型的例子是在生产和开发环境之间进行不同的设置。

2）DAG 用于创建 DAG 对象以嵌入任务，创建过程中需定义 DAG 唯一标识符并传入默认参数字典。

3）BashOperator 用于实例化执行器，并定义任务的唯一标识符。

4）set_upstream 用于定义上下游依赖关系，t2.set_upstream(t1) 意味着 t2 将在 t1 成功执行后再运行；set_downstream 同样用于设置上下游依赖关系。

以打哈欠检测（轻度疲劳检测，详见本书第 6.2.5 节）为例，要实现基于 AirFlow 的自动模型迭代，需明确 DAG 工作流中包含的任务。其中包括人脸图像数据预处理、打哈欠模型训练、模型测试与模型部署，因此要为各个任务定义对应的执行器。

例如，人脸图像数据预处理任务涉及对人脸图像的采集、预处理、数据增强与分析，采用 Python 回调执行器 PythonOperator 进行定义：

```
def data_processing(** kwargs):
    return 'completion of task'

DataProcessing = PythonOperator (
    task_id = 'data' ,
```

```
    provide_context = True ,
    python_callable = data_processing,
    dag = dag )
```

打哈欠检测模型训练任务涉及模型选择、超参设置、模型训练与验证，采用 Python 回调执行器 PythonOperator 进行定义：

```
def model_training(** kwargs):
    return 'completion of task'

ModelTraining = PythonOperator (
    task_id = 'trian' ,
    provide_context = True,
    python_callable = model_training,
    dag = dag )
```

打哈欠测试任务涉及模型指标的一般性测试以及特定指标测试，是模型部署上线前的指标验证工作，采用 Python 回调执行器 PythonOperator 进行定义：

```
def model_testing(** kwargs):
    return 'completion of task'

ModelTesting = PythonOperator (
    task_id = 'test',
    provide_context = True,
    python_callable = model_testing,
    dag = dag )
```

打哈欠模型部署任务涉及模型集成、迭代与系统级测试，在此过程中会产生指导模型迭代的 badcase 数据，同样采用 Python 回调执行器 PythonOperator 进行定义：

```
def model_deployment(** kwargs):
    return 'completion of task'

ModelDeployment = PythonOperator (
    task_id = 'deployment',
    provide_context = True,
    python_callable = model_deployment,
    dag = dag )
```

经过上述任务执行器定义后，需设置各个任务之间的依赖关系，以形成打哈欠检测模型的自动迭代流程定义：

```
ModelTraining.set_upstream(DataProcessing)
ModelTesting.set_upstream(ModelTraining)
ModelDeployment.set_upstream(ModelTesting)
```

当上述流程定义好并启动后，也可以通过可视化界面来查看各个流程的执行进度以及细节。例如，图 10-18 所示为地平线艾迪平台的 DAG 可视化界面，绿色代表上述定义的流程已经执行完毕，黄色代表正在执行，红色代表执行错误。此外，还可以通过单击上述颜色按钮来查看内部执行的一些细节。可以看到，通过 DAG 可以基本上实现一键闭环启动，非常适合算法模型以及流程定型的工作流，从而大大降低模型迭代的技术门槛，提升算法模型迭代的效率。

图 10-18　地平线艾迪平台的 DAG 可视化界面

10.5　练习题

1. 典型的机器学习生命周期主要包含哪几个步骤？
2. 智能座舱场景的长尾效应主要有哪些？
3. 一个机器学习闭环系统至少包含哪几个模块？
4. 流程自动化的主要目标是什么？
5. AirFlow 的主要功能是什么？

Chapter 11

第 11 章
智能座舱的未来发展趋势

当下人们已经充分享受到移动互联网带来的便利,在接下来的智能化时代,汽车作为核心的智能化产品必将带来更多的便利。在探讨汽车将会带来哪些改变的时候,要把汽车定义成一个充满智能化功能和体验的移动生活工作空间,智能化的空间会是汽车越来越重要的属性。如果说家庭和公司/学校这"两点"构成了人们生活的第一空间和第二空间,那么座舱这条"线"就是当之无愧的第三空间。与第一、第二空间相比,座舱具备移动性和更加标准化的特点,特别适合作为私有化的生活空间存在。随着自动驾驶技术的快速发展,高度自动驾驶能够进一步地释放驾驶员和乘员在移动出行过程中的精力,良好的座舱空间可以帮助驾乘人员更好地享受美好生活。

自动驾驶的价值之一是释放人的时间,而座舱智能化的价值是让时间更有价值。随着相关技术的快速发展,目前汽车座舱的智能化水平有了明显提升。智能化的座舱和自动驾驶一起,构成了智能汽车的两条主线,推动汽车成为继电视、电话、个人计算机和智能手机之后最重要的终端产品。目前,智能座舱根据感知和交互特性可以分为以下几个系统:

1)驾驶员交互系统(Driver Interaction System,DIS):针对驾驶员设计的交互系统,重点关注安全驾驶,如疲劳、分心和抽烟检测以及打电话提示等。

2)乘员交互系统(Occupant Interaction System,OIS):针对车内乘员设计的交互系统,比如拍照、情绪歌单和打电话降低音量等。DIS 和 OIS 有相同的地方,比如都可以进行感知的检测,但是上层的应用策略会有所不同,如驾驶员打电话上层策略会提示"驾驶员不能打电话",而前排乘客打电话上层策略可能会是降低音量。

3)车内感知系统(In-cabin Perception System,IPS):DIS 和 OIS 强调"人"的感知和交互,而 IPS 重点描述与"人"的交互无关的感知系统,比如宠物检测和遗留物品检测。

目前,大部分 OEM、Tier1 及 Tier2 对上述系统都会有所涉及,而在不同项目阶段的侧重点会有所不同。例如,项目团队刚开始对更加偏重于 DIS,之后逐步扩展到 OIS 及 IPS。本章将会重点介绍在上述几个系统中牵扯到的传感器、感知算法、AI 芯片、云服务以及生态的未来发展趋势。

11.1 座舱传感器趋势

传感器是一种将一种信号转换为另外一种信号的装置或者设备,以满足信息的传输、处理、存储、显示、记录和控制等要求。座舱内最常用的传感器为图像传感器、传声器、TOF 传感器、毫米波雷达等,这些传感器主要用于车内感知,比如疲劳检测、情绪检测和语音交互等。这里重点介绍图像传感器与传声器的发展趋势。

11.1.1 摄像头

(1)类型划分　摄像头是车内最常用的传感器,通常需要搭配镜头+图像传感器+图像信号处理(Image Signal Processing,ISP)等组成模组,才能完成光电的转换。回顾本书第 3.3 节,座舱内摄像头根据接收光线的类型可以分为:

1)RGB 摄像头模组:与人眼接收的可见光类似,在夜晚的效果不好。

2)IR 摄像头模组:主要接收红外光线,白天夜晚都可以使用,需要有红外补光灯进行补光,不适合拍照等应用。

3)RGB-IR 摄像头模组:能够接受 RGB 和 IR 光线,白天夜晚都可以使用;需要有红外补光灯配合使用。

(2)座舱摄像头发展趋势　对于座舱内摄像头,主要有 3 个趋势:单车摄像头搭载率会逐渐提高、布放位置会覆盖全车(并且也会包含车外部分)以及摄像头像素会逐渐提高,下面展开介绍。

1)单车摄像头搭载率会逐渐提高:根据 IHS Markit㊀的预测,到 2030 年会有 58.9% 的车型搭载摄像头(图 11-1),最多搭载个数可能达到 7 个(表 11-1)。

㊀ IHS Markit(www.ihsmarkit.com):世界领先的数据信息及解决方案提供商。

图 11-1 车内摄像头渗透率

注：图片来自 IHS Markit《智能座舱市场与技术发展趋势研究》。

表 11-1 摄像头装配个数预测 （单位：个）

年份	2020	2021	2022	2023	2024	2025	2026	2027	2028	2029	2030
车均装配个数	0.1	0.1	0.2	0.2	0.4	0.5	0.9	1.3	1.6	1.9	2.3
单车装配方案	1.0	1.0	1.2	1.5	2.5	3.8	4.2	5.2	5.7	6.6	7.4

2）布放位置会覆盖全车（并且也会包含车外部分）：本书第3.3节详细介绍了7款摄像头的名称、安装位置、覆盖范围以及相关用途。在实际情况中，安装位置会随着车型及场景需求进行略微调整。换句话说，大的区域不变，但细节位置、朝向以及负责的场景可能会有所变化。结合本章开始介绍的3个系统（DIS、OIS及IPS），目前及未来可能的组合方见表11-2。

表 11-2 摄像头及其主要用途

摄像头	主要用途	常见及可能的安装位置
DICam	DIS	驾驶员前方A柱、转向管柱、仪表盘
FSCam	OIS	后视镜、顶灯
RSCam	OIS	B柱、前排座椅上方的车顶
DLCam	IPS	车顶，车内门上扶手
FLCam	OIS/DIS	前风窗玻璃、车外进气格栅、车头
ULCam	OIS/DIS	外后视镜、驾驶员车门把手附近或者靠近B柱位置
BLCam	OIS/DIS	行李舱附近、后风窗玻璃

3）摄像头像素会逐渐提高：DICam、ULCam主要为了安全驾驶，摄像头能够清晰地覆盖到驾驶员即可；2百万像素会成为最基本的配置，为了更高精度的

视线算法和微表情识别,像素会逐渐提高,但是幅度不会太高。FSCam 放置在前排,有部分车厂不会配置 RSCam,一般 FSCam 兼容部分后排功能,比如视线需要更清晰的人眼信息,那么对于 FSCam 的像素要求就会较高;另外,FSCam 也会兼容娱乐功能,比如拍照,这一类的需求对像素有一定的要求,未来配置 16 百万像素也是很有可能的。FLCam 和 BLCam 通常与车外自动驾驶复用,一般 8 百万像素即可满足要求。RSCam 当前配置较多的为 2 百万像素,未来可能会增加到 5 百万像素。DLCam 目前还没有车辆单独配置,一般在 5 百万像素左右。

11.1.2 传声器

本书第 3.2 节详细介绍了传声器类型、阵列安装方式以及车载多音区的实现方式。车载传声器的未来发展趋势,主要有传声器装车量持续增加及单车搭载传声器个数越来越多。

1)传声器装车量持续增加:语音技术的迅速发展,使得乘客能够在车内进行车控、查询天气、播放音乐,导航等操作,大大提高了用户体验,不同以往只有高端车型才有的交互功能,目前即使是低端的车型也都会配置一些语音功能。传声器是完成语音功能最基本的硬件配置,配置传声器的车型和数量会越来越多。图 11-2 所示为 IHS Markit 预测的传声器装车总量趋势,可以看出,传声器装车量持续增加,2030 将达到 28 亿左右。

图 11-2 传声器装车总量趋势

2)单车搭载传声器个数越来越多:从图 11-2 也可以看到单车的传声器个数会逐渐增加,到 2030 年单车平均可达 8.7 个,并且越来越多的车型搭载多传声器阵列。图 11-3 所示为车载传声器阵列趋势,根据 IHS Markit 预测,2030 年在搭载传声器的车上接近 90% 的车型都是多传声器阵列，更多的传声器可以带来更丰富的语音交互特性，比如多音区和人声分离等。

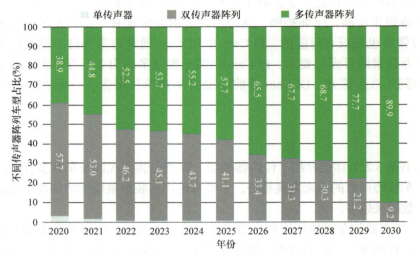

图 11-3 车载传声器阵列趋势

11.2 感知算法趋势

感知算法是智能座舱的核心模块，智能座舱的应用都依赖于感知算法的输出，智能座舱未来的发展方向不仅取决于用户的需求，也取决于感知算法的成熟度和发展方向，本小结主要介绍智能座舱核心算法的发展方向，包括视觉技术、语音技术、声学技术和多模融合技术（多模前融合及多模后融合）。在详细介绍技术趋势前，下面先结合前几章的内容对这 4 个核心算法进行定义。

（1）视觉技术　视觉技术主要用机器来模拟生物的视觉功能，从客观事物的图像中提取信息，进行处理并加以理解，最终用于实际检测、分割、识别等功能，如人脸识别、手势识别、活体检测、抽烟和情绪检测等。

（2）语音技术　语音是人类的发音器官发出的能表达一定意义的声音，是语言的物理载体。一般车载语音技术特指单模语音交互技术，单模表示仅仅使用声音信息进行交互的技术，包括降噪、回声消除、盲源分离、声源定位、语音识别、自然语言理解、语音合成等。

（3）声学技术　声学技术研究声音的产生、辐射、传播、接收、处理以及感知的基本规律，设计和优化与之有关的应用系统。严格来讲，语音技术也属于声学的一部分。智能座舱中，这两个技术在功能层面有所区分：语音技术主要是为语音交互和语音通信服务，声学技术则更强调声场调控和声音事件检测。

（4）多模融合技术　根据融合前后次序，分为多模前融合与多模后融合：

1）多模前融合：将多种模态信息融合在一起作为算法的输入，从而获得感知结果的技术为多模前融合。多模语音识别是典型的多模前融合技术，它是将唇动特征和声音特征融合一起，作为语音识别模型的输入来获取音素。

2）多模后融合：多模后融合通常将多个单模的感知结果进行融合，从而得到新的感知结果或交互形态为。比如，在和车进行交互时，想表达"确定"的含义，我们可以使用"OK"的手势＋语音"确定"来综合判断。手势为基于视觉的单模技术，语音为基于语音的单模唤醒技术，二者结合的综合判定才产生唤醒事件。

从整个座舱的发展上看，上面的感知算法会倾向于端侧计算，云端则作为补充。这是因为：①用户对系统延迟的要求越来越高，端侧的感知可以更快地输出结果。而在线交互带来的最大问题是系统延迟大，依赖于网络。②人机共驾将对算法延迟有严格要求。人机共驾是指人和机器共同操作车辆，无论自动驾驶是否到来，人机共驾是始终会存在的一种状态。比如，语音控制车辆行驶状态，确认是否超车，对于这种控制，必须要求快速，且不能受到网络的影响，否则会错失超车机会，用户体验将大打折扣，甚至有可能对算法有一些功能安全的要求。③云端是端侧的补充，可以更好地为用户服务。基于联邦学习算法，可以在端侧训练一个小的模型，将模型发送到云端进行联合训练，有可能会进一步提升算法模型的准确度，然后再通过 OTA 升级。云端的补充也可以进行二次确认，确保端侧感知算法的准确度。下面对这 4 个技术的发展趋势展开介绍。

11.2.1　视觉技术趋势

心理学相关研究表明，人类接触的信息之中，来自于视觉的信息占比为 83%。计算机视觉技术，正是将这种从图像和视频中获取高级、抽象信息的能力赋予计算机。作为最大承载量的信息转换器，视觉基础技术是多模技术的重要基石。在智能座舱领域，计算机视觉使用深度学习等先进技术，配合摄像头和显示器等输入输出设备，结合专业的 AI 计算芯片，及时有效地存储、传输、处理图像信息，大幅度提升信息转化效率和用户体验。

如本书第 4.2 章所介绍，计算机视觉的底层技术可以分为全图检测、目标跟踪、分类识别（粗细粒度）、Re-ID、视频理解、3D 感知以及特定任务回归等。结合应用可以进一步扩展为人体部件检测、活体检测、行为分类、人脸识别、手势识别和视线跟踪等方向，这些视觉感知结果为座舱的人机交互提供了基础能力。这些视觉感知结果，有些单独作为核心要素。例如，图 11-4 所示为人脸识别技术框图，分为人脸检测、人脸质量、人脸关键点、人脸对齐、特征提取和对比识别等关键模块。但更多的视觉感知结果则作为多模技术的初步载体，结合其他技术模块协同产生价值。作为全图检测的结果，如唇部位置的检测框，是多模语音技术的直接输入；眼部位置的检测，则是多模视线技术的基本输入；人体关键点的检测信息，则为行为识别提供了基本的结构化信息。

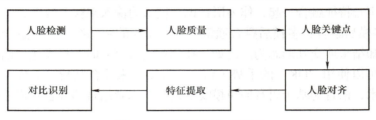

图 11-4　人脸识别技术框图

当前的计算机视觉技术让座舱智能化走出了 0—1 的第一步。随着座舱领域功能由 DIS 向 OIS 发展，摄像头的数量和像素持续升级，更多的传感器相继引入，不仅给承载座舱计算机视觉的 AI 算力提出了更高的要求。同时，其技术本身也呈现出了新的发展趋势：

1）从单帧感知走向时序感知：当前的座舱视觉算法，绝大多数落地方法均基于单帧图像进行分析感知，之后在功能实现时进行较为简单的多帧融合规则处理。这种方法对于依赖时序上下文的行为识别来说（如抽烟、打盹表情），存在天然的局限。结合时序信息，对动作的起止和特征可以得到更好的刻画。

2）从平面感知走向立体建模：座舱是一个多人空间（5～7 座车等），乘客、驾驶员以及车内设备的相互关系建模为车内高质量的交互感知（如前后排辨识、人体部件归属等）提供保证。同时，空间的立体建模可以对精细化手势和高精度视线提供技术支撑，为驾乘提供更加细腻的交互体验。

3）从监督学习走向半监督/自监督/联邦学习：由于场景功能和个性化需求的日渐迸发，以及法律法规的相应要求，对于座舱的视觉算法，长尾小样本的数据挑战逐步显现。基于小样本的半监督、自监督以及联邦学习方法开始逐步展现实用价值。

11.2.2　语音技术趋势

语音技术在智能座舱中一般用于语音交互和语音通信。语音交互作为智能座舱的核心功能，整个流程包含语音前端、唤醒、语音识别、语义理解、对话管理、语言生成、语音合成和对话输出，如图 11-5 所示。该流程中任何一个环节出问题将会导致语音交互体验变差。

（1）语音交互　语音交互从产品体验和技术发展综合来看，主要有如下 4 个趋势：

1）全车语音交互：目前绝大部分车型还是以前排交互为主，无法兼顾后排乘客的交互需求，用户体验不是很好。全车语音交互对于语音前端提出新的挑战，特别是只有 2 个传声器情况下。基于波束形成的方案一般只能覆盖前排，对后排语音信息的处理相对困难。新的方法一般采用盲源分离和多音区定位技术来实现全车语音交互。就分布式语音前端技术而言，增加传声器个数是最容易提升全车语音交互性能的手段。

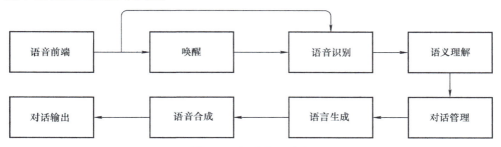

图 11-5　语言交互流程

2）全双工交互：全双工交互是指用户在一次会话期间的任意时间段发出指令或者提出问题，机器都能够及时给出反馈的交互技术。通俗来讲，机器会"一边听，一边想，一边回答"。非全双工就是在"想"和"回答"阶段不能继续"听"，相当于"等我说完你再讲，否则我也听不进去"。图 11-6 所示为两次询问全双工和非全双工交互流程图。非全双工必须等第一轮回答完成后才能进行第二次询问；全双工交互允许在理解回答第一次询问时进行第二次询问，第二次询问的结果可以覆盖第一次询问的结果。目前大部分语音算法公司都有全双工相关技术，实际效果仍有不断升级的空间。

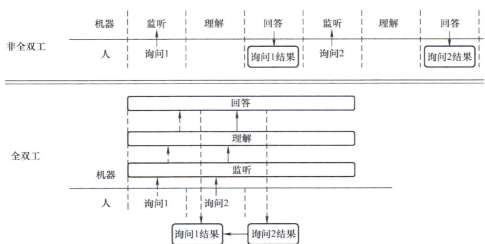

图 11-6　两次询问全双工和非全双工交互流程图

3）全时免唤醒：语音交互前不需要进行唤醒，主要可以用于离线的车控领域交互。当前大多数语音交互都依赖唤醒，步骤略显复杂。全时免唤醒可以让用户不需要唤醒就完成更加自然的语音交互。

4）多路并发语音识别：如图11-5所示，语音前端完成降噪和回声消除等处理，将干净的信号送给唤醒，设备唤醒后，开始收音，进入语音识别。常见的收音模式，是唤醒人模式，即谁唤醒，就收谁的语音，屏蔽其他人的语音。此种模式下，只能有一个人进行语音交互，多人同时交互时，需要将多个人的语音同时送给语音识别，同时进行自然语言处理，这种模式称为并发模式，它使得多人可以互不干扰地进行交互。未来在交互阶段，如果"唤醒"这个步骤被取消，那么并发模式会成为不可或缺的收音模式。

（2）语音通信　语音通信在座舱内是一个必不可少的功能，它不仅局限于单个人打电话，在车内进行开会的场景也越来越普遍。语音前端作为语音通信基本技术之一，也出现了以下2个新的趋势：

1）基于深度学习的语音前端技术进入落地应用阶段：传统语音前端一般基于信号统计模型来进行参数估计，完成降噪、盲源分离等算法。以降噪举例，基于深度学习的算法可以通过深度学习模型预测算法参数，估计的参数再结合传统手段进一步处理，也有端到端的处理手段，直接从带噪信号中估计纯净的时域语音。深度学习处理后的语音信噪一般比较高，同时也会带来音质损失，因此，即使有较高的信噪比也未必能够提升语音识别率。但是，作为语音通信，可以提高通话的音质。

2）语音前端的人声模式和隔离模式用于车载会议系统：随着即时通信软件，如腾讯会议、zoom、飞书、钉钉等软件的大量应用，远程办公成为当前办公一族的常态，即使在车里，也会经常进行会议通话。语音前端的人声模式是指仅进行降噪处理，车内所有的人声都需要清晰地传给远端；隔离模式是仅拾取特定方向的声音，抑制其他位置的声音。

11.2.3　声学技术趋势

关于声学技术趋势，主要包括主动降噪（也称有源噪声控制）、音效控制、座舱声场分区控制、声反馈抑制以及声音事件检测5个方面，下面展开进行介绍。

（1）主动降噪　主动降噪（Active Noise Control，ANC）是指通过合理的算法控制特定声源（控制源）的输出来抑制环境噪声的技术。该技术在控制中低频噪声时可有效规避被动控制结构笨重的弱点，目前已在耳机中得到广泛应用。对耳机而言，因器件本身紧贴人耳，因此只要在受话器内侧的传声器处降低噪声声压级即可让听音者获得良好的降噪体验。智能座舱中的主动降噪，因要同时关注整个座舱内的控制效果，因此系统复杂度和实现难度相比耳机高出很多。目前相对成熟的方案是针对发动机低频噪声的控制，其已部署于很多量产车型上，比如本田和凯迪拉克的系列畅销车型。

电动汽车没有发动机低频噪声的困扰，其面临的主要挑战是路噪、胎噪和风噪等宽带非平稳噪声。考虑到续驶里程的问题，电动汽车在做噪声、振动与声振粗糙度（Noise、Vibration、Harshness，NVH）设计时要严格控制车重，这对被动噪声控制是非常不利的因素，因此借助主动降噪的方式控制整车噪声非常值得关注。汽车本身自带的环绕音响系统，理论上可以实施主动降噪，但受制于系统延时和扬声器频响等因素，宽带噪声控制效果有限。在座椅头枕处增加扬声器和传声器，则可以直接对驾驶员和乘客的耳朵位置优化降噪性能。车噪控制还需要关注参考噪声源的获取，现有技术通常是在汽车底盘布放多个加速度传感器拾取外部噪声。

（2）音效控制　车载环绕音响系统通过有效的声场调控算法可以针对用户需求实现特定的音效。对于智能座舱，最常见的音效控制是依据驾驶员或乘客的听音喜好调整声重放的频率响应和空间感。立体声节目源的回放通常还需要解决声重放的串扰问题。更进一步，对于有特定方位信息的节目源，还需要借助人耳听觉系统的特点优化每个扬声器单元的激励信号，使用户准确感知声音方位。对整个座舱的理想声场重构，理论上需要借助 Ambisonics 或波场合成（Wave Field Synthesis，WFS）等方案，但这类方案对扬声器数量有很高要求。在扬声器数量受限的条件下，可以对驾驶员或特定乘客位置局部空间优化音效。随着智能汽车配置的扬声器单元个数逐渐增加，音效控制算法有了更多的优化空间，对车载音频处理系统的算力要求也越来越高。对特定的音效控制算法，除了重放系统的算法优化，节目源的制作也是关键因素，而节目源的制作往往牵涉到原始声场关键信息的记录和追踪，这有赖于传声器阵列技术的使用。

（3）座舱声场分区控制　分区控制是智能座舱的一个典型应用场景，其目标是通过车载音响系统，将特定节目源重放的声能能量集中于车内特定区域的用户，而不干扰其他用户。比如，导航的语音信息只传递给驾驶员，不影响其他乘客；后排乘客正在听的音乐只限于他的双耳附近，不会影响驾驶员。在扬声器数量充足的条件下，分区控制可以通过阵列波束优化的方法实施。扬声器数量不足时，波束的宽带控制效果受限，一般可借助增加头枕扬声器的方式提升分区性能。在有限尺度下，理论上最佳的分区控制设备是参量阵扬声器（Parametric Array Loudspeaker，PAL），其方向控制是通过超声完成的，定向特性远超一般的扬声器阵列。如能有效突破音质瓶颈，其有望在智能座舱得到应用。

（4）声反馈抑制　智能座舱中如果有本地扩声的需求，比如较大车型的前后排通话、座舱卡拉 OK 等，座舱内扬声器到传声器的声反馈会对音频应用带来显著影响，严重时会产生啸叫，此时声反馈抑制是整个音频系统不可或缺的模块。

完美的声反馈抑制实现难度极大，但由于座舱空间较小，扬声器和传声器的位置相对固定，且车载芯片的算力提升很快，因此借助自适应算法的啸叫抑制系统可以获得相对理想的处理效果。

（5）声音事件检测　顾名思义，声音事件检测是指通过声音信号判决周围发生的事件以及事件对应的时间。就智能座舱应用而言，声音事件检测包括车内检测和车外检测两类。车内检测通常用于判决一些异常情况，如汽车故障、劫匪劫持汽车等，这类事件检测可与车内智能语音交互的传声器阵列共享数据，并结合车内摄像头及其他传感器实施多模检测。车外检测通常用于识别和定位救护车、救火车、警车等特种车辆，识别和定位结果一方面可辅助自动驾驶系统，一方面与音效控制系统结合，可以让车内用户获得准确的方位信息。车外检测为保证信号采集的信噪比，一般需要在汽车外部布放传声器阵列。

11.2.4　多模融合技术趋势

多模融合技术包含了多模前融合和多模后融合。具体来说，作为多模前融合典型代表的多模语音技术以及多模语义理解技术将使得语音交互性能有一个里程碑式的提升。如图11-5所示，语音交互是一个长链条的流程，任何一个环节出问题都会导致语音交互失败。受制于单模技术的信息量，单模语音技术目前已经进入瓶颈期，整体性能近几年提升并不明显。比如在高噪背景或者多人干扰情况下，有效的语音信息常常会被干扰信息完全遮蔽，仅靠单模技术难以有更好的性能提升。

多模语音技术深度融合了语音和唇部图像信息，无论语音前端和语音识别都可以借助其提升算法性能。多模语音交互有非常明显的优点：

1）引入"跨界"图像信息突破了单模的局限，可以不受噪声干扰，更好地进行人声分离和语音识别，且识别率在强干扰条件下会有显著提升。

2）有效地控制误唤醒。即使通过简单的唇动判断，多模技术也能判断乘客是否说话，这可以有效屏蔽大部分干扰信息，降低误唤醒概率。在此基础上，可以借助更多的信息，通过协同优化的方式进一步完善唤醒的效果。

3）同等传声器个数情况下，多模语音交互可以提升有效音区数量。比如，引入视觉信息可以打破双传声器仅能做双音区交互的限制，完成更多音区的语音交互。

多模语义理解打破了传统的语音交互形态。多模语义理解是通过更多维度的信息来理解这个世界，和人一样，人对某个事物的理解也是从多维度进行的。比如，系统检测到用户咳嗽，仅有这个信息，可能会认为该用户生病了，但是如果检测旁边的人在抽烟，那么咳嗽可能是由抽烟引起的，未必是生病的信息。

多模后融合是基于基础感知算法做浅层结合的技术，技术实现难度不大，但是工程调优细节较多,且直接关乎用户的体验,其技术趋势如图 11-7 所示。典型的一些场景有:视线看着窗户说"大一点",表示窗户大一点;对着空调说"大一点",表示空调大一点;点头说"yes",表示确定;摇头说"no",表示取消等。

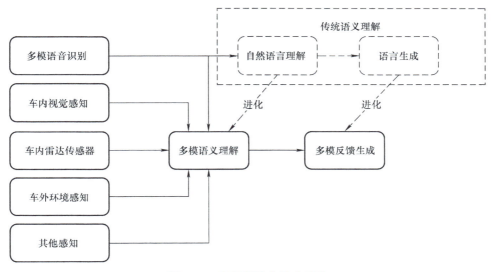

图 11-7　多模后融合技术趋势

正是因为直接关乎用户体验的特点,多模后融合是车厂产出差异化产品体验的重要手段。软件定义汽车时代来临,让各个车厂开始布局自己的软件中心,其最重要的核心任务就是打造具有核心竞争力的软件产品。每个车厂的各种车型定位不同,不能使用千篇一律的软件产品,基于多模后融合技术,可以让不同的主机厂发挥自己软件中心的优势,打造自己车型专用的软件产品。

无论是前融合还是后融合,多模技术越来越受到座舱研发团队的重视,处于上升阶段。图 11-8 所示为多模技术专利申请量,除 2006 年和 2010 年之外,从 2002—2011 年多模策略领域每年专利申请量基本稳定在几十件左右,技术处于发展初期。从 2012 年开始申请量振荡增加,呈跳跃发展阶段,从 2018 年开始,申请量迅猛提升,进入高速增长阶段,全球企业的创新量以每年 200 件的速度大幅增加。同样,由于专利申请公布的滞后性,导致 2020 年和 2021 年的数据不全,出现"伪下降曲线"。经过合理预测,我们认为多模策略领域的专利创新仍然处于爆发增长阶段,会在一定时间内保持技术成长活跃的势头。由于技术落地相对专利具有滞后性,一般先进行专利布局,可以看到从 2016 年后,有大量多模相关专利,未来 5 年内,多模策略将会持续增长。

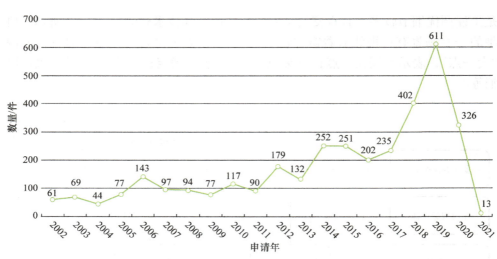

图 11-8 多模技术专利申请量（数据来源：IHS Markit）

11.3 AI 芯片趋势

AI 芯片是智能座舱的硬件基础。智能座舱以及各类场景的迅速兴起，使得传统通用的中央处理器（Central Processing Unit，CPU）不能满足相关感知计算需求，AI 芯片是顺应车载智能的需求而产生与发展的。本节主要牵扯到 3 种与智能座舱相关的芯片：CPU、NPU 及数字信号处理器（Digital Signal Processor，DSP），具体信息详见本书第 3.1 节。简单来说，CPU 主要负责通用计算、控制、调度等，最常用的 CPU 都是基于 ARM 架构；NPU 是专门针对神经网络计算进行加速的单元，比如人脸识别、手势识别等；DSP 是一种特别适合于进行数字信号处理运算的微处理器，其主要应用是实时快速地实现各种数字信号处理算法，比如滤波，傅里叶变换等。

对于本书第 4 章与第 5 章介绍的各类图像及语音感知算法，适合计算的芯片也有所不同。感知算法和芯片计算单元的适配度见表 11-3。这里所谓的适配度是指是否适合在计算单元上运行算法，正常来讲，通用 CPU 和 DSP 可以做任何感知算法，这里综合考虑功耗、实时性、实用性等多种因素。

表 11-3 感知算法和芯片计算单元的适配度

算法 1 级	算法 2 级	CPU	DSP	NPU
语音前端	语音信号处理	高	高	低
语音后端	ASR	中	低	高

（续）

算法1级	算法2级	CPU	DSP	NPU
声学技术	NLP	低	底	高
	声场控制	低	高	底
	声音事件检测	中	中	高
多模融合	多模语音前端	高	中	高
	多模语音后端	高	中	高
视觉	检测	低	底	高
	分割	低	底	高
	关键点	低	底	高
	分类识别	低	底	高
	视线	中	底	高
多模策略	—	高	底	底

要进行 AI 芯片趋势预估，除了将不同算法映射到合适的芯片上之外，还需要了解映射后如何进行算法需求预估以及影响算力的各类因素，下面简要进行介绍。

（1）算力预估　在算力预估方面，本书第 7.2.1 节做过简要的算力介绍，但无法进行预估。这里介绍一个常用的预估方法——影响因子预估法。该方法主要包含 6 个步骤：需求收集、需求拆解、技术模块合并、基础模块算力评估、影响因子确定以及算力估计。算力预估示例见表 11-4，具体步骤如下：

1）需求收集：产品需求是完成视线追踪算法和多模语音识别。

2）需求拆解：需求拆解阶段将需求分解为各个技术模块，视线追踪需要全图检测和视线模型 2 个模块，多模语音识别需要全图检测、语音前端、多模声学模型、解码器 4 个模块。

3）技术模块合并：全图检测是视线追踪和多模语音识别都需要的模块，将其合并。因此在表中不再提及和重复统计。

4）基础模块算力评估：①软仿输出，在代码中进行统计或者通过编译器进行统计；②实测输出。如果算法已有并且在某些芯片上能够正常运行，则可以基于芯片实测算力，本例已实测数据进行举例。对于 NPU，采用调用一次算力需要多少兆操作（Million Operators，MOs）来衡量基础模块算力；对于 CPU，调用一次算力的单位为 DMIPs（Dhrystone Million Instructions executed Per Second）。例如，视线模型每调用一次需要 332MOs，语音前端每调用一次需要 10DMIs。

5）影响因子确定：对于全图检测，影响因子包含摄像头个数和帧率（1s 调用的基础模块的次数）相关；视线模型与帧率和视线检测车内人数相关。

6）算力预估：算力预估需要确定影响因子的影响逻辑，对于全图检测最后的 NPU 算力计算法方式为"全图检测算力 = 基础模块算力 × 摄像头个数 × 帧率"，最后得到全图检测需要的算力是 16.8 GOPS（Giga Operators Per Sencond）。将所有基础模块算力合并，即可得到这两个需求下的算力总需求，NPU 需要 276.72 GOPS，CPU 需要 2130 DMIPS。

表 11-4 算力预估示例

需求收集	需求拆解	基础模块算力评估（调用1次算力）		影响因子确定					算力预估	
		NPU/MOs	CPU/DMIPs	摄像头个数	帧率/（帧/s）	车内人数	传声器个数	语音识别路数	NPU/GOPS	CPU/MIPS
视线追踪	全图检测	280	0	2	30	—	—	—	16.8	—
	视线模型	332	0	—	30	2	—	—	19.92	—
多模语音识别	语音前端	0	10	—	66.5	—	2	—	0	1330
	多模声学模型	8000	0	—	15	—	—	2	240	—
	解码器	0	4	—	100	—	—	2	0	800
总算力									276.72	2130

（2）算力影响因子 在算力影响因子方面（表 11-5），每一个因子都会对上层应用产生影响。每一个影响因子对算法产生的影响不同，比如摄像头个数对全图检测的影响就是线性，其他影响因子不变的情况下，两个摄像头就是一个摄像头所需要的算力的 2 倍。对于同样的算法，如果多个影响因子共同起作用，这将导致对算力的要求大幅提高。

表 11-5 算力影响因子示例

影响因子	说明	影响的上层应用举例
全图检测种类增加个数	全图检测内容增加，模型网络结构需要增大，输出变多，将导致算力要求变高	增加手势功能，则需要增加一个人手检测
行为检测种类	算法种类增多必然会导致算力增加	儿童爬窗提醒、儿童站姿提醒、肢体冲突、情绪、睁闭眼
摄像头个数	正常情况下，算力需求与摄像头个数成线性关系	全车交互，比如后排乘客关怀，那么个数需要增加，目前量产车没有看到能够完美覆盖后排的方案

（续）

影响因子	说明	影响的上层应用举例
分辨率提升	分辨率提升，模型的输入维数变多，需要更多的算力支持大的模型	拍照、抖音、美颜
运行帧率	表示1s做多少次感知，常用帧率为30帧/s，表示1s做30次感知	感知延迟更低，比如打电话、手势更灵敏、视线鼠标更流畅
传声器个数	传声器个数增加导致算法处理路数的增加	更多音区的拾音，比如4音区，6音区，还有单独的通信降噪，主动降噪的传声器等
AEC通道个数	用于回声消除的参考信号通道数，回声消除参考通道越多，所需要的算力越高	播放多通道音频时（比如看5.1通道的电影），关乎语音是否识别；当通道增加，回声消除的算法需要适配修改，否则语音识别将不可用
多模ASR路数	ASR路数越多，需要的算力越大	可以实现多人同时控制，结合多模信息
声音事件检测个数	个数越多，需要的算力越大	爆炸检测、警笛声音检测等

（3）算力需求预测　有了上面的基础知识，下面就可以对AI芯片的基本趋势进行预测，特别是在算力方面。一般来说，智能座舱发展分为4阶段：起始阶段、上升阶段、鼎盛阶段及稳定阶段。根据上面介绍的"影响因子预估法"就可以预估智能座舱不同阶段的算力需求，详见表11-6。

表11-6　智能座舱不同阶段的算力需求

编号	影响因子	起始阶段	上升阶段	鼎盛阶段	稳定阶段
1	单个摄像头覆盖人数	1.5	2	2	3
2	全图检测种类增加个数	4	5	7	10
3	行为检测种类	15	25	50	80
4	摄像头个数	3	3	4	4
5	分辨率提升	1.05	1.1	1.2	1.5
6	3D信息引入	1	1	1.1	1.2
7	模型增大	1	1	1.1	1.1
8	运行帧率	30	30	30	30
9	车内人数	5	6	7	7
10	传声器个数	4	6	6	7
11	语音识别的运行帧率	33.3	33.3	33.3	33.3
12	语音前端帧率	62.5	62.5	62.5	62.5
13	系统优化	0.8	0.8	0.8	0.8
14	多模语音唇动依赖摄像头个数	1	1	1.1	1.2
15	AEC通道个数	2	4	6	8
16	NLU领域	5	8	10	20

(续)

编号	影响因子	起始阶段	上升阶段	鼎盛阶段	稳定阶段
17	摄像头能够覆盖车内人数（非视线算法）	5	5	7	7
18	视线检测车内人数	2	5	7	7
19	多模分离帧率	15	15	30	30
20	单模 ASR 识别路数	1	1	2	0
21	多模 ASR 路数	0	1	2	5
22	单模唤醒词/自定义唤醒词路数	2	2	5	5
23	单模命令词路数	2	0	0	0
24	多模命令词路数	2	5	7	7
25	多模分离的路数	1	2	5	5
26	声音事件检测个数	1	2	4	10
27	行为检测 CPU 融合优化	0.95	0.9	0.8	0.7
28	AFC 传声器通路个数	2	4	4	6
29	ANC 传声器个数	4	4	8	8
30	ANC 扬声器个数	4	4	8	8

经过统计，可以得到 4 个阶段中传声器及摄像头个数、语音方案、视觉相关任务在每个阶段的数量大概分布如下：

1）起始阶段：传声器个数 2~4 个，以 2 个为主，摄像头 3 个，传统单模语音交互为主，图像感知算法以前排为主，视觉相关检测/分类任务 10~20 个。

2）上升阶段：传声器个数 4~6 个，以 4 个为主，摄像头 3 个，多模语音初步成熟，双路并发语音识别，视觉相关检测/分类任务 20~30 个。

3）鼎盛阶段：传声器个数 4~6 个，以 6 个为主，摄像头 4 个，多模语音成熟，4 路并发语音识别，视觉相关检测/分类任务检测 50 个。

4）稳定阶段：传声器个数 6~8 个，摄像头 4 个，多模语音稳定应用，5~7 路并发语音识别，视觉相关检测/分类任务 80 个。

（4）算力增加带来的价值体系　换算成算力需求后，其分布如图 11-9 所示。可以看出目前芯片算力需求的急速增长。上述分析中，NPU 采用地平线的第三代征程芯片（J3）进行实测预估。而算力增加是"果"，不是"因"。具体来说，算力增加是为了更好地满足用户需求，打造更完美的智能座舱，算力增加会带来新的价值体系：

1）对于整车厂来说，上百种的感知算法为主机厂打造个性化上层应用，完成差异化战略部署；算力支撑提供整车生命周期的软件迭代空间；满足千人千面的感知功能需求。

2）对于用户来说，全场景多路并发多模语音交互，不仅带来舒适的乘车体验，还能实现全车降噪、私密音区、儿童关怀、视线交流、个性化交互等功能；应用非常丰富，随用随有，自由删除；通过视线、语音、手势实现人机共驾，驾乘人员成为全方位的指挥家。

3）对于开发者来说，提供易用的应用框架接口，可以进行快速开发；高精度的视线、视觉基础技术让开发者有更大的想象空间以及更精准的语音交互接口。

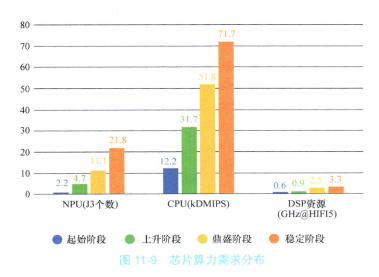

图 11-9　芯片算力需求分布

综上所述，AI 芯片的算力需求快速增长和主机厂需求的差异化将会使得 AI 芯片迭代周期和应用处理器（Application Processor，AP）迭代周期的失配，AP 迭代周期将不能完全满足算力的需求增长速度和多样性，"独立 AI 芯片 + AP 架构"形态在未来 5 年时间内会是主要的智能座舱形态。AP 的更新速度慢，更重要的是新 AP 开发打磨时间较长，频繁更新不利于平台建设。同时 AP 必然也会集成 AI 计算单元，完成少部分的座舱 AI 功能。

11.4　云服务趋势

在智能座舱，数据的产生者是各式各样的传感器（如传声器、摄像头、加速度传感器、体征监测仪等），这些传感器持续产生的数据量相当庞大，将所有原始数据传回云端处理很困难，对终端算力和通信管道的提速提出了要求。当这些数据传递到云端后，未来相关的服务主要分为端云结合与场景大脑。

（1）端云融合　座舱内会融合越来越多的传感器，传感器在形态多样化、产生数据丰富性和精细化能力上不断增强。产生的结果一方面对座舱内算力需求不断飙升，对端侧融合传感器数据，丰富创新座舱智慧场景，提升交互体验期望也随之水涨船高。另一方面，如本书第 2.1.3 节所述，边缘计算和云计算的结合，将突破终端的计算能力和存储的限制，提高 AI 算法的训练和推理能力，比如提升精度和降低训练时间。同时将终端设备的智能部署在边缘和云端，通过协作和不断的训练，持续不断地提高终端设备智能，比如通过边缘计算能更好地支持实时的多机协作，支持实时的知识图谱提取、理解和决策，持续不断地提高终端设备的智能。边缘计算和云计算还可以解决终端设备升级维护的困难，在终端设备本体的生命周期内不断升级，提高终端设备的能力，增强数据安全和隐私保护。

（2）场景大脑　智能座舱内会建立动态和个性化的知识图谱，通过与感知及决策紧密结合，实现更高级的持续学习能力。智能座舱需要具备场景自适应技术，通过对场景进行三维语义的理解，主动观察场景中人与物的变化，并预测可能发生的事件，从而产生与场景发展相关的行动建议。复杂的知识图谱、更智能的语义理解以及连接各种用户原创内容（User Generated Content，UGC）资源对云服务都有非常强的依赖。未来 OTA 升级会变得更轻量化、更高频、更普惠，同时带来车主的体验冲击会更惊喜和直接。云服务通过大数据分析，完成语义泛化性增强、个性化知识图谱进化、决策更人性化，通过不断 OTA，场景大脑变得更强大和完备，最后完成人 - 车 - 云的合一。

11.5　生态发展趋势

随着智能座舱技术的发展，其产业链将持续扩大，从底层的硬件到上层应用甚至运营服务，链条更长，分支更多。其相关生态主要有以下 3 个特点：

1）不同玩家既有协同也有部分竞争：不同玩家之间的合作关系将更为紧密，优势各异、能力互补，同时不同玩家也会存在交织关系，如芯片 + 算法。单独的芯片公司也会涉及部分算法，部分算法公司也会进入芯片行业，部分芯片、算法及车厂会联合研发操作系统㊀，主机厂的软件中心和传统的软件供应商也会存在重叠部分。

2）软件决定用户体验，软件对硬件提出新的要求：智能座舱的兴起，对硬件提出了新的要求，传感器的布放位置和个数都会有明显的变化。比如，为了完成车内多音区感知算法，传声器需要分布式进行安装，对芯片也提出额外的要求。

3）跨界延伸：参与者包括整车厂、算法与芯片企业、互联网公司、信息通

㊀ Together OS，参见 https://www.tmtpost.com/nictation/5525349.html。

信企业、软硬件供应商和政府、数据运营公司、安全认证公司、第三方开发者等，构成一个多方共建的生态体系，从而实现出行即服务。

11.6 练习题

1. 钱包遗留提醒、驾驶员路口分心提醒、乘客发型检测是属于座舱内哪些交互系统（DIS\OIS\IPS）范畴？

2. 将图像信息和语音信息进行特征提取，作为一个神经网络模型输入预测儿童是否哭泣，这个技术属于感知算法的哪一类？

3. 智能座舱语音交互以及全时免唤醒，需要语音前端和语音识别技术，这两个技术分别适合使用哪些 AI 计算单元进行加速？适合端侧计算还是云端计算，为什么？

4. 假设全图检测每帧预测需要 280MOs，帧率是 20 帧/s，全图检测可以输出多个人脸框，假设疲劳检测基于人脸框作为输入，单帧预测需要 50MOs，帧率是 20 帧/s，为了实现全车的疲劳检测，分别安装了 FSCam 和 RSCam，用于覆盖前后排最多 5 个乘客。当车内最多 5 个乘客的时候，需要的 NPU 算力是多少？

5. 随着 5G 技术发展，数据传输速度得到了极大提升，同时云端算力充足，端侧的 AI 计算是否仍为必需项？如果不是，请说出几点原因。

6. 端上部署的一个算法模型遇到了 badcase，快速解决 badcase 的方案有哪些？依赖的技术关键路径有哪些？

Appendix

附录
术语与符号列表

序号	缩写词	中文名称	英文名称
1	CRP	车载黑胶唱片播放器	Car Record Player
2	—	智能座舱	Smart Cockpit
3	CCF	中国计算机学会	China Computer Federation
4	TOCHI	—	ACM Transactions on Computer-Human Interaction
5	CHI	—	ACM Conference on Human Factors in Computing Systems
6	AI	人工智能	Artificial Intelligence
7	HUD	抬头显示仪	Head Up Display
8	DMS	驾驶员监控系统	Driver Monitoring System
9	IMS	座舱监控系统	In-cabin Monitoring System
10	ADAS	高级驾驶辅助系统	Advanced Driving Assistance System
11	CAN	控制器局域网络	Controller Area Network
12	ECU	电子控制单元	Electronic Control Unit
13	IVI	车载娱乐信息系统	In-Vehicle Infotainment
14	GPS	全球定位系统	Global Position System
15	VR	虚拟现实	Virtual Reality
16	PDA	个人数字助理	Personal Digital Assistance
17	BSP	板级支持包	Board Support Package

（续）

序号	缩写词	中文名称	英文名称
18	AutoSAR	汽车开放系统架构	Automotive Open System Architecture
19	—	虚拟机	Virtual Machine
20	OEM	原始设备制造商	Original Equipment Manufacturer
21	SDK	软件开发包	Software Development Kit
22	SOA	面向服务的架构	Service-Oriented Architecture
23	AVN	音频、视频及导航	Audio，Video and Navigation
24	V2X	车与万物互联	Vehicle-to-Everything
25	OTA	空中下载技术	Over-the-Air Technology
26	FOTA	固件在线升级	Firmware-Over-The-Air
27	SOTA	软件在线升级	Software-Over-The-Air
28	UE	用户体验	User Experience
29	UI	用户界面	User Interface
30	DVB	开发验证板	Development Verification Board
31	NAS	网络附属存储	Network Attached Storage
32	AIDI	地平线艾迪平台	AI Development Infrastructure
33	ROS	机器人操作系统	Robot Operating System
34	SOP	标准作业程式	Standard Operating Procedure
35	WBS	工作分解结构	Work Breakdown Structure
36	BSP	芯片支援包	Chip Support Package
37	SoC	片上系统	System on a Chip
38	FT	最终测试	Final Test
39	IDM	整合器件制造商	Integrated Device Manufacture
40	OSAT	外包组装与测试	Outsourced Assembly and Test
41	AECQ	车规验证标准	Automotive Electronics Council qualification
42	PPA	功耗、性能与面积	Power，Performance and Area
43	DPS	每秒处理数据量	Data Processing Per Second
44	TOPS	每秒万亿次操作	Tera Operations Per Second
45	GPU	图形处理器	Graphics Processing Unit
46	ALU	算术逻辑单元	Arithmetic Logic Unit
47	DL	深度学习	Deep Learning
48	TPU	张量处理单元	Tensor Processing Unit
49	NPU	嵌入式神经网络处理器	Neural-network Processing Unit

（续）

序号	缩写词	中文名称	英文名称
50	APU	加速处理单元	Accelerated Processing Unit
51		声音处理器	Audio Processing Unit
52	BPU	大脑处理器	Brain Processing Unit
53		深度学习处理器	Deep learning Processing Unit
54	DPU	数据流处理器	Dataflow Processing Unit
55		数据存储处理器	Data storage Processing Unit
56	FPU	浮点计算单元	Floating Processing Unit
57	HPU	全息图像处理器	Holographics Processing Unit
58	IPU	智能处理器	Intelligence Processing Unit
59	RPU	无线电处理器	Radio Processing Unit
60	VPU	矢量处理器	Vector Processing Unit
61	WPU	可穿戴处理器	Wearable Processing Unit
62	XPU	—	Processing Unit for Diverse Workloads
63	ZPU	—	Zylin Processing Unit
64	IC	集成电路芯片	Integrated Circuit
65	PMIC	电源管理集成电路	Power Management IC
66	PLD	可编程逻辑器件	Programmable Logic Device
67	DCU	域控制器	Domain Controller
68	DIS	驾驶员交互系统	Driver Interaction System
69	OIS	乘员交互系统	Occupant Interaction System
70	DICam	驾驶员交互摄像头	Driver Interaction Camera
71	FSCam	前排交互摄像头	Front Seat Camera
72	RSCam	后排交互摄像头	Rear Seat Camera
73	DLCam	俯视摄像头	Downward-Looking Camera
74	FLCam	前视摄像头	Forward-Looking Camera
75	ULCam	解锁摄像头	Unlock Camera
76	BLCam	后视摄像头	Backward-Looking Camera
77	CFA	色彩滤波阵列	Color Filter Array
78	FOV	视野范围	Field of View
79	PCB	印制电路板	Printed Circuit Board
80	CNN	卷积神经网络	Convolutional Neural Network
81	BP	反向传播算法	Back Propagation

（续）

序号	缩写词	中文名称	英文名称
82	GAP	全局池化层	Global Average Pooling
83	MLP	多层感知机	Multi-layer Perceptron
84	BN	批量归一化层	Batch Normalization
85	MSE	均方误差损失函数	Mean Square Error
86	MBSGD	小批量随机梯度下降	Mini-Batch Stochastic Gradient Descent
87	—	数据增强	Data Augmentation
88	ASIC	特殊应用集成电路	Application Specific Integrated Circuit
89	QAT	量化感知训练	Quantization Aware Training
90	PTQ	训练后量化	Post-Training Quantization
91	NMS	非极大值抑制	Non Maximum Suppression
92	BBox	检测框	Bounding Box
93	FPN	特征金字塔网络	Feature Pyramid Network
94	LSTM	长短期记忆网络	Long Short-Term Memory
95	ASR	自动语音识别	Automatic Speech Recognition
96	LVCSR	大词表连续语音识别	Large Vocabulary Continuous Speech Recognition
97	AM	声学模型	Acoustic Model
98	ML	最大似然	Maximum Likelihood
99	CTC	连接时序分类模型	Connectionist Temporal Classification
100	NLP	自然语言处理	Natural Language Processing
101	FNN-LM	前馈神经网络语言模型	Feed-forward Neural Network Language Model
102	NCE	噪声对比估计	Noise Contrastive Estimation
103	GPT	—	Generative Pre-Training
104	BERT	—	Bidirectional Encoder Representations from Transformers
105	DP	动态规划	Dynamic Programming
106	AU	动作单元	Action Unit
107	SSS	—	Stanford Sleepiness Scale
108	ESS	—	Epworth Sleepiness Scale
109	KSS	—	Karolinska Sleepiness Scale
110	PVT	—	Psychomotor Vigilance Test
111	ECG	心电图	Electrocardiogram
112	PPG	光电容积描记法	Photoplethysmograph
113	EEG	脑电图	Electroencephalogram

（续）

序号	缩写词	中文名称	英文名称
114	PERCLOS	—	Percent Eye Closure
115	AEC	回声消除	Acoustic Echo Cancellation
116	BF	波束形成	Beamforming
117	NS	噪声抑制	Noise Suppression
118	AGC	自动增益控制	Automatic Gain Control
119	SZD	音区检测	Sound Zone Detection
120	VAD	激活音检测	Voice Activity Detection
121	ASR	语音识别	Automatic Speech Recognition
122	NLU	自然语言理解模块	Natural Language Understanding
123	STT	语音文字转换	Speech to Text
124	DFT	离散傅里叶变换	Discrete Fourier Transform
125	FFT	快速傅里叶变换	Fast Fourier Transform
126	CW	跨词	Cross Word
127	CD	上下文相关	Context Dependent
128	FI	扇入	Fan-In
129	FO	扇出	Fan-Out
130	LMLA	状态级语言模型预估	Language Model Look-Ahead
131	ME	最大熵	Maximum Entropy
132	SVM	支持向量机	Support Vector Machine
133	RNN	循环神经网络	Recurrent Neural Network
134	HMM	隐马尔可夫模型	Hidden Markov Model
135	CRF	条件随机场	Conditional Random Field
136	MMML	多模态机器学习	Multimodal Machine Learning
137	cIRM	复数比例掩码	complex Ideal Ratio Mask
138	PE	处理元件	Processing Element
139	CU	计算单元	Compute Unit
140	SDIO	安全数字输入输出接口	Secure Digital Input and Output
141	SPI	串行外围设备接口	Serial Peripheral interface
142	OSI	开放式系统互联	Open System Interconnect
143	VIO	视频输入输出	Video In/Out
144	ALSA	高级 Linux 声音架构	Advanced Linux Sound Architecture
145	MIDI	乐器数字接口	Musical Instrument Digital Interface

（续）

序号	缩写词	中文名称	英文名称
146	OSS	开放声音系统	Open Sound System
147	API	应用程序接口	Application Programming Interface
148	PCM	脉冲编码调制	Pulse Code Modulation
149	I2S	集成电路内置音频总线	Inter-IC Sound
150	DMA	直接存储器访问	Direct Memory Access
151	DVR	行车记录仪	Digital Video Recorder
152	IMS	舱内监控系统	In-cabin Monitoring System
153	RMS	后排盲区检测系统	Rear Monitoring System
154	HAL	硬件抽象层	Hardware Abstraction Layer
155	JNI	—	Java Native Interface
156	AAR	—	Android Archive
157	APK	—	Android Application Package
158	AOP	面向切面编程	Aspect Oriented Programming
159	OOP	面向对象编程	Object Oriented Programming
160	PaaS	平台即服务	Platform as a Service
161	FAE	现场技术支持工程师	Field Application Engineer
162	AIDL	—	Android Inter-Process Communication
163	FN	—	False Negative
164	FP	—	False Positive
165	TN	—	True Negative
166	TP	—	True Positive
167	Fpphr	每小时误报次数	False Positive per Hour
168	BAM	问题分析及管理	Badcase Analysis and Management
169	DAM	数据分析及管理	Data Analysis and Management
170	MTT	模型训练及测试	Model Training and Testing
171	MSM	模型部署及管理	Model Serving and Management
172	IPS	车内感知系统	In-cabin Perception System
173	IR	红外相机	Infrared Radiation
174	TTS	语音合成	Text To Speech
175	NVH	噪声、振动与声振粗糙度	Noise、Vibration、Harshness
176	PAL	参量阵扬声器	Parametric Array Loudspeaker

参考文献

[1] RAPOSO M A，CIUFFO B，MAKRIDIS M，et al. From connected vehicles to a connected，coordinated and automated road transport（C 2 ART）system[C]// 2017 5th IEEE International Conference on Models and Technologies for Intelligent Transportation Systems（MT-ITS）. NYC：IEEE，2017.

[2] 伍孟春，黄菊梅，蔡德明，等. 汽车研发项目管理的创新路径探索[J]. 时代汽车，2021（14）：32-33.

[3] 朱贻玮. 集成电路产业 50 年回眸[M]. 北京：电子工业出版社，2016.

[4] SIMONYAN K，ZISSERMAN A. Very deep convolutional networks for large-scale image recognition[J]. Computer Science，2014（1）：156-162.

[5] ENZO D，HUSEYIN H，CVETKOVIC Z.On the design and implementation of higher order differential microphones[J].IEEE Transactions on Audio，Speech，and Language Processing，2011，20（1）：162-174.

[6] LECUN Y，BENGIO Y，HINTON G.Deep learning[J].Nature，2015（521）：436-444.

[7] HAN S，MAO H，DALLY W J. Deep compression：Compressing deep neural networks with pruning，trained quantization and huffman coding[J]. Fiber，2015，56（4）：3-7.

[8] PAPANDREOU G，ZHU T，KANAZAWA N，et al. Towards accurate multi-person pose estimation in the wild[C]// 2017 IEEE Conference on Computer Vision and Pattern Recognition（CVPR）. NYC：IEEE，2017.

[9] WEI S，RAMAKRISHNA V，KANADE T，et al.Convolutional pose machines[C]// IEEE Conference on Computer Vision and Pattern Recognition. NYC：IEEE，2016：4724-4732.

[10] FANG H，XIE S，TAI Y，et al. RMPE： Regional multi-person pose estimation[C]// IEEE International Conference on Computer Vision. NYC：IEEE，2017：2353-2362.

[11] CAO Z，HIDALGO G，SIMON T，et al. OpenPose： Realtime multi-person 2D pose estimation using part affinity fields[C]// IEEE Transactions on Pattern Analysis and Machine Intelligence. NYC：IEEE，2021，43（1）：172-186.

[12] HIDALGO G，RAAJ Y，IDREES H，et al.Single-network whole-body pose estimation[C]// IEEE International Conference on Computer Vision. NYC：IEEE，2019：6981-6990.

[13] 洪青阳，李琳. 语音识别原理与应用[M]. 北京：电子工业出版社，2020.

[14] RABINER L.A tutorial on hidden Markov models and selected applications in speech recognition[J].Proceedings of the IEEE, 1989, 77(2): 267-296.

[15] GALES M, YOUNG S.The application of hidden Markov models in speech recognition[J].Foundations and Trends in Signal Processing, 2008, 1(3): 195-304.

[16] HOCHREITER S, SCHMIDHUBER J.Long short-term memory[J].Neural Computation, 1997, 9(8): 1735-1780.

[17] GRAVES A, SANTIAGO F, GOMEZ F. Connectionist temporal classification: labelling unsegmented sequence data with recurrent neural networks[C]// International Conference on Machine Learning. [S.l.]: ACM, 2006: 369-376.

[18] CHOROWSKI J, BAHDANAU D, SERDYUK D, et al. Attention-based models for speech recognition[J]. Computer Science, 2015, 10 (4): 429-439.

[19] LU L, LIU C, LI J, et al. Exploring transformers for large-scale speech recognition [C]// Proceedings of INTERSPEECH. [S.l.: s.n.], 2020: 1-5.

[20] NG E, CHIU C, ZHANG Y, et al.Pushing the limits of non-autoregressive speech recognition[C]// Proceedings of INTERSPEECH. [S.l.: s.n.], 2021: 18-25.

[21] GRAVES A. Sequence transduction with recurrent neural networks[J]. Computer Science, 2012, 58(3): 235-242.

[22] WATANABE S, HORI T, KIM S, et al.Hybrid CTC/attention architecture for end-to-end speech recognition[J].IEEE Journal of Selected Topics in Signal Processing, 2017, 11(8): 1240-1253.

[23] VASWANI A, SHAZEER N, PARMAR N, et al.Attention is all you need[J]. Advances in Neural Information Processing Systems, 2017, 10 (4): 6000–6010.

[24] DONG L, XU S, XU B.Speech-transformer: A no-recurrence sequence-to-sequence model for speech recognition[C]//IEEE International Conference on Acoustics, Speech and Signal Processing. NYC: IEEE, 2018: 5884-5888.

[25] ZHOU S, DONG L, XU S, et al.Syllable-based sequence-to-sequence speech recognition with the transformer in mandarin Chinese[J].Proceedings of INTERSPEECH, 2018(6): 17-25.

[26] KATZ S.Estimation of probabilities from sparse data for the language model component of a speech recognizer[J].IEEE Transactions on Acoustics, Speech, and Signal Processing, 1987, 35(3): 400-401.

[27] BENGIO Y, DUCHARME R, VINCENT P, et al.A neural probabilistic language model[J].Journal of Machine Learning Research, 2003, 3(6):

1137–1155.

[28] MIKOLOV T，KARAFIÁT M，BURGET L，et al.Recurrent neural network based language model[J].Interspeech, 2010, 2（3）: 1045-1048.

[29] MARTIN S，RALF S，HERMANN N.LSTM neural networks for language modeling[J]. Proceedings of INTERSPEECH, 2012, 5（3）: 24-29.

[30] MIKOLOV T，DEORAS A，POVEY D，et al.Strategies for training large scale neural network language models[C]//IEEE Workshop on Automatic Speech Recognition & Understanding. NYC：IEEE, 2011：196-201.

[31] AUBERT X.An overview of decoding techniques for large vocabulary continuous speech recognition[J]. Computer Speech and Language, 2002, 16（1）: 89-114.

[32] 罗春华. 连续语音识别中的搜索策略研究 [D]. 北京：清华大学, 2001.

[33] HAEB-UMBACH R，NEY H.Improvements in beam search for 10000-word continuous speech recognition[J].IEEE Transactions on Speech and Audio Processing, 1994, 2（2）: 353-356.

[34] SHINODA K，WATANABE T.MDL-based context-dependent subword modeling for speech recognition[J]. Acoustical Science and Technology, 2000, 21（2）: 79-86.

[35] ODELL J，VALTCHEV V，WOODLAND P，et al.A one pass decoder design for large vocabulary recognition[J]. IEEE Proceedings of the workshop on DARPA Human Language Technology, 1994（3）: 1-6.

[36] NEY H，ORTMANNS S. Progress in dynamic programming search for LVCSR[J].Proceedings of the IEEE, 2000, 88（8）: 1224-1240.

[37] WILLEGG D，MCDERMOTT E，MINAMI Y，et al. Time and memory efficient viterbi decoding for LVCSR using a precompiled search network[J].Proceedings of European Conference on Eurospeech Scandinavia, 2001（1）: 1-4.

[38] MEHRYAR M，PEREIRA F，RILEY M. Weighted finite-state transducers in speech recognition[J]. Computer Speech & Language, 2002, 16（1）: 69-88.

[39] MOHRI M.Generic eps-removal and input eps-normalization algorithms for weighted transducers[J].International Journal of Foundations of Computer Science, 2002, 13（1）: 129-143.

[40] ZHANG X，SUGANO Y，FRITZ M，et al.Appearance-based gaze estimation in the wild[C]//IEEE Conference on Computer Vision and Pattern Recognition. NYC：IEEE, 2015：4511-4520.

[41] 郭永彩，李文涛，高潮. 基于 PERCLOS 的驾驶员疲劳检测算法 [J]. 计算机系统应用, 2009, 18（8）: 54-57.

[42] SIMON H.Adaptive Filtering Theory[M]. Upper Saddle River：Pearson, 2014.

[43] BRANDSTEIN M.Microphone Arrays Signal Processing Techniques and Applications[M]. Berlin：Springer, 2001.

[44] MAKINO S, LEE T W, SAWADA H.Blind speech separation[M]. Dordrecht：Springer, 2007.

[45] COHEN I, BERDUGO B. Speech enhancement for non-stationary noise environments[J]. Signal Processing, 2001, 81（11）: 2403-2418.

[46] COHEN I.Multi-channel post-filtering in non-stationary noise environments[J]. IEEE Transactions on Single Processing, 2003, 52（5）: 1149-1160.

[47] VALIN J M . A hybrid DSP/Deep learning approach to real-time full-band speech enhancement[C]// 2018 IEEE 20th International Workshop on Multimedia Signal Processing（MMSP）. NYC：IEEE, 2018.

[48] PRABHAVALKAR R, ALVAREZ R, PARADA C, et al.Automatic gain control and multi-style training for robust small-footprint keyword spotting with deep neural networks[C]// IEEE International Conference on Acoustics, Speech and Signal Processing. NYC：IEEE, 2015：4704-4708.

[49] LIAQUAT M, MUNAWAR H, RAHMAN A, et al. Localization of sound sources：A systematic review[J]. Energies, 2021, 14（13）: 3910.

[50] PRASAD R, SANGWAN A, JAMADAGNI H, et al. Comparison of voice activity detection algorithms for VoIP[J].International Symposium on Computers and Communications, 2002（7）: 530-535.

[51] CHANG J, KIM N, MITRA S. Voice activity detection based on multiple statistical models[J]. IEEE Transactions on Signal Processing, 2006, 54（6）: 1965-1976.

[52] JURAFSKY D, MARTIN J.Speech and language processing：an introduction to natural language processing, computational linguistics, and speech recognition[M]. Hoboken：Prentice Hall, 2008.

[53] DELLER J, PROAKIS J, HANSEN J. Discrete time processing of speech signals[M]. Hoboken：Prentice Hall, 1993.

[54] GRAVES A, FERNANDEZ S, GOMEZ F, et al.Connectionist temporal classification：labelling unsegmented sequence data with recurrent neural networks[C]//International Conference on Machine learning. [S.l.：s.n.], 2006：369-376.

[55] RABINER L.A tutorial on hidden Markov models and selected applications in speech recognition[J]. Proceedings of the IEEE, 1989, 77（2）: 257-286.

[56] SENIOR A, SAK H, SHAFRAN I.Context dependent phone models for LSTM RNN acoustic modelling[C]//International Conference on Acoustics, Speech and Signal Processing. [S.l. : s.n.], 2015 : 4585-4589.

[57] ZHANG S, LEI M, YAN Z, et al. Deep-FSMN for large vocabulary continuous speech recognition[C]//International Conference on Acoustics, Speech and Signal Processing. [S.l. : s.n.], 2018 : 5869-5873.

[58] ZHANG S, LEI M, LIU Y, et al.Investigation of modeling units for mandarin speech recognition using dfsmn-ctc-smbr[C]//IEEE International Conference on Acoustics, Speech and Signal Processing.NYC : IEEE, 2019 : 7085-7089.

[59] ODELL J, VALTCHEV V, WOODLAND P, et al.A one pass decoder design for large vocabulary recognition[J].Human Language Technology Workshop, 1994（3）: 1-6.

[60] HAEB-UMBACH R, NEY H.Improvements in beam search for 10000-word continuous speech recognition[J].IEEE Transactions on Speech and Audio Processing, 1994, 2（2）: 353-356.

[61] SHAO J, LI T, ZHANG Q, et al.A one-pass real-time decoder using memory-efficient state network[J]. IEICE Transactions on Information and Systems, 2008, 91（3）: 529-537.

[62] NEY H, ORTMANNS S. Progress in dynamic programming search for LVCSR[J]. Proceedings of the IEEE, 2000, 88（8）: 1224-1240.

[63] ODELL J.The use of context in large vocabulary speech recognition[D]. Cambridge : University of Cambridge, 1995.

[64] RONNEBERGER O, FISCHER P, BROX T.U-Net : Convolutional networks for biomedical image segmentation[C]//International Conference on Medical Image Computing and Computer-Assisted Intervention. [S.l. : s.n.], 2015 : 234-241.

[65] LEE Y, SCOLARI A, CHUN B, et al.PRETZEL : Opening the black box of machine learning prediction serving systems[J]. USENIX Symposium on Operating Systems Design and Implementation, 2018（10）: 611-626.

[66] ZHOU B, CUI Q, WEI X, et al.BBN: Bilateral-branch network with cumulative learning for long-tailed visual recognition[C]//IEEE Conference on Computer Vision and Pattern Recognition, NYC : IEEE, 2020 : 9719-9728.

[67] YANG C, WANG W, ZHANG Y, et al.MLife : A lite framework for machine learning lifecycle initialization[J].Machine Learning, 2021（1）: 1-21.